POUR UN JARDIN SANS ARROSAGE

Je remercie les différentes personnes qui ont relu le manuscrit de ce livre. Leurs critiques et suggestions ont été une aide précieuse :

Aïté Bresson
Jean Burger
Jean-Pierre Demoly
Caroline Harbouri
Pierre Michelot
Patrick Mills
et bien sûr Clara, non seulement la première à relire les différentes sections du manuscrit, mais qui a surtout partagé le travail de recherche et les voyages botaniques qui ont inspiré ce livre.

Les photographies et les croquis sont de l'auteur.

Illustration de couverture : *Teucrium aureum* dans les cailloux de Saint-Guilhem-le-Désert.

© Actes Sud, 2007, pour la présente édition

ISBN : 978-2-7427-6730-4

Pour un jardin sans arrosage

OLIVIER FILIPPI

ACTES SUD

SOMMAIRE

INTRODUCTION	7
LES PLANTES ET LA SÉCHERESSE	9
Une diversité méconnue	10
Stratégies d'adaptation	24
Une échelle de résistance à la sécheresse	40
LE JARDIN ET LA SÉCHERESSE	49
Choisir la plante adaptée	50
Bien réussir la plantation	57
Gestion optimale de l'eau	60
L'entretien dans un jardin sec	66
LES PLANTES POUR JARDIN SEC DE A À Z	73
Description de 500 vivaces, arbustes et grimpantes	
LES BONNES ADRESSES DU JARDIN SEC	198
BIBLIOGRAPHIE	199
INDEX DES NOMS DE PLANTES	200

Pour de nombreux jardiniers, la sécheresse est devenue une préoccupation majeure. Les restrictions d'arrosage fréquentes, la prise de conscience que l'eau est une ressource précieuse inscrivent le jardin dans une perspective nouvelle.

Créer un jardin sans arrosage est non seulement possible, mais extrêmement gratifiant. En jardinant avec la sécheresse, on peut réaliser un jardin remarquable, à la fois beau et original. La principale difficulté réside dans le peu d'informations disponibles : ce n'est pas tant la sécheresse qui est un problème mais la méconnaissance des plantes et des techniques adaptées. Pour aider les jardiniers à évoluer vers une pratique nouvelle du jardinage, Clara et moi menons, depuis de nombreuses années, une recherche approfondie sur les plantes tolérant la sécheresse. Dans ce livre, je vous propose une aide concrète en partageant notre expérience, près de vingt ans de travail quotidien avec les plantes pour jardin sec.

Ce livre est divisé en trois parties. La première analyse le comportement des espèces soumises à la sécheresse dans leur milieu naturel. Qu'est-ce que la sécheresse et comment font les plantes pour survivre lorsque l'eau est peu disponible ? Les stratégies d'adaptation à la sécheresse donnent aux plantes une beauté spécifique, que l'on peut facilement valoriser en respectant les conditions naturelles de son jardin. La deuxième partie concerne les techniques de jardinage en climat sec. Comment préparer le sol, quand planter, comment entretenir un jardin sec ? Vous trouverez ici une réponse détaillée à toutes ces questions de base. La troisième partie, qui est la plus longue, donne la description d'une large gamme de végétaux adaptés à un jardin sans arrosage. La liste des plantes présentées ici est loin d'être exhaustive : il y aurait des centaines, voire des milliers, d'autres espèces à décrire. J'ai choisi de limiter la description aux vivaces et aux arbustes les plus utiles pour créer la structure initiale d'un jardin sec.

Ce livre est avant tout destiné au jardinier situé en climat méditerranéen. Il peut aussi intéresser d'autres jardiniers, dans les régions où la sécheresse semble devenir un problème récurrent. Il n'est pas rare que l'on parle maintenant de sécheresse dans le Sud-Est de l'Angleterre, en région parisienne, ou près du littoral atlantique. Les jardiniers situés dans ces zones devront interpréter la description des plantes selon leurs propres conditions de climat et de sol. Quelle que soit la région, j'espère vous encourager à faire le pas, à vous lancer dans l'aventure du jardin sans arrosage. En commençant un jardin sec, vous devenez un pionnier du jardinage, vos recherches, essais et déboires préparent le terrain pour les jardiniers du futur.

LES PLANTES ET LA SÉCHERESSE

Une diversité méconnue

Dans les jardins, la sécheresse est perçue comme une contrainte. Nous avons tous été influencés par le modèle des jardins de climat tempéré, où les arbustes bien nourris et les vivaces généreuses délimitent un gazon parfait. Chaque mois, les revues de jardinage nous font rêver avec des jardins remarquables, situés le plus souvent en Normandie ou en Ile-de-France. Les belles photos des livres horticoles véhiculent l'image de scènes champêtres, où se mêlent rosiers et clématites. Mais dans le Sud ces conditions idéales sont un rêve inaccessible. Au lieu d'une lumière douce nous avons un soleil brutal, au lieu d'une terre opulente nous avons les cailloux de la garrigue. Plus le climat est sec, plus le jardin semble difficile à réaliser, comme une bataille à renouveler sans cesse contre un environnement hostile.

Pourtant, la sécheresse offre des possibilités de jardinage extraordinaires. Paradoxalement, c'est en Angleterre, grâce à une longue tradition de passion horticole et de recherche botanique, que les plus grandes collections de plantes résistantes à la sécheresse ont été rassemblées. Elles sont jalousement soignées comme des raretés précieuses, cultivées en rocailles surélevées pour un drainage parfait, parfois maintenues sous abri pour les protéger de l'excès d'humidité hivernale. Au célèbre jardin de la Royal Horticultural Society à Wisley, au sud de Londres, les amateurs se pressent pour admirer une rocaille sophistiquée reconstituée sous serre. Les trésors qu'on y trouve sont les plantes sauvages que bien souvent personne ne prend la peine de regarder au bord de nos chemins autour de la Méditerranée, *Rhodanthemum* du Maroc, *Erodium* de Grèce ou *Sideritis* de Turquie. Pendant que les amateurs anglais s'enorgueillissent de leurs collections de plantes pour terrain sec, les jardiniers du Sud arrosent désespérément leurs gazons pour n'obtenir qu'une médiocre copie des jardins anglais.

Plus que la sécheresse, c'est souvent la mauvaise utilisation de l'arrosage qui limite la gamme dans les jardins méditerranéens. De nombreuses plantes de terrain sec sont en effet faciles à cultiver quand on respecte leurs conditions d'origine, mais deviennent terriblement capricieuses dès qu'on cherche à les arroser en été. Les cistes de nos garrigues, les céanothes qui couvrent les collines en Californie, ou les câpriers qui ruissellent des falaises

Page 8
Provenant des déserts d'Amérique du Nord, les Yucca *ont une floraison magnifique, dont l'exubérance surprend dans l'environnement aride de leur milieu d'origine.*

1- *Si on utilise les plantes adaptées, la sécheresse offre des possibilités de jardinage extraordinaires.* Epilobium canum *'Catalina' et* Leucophyllum langmanae *créent une scène joyeuse dans la lumière douce de l'automne.*

2- *Le câprier pousse au bord des chemins dans les vieux murs en pierres, car il a besoin d'un sol sec, parfaitement drainé.*

en Sicile, ne supportent tout simplement pas l'action conjuguée de la chaleur et de l'humidité. L'arrosage pendant nos étés brûlants leur est le plus souvent fatal.

Si vous arrosez pendant la période chaude, vous ne pourrez jamais accueillir dans votre jardin la vraie gamme des plantes adaptées au climat méditerranéen. La belle *Salvia candelabrum* ne restera qu'un rêve, le magnifique *Fremontodendron* couvert de fleurs jaunes n'aura aucune chance. Et ne songez même pas au bleu vibrant du *Lithodora fruticosa*, ou aux fleurs roses, douces et soyeuses, de l'*Ebenus cretica* : l'arrosage les tuera aussi sûrement qu'une puissante dose de désherbant. L'arrosage automatique est l'une des pires inventions du jardinier méditerranéen moderne. On croit se faciliter la vie, alors qu'on limite radicalement la gamme des plantes qui vont pouvoir vivre dans le jardin. Sans s'en rendre compte, on participe à l'uniformisation de la palette végétale

1- *Floraisons du mois de juin dans un jardin sec. Santolines et lavandes sont très sensibles aux champignons du collet qui se développent dès qu'on arrose en été.*

2- *Plus que la sécheresse, c'est souvent la mauvaise utilisation de l'arrosage qui limite la gamme utilisable dans les jardins méditerranéens.*

horticole. De région en région, les jardins finissent par se ressembler tous, perdant leur identité propre liée au climat et au sol.

Que va-t-il se passer si on arrête d'arroser ? Eh bien oui : les plantes qui ont besoin d'eau vont tout simplement mourir les unes après les autres. Mais que restera-t-il alors ? Tout le monde a peur de n'avoir plus qu'un jardin triste, avec des massifs poussiéreux où ne subsisteront que plantes épineuses ou arbustes rabougris. Nous avons instinctivement l'idée que l'eau amène luxuriance et diversité, et que la sécheresse restreint les possibilités de jardinage en climat méditerranéen. C'est pourtant exactement le contraire ! La plupart des jardiniers l'ignorent : dans la nature, la flore est bien plus riche dans les régions à climat méditerranéen que dans les régions à climat tempéré.

Quelques chiffres permettent de mettre en perspective cette diversité. En France, plus de 60 % des espèces végétales sont concentrées dans la zone méditerranéenne, qui ne représente pourtant qu'une toute petite

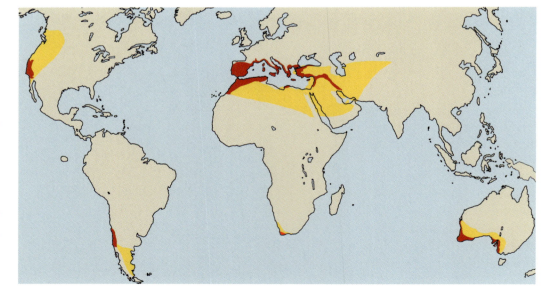

1- *Erodium foetidum sur la montagne de la Clape, près de Narbonne. En France, plus de 60 % des espèces végétales sont concentrées dans la zone méditerranéenne, qui ne représente pourtant que 10 % du territoire.*

2- *Ebenus cretica pousse dans les éboulis pierreux et les falaises des montagnes de Crète. L'extraordinaire diversité des plantes de climat sec est une source inépuisable pour les jardins.*

Climats méditerranéens du globe

La plupart des jardiniers l'ignorent : la flore est beaucoup plus riche dans les régions à climat méditerranéen que dans les régions à climat tempéré. Les botanistes dénombrent près de 75 000 espèces de plantes soumises à un régime de sécheresse estivale dans la nature. Ces plantes proviennent des zones à climat méditerranéen (en rouge sur la carte) et de zones adjacentes comprenant montagnes, steppes arides et franges de désert (en jaune sur la carte). (D'après The Isoclimatic Mediterranean Biomes, *Le Houérou, 2005.)*

Pour survivre dans un environnement difficile, les plantes de climat sec ont dû se spécialiser au cours de leur évolution. Elles se sont diversifiées à l'extrême en s'adaptant aux multiples conditions de sol, d'exposition, de latitude ou d'altitude. Loin de limiter la flore, la sécheresse a donc favorisé depuis des millénaires la diversité des plantes dans les régions à climat méditerranéen. Cette diversité est une source inépuisable pour les jardins. Savez-vous de combien d'espèces vous avez besoin pour créer votre jardin ? Sans doute entre 100 ou 200, peut-être un peu plus si votre terrain est très grand ou si vous êtes un véritable féru de botanique. Comparé à l'extraordinaire richesse des plantes de climat sec, le nombre d'espèces qu'il vous faut est tout simplement négligeable. Alors, n'ayez pas peur ! Osez débrancher le programmateur, couper l'affreux serpent du goutte-à-goutte et ôter les asperseurs. Laissez la nature faire le grand ménage dans votre jardin. Si une plante disparaît, c'est parfait ! Elle n'était tout simplement pas adaptée, et cela fait de la place pour une autre plante plus résistante.

Les plantes pour jardin sec proviennent en grande partie des différentes régions à climat méditerranéen, défini par des étés chauds et secs et des hivers humides – qui peuvent être doux ou froids. Ces régions sont situées au Chili, en Californie, en Afrique du Sud, en Australie et autour du Bassin méditerranéen. Mais il y a aussi des plantes très intéressantes pour le jardin sec qui proviennent des zones de transition entre les régions à climat méditerranéen et les régions adjacentes : montagnes, steppes arides, franges des déserts. La diversité des milieux, la richesse de la flore et la beauté des paysages des régions sèches du globe sont largement méconnues des jardiniers. Pour comprendre les possibilités d'adaptation d'une plante à son jardin, il est pourtant extrêmement utile de connaître son origine géographique et le milieu dans lequel elle pousse. Comme une invitation au voyage, voici dans les pages suivantes une évocation des paysages des cinq régions à climat méditerranéen du monde, avec quelques-unes de leurs zones de transition vers les montagnes ou les déserts.

partie du territoire. Dans toute l'Europe non méditerranéenne il ne pousse pas plus de 6 000 espèces, alors que dans le Sud de la France, le département de l'Hérault compte à lui seul plus de 2 000 espèces. La flore du Bassin méditerranéen est l'une des plus riches du monde : 25 000 espèces de plantes y poussent, soit près de 10 % de la flore mondiale. A l'échelle du globe, les botanistes dénombrent environ 75 000 espèces de plantes soumises à un régime de sécheresse estivale, issues des différentes régions à climat méditerranéen du monde et des régions adjacentes. Signe de cette diversité, c'est souvent dans les régions sèches que le nombre d'espèces endémiques, c'est-à-dire qui ne poussent nulle part ailleurs, est le plus élevé. En Afrique du Sud, la région du Cap, qui bénéficie d'un climat de type méditerranéen, comprend par exemple le nombre extraordinaire de 5 800 espèces de plantes endémiques – à titre de comparaison, dans le climat humide de Grande-Bretagne, sur une surface plus de trois fois plus importante, il n'y a que 20 espèces endémiques !

Bupleurum spinosum au col de Tizi n Test, dans l'Atlas. De nombreuses plantes intéressantes pour les jardins secs proviennent des zones de transition entre les régions à climat méditerranéen et les régions montagneuses plus froides.

CHILI

Isolé par l'océan, le désert et la haute barre montagneuse des Andes, le Chili abrite de nombreuses espèces endémiques.

A moins de 100 kilomètres de la côte, la chaîne des Andes déroule son cordon de hauts plateaux et de volcans, dont les sommets oscillent entre 5 000 et 6 500 mètres d'altitude. Sécheresse et froid extrêmes rendent les conditions particulièrement difficiles pour les plantes. Ici, la paja brava, l'herbe courageuse (Festuca orophylla), colore le paysage tout près de la frontière avec l'Argentine.

Entre Copiapó et Arica s'étend l'Atacama, le désert le plus aride du monde. Il ne pleut pour ainsi dire jamais et pourtant, sur la frange littorale, plusieurs espèces de cactées survivent grâce au brouillard nocturne qui provient du Pacifique. Ces étonnants cactus cylindriques, Copiapoa columna-alba, ont la tête couverte de longs poils blancs, ce qui leur permet de mieux capter le brouillard.

Au pied des Andes, près de Santiago, l'imposant palmier du Chili, Jubaea chilensis, émerge du matorral. Longtemps abattu pour son lait de palme, le Jubaea ne subsiste plus que dans quelques stations protégées.

1

Etroite bande de terre entre les Andes et l'océan Pacifique, le Chili s'étend sur plus de 4 000 kilomètres de sa pointe sud jusqu'à la frontière du Pérou au nord. Bien qu'il ne mesure que 160 kilomètres de largeur en moyenne, l'altitude varie d'ouest en est du niveau de la mer à des sommets qui dépassent 6 000 mètres d'altitude. Cette configuration unique permet au Chili de décliner tous les climats. Au sud glaciers et volcans enneigés, côte noyée dans la pluie et le brouillard. Au centre climat de type méditerranéen, étés secs et hivers humides. En remontant plus au nord, on progresse inexorablement vers la sécheresse, pour finir dans l'Atacama, le désert le plus aride du monde : aucune pluie enregistrée depuis qu'il existe des relevés météo. Si l'on quitte l'unique route qui traverse l'Atacama, la mythique Panaméricaine, pour emprunter une vallée transversale qui monte dans les

Andes, en quelques heures on passe du climat désertique au climat alpin, dans des paysages de transition étonnants entre la sécheresse absolue et le froid extrême.

Pour le jardinier méditerranéen, la zone principale d'intérêt se situe entre Concepción au sud et La Serena au nord. Près de Concepción, la sécheresse estivale ne dure qu'un mois ou deux, et la pluviométrie annuelle est élevée. Le sol est généralement acide, on trouve des arbustes comme *Fabiana imbricata*, *Escallonia rubra* et *Buddleja globosa*, alors que sur les contreforts des Andes subsistent des vestiges des anciennes forêts d'*Araucaria*. Valparaíso et Santiago marquent le centre de la zone à climat méditerranéen du Chili, avec quatre à cinq mois de sécheresse en été. Les versants nord (les plus ensoleillés dans l'hémisphère sud) sont couverts d'une végétation basse, le *matorral*, où se mêlent *Puya*, cactus et arbustes à feuilles persistantes comme *Sophora macrophylla*. Les versants sud, plus frais, sont couverts d'une forêt de petits arbres persistants assez semblable à nos forêts de chênes verts, comprenant *Peumus boldus*, *Escallonia illinita* ou *Luma chequen*. En montant vers La Serena, la sécheresse devient intense, cactus et *Acacia* épineux dominent dans un *matorral* clairsemé. Sur le littoral, par contre, de nombreux arbustes profitent du brouillard provenant des courants froids de l'océan, *Berberis*, *Senna*, *Cestrum parqui* ou le curieux *Fuchsia lycioides* à fleurs minuscules, souvent recouvert d'un épais manteau de lichen.

1- Buddleja globosa *pousse entre Santiago et Concepción, dans une région où la sécheresse ne dure que deux à trois mois.*

2- Puya berteroniana *et* Echinopsis chilensis *dans le parc national Las Campanas, près de Santiago. Le versant nord, plus ensoleillé, est couvert d'un matorral bas, alors que le fond plus frais du vallon est peuplé de palmiers et d'arbres persistants.*

CALIFORNIE

Fraîcheur du soir dans la baie de San Francisco, sommets enneigés de la sierra Nevada ou désert brûlant de la Vallée de la Mort, en Californie le climat change sur de très courtes distances, permettant une grande diversité floristique.

Les montagnes côtières au nord de San Francisco abritent de belles forêts de chênes à feuilles persistantes. Au milieu des chênes poussent Arbutus menziesii, un grand arbousier à écorce rouge, et Aesculus californica, le marronnier de Californie dont la silhouette dénudée surprend en été : au moment où il se couvre de fruits, il perd toutes ses feuilles pour résister à la sécheresse.

Sur la côte entre Los Angeles et San Francisco, le brouillard qui vient du Pacifique permet aux plantes de mieux supporter les longs mois de sécheresse. Dans le chaparral dense se mêlent Artemisia californica, Baccharis pilularis et de nombreuses espèces de sauges à feuillage remarquablement aromatique. Au printemps, les céanothes forment des cascades de fleurs bleues qui descendent vers l'océan.

Yucca brevifolia, l'arbre de Josué, dresse sa silhouette massive dans le paysage inondé de lumière du désert Mohave. Il peut former des arbres magnifiques de plus de 10 mètres de hauteur.

Tout comme le Chili, la Californie bénéficie sur sa côte du brouillard venant du Pacifique. La forêt de *Sequoia sempervirens*, l'arbre actuellement le plus haut du monde, vit au nord de San Francisco dans une étroite frange côtière grâce au brouillard : les nombreuses gouttelettes se formant sur ses branches tombent au sol et permettent aux racines superficielles d'abreuver l'arbre durant les mois les plus secs. En s'éloignant vers l'intérieur des terres, l'influence du brouillard ne se fait plus sentir et on change rapidement de paysage, avec une forêt d'arbres à feuilles persistantes mêlant chênes, arbousiers et *Umbellularia californica*, le laurier de Californie.

Entre San Francisco et San Luis Obispo, la côte est couverte du *chaparral*, végétation basse et dense, très fleurie au printemps, et régulièrement régénérée par le feu. Sur les montagnes de la côte on trouve de nombreux arbustes à feuilles persistantes comme *Heteromeles arbutifolia* qui se couvre de baies rouges en hiver, *Prunus ilicifolia* à jeunes pousses vert tendre, différentes espèces d'*Arctostaphyllos* dont l'écorce s'exfolie au printemps et le spectaculaire *Fremontodendron californicum* à fleurs jaune brillant.

En descendant vers Los Angeles, la sécheresse augmente et le *chaparral* côtier s'enrichit de nombreuses sauges, *Salvia apiana* à feuilles blanches, *Salvia mellifera* à feuilles vert sombre, *Salvia leucophylla* à feuilles argentées. En fin de printemps, le *Yucca whipplei* marque les collines de ses grandes chandelles de fleurs blanches. Sitôt franchies les montagnes de la côte, la transition vers le désert est brutale. Au sud, c'est le désert de Sonora qui s'étend en direction de l'Arizona et du Mexique. A l'est, c'est le désert Mohave où l'on trouve de belles populations de *Yucca brevifolia*. Et en remontant vers la sierra Nevada, on atteint les paysages spectaculaires de la Vallée de la Mort, célèbre pour ses records de chaleur en été.

1- Salvia 'Allen Chickering' est un hybride entre deux sauges californiennes, Salvia clevelandii *et* Salvia leucophylla. *Elle a croisé les qualités de ses deux parents, en prenant le feuillage argenté de* Salvia leucophylla *et les magnifiques fleurs bleu-violet de* Salvia clevelandii. *Son feuillage aromatique embaume le jardin pendant tout l'été.*

2- *Malgré la sécheresse et la chaleur intenses,* Atriplex canescens *prospère dans les dunes de la Vallée de la Mort. C'est un arbuste de culture facile en jardin, car il résiste bien au froid et tolère des conditions de sol variées. Avec son feuillage fin et ses inflorescences gracieusement arquées, c'est sans doute le plus ornemental de tous les* Atriplex.

AFRIQUE DU SUD

Reconnue comme l'un des six royaumes floristiques du monde, la région du Cap, à la pointe sud de l'Afrique, abrite une flore d'une richesse exceptionnelle.

La végétation qui domine la région du Cap s'appelle le *fynbos*, caractérisé par trois grandes familles : les protéacées aux fleurs souvent spectaculaires, les bruyères qui prennent des formes inattendues et colorées, et les curieuses restionacées qui évoquent selon les espèces joncs, bambous ou graminées. La récurrence des incendies naturels caractérise le cycle écologique du *fynbos*, l'ouverture du milieu liée au feu favorisant l'apparition d'une diversité remarquable de plantes à bulbes. Beaucoup de plantes communes dans les jardins méditerranéens proviennent de la région du Cap : *Gazania, Euryops, Myrsine, Leonotis, Coleonema* ou de nombreux *Pelargonium*.

Marquant la limite entre l'océan Atlantique et l'océan Indien, le cap de Bonne-Espérance est couvert d'une végétation basse, plaquée au sol par les vents violents. Senecio elegans éclaire de ses corolles éclatantes les tiges succulentes d'Euphorbia caput-medusae, qui s'étale en coussins tentaculaires.

La silhouette spectaculaire de l'Aloe dichotoma se dresse dans les plaines arides du Namaqualand. Si les pluies ont été suffisantes, le paysage se transforme pour quelques jours au printemps en un tapis multicolore de plantes annuelles, qui s'étend à perte de vue.

Les touffes puissantes de Melianthus major s'ancrent dans le lit asséché d'une rivière, au pied des plateaux secs du Grand Karoo. Les collines environnantes sont peuplées d'une grande variété de plantes succulentes, parfaitement adaptées aux longues périodes de sécheresse.

Plus au nord, dans les vastes étendues arides du Karoo, le *fynbos* cède la place à une riche flore de plantes succulentes : *Malephora*, *Lampranthus* et *Ruschia* se mêlent aux bulbines et aux *Aloe*, constituant un paysage qui peut sembler austère la majeure partie de l'année, mais qui libère soudain une explosion de fleurs aux coloris extrêmement vifs. Se concentrant le long des ravins pour profiter d'un peu d'humidité supplémentaire, le feuillage généreux des *Melianthus* et les fleurs rouge corail des *Lessertia* viennent rompre la monotonie du paysage.

La traversée du Namaqualand en période de floraison est une expérience unique, attirant chaque année des touristes

du monde entier. Les floraisons sont pourtant assez aléatoires, car, dans cette région très sèche, elles n'apparaissent que si la pluviométrie hivernale a été suffisante. Lorsque c'est le cas, le paysage entier se transforme en un champ de fleurs, jaunes, blanches, bleues ou orange. Ces fleurs annuelles ont un cycle de vie très court, et la scène peut durer quelques semaines, voire seulement quelques jours. Mais le Namaqualand recèle aussi de nombreuses autres espèces, plantes succulentes, bulbes, euphorbes et *Pelargonium*, très décoratives et parfaitement adaptées à la sécheresse.

1- *Le Polygala myrtifolia pousse sur la célèbre montagne de la Table, qui domine de près de 800 mètres la ville du Cap et l'océan. Une nappe de brouillard caractéristique enveloppe la montagne en été, procurant un complément d'humidité qui permet au Polygala d'avoir une période de floraison particulièrement prolongée.*

2- *Malgré une pluviométrie très faible, la côte ouest de l'Afrique du Sud déborde de fleurs et de couleurs en septembre et en octobre, qui sont les mois de printemps dans l'hémisphère sud. Les fleurs violettes du* Drosanthemum hispidum *se faufilent au milieu de l'incroyable diversité des plantes de la famille des Asteraceae.*

SUD-OUEST DE L'AUSTRALIE

Comme une île entourée par les déserts et l'océan, le Sud-Ouest de l'Australie abrite une flore unique, avec un taux d'endémisme remarquable.

L'Australie comprend deux régions à climat méditerranéen : une petite zone sur la côte sud, près d'Adélaïde, et un large croissant au Sud-Ouest, dans la région de Perth. C'est ce dernier secteur qui est le plus riche, avec plus de 6 000 espèces, dont la plupart ne se rencontrent à aucun autre endroit du monde. Les sols, parmi les plus anciens de la planète, sont d'une pauvreté extrême : sécheresse et

Sous la silhouette tortueuse des Eucalyptus, Senna artemisoides *déploie la masse légère de ses fleurs jaunes. Pour limiter les pertes en eau, les feuilles des* Eucalyptus *sont disposées à la verticale, diminuant la surface d'exposition aux rayons du soleil. La lumière traverse ainsi facilement le feuillage des* Eucalyptus, *permettant à de nombreuses plantes de prospérer au pied des arbres.*

Entre Albany et Esperance, les landes côtières sont couvertes par le kwongwan, riche formation végétale dominée par les arbrisseaux à feuillage persistant. L'analogie entre le kwongwan et le fynbos d'Afrique du Sud évoque le temps où les deux régions se joignaient dans l'ancien supercontinent du Sud, le Gondwana.

Acacia rostellifera *forme un arbuste tout rond, insensible au vent chargé de sel venant de l'océan Indien. Ses racines plongent dans un sol pauvre, composé d'un sable pur qui crisse curieusement sous les pas comme de la neige. Les* Acacia *ont la faculté de survivre en sol très pauvre grâce aux nodosités de leurs racines qui fixent l'azote de l'air.*

manque d'éléments nutritifs ont entraîné une remarquable spécialisation des espèces, chacune adoptant des stratégies particulières pour survivre dans des conditions difficiles. Les familles dominantes sont les myrtacées, les fabacées et les protéacées : *Callistemon*, *Banksia* et *Grevillea* se mêlent avec leurs fleurs spectaculaires, formant un paysage d'aspect très exotique pour le visiteur

européen – mais nombre de ces plantes sont difficiles à acclimater dans les jardins du pourtour méditerranéen, car elles sont souvent strictement inféodées à leur milieu d'origine.

Près du cap Leeuwin, la pointe sud-ouest connaît la plus forte pluviométrie du Sud-Ouest de l'Australie : les *Eucalyptus* géants y forment des forêts majestueuses, au sous-bois tapissé de lianes multicolores, *Sollya* bleu, *Kennedia* rouge ou clématite blanche. En remontant vers le nord-est la pluviométrie baisse régulièrement, les *Eucalyptus* poussent en cépées plus courtes, avec des troncs tortueux aux écorces magnifiques. Dans les sous-bois près de Perth, on trouve une multitude d'arbrisseaux et de vivaces, dont une extraordinaire diversité de délicates orchidées terrestres qui attirent chaque printemps des orchidophiles du monde entier. Plus au nord, vers Kalbarri, les *Eucalyptus* cèdent la place aux *Acacia*, dans des plaines arides qui se couvrent brièvement, après la saison des pluies, d'annuelles aux couleurs vives. En se dirigeant vers l'est, au-delà d'Esperance, la végétation dense du *kwongwan* est remplacée par les vastes plaines poussiéreuses du désert de Nullarbor, dont le nom signifie littéralement "sans aucun arbre".

1- *La couleur éclatante du* Banksia coccinea *attire les insectes qui se gorgent de nectar tout en assurant la pollinisation. Les graines peuvent se conserver de nombreuses années, cachées bien à l'abri dans des capsules imperméables. Ces capsules ne s'ouvrent que dans des conditions très précises, lorsqu'un incendie est suivi par plusieurs pluies successives. Les graines soudain libérées peuvent alors germer rapidement, sur un sol de sable blanc momentanément enrichi par les cendres.*

2- *Dans les montagnes de Stirling Range,* Kingsia australis *dresse ses élégantes couronnes argentées sur des troncs noircis par les flammes. Le feu joue ici un rôle primordial dans l'ouverture du milieu, assurant le renouvellement de la végétation et le maintien de l'exceptionnelle diversité floristique des Stirling Range. Le tronc épais du* Kingsia *protège efficacement le cœur de la plante de la chaleur des flammes, alors que les* Eucalyptus *que l'on peut voir en arrière-plan ont la faculté de rejeter de souche après un incendie.*

BASSIN MÉDITERRANÉEN

En Sardaigne, les chênes verts grimpent à l'assaut des montagnes calcaires. Partout autour de la Méditerranée, on retrouve ces forêts où se mêlent chênes, pistachiers, Rhamnus et filarias. Sous l'action des coupes répétées, du pâturage ou du feu, la forêt a souvent laissé la place à des formations plus basses, garrigue, matorral ou phrygana, qui abritent une remarquable diversité floristique.

Tout seul dans le désert, *Retama raetam* survit au pied des flancs plissés de l'Anti-Atlas au Sud du Maroc. En hiver, lorsque le climat est le moins sec, le Retama se couvre de jolies fleurs blanches à base violette, délicieusement parfumées. Peu exigeant sur la nature du sol à condition qu'il soit bien drainé, le *Retama raetam* est une plante facile à cultiver dans les jardins.

La côte déchiquetée du Sud-Est de la Turquie est régulièrement soumise aux embruns. Le vent et le sel sculptent des draperies végétales dans les masses épaisses des caroubiers, myrtes et oliviers sauvages.

Hautes montagnes, côtes découpées, îlots minuscules ou vastes plateaux steppiques, le pourtour de la Méditerranée se présente comme une véritable mosaïque de sols et de microclimats abritant une diversité unique d'écosystèmes. Le climat méditerranéen a entraîné une évolution particulière des plantes qui se sont adaptées petit à petit à la sécheresse. Cette évolution, liée à une profonde influence de l'activité humaine remontant presque à la fin de la dernière ère glaciaire, a permis l'exceptionnelle richesse de la flore du Bassin méditerranéen. Il y a tout simplement là, à notre porte, un fabuleux réservoir de plantes pour nos jardins. La première démarche du jardinier en climat méditerranéen, c'est certainement d'apprendre à connaître et à aimer ces plantes qui nous entourent. Si elles ont été

lontemps délaissées, brûlées ou arrachées, les plantes sauvages de nos garrigues sont amenées à changer de statut, car pour nous jardiniers, elles ont une qualité irremplaçable : elles résistent à la sécheresse.

1- *Au printemps,* Ferula communis *illumine de ses ombelles jaune vif les montagnes pelées de Crète. Selon la mythologie grecque, c'est dans une tige creuse de* Ferula communis *que Prométhée a transporté le feu pour l'offrir aux hommes, le prélevant secrètement de la forge d'Héphaïstos, le forgeron des dieux. Depuis, le feu fait partie intégrante du paysage méditerranéen.*

2- *Vues de loin, les garrigues méditerranéennes peuvent sembler austères. Mais le promeneur attentif y découvre, tout au long de l'année, de véritables trésors pour le jardin sec, comme cet* Iris unguicularis *qui s'épanouit au moment le plus triste de l'hiver.*

3- *La nature semble vouloir reprendre le dessus dans les ruines du théâtre antique de Termessos, au cœur des montagnes du Taurus. Depuis des milliers d'années, l'histoire des paysages autour de la Méditerranée se confond avec l'histoire des hommes, au point qu'il est souvent difficile de déterminer ce qu'est un paysage méditerranéen "naturel".*

LES PLANTES ET LA SÉCHERESSE

Stratégies d'adaptation

Au cours de leur évolution, les plantes des régions à climat méditerranéen ont développé des stratégies remarquables d'adaptation à la sécheresse. L'étude de ces stratégies est riche d'enseignements pour le jardinier. Elle permet de mieux comprendre comment planter et entretenir les plantes de terrain sec, en mettant en valeur la diversité de leurs techniques de survie, pour composer un jardin méditerranéen naturel, beau et original.

MOURIR EN ÉTÉ : LES PLANTES ANNUELLES

Le plus simple pour échapper à la sécheresse, c'est de disparaître quand les conditions deviennent difficiles. La plante annuelle germe, pousse, fleurit et produit ses graines dans un laps de temps court. Quand vient l'été elle se moque bien de la chaleur, car elle est morte. Morte ? Oui mais elle a disséminé ses nombreuses graines, la survie de l'espèce est assurée et le cycle prêt à recommencer. A la première pluie qui marque la fin de l'été, la graine va germer, et la plantule pourra se développer pendant la période humide de l'automne. Petit repos en hiver si le froid est sévère, puis croissance rapide en février ou mars pour une explosion de fleurs au printemps. La nature est généreuse avec les annuelles : jolies fleurs et coloris éclatants, car pour la plante il y a urgence : il faut attirer au plus vite les pollinisateurs, avant qu'une chaleur précoce ne vienne annoncer la fin de la floraison, et la mort toute proche à nouveau.

Dans certaines régions désertiques, le cycle est encore bien plus court. Les pluies sont rares, souvent il ne pleut qu'une seule fois par an. La plante germe alors le jour même de la pluie, fleurit aussitôt et meurt en quelques jours, libérant une profusion de graines qui vont rester cachées en réserve dans le désert tout le reste de l'année. Vie courte mais intense. Les couleurs sont très vives et les fleurs peuvent former un couvre-sol éphémère sur des étendues immenses. Le paysage de ces déserts brusquement fleuris pour quelques jours est une véritable attraction dans le Namaqualand en Afrique du Sud, ou sur la côte de l'Atacama au Chili. Dans le Sud-Ouest des Etats-Unis, c'est tout un réseau de passionnés qui se communiquent en temps réel sur Internet l'évolution jour après jour des floraisons des déserts Mohave et de Sonora.

Sans aller à l'autre bout du monde, les annuelles peuvent être une aubaine dans nos jardins. Le jardinier bien sage désherbe méticuleusement ses massifs de vivaces au printemps. La binette brille, le dos fait mal et le jardin est "propre". Mais pourquoi éliminer toutes les annuelles ? On peut très bien réaliser un désherbage sélectif, en gardant les annuelles sauvages dont les floraisons sont décoratives. En fin de saison, elles produiront leurs graines et se ressèmeront naturellement l'année suivante, amenant de la couleur et bouchant les trous dans les massifs récents. On peut aussi récolter les graines en début d'été pour les semer en place à l'automne, dans d'autres zones du jardin, en imaginant des associations originales avec les plantes pérennes. Dans notre jardin, nous nous amusons à faire des essais, en mêlant vivaces,

1- *Osteospermum fruticosum* 'Album' et *Lavandula* x *ginginsii* 'Goodwin Creek Grey'. Grâce à leurs stratégies d'adaptation à la sécheresse, les plantes de climat méditerranéen présentent une grande diversité de textures et de formes, permettant de nombreuses associations originales.

2- Aïzoacée annuelle en Afrique du Sud, dans le désert du Namaqualand. Après une pluie suffisante, en quelques jours la plante germe, fleurit et meurt, libérant une profusion de graines qui resteront cachées en réserve dans le désert.

annuelles et bisannuelles : cette année coquelicots avec *Eschscholzia californica* et *Geranium sanguineum*, l'an prochain nous allons essayer le joli bleu des nigelles de Damas avec le jaune lumineux des molènes. Je voudrais aussi copier une scène vue en bord de chemin lors d'une randonnée en Andalousie, vipérines bleues mêlées à des valérianes rose tendre. Chaque région a ses annuelles, plutôt que de se fatiguer à les éliminer, on peut apprendre à les connaître et les guider pour des scènes joyeuses et éphémères. Un petit coin sauvage d'annuelles dans le jardin, c'est aussi un formidable réservoir de pollinisateurs et de faune auxiliaire : plus de diversité, meilleur équilibre naturel, et moins de maladies dans le reste du jardin.

SE CACHER DANS LE SOL : LES GÉOPHYTES

Les géophytes sont ce qu'on appelle couramment les plantes bulbeuses. Les spécialistes distinguent les vrais bulbes qui ressemblent à un oignon (tulipes, narcisses), les cormes qui sont une base renflée de la tige *(Cyclamen, Sternbergia)*, les rhizomes tubéreux qui sont des tiges horizontales charnues (asphodèles, nombreux iris) et les tubercules, plus courts et trapus que les rhizomes (topinambours). Ici la stratégie d'adaptation à la sécheresse est proche de celle des annuelles : disparaître pour mieux survivre. Mais pendant la période de végétation, la plante assimile des éléments nutritifs et de l'eau dans les organes tubéreux souterrains. Puis, quand arrive la chaleur, la plante fane et semble disparaître, mais le bulbe chargé de réserves reste en terre, bien vivant, prêt à redémarrer son cycle végétatif avec les pluies d'automne.

La facilité de multiplication des plantes bulbeuses, par simple division pendant la période de repos, en fait des alliées précieuses du jardinier méditerranéen. Leurs floraisons sont souvent assez brèves mais très décoratives, elles rythment l'avancement des saisons dans le jardin sec : corolles étonnantes des safrans tout de suite après l'été, tapis multicolores des cyclamens en automne, *Iris unguicularis* pour aider à passer l'hiver, narcisses qui annoncent le printemps, scilles du Pérou glorieuses en avril, puis les *Allium* qui précèdent l'arrivée de la chaleur et les agapanthes qui adoucissent la lumière puissante du mois de juillet. La région méditerranéenne, où le feu joue un rôle écologique important d'ouverture du

En mêlant vivaces et annuelles, on peut facilement créer des scènes légères et colorées. Ici les coquelicots se ressèment librement au milieu des Eschscholzia californica, Tanacetum cinerariifolium *et* Geranium sanguineum.

1- *Scille du Pérou dans notre jardin au mois d'avril, devant le feuillage gris de* Centaurea pulcherrima *et les inflorescences vert acide d'*Euphorbia characias subsp. wulfenii. *Après la floraison, le feuillage fane et la plante disparaît sous terre, le bulbe ayant emmagasiné assez d'eau et d'éléments nutritifs pour passer l'été à l'abri de la sécheresse.*

2- *Iris unguicularis, l'iris d'Alger, éclaire de ses corolles lumineuses les longs mois d'hiver. En fin d'été, lorsque la plante est en repos, on la multiplie facilement en divisant ses rhizomes tubéreux.*

3- *Pour limiter les pertes en eau,* Arbutus unedo var. rubra *a des feuilles épaisses et coriaces, dont la face supérieure est protégée par une cuticule vernissée. L'arbousier entre en repos en été, mais en hiver il se couvre de fleurs et de fruits très décoratifs.*

milieu, est très riche en bulbes. Mais la région la plus extraordinaire en diversité de plantes bulbeuses est sans doute la province du Cap en Afrique du Sud. Après un incendie, le *fynbos* est transformé en un véritable jardin de bulbes, fleuri à perte de vue.

UN DOUBLE SYSTÈME RACINAIRE

Pour mieux résister à la sécheresse, de nombreux arbres et arbustes de climat sec développent un double système racinaire. Imaginons une graine de ciste qui germe dans la garrigue en automne : en quelques semaines on voit apparaître les premières feuilles, encore toutes petites. La plantule ne pousse que de quelques centimètres pendant l'hiver. Mais le plus important n'est pas visible, car il se passe sous la surface du sol. Rapidement le ciste envoie une longue racine pivotante qui va plonger en profondeur, se frayant un passage entre les cailloux. C'est un véritable compte à rebours qui s'enclenche dès la germination : les racines cherchent à atteindre le plus vite possible la profondeur qui va permettre à la plantule de trouver assez d'humidité pour tenter de survivre le premier été. Pendant ce temps, la partie aérienne se développe tout doucement. Peu de feuilles pour limiter la perte en eau, beaucoup de racines pour puiser le maximum d'humidité.

Dans un deuxième temps, si la plantule a survécu au premier été, le ciste va développer, en plus de son système racinaire en profondeur, un réseau de racines superficielles très ramifiées pour profiter de l'humidité provenant de la moindre pluie, ainsi que des éléments nutritifs plus nombreux à la surface. Chez de nombreuses plantes méditerranéennes adaptées à des sols dégradés, souvent très pauvres, les racines de surface entrent en symbiose avec des champignons mycorhiziens qui aident la plante à exploiter le peu de matière organique en décomposition à la surface du sol. Ces racines peuvent être très longues et s'éloigner plus qu'on ne l'imagine du pied de la plante. La plupart des plantes de climat sec ont des racines dont la longueur atteint cinq à dix fois la longueur des tiges. Les racines superficielles s'allongent d'autant plus que l'environnement est aride, augmentant considérablement la surface où la plante puise l'eau nécessaire à sa survie. Lorsque le sol le permet, les racines peuvent aussi atteindre une grande profondeur. Au Chili, dans le désert de l'Atacama, les *Atriplex* survivent grâce à leurs racines qui arrivent à plonger à plus de 10 mètres de profondeur pour atteindre la nappe phréatique. Au pied de la montagne Sainte-Victoire, en Provence, des petits chênes de quelques mètres de hauteur s'ancrent sur un sol calcaire profondément fracturé, comme en témoignent les nombreuses fissures, falaises et grottes souterraines. Les spéléologues qui les explorent peuvent apercevoir les racines des

chênes qui recherchent l'humidité à plus de 30 mètres de profondeur dans les galeries souterraines. Les *Zizyphus lotus*, que l'on repère au bord des routes du Sud du Maroc aux sacs plastique noirs qui s'accrochent comme des drapeaux à leurs rameaux épineux, ont des racines qui peuvent plonger à plus de 60 mètres pour rejoindre la nappe phréatique.

Le système racinaire des plantes de climat méditerranéen s'accroît essentiellement pendant l'automne, l'hiver et le début du printemps, lorsque les conditions d'humidité du sol sont favorables. On comprend l'intérêt de planter dans un jardin sec le plus tôt possible à l'automne : la plante est au début de son cycle naturel d'émission des racines. Elle va s'enraciner dans de bonnes conditions pendant l'hiver et être presque autonome dès l'été suivant.

RÉDUIRE LA TRANSPIRATION : LES PLANTES SCLÉROPHYLLES

La photosynthèse utilise l'énergie du soleil pour fabriquer du sucre employé pour la croissance de la plante. Elle consomme du dioxyde de carbone pris dans l'air et produit de l'oxygène, libéré à son tour dans l'atmosphère. Ces échanges gazeux se font par des organes spécifiques, les stomates, situés à la surface des feuilles. Le stomate est comme une petite chambre comportant un orifice de taille variable (l'ostiole) qui permet de communiquer avec l'air extérieur. Dans le processus de photosynthèse la plante transpire, et c'est ce qui nous intéresse ici. Par les stomates elle perd une quantité importante de vapeur d'eau, en même temps qu'ont lieu les échanges gazeux (dioxyde de carbone et oxygène).

Pour limiter la transpiration, les plantes sclérophylles ont développé des feuilles persistantes, épaisses et coriaces, dont la face supérieure est couverte d'une cuticule vernissée imperméable ("sclérophylle" vient du grec *sklêros*, dur, et *phullon*, feuille). Tous les stomates se retrouvent alors à la surface inférieure des feuilles, qui est la plus protégée du soleil. En été l'ostiole des stomates se réduit au minimum pour ralentir la déshydratation. Chez certaines plantes comme le laurier-rose, les stomates sont même enfouis dans des "cryptes stomatiques", sortes de trous profonds garnis de poils, qui permettent de diminuer encore plus les pertes en eau. On trouve de très nombreuses plantes sclérophylles dans les garrigues et maquis du Sud de la France : chêne vert, arbousier, filaria, buplèvre, alaterne, lentisque, myrte. Avec leur beau feuillage persistant et leur silhouette sombre, ces plantes sont excellentes pour former la structure initiale d'un jardin sec.

Cette technique de réduction de la transpiration est très efficace mais elle a une conséquence importante sur le cycle de croissance des plantes sclérophylles. La transpiration est nécessaire pour la croissance, car c'est elle qui

1- *Racines d'un semis de deux ans de* Cistus creticus, *mises au jour dans notre jardin grâce à une excavation minutieuse. La première année, la plantule émet rapidement une longue racine pivotante, qui lui permet de survivre en été. La deuxième année, un réseau dense de racines secondaires se développe sous la surface, là où les éléments nutritifs sont plus nombreux. Le double système racinaire du ciste lui permet d'exploiter au mieux l'eau disponible : chevelu superficiel pour profiter de la moindre pluie, et racines profondes pour puiser l'humidité en profondeur lors des longues périodes de sécheresse.*

2- *Semis de* Cistus albidus *dans la garrigue de Montpellier. Dès la germination, le ciste envoie une longue racine pivotante qui va plonger en profondeur, se frayant un passage entre les cailloux pour chercher l'humidité nécessaire à sa survie.*

3- *Sécheresse extrême dans le désert de l'Atacama, au Chili. L'*Atriplex deserticola *survit grâce à ses racines qui descendent à plus de 10 mètres pour atteindre la nappe phréatique.*

génère la "pompe à eau" qui oblige la sève à monter des racines vers les parties aériennes en véhiculant les éléments nutritifs. Pour une plante qui cherche à résister à la sécheresse, diminuer les pertes en eau par fermeture des stomates, c'est bien, mais cela veut dire en contrepartie diminuer les échanges gazeux et donc la photosynthèse et la croissance. Les plantes sclérophylles, particulièrement bien adaptées à un environnement sec, ont donc le plus souvent une phase de dormance estivale. C'est le cycle inverse des plantes de climat tempéré, qui ont un repos hivernal lors de la chute des feuilles. Grâce à son feuillage persistant, la plante sclérophylle pousse en automne, en hiver et au printemps, puis elle entre en repos pendant l'été, la "mauvaise saison" pour les plantes méditerranéennes. Voilà une autre bonne raison pour planter en automne plutôt qu'au printemps. Si on plante en automne, la plante sclérophylle est au début de sa phase de croissance. Par contre, plus on plante tard au printemps, plus la plante va entrer rapidement dans sa phase de repos avec l'arrivée de la chaleur. Elle ne fait alors que survivre tant bien que mal en attendant l'automne où elle pourra enfin commencer à pousser.

DORMANCE ESTIVALE : PLANTES CADUQUES EN ÉTÉ
Si les plantes sclérophylles ont une période de repos en été, certaines plantes de climat sec ont poussé cette stratégie à son extrême : elles perdent entièrement leur feuillage au moment de la saison sèche. Pas de feuilles, pas de photosynthèse, donc pas de pertes en eau. Il ne reste plus que le squelette de la plante, prêt à bourgeonner à nouveau dès la première pluie d'automne. Dans les jardins du Sud de la France, le *Sarcopoterium spinosum* ne perd ses feuilles que lors des sécheresses exceptionnelles. Mais dans l'Est du Bassin méditerranéen d'où il est originaire, le climat est beaucoup plus sec et le *Sarcopoterium* est réduit à un buisson d'épines en été. Cette chute des feuilles peut être ornementale : la silhouette du *Sarcopoterium* défeuillé est curieuse et originale, et celle de l'euphorbe épineuse, *Euphorbia acanthothamnos*, est tout simplement spectaculaire lorsque la plante est caduque en été.

Plus l'environnement est aride, plus les plantes ont tendance à cumuler les stratégies d'adaptation à la sécheresse. Arbre emblématique du Sud du Maroc, l'arganier,

Argania spinosa, a non seulement des feuilles sclérophylles mais aussi un système racinaire remarquablement étendu, d'où l'aspect de forêt clairsemée typique des paysages de la vallée du Sous. L'arganier a également une possibilité d'entrer en dormance totale par chute des feuilles en saison sèche. Si l'été n'est pas trop chaud et sec, l'arganier conserve ses feuilles, pour le plus grand bonheur des chèvres qui grimpent haut dans l'arbre pour brouter les jeunes rameaux. Par contre, si l'été est très sec, l'arbre s'adapte, il perd toutes ses feuilles et attend des temps meilleurs. L'arganier a même la faculté exceptionnelle de pouvoir prolonger s'il le faut cette dormance pendant plusieurs années, ce qui lui assure une excellente capacité de survie lors de cycles de sécheresse intense. Quand la pluie revient enfin, l'arganier bourgeonne, recommence à fleurir et produit ses fruits, les noix d'argan, dont on extrait une huile délicieuse.

Originaire de Grèce et de Turquie, Euphorbia acanthothamnos *s'adapte à la sécheresse en perdant toutes ses feuilles en été, mettant en valeur son étonnante silhouette d'épines enchevêtrées.*

DIMINUER LA SURFACE D'EXPOSITION

En plus de la transpiration, les feuilles perdent naturellement de l'eau par simple évaporation au travers des cellules de l'épiderme. On parle alors d'évapotranspiration pour l'ensemble des pertes en eau par les feuilles. Une stratégie des plantes de climat sec pour limiter l'évaporation consiste à diminuer la surface d'exposition des feuilles au soleil. Avez-vous une petite loupe dans un tiroir ? Observez avec un fort grossissement le revers d'une feuille de romarin. De loin, on croit que c'est une feuille étroite, presque linéaire. Mais si on l'observe bien, on aperçoit que les bords de la feuille sont nettement enroulés sur eux-mêmes vers la face inférieure. Si on pouvait la dérouler, on verrait que la feuille de romarin est en fait bien plus large. Le romarin garde une grande surface de feuille pour assurer la photosynthèse, mais enroule le bord de ses feuilles pour diminuer la surface soumise aux rayons directs du soleil et diminuer les pertes en eau par évaporation.

En plus de l'enroulement du bord des feuilles, le thym choisit de fortement réduire la taille de la feuille pour diminuer la surface d'exposition au soleil. Et chez de nombreuses plantes de climat sec, c'est la surenchère, à qui aura la plus petite feuille : feuilles linéaires *(Dianthus pyreneus)*, feuilles en aiguilles *(Genista hispanica)*, feuilles minuscules *(Teucrium subspinosum)*, feuilles réduites à de simples écailles imbriquées *(Juniperus phoenicea)*. Les cactus font encore mieux : à force de diminuer, les feuilles ont disparu, elles ont été transformées en épines, qui garantissent en même temps la défense contre les prédateurs. C'est la tige qui assure alors la photosynthèse. Evidemment, la réduction de la surface permettant de capter l'énergie lumineuse entraîne une diminution

L'arganier est capable d'entrer en dormance totale : en période de sécheresse prolongée, il perd toutes ses feuilles et peut attendre plusieurs années avant de bourgeonner à nouveau, lorsque les conditions redeviennent plus favorables. Il pousse ici avec des euphorbes cactiformes, Euphorbia echinus *subsp.* echinus*, près de la vallée du Sous dans le Sud du Maroc.*

1- Originaire des îles Baléares, Teucrium subspinosum *a des feuilles minuscules : la diminution de la surface foliaire lui permet de limiter les pertes en eau par évaporation.*

2- Le Phlomis lycia *porte deux types de feuilles : les larges feuilles vertes ayant servi à la croissance printanière sont remplacées en début d'été par des feuilles étroites, orientées à la verticale pour échapper aux rayons du soleil, et couvertes d'une surprenante laine dorée.*

3- Les feuilles de Salvia argentea *paraissent argentées, car elles sont couvertes d'un réseau dense de poils blancs. Tout en réfléchissant les rayons du soleil pour diminuer la chaleur, ces poils forment un filtre brise-vent très efficace pour limiter les pertes en eau, en créant un microclimat autour des stomates.*

de la photosynthèse, d'où la lenteur de croissance de nombreuses espèces de plantes à très petites feuilles.

Encore une idée pour réduire la surface d'exposition ? Au lieu de garder des feuilles largement étalées à l'horizontale pour recevoir perpendiculairement les rayons du soleil, certaines plantes dirigent leurs feuilles à la verticale ou dans l'axe des rayons du soleil. Le *Stipa gigantea*, comme beaucoup d'autres graminées, a des feuilles qui commencent par engainer le chaume puis dont les bords s'enroulent tout en se dressant à la verticale, prenant une allure de feuille de jonc. Le *Yucca aloifolia* est très dangereux avec ses feuilles acérées comme des baïonnettes justement parce qu'elles sont dirigées vers le haut : c'est à la fois une défense contre les prédateurs et une adaptation à la sécheresse.

Le *Phlomis lycia* est un bel exemple de ce qu'on appelle le dimorphisme saisonnier : ses feuilles évoluent selon les saisons pour mieux s'adapter aux conditions climatiques. Les feuilles sont larges, vertes et bien étalées jusqu'au mois de mai, pour capter les rayons du soleil et assurer la photosynthèse pendant la période de croissance. Le *Phlomis lycia* perd ses feuilles larges en fin de printemps et une deuxième pousse apparaît, avec des feuilles très différentes. Les feuilles estivales sont très étroites, couvertes d'une surprenante laine dorée, et presque parfaitement orientées à la verticale, comme pour se glisser entre les rayons du soleil. Au passage, comme la nature fait bien les choses, la chute des feuilles de printemps crée une litière qui, en se décomposant sur le sol, libère des composés organiques ayant des propriétés antigerminatives : le *Phlomis* se protège contre la germination d'espèces concurrentes qui pourraient venir prélever de l'eau dans son espace vital.

À L'ABRI DE LA CHALEUR : PLANTES POILUES ET FEUILLAGES GRIS

Promenez-vous dans votre jardin en début d'après-midi, un jour d'été bien chaud. Instinctivement vous allez vous diriger vers le premier coin d'ombre disponible, sous un arbre ou à l'abri d'une tonnelle, pour vous protéger de la chaleur. Les plantes à feuillage gris ont développé une technique efficace et toute simple pour "se mettre à l'ombre" : elles sont recouvertes de poils

blancs qui réfléchissent la lumière du soleil. Sous les poils, la feuille est bien verte, car la photosynthèse n'est possible que par l'action de la lumière sur le pigment vert des feuilles. On le devine lorsque les feuilles sont mouillées : par exemple après la pluie battante d'un orage d'automne, les poils du *Stachys byzantina* se collent aux feuilles qui deviennent presque vertes, la plante prenant un aspect triste de chien mouillé.

La protection sous des poils correspond à une double stratégie de résistance à la chaleur et à la sécheresse. D'une part le réseau dense de poils réfléchit la lumière et réduit la chaleur au niveau de la surface de la feuille, diminuant directement l'évaporation. D'autre part les poils ont un rôle de filtre "brise-vent", créant un microclimat devant l'ostiole des stomates et conservant une partie de la vapeur d'eau lors des échanges gazeux de la photosynthèse. Une petite observation à la loupe révèle une grande diversité de poils sur les plantes à feuillage gris : duvet soyeux ou laine épaisse, longs poils souples ou masse hirsute, poils simples, ramifiés ou en forme de parasol. Cette diversité offre au jardinier une magnifique variation dans les tons de feuillages gris, blancs ou argentés. Elle permet de créer des massifs dont le feuillage gris et l'aspect doux non seulement servent d'écrin parfait pour les floraisons, mais de plus sont beaux par eux-mêmes, tout au long de l'année. Les plantes à feuillage gris sont particulièrement mises en valeur dans un jardin sec : plus la plante a soif, plus elle renforce son système de défense contre la sécheresse, et plus elle devient belle.

CAPTER L'HUMIDITÉ DE L'AIR

Certaines plantes se sont spécialisées pour profiter de l'humidité de l'air. En plus de leur rôle de protection des

Dans un jardin sec, le feuillage argenté de Tanacetum densum subsp. amanii *met en valeur la floraison des sauges,* Salvia 'Mrs. Beard' *rose tendre et* Salvia chamaedryoides *bleue.*

1- En fin d'été après une nuit calme, la rosée s'est déposée partout sur les plantes du jardin. Des milliers de gouttelettes ont été piégées par les poils épais de Ballota hirsuta. Pendant plusieurs heures, avant de s'évaporer, ces gouttelettes vont maintenir humidité et fraîcheur autour de l'épiderme des feuilles.

2- Capable de vivre plus de 1 000 ans dans le désert du Namib, le Welwitschia mirabilis profite du brouillard nocturne qui vient de l'océan Atlantique. Les gouttelettes de condensation qui se déposent sur la plante sont guidées par les feuilles en forme de gouttière pour abreuver les racines superficielles.

rayons du soleil, les poils sur les feuilles peuvent servir de capteurs d'humidité très efficaces. En fin d'été, après une nuit calme, on peut observer au petit matin la rosée déposée partout sur les plantes du jardin. La quantité de gouttelettes piégées par les poils des plantes à feuillage gris est bien plus importante que celle simplement déposée sur les feuilles normales. Ces gouttelettes prises dans les poils vont mettre longtemps à s'évaporer, maintenant pendant plusieurs heures fraîcheur et humidité autour de l'épiderme de la plante. En climat aride, certaines plantes arrivent même à survivre presque sans pluie, en absorbant par leurs stomates le peu d'eau récupéré par leurs poils lors de l'humidité nocturne.

Au nord de La Serena sur la côte du Chili, de grands filets à mailles fines étaient jusqu'à récemment tendus sur les collines pour attraper la *camanchaca*, le brouillard nocturne provenant de l'océan Pacifique. Par un système simple et ingénieux, l'eau récupérée permettait d'alimenter en eau potable les villages côtiers. Ces installations sont aujourd'hui remplacées par un réseau classique d'eau de ville, mais le brouillard quotidien généré par le courant froid de Humboldt continue de permettre à une riche végétation de survivre le long de la côte désertique du Chili. Les curieux *Copiapoa columna-alba*, épais cactus en forme de colonnes plissées qui poussent sur la frange littorale du désert de l'Atacama, ont leur sommet garni de longs poils blancs, pour mieux capter la *camanchaca* (voir photo page 14). Parmi les régions sèches dont la végétation dépend du brouillard côtier, on peut citer la côte atlantique au Sud du Portugal et au Maroc, la Californie, le Nord du Chili, ou la côte ouest de l'Afrique du Sud et de la Namibie.

L'air chaud du désert du Namib, en rencontrant les eaux froides du courant de Benguela qui remonte de l'Antarctique, provoque un brouillard nocturne qui vient baigner régulièrement la zone littorale de la Namibie. Dans les vastes plaines de sable et de poussière où la pluviométrie annuelle est extrêmement faible, de l'ordre de 20 mm par an, un étrange végétal s'est adapté grâce au brouillard. Malgré sa longévité extraordinaire – près de 2 000 ans pour les sujets les plus âgés –, le *Welwitschia mirabilis* ne produit que deux feuilles dans toute sa vie : elles s'étalent de part et d'autre de la souche en se découpant en de multiples lanières enchevêtrées comme des tentacules, évoquant plus un monstre marin échoué sur le littoral qu'une plante habituelle. Pour résister à la sécheresse, le *Welwitschia* cumule plusieurs stratégies remarquables. Il y a d'abord le double système racinaire classique, forte racine pivotante capable de s'enfoncer de plusieurs mètres dans le sable pour puiser l'eau en profondeur et ancrer la plante contre les vents violents du désert, et réseau de racines secondaires ramifiées en surface pour profiter de l'humidité déposée chaque nuit par le brouillard. Au lieu de cacher des stomates peu nombreux à la face inférieure des feuilles comme la plupart des plantes de milieu sec, le *Welwitschia* a au contraire une extraordinaire densité de stomates partout sur ses feuilles, sur le dessus comme sur le dessous : ces stomates sont capables de "boire" directement le brouillard pendant la nuit. Pour ne pas perdre trop d'eau par ces innombrables stomates pendant la journée, le *Welwitschia* a adopté un cycle modifié de photosynthèse comme les plantes succulentes, les stomates s'ouvrant la nuit et se fermant le jour. Enfin, la disposition particulière des feuilles, en gouttières inclinées tout autour de la souche, permet de canaliser l'eau qui se condense sur la plante : les gouttelettes ruissellent doucement vers le sol, juste là où les attendent les racines superficielles. Véritable "plante arrosoir", le *Welwitschia* arrive à s'arroser lui-même grâce au brouillard.

DANS UNE BULLE D'ODEUR

Une promenade en garrigue le soir, après une journée bien chaude, est une expérience olfactive étonnante. Odeur épaisse et collante du ciste de Montpellier, odeur délicate de la lavande aspic, odeur de goudron du *Bituminaria bituminosa*, fraîcheur acidulée du *Calamintha nepeta* qui tapisse les bords des chemins. Le climat méditerranéen présente une diversité unique de plantes aromatiques. En Crète, l'odeur puissante de la *Salvia fruticosa* se mêle à celle, plus poivrée, de *Satureja thymbra,* la jolie sarriette à fleurs roses. En Turquie abondent les *Teucrium* ou les origans rares, comme l'*Origanum dubium* à l'odeur à la fois piquante et poudrée. A Chypre, l'odeur de *Salvia dominica* peut être tellement forte à la mi-journée qu'elle en devient suffocante. Quand on arrive par bateau en Corse, bien avant d'être à terre on peut déjà sentir, porté par le vent, le bouquet d'odeurs du maquis, odeur âcre et fruitée des myrtes ou odeur épicée des immortelles qui émaillent les falaises du littoral.

La production d'huiles essentielles correspond à une stratégie intéressante des plantes aromatiques pour s'adapter aux conditions difficiles du climat méditerranéen. La diversité des plantes aromatiques se retrouve d'ailleurs non seulement autour de la Méditerranée mais aussi dans toutes les autres régions à climat méditerranéen du globe. Parmi les exemples les plus connus, on peut citer les *Eucalyptus* australiens, les *Pelargonium* odorants qui viennent d'Afrique du Sud, les myrtes chiliens comme *Luma chequen* dont le feuillage sent la framboise, ou les nombreuses sauges de Californie. Le premier rôle de la production d'huile essentielle est de protéger les plantes contre les prédateurs, herbivores ou

1- *Marabout près de Telouet, dans le Haut-Atlas. Déforestation et surpâturage ont laissé la montagne à vif, générant une forte érosion. En avant-plan, seules les maigres touffes d'Artemisia herba-alba ont été épargnées par les moutons grâce à leur odeur puissante.*

2- *Les feuilles et les inflorescences de Salvia indica sont couvertes de poils glanduleux, qui libèrent une huile essentielle très volatile. En période de forte chaleur, l'évaporation des huiles essentielles rafraîchit l'air à proximité immédiate de l'épiderme, protégeant la plante dans une bulle d'odeur climatisée.*

insectes. Dans certains paysages dégradés du Sud du Maroc, la pression des troupeaux est telle qu'il ne subsiste plus qu'un très faible nombre d'espèces, comme la rue et l'armoise délaissées par les moutons grâce à leurs fortes odeurs. Plus complexe, un deuxième rôle des huiles essentielles est de lutter contre la compétition des autres espèces : sous les plantes, les litières en décomposition des feuilles de ciste ou de thym libèrent par exemple des substances qui limitent la germination d'espèces concurrentes.

Enfin, bien que les études scientifiques soient encore en cours, de nombreuses hypothèses suggèrent que les huiles essentielles peuvent aider la plante à supporter la sécheresse et le fort rayonnement solaire. Les huiles essentielles sont produites par des organes spécifiques, les poils glanduleux. D'une manière encore plus efficace que pour les simples plantes à feuillage gris, le réseau dense de poils glanduleux permet de mieux piéger à la surface des feuilles une petite pellicule d'air qui sert de tampon avec l'air extérieur, limitant les pertes en eau par les stomates. L'évaporation des huiles essentielles a également une action de rafraîchissement dans l'environnement immédiat de la plante, protégeant les feuilles des brûlures dues à une montée en température excessive de l'épiderme. En période de forte chaleur, cette évaporation des huiles essentielles peut être très importante, d'où cette ambiance unique des odeurs de la végétation méditerranéenne en été. En Californie, dans les collines autour de Hollywood, les *Salvia apiana* en diffusent une telle quantité qu'on peut distinguer une sorte de brouillard d'huiles essentielles qui flotte au-dessus du *chaparral*. Plus la plante sent fort, plus elle se protège de la chaleur et du soleil. Les huiles essentielles permettent aux plantes aromatiques de se cacher dans une bulle climatisée, petite atmosphère individuelle autour de chaque plante.

CONSERVER L'EAU : LES PLANTES SUCCULENTES

Les plantes succulentes (remplies de sucs) ont des tissus à cellules particulièrement grandes, donnant une structure en éponge. Cela leur permet de constituer des réserves en eau pour traverser de longues périodes de sécheresse, c'est leur première adaptation évidente à la sécheresse. De nombreuses plantes succulentes ont aussi une adaptation physiologique intéressante de la structure des tiges et de la disposition des feuilles. Ainsi, chez les euphorbes succulentes, les tiges sont munies de grosses côtes verticales qui leur donnent une section cannelée caractéristique. L'ombre projetée de ces côtes verticales permet à une surface plus importante de la tige de bénéficier d'une fraîcheur relative pendant une partie de la journée. Chez *Sedum ochroleucum* et *Sedum sediforme*, fréquents dans les étendues de cailloux des

1- *La silhouette monumentale d'*Euphorbia resinifera *s'accroche aux fissures des rochers, sur les contreforts de l'Atlas au nord du djebel M'Goun. Les tiges sont munies de fortes côtes verticales, dont l'ombre projetée permet à une surface importante de la tige de bénéficier d'une fraîcheur relative pendant la journée.*

2- *Les inflorescences spectaculaires d'*Aeonium arboreum *apparaissent en plein hiver et illuminent les pentes arides de l'Anti-Atlas. Les plantes succulentes ont modifié leur cycle de photosynthèse pour mieux conserver l'eau : les stomates se ferment le jour quand il fait très chaud et s'ouvrent la nuit, lorsque la transpiration est moindre.*

garrigues de Montpellier, les feuilles sont disposées en spirales verticales le long des tiges. Tour à tour, les feuilles du bas passent ainsi à l'ombre des feuilles des étages supérieurs, en fonction de la progression du soleil dans la journée.

Mais l'adaptation la plus remarquable chez les plantes succulentes concerne la modification du cycle de photosynthèse. Stocker l'eau c'est bien, mais quel dommage de perdre de la vapeur d'eau par les stomates lors de la photosynthèse ! Les stomates d'une plante normale s'ouvrent pendant la journée et se ferment la nuit. La photosynthèse a besoin de l'énergie lumineuse, et c'est donc en plein jour qu'il faut extraire le dioxyde de carbone de l'air pour l'utiliser immédiatement. Chez les plantes succulentes, au contraire, les stomates se ferment le jour quand il fait très chaud et s'ouvrent la nuit, lorsque la transpiration est moindre. Le dioxyde de carbone est absorbé durant la nuit et fixé par une réaction chimique spéciale, puis utilisé le jour pour permettre la photosynthèse sans ouverture des stomates, c'est-à-dire sans perte en eau par transpiration.

SEL, VENT, FROID ET SÉCHERESSE : LES BOULES ET LES COUSSINS

Le sel apporté par le vent sur le littoral est un facteur limitant majeur pour la végétation, seule une gamme restreinte de plantes très spécialisées pouvant supporter les conditions extrêmes créées par les embruns. Le sel agit sur les feuilles comme une sécheresse ponctuelle intense. Par différence de pression osmotique (différence de pression de part et d'autre de la membrane de la cellule), il aspire littéralement l'eau contenue dans les tissus. Pour s'abriter du sel, les plantes se plaquent au sol en se cachant les unes derrière les autres, les embruns sculptant dans cette matière végétale des draperies caractéristiques que l'on peut fréquemment observer sur les côtes méditerranéennes. Les feuilles vernissées des plantes sclérophylles, parfaites pour réduire l'évapotranspiration, sont aussi très utiles pour lutter contre le sel : leur cuticule imperméable protège efficacement les cellules. Mais on assiste dans certains endroits du littoral à un recul des plantes sclérophylles lié à la pollution maritime : les embruns d'hydrocarbures, soulevés de la surface de l'eau par le vent, viennent attaquer la cuticule

*Cap Pertusato, au Sud de la Corse. Pour résister au sel et à la sécheresse, les plantes se plaquent au sol, prenant des formes de coussins, de boules ou de draperies. Les touffes denses d'*Helichrysum microphyllum *semblent dévaler vers la mer, alors que plus haut on aperçoit les premières cascades des romarins rampants.*

vernissée et détruisent en même temps la fragile mécanique de résistance au sel.

Le vent joue un rôle important dans la déshydratation des cellules de l'épiderme. La plupart des régions à climat sec sont soumises à de forts vents dominants, qui accentuent les conditions de vie difficiles des plantes. Dans le Sud de la France, c'est le mistral et la tramontane qui balayent les plaines côtières, apportant froid glacial en hiver et chaleur brûlante en été. Quand le mistral atteint les côtes de la Corse, il soulève les vagues et projette les embruns loin à l'intérieur des terres, augmentant la pression sur la végétation. Soumis à des vents violents, les chênes lièges du Centre de la Sardaigne poussent avec une curieuse silhouette en drapeau, qui orne les cartes postales pour les touristes. En Afrique du Nord, le vent sec et brûlant du Sahara remonte vers la Méditerranée, déposant de fines pellicules de terre rouge parfois jusqu'en France. En Afrique du Sud, dans la province du Cap, le vent dominant semble venir directement du pôle Sud, on l'appelle le *Cape Doctor*. Il souffle parfois si fort que les piétons doivent se tenir à des cordes momentanément tendues entre les feux de circulation pour pouvoir traverser certaines rues dans la

1- Le vent fait partie intégrante des paysages méditerranéens. Sur ce promontoire qui s'avance vers la mer Egée, seule une végétation rase arrive à survivre, alors que les éoliennes géantes brassent le vent continu qui vient du large. Comme une signature des paysages de Grèce, une chapelle blanche minuscule se dresse au pied de la dernière éolienne.

2- Ces Ononis qui poussent dans les dunes au sud d'Essaouira, au Maroc, ressemblent à des rochers posés dans le sable. Battue par le vent, les embruns et l'action abrasive du sable, la plante se resserre sur elle-même pour ne présenter que la plus petite surface possible d'exposition.

ville du Cap. Dans le Sud de la Californie, la Coachella Valley est couverte de milliers d'éoliennes, profitant du vent chaud qui souffle en continu des déserts de l'Arizona vers Los Angeles. Le vent fait partie intégrante des paysages à climat méditerranéen, renforçant le stress hydrique subi par les plantes.

Comment réagissent les plantes au vent ? Feuilles sclérophylles, dures et coriaces, feuilles enveloppées dans un épais manteau de poils, feuilles minuscules ou enroulées sur elles-mêmes, toutes ces adaptations à la sécheresse servent aussi de protection contre le vent. Mais pour les plantes, le plus efficace pour résister au vent, c'est de pousser avec un port en boule dense. Battue par le vent, par l'action abrasive du sable et les éventuels embruns près des côtes, la plante se resserre sur elle-même, elle s'arc-boute, elle se referme pour ne présenter que la plus petite surface possible d'exposition. Elle s'arrondit, elle s'aplatit, elle devient dense et compacte comme un coussin. A l'est de Figuig, dans l'une des zones les plus arides du Maroc, le *Fredolia aretioides* se développe en coussin parfaitement hémisphérique. Le *Fredolia* pousse très lentement, il ne gagne chaque saison que quelques millimètres, incrustant dans sa masse les grains de sable projetés par le vent, et devenant au fil des années dur comme de la pierre. Ici, plus les conditions sont difficiles, plus la plante devient dure et compacte. Malheur au passant qui donne un coup de pied dans un *Fredolia aretioides* : la plante ne bronche pas, c'est l'orteil qui casse !

Cette même adaptation au vent et à la sécheresse peut servir de moyen de protection contre le froid. De nombreuses plantes qui montent en altitude dans les montagnes arides doivent faire face non seulement au vent, à la sécheresse estivale et à un ensoleillement maximal, mais en plus à des froids très vifs en hiver. Les xérophytes épineux sont de petites boules denses qui ont transformé l'extrémité de leurs rameaux en pointes acérées ("xérophyte" vient du grec *xêros*, sec, et *phuton*, plante). Grâce

Pour résister au froid et à la sécheresse à plus de 4 000 mètres d'altitude dans les Andes, Azorella lycopodioides ne pousse que de quelques millimètres par an. Au bout de plusieurs siècles la plante devient énorme, masse monumentale d'excroissances juxtaposées, sur lesquelles les fleurs minuscules forment de surprenants reflets jaunes. Sur la gauche on distingue Clara, qui pose pour la photo afin de montrer l'échelle de la plante. Depuis près de vingt ans, Clara et moi nous passionnons pour l'étude des stratégies de résistance à la sécheresse des plantes dans leur milieu naturel.

La lumière du matin met en valeur la succession des volumes, accentuant l'impression de profondeur. Tapis, coussins ou boules, les plantes à feuillage persistant sont parfaites pour couvrir le sol dans un jardin sec.

à leur port ramassé et à leurs feuilles peu nombreuses, elles n'offrent qu'une faible surface d'exposition au froid, au vent ou à la sécheresse, les épines servant en même temps de protection contre moutons, chèvres et autres herbivores. Ces plantes d'aspect curieux peuvent être spectaculaires, comme l'*Erinacea anthyllis*, un genêt en boule épineuse qui se couvre de magnifiques fleurs bleues au printemps sur les crêtes exposées des montagnes d'Espagne et du Maroc. Une autre plante emblématique des conditions extrêmes est l'*Azorella lycopodioides*, qui pousse entre 4 000 et 5 000 mètres d'altitude dans les Andes, près de la frontière entre le Chili et la Bolivie. Cette plante, de croissance extrêmement lente, forme au bout de quelques dizaines d'années un tout petit coussin d'un joli vert vif, vraiment charmant. Sa parfaite adaptation aux conditions de sécheresse et de froid extrême des Andes lui permet d'avoir une longévité remarquable. Au bout de plusieurs siècles, l'*Azorella* devient énorme, masse monumentale d'excroissances juxtaposées qui prend parfois des allures de fauteuil, où le randonneur fatigué par le manque d'oxygène est heureux de s'asseoir pour reprendre son souffle. La plante a l'air douce, mais quelle surprise quand on la touche : encore plus dure que le *Fredolia*, une véritable plante-rocher !

Sans aller jusqu'à ne planter que des plantes dures comme des cailloux dans vos massifs, les plantes en coussins ou en boules sont intéressantes pour former la structure d'un jardin méditerranéen. Il y a les incontournables classiques, lavandes, santolines ou romarins rampants. Mais il y a aussi des plantes moins connues, à silhouette arrondie parfaite, très utiles pour structurer l'espace ou couvrir le sol. La scabieuse de Crète, *Scabiosa cretica*, est naturellement toute ronde, son feuillage persistant légèrement soyeux reste attractif toute l'année. Durant une longue période, la scabieuse de Crète porte une profusion de fleurs d'un joli coloris bleu lavande. Le millepertuis des Baléares, *Hypericum balearicum*, forme une masse arrondie, compacte et sombre, avec de fines feuilles légèrement frisées. Ses grandes fleurs jaunes viennent illuminer le feuillage pendant toute la fin du printemps.

Grâce à leur remarquable diversité, les végétaux adaptés à la sécheresse constituent une source inépuisable de plantes pour le jardin. La conception d'un jardin méditerranéen naturel va s'appuyer avant tout sur cette richesse dans les formes, les couleurs des feuilles, les textures et les odeurs pour constituer une structure qui restera intéressante toute l'année, même en dehors des périodes de floraison. Ce sont les mécanismes d'adaptation à la sécheresse qui vont donner au jardin méditerranéen tout son charme, son identité profonde et son caractère unique, car ce n'est que dans un jardin sans arrosage que la beauté des plantes de terrain sec va pouvoir s'exprimer réellement. Lorsqu'on utilise les plantes adaptées, plus le jardin est sec, plus il devient beau.

La conception d'un jardin méditerranéen naturel va s'appuyer avant tout sur la richesse des formes, des couleurs et des odeurs pour constituer une structure du jardin qui restera intéressante toute l'année, même en dehors des périodes de floraison.

Une échelle de résistance à la sécheresse

En horticulture, le mot "sécheresse" est mal défini. La diversité des conditions selon la mosaïque de climats et de sols autour de la Méditerranée génère un vrai problème de communication entre les jardiniers. Est-ce qu'un lilas commun, une sauge officinale ou un ciste de Montpellier résistent à la sécheresse ? On a tous une réponse immédiate plus ou moins instinctive à ces questions, et pourtant chaque jardinier risque de donner une réponse différente. La sécheresse est une notion relative, et l'absence d'outil pour mieux la définir a longtemps limité la réalisation de jardins sans arrosage. En effet, comment savoir si une plante va résister s'il n'y a pas une référence commune qui permette aux jardiniers d'échanger leur expérience ?

TEMPÉRATURE ET PRÉCIPITATIONS

En agronomie, on parle de "sécheresse physiologique" quand une plante est soumise à un déficit hydrique : elle perd plus d'eau par évapotranspiration que ce qu'elle peut absorber par ses racines. Pour les plantes de climat tempéré, le déficit hydrique entraîne un flétrissement des feuilles, puis une brûlure progressive des jeunes pousses, éventuellement une chute générale du feuillage et peut-être même la mort de la plante en cas de sécheresse prolongée. Si au contraire la plante a pu acquérir, au cours des milliers d'années de son évolution génétique, des stratégies particulières d'adaptation à la sécheresse (voir p. 24-39), elle pourra traverser la période de déficit hydrique sans difficultés.

La pluviométrie annuelle n'est pas un paramètre en soi qui permette de définir la sécheresse. Il pleut autant, en moyenne annuelle, à Montpellier qu'à Cambridge dans le Sud de l'Angleterre, pourtant les plantes et le paysage ne sont pas du tout les mêmes. Bien qu'il y ait de nombreux paramètres secondaires qui entrent en jeu, c'est la relation entre température et pluviométrie qui détermine avant tout le déficit hydrique : l'augmentation de la température accentue l'évapotranspiration, la diminution des précipitations rend l'eau moins disponible pour les racines. La sécheresse physiologique a été longuement étudiée au siècle dernier par des phytogéographes comme Gaussen ou Emberger. Ils ont pu définir les conditions climatiques à partir desquelles il y a déficit hydrique pour les plantes : on dit qu'un mois est sec si la valeur de la moyenne des températures (en degrés Celsius) est supérieure à la moitié de la valeur des précipitations (en millimètres). Par exemple, pour un mois dont le cumul des précipitations est de 40 millimètres, on parle de sécheresse pour les plantes si la moyenne des températures est supérieure à 20 °C. Cette définition de la sécheresse, qui peut sembler bien théorique et difficile à appliquer dans le cas précis de votre jardin, devient plus facile à comprendre si on regarde un diagramme climatique.

UN OUTIL POUR EXPRIMER LA SÉCHERESSE

Le diagramme climatique, ou diagramme ombrothermique (d'*ombros*, qui signifie "pluie" en grec), montre l'évolution de janvier à décembre des températures et des précipitations en un lieu donné. Pour éviter les erreurs d'interprétation liées aux variations interannuelles, qui peuvent être particulièrement importantes en climat méditerranéen, le diagramme est établi à partir des

1- Qu'est-ce que la sécheresse ? La sécheresse absolue est facile à percevoir, comme ici en Namibie, où même les Acacia du désert sont morts de soif. Mais dans les jardins, la sécheresse est une notion relative : il n'y a pas une sécheresse, mais une multitude de sécheresses différentes.

2- *Juniperus phoenicea* dans le cirque de Saint-Guilhem-le-Désert, près de Montpellier. Il pleut autant en moyenne annuelle à Montpellier que dans le Sud de l'Angleterre, pourtant les plantes et le paysage ne sont pas du tout les mêmes.

DIAGRAMME CLIMATIQUE DE MARSEILLE

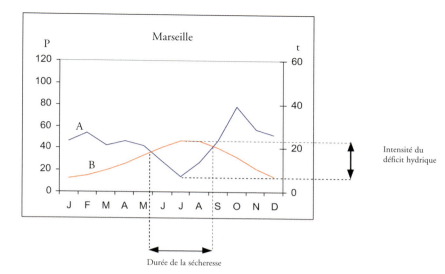

A. La courbe bleue représente la moyenne mensuelle des précipitations de janvier à décembre (P exprimées en mm sur l'échelle de gauche).
B. La courbe rouge représente la moyenne mensuelle des températures de janvier à décembre (t exprimées en °C sur l'échelle de droite).

On parle de sécheresse pour les plantes lorsque la courbe rouge passe au-dessus de la courbe bleue des précipitations.

données climatiques des trente années précédentes. Mis au point par Gaussen, il a été repris depuis par la plupart des scientifiques travaillant sur la sécheresse, par exemple par l'Unesco pour définir les zones de sécheresse autour du globe. C'est un outil simple qui permet de visualiser la durée et l'intensité du déficit hydrique pour les plantes dans une région donnée : il y a sécheresse lorsque la courbe rouge des températures passe au-dessus de la courbe bleue des précipitations.

Grâce au diagramme climatique, on voit que la sécheresse, c'est-à-dire la période de déficit hydrique, dure en moyenne trois mois dans la région de Marseille : juin, juillet et août. L'utilisation des diagrammes climatiques a permis la réalisation de cartographies de la sécheresse, utiles au jardinier pour l'aider à comprendre les différentes conditions de sécheresse auxquelles les plantes sont soumises dans leurs milieux d'origine.

CARTOGRAPHIE DE LA SÉCHERESSE AUTOUR DE LA MÉDITERRANÉE
Selon leur origine géographique, les plantes ont une résistance à la sécheresse très différente. Ces données doivent être modulées par les phénomènes de microclimat local : il peut exister des poches de sécheresse en région humide, comme par exemple l'île d'Oléron sur la côte atlantique, où l'on trouve de nombreux cistes spontanés, et des poches d'humidité en région sèche, comme le versant ouest de la sierra de Ronda dans le Sud de l'Espagne, où pousse le sapin d'Espagne, *Abies pinsapo*. Avec les perspectives de réchauffement climatique, les zones de sécheresse pourraient s'étendre progressivement au nord de leur répartition actuelle.
Carte redessinée d'après Dallmann, 1998, Emberger, Gaussen, Kassas, de Philippis, 1962, Demoly pers. com., 2006.

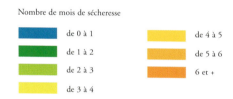

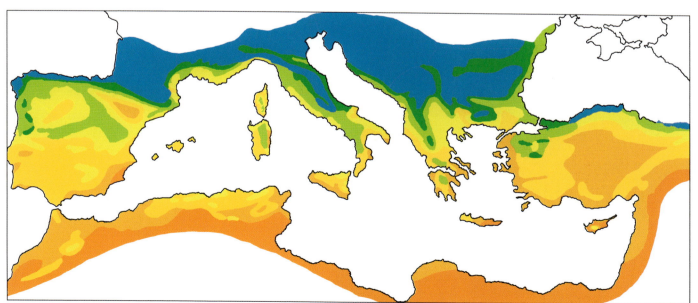

DE LONDRES À OUARZAZATE, UNE SÉCHERESSE PROGRESSIVE

CLIMAT HUMIDE, PAS DE SÉCHERESSE

Dans le diagramme climatique de Londres, l'allongement des jours s'accompagne d'une augmentation régulière de la température favorisant la photosynthèse. Il pleut tout au long de l'année : il n'y a pas de période de déficit hydrique et la croissance des plantes de climat tempéré est assurée même en plein été. Nous sommes au royaume des gazons bien verts.

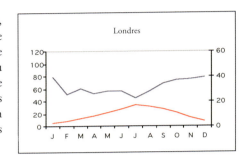

PAS PLUS D'UN MOIS DE SÉCHERESSE

A Toulouse, après les précipitations abondantes de printemps, la pluviométrie marque un creux en juillet, au moment où les températures sont à leur maximum : il y a une première petite apparition de déficit hydrique. La forêt est dense mais le vert a changé de couleur, le paysage où se mêlent arbres caducs et persistants a pris une teinte méditerranéenne.

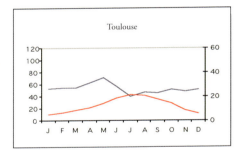

DEUX À TROIS MOIS DE SÉCHERESSE

A Montélimar, le cycle de pluviométrie a déjà les caractéristiques du climat méditerranéen : creux en été suivi de précipitations abondantes en automne. La forte pluviométrie annuelle reflète mal la situation pour les plantes : déficit hydrique de deux mois en été, alors que les pluies torrentielles en automne sont souvent trop concentrées dans le temps pour être retenues par le sol.

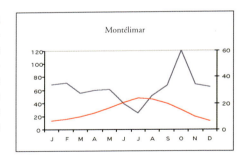

TROIS À QUATRE MOIS DE SÉCHERESSE

Marseille représente le type même d'un climat du Nord de la Méditerranée, avec trois longs mois de sécheresse en été, et le pic classique d'humidité en automne. Ces conditions climatiques particulières, ajoutées à plus de 5 000 ans de pression de l'homme sur la nature, ont façonné un paysage unique : la garrigue, d'une grande richesse botanique.

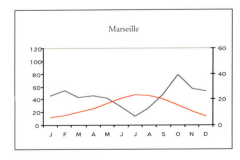

QUATRE À CINQ MOIS DE SÉCHERESSE

A Grenade, dans le Sud de l'Espagne, la sécheresse dure plus de quatre mois, avec une intensité du déficit hydrique qui devient importante. Le long de la route spectaculaire du Suspiro del Moro, *Cistus clusii*, *Phlomis purpurea* et *Lavandula lanata* forment la structure d'une garrigue basse qui s'accroche aux montagnes calcaires.

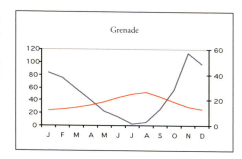

CINQ À SIX MOIS DE SÉCHERESSE

Avec cinq à six mois de déficit hydrique, Athènes a un climat typique de l'Est de la Méditerranée, très sec en été bien qu'encore humide en hiver. Les conditions sont rudes et pourtant le paysage présente une remarquable diversité floristique. La floraison de *Salvia fruticosa* éclaire les collines caillouteuses, accompagnant *Ballota*, origans et euphorbes.

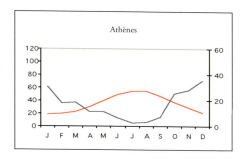

SIX À SEPT MOIS DE SÉCHERESSE

Plus de six mois de sécheresse, et très forte intensité du déficit hydrique : à Marrakech, la sécheresse devient une contrainte majeure pour les plantes, qui doivent être très spécialisées pour résister. Le palmier bleu, *Chamaerops humilis* var. *cerifera*, survit en compagnie de *Lavandula dentata* dans une vallée des contreforts de l'Atlas.

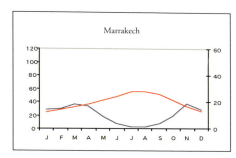

CLIMAT DÉSERTIQUE, SÉCHERESSE CONTINUE

Ouarzazate, aux portes du désert. Il pleut extrêmement peu, le déficit hydrique est permanent. Les rares plantes adaptées doivent faire face toute l'année à une sécheresse intense. Grâce à son système racinaire étendu, *Acacia erhembergiana* survit dans la Hamada, ce désert de cailloux qui s'étend à perte de vue au sud de l'Anti-Atlas vers la Mauritanie.

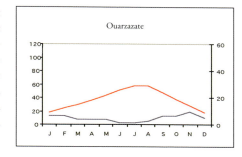

VOTRE DIAGRAMME CLIMATIQUE

Vous avez peut-être envie de connaître le diagramme climatique de votre région ? Renseignez-vous auprès de la station météo la plus proche de chez vous, ils vous donneront les données nécessaires. Il faut demander les moyennes mensuelles des températures et des précipitations sur les trente dernières années. Vous pourrez ensuite tracer votre diagramme climatique. Sur les axes des ordonnées, les échelles doivent être établies pour que la valeur des précipitations corresponde au double de la valeur des températures, c'est ce qui définit la sécheresse physiologique pour les plantes (voir p. 41).

De nombreux sites Internet donnent également des diagrammes climatiques pour les principales villes du monde entier. Vous pouvez essayer les sites suivants :
http://www.klimadiagramme.de : choisissez la ville, vous obtenez le diagramme climatique.
http://www.globalbioclimatics.org/plot/diagram.htm : 2 284 diagrammes climatiques du monde entier, de A à Z.
http://fr.weather.com/ : choisissez un nom de ville puis cliquez sur l'onglet "Climatologie". Vous obtiendrez les moyennes mensuelles de températures et de précipitations qui vous permettront de dessiner vous-même le diagramme climatique. Et si vous n'êtes pas sûr de paramétrer votre tableur comme il faut – pour que sur les échelles des ordonnées la valeur des précipitations soit le double de la valeur des températures –, vous pouvez remplir un tableau tout prêt et voir le diagramme apparaître immédiatement sur http://www.geofri.ch/Textes/didactique/methodologie/diagramme_climatique.xls

À CHACUN SA SÉCHERESSE

S'il est plaisant de connaître le diagramme climatique de sa région, il ne faut pas oublier les nombreux autres paramètres qui déterminent la sécheresse effective pour les plantes dans l'environnement de votre jardin. La nature et la profondeur du sol, l'ombrage, la concurrence racinaire des arbres, le vent ou le sel peuvent sensiblement modifier la réaction des plantes.

Selon leur texture et leur profondeur, les différents sols n'ont pas la même faculté de conserver l'eau. Les cailloux des garrigues, l'argile dans les plaines, le limon des anciens lits de rivière, le terreau de feuilles en sous-bois ou le sable du littoral offrent une disponibilité en eau très différente pour les racines. Un sol argileux retient bien l'humidité, les racines vont y trouver de la fraîcheur même lorsque la sécheresse est bien établie. Au contraire, un sol sablonneux retient peu l'humidité. Dans des régions où la courbe climatique n'exprime aucune sécheresse estivale, la moindre absence de pluie peut créer une situation de déficit hydrique temporaire pour les plantes vivant dans un sol très drainant. C'est le cas dans certaines régions du littoral atlantique, comme par exemple l'île de Ré, où l'utilisation de plantes méditerranéennes permet de compenser la sécheresse induite par le sol sablonneux.

L'exposition joue beaucoup sur l'évapotranspiration. On le voit bien dans les montagnes méditerranéennes, quand dans la même vallée la végétation change

1

2

1- *Rhamnus alaternus* au pied d'un mur exposé au sud. La nature et la profondeur du sol, l'ombrage, la concurrence racinaire des arbres, le vent ou le sel peuvent sensiblement modifier le comportement d'une plante soumise à la sécheresse.

2- *Calystegia soldanella*, fréquente sur le littoral méditerranéen, pousse aussi sur les dunes de l'île de Ré. Les jardiniers hors zone méditerranéenne peuvent être confrontés à des problèmes de sécheresse, les conditions particulières de leur jardin pouvant créer des sécheresses induites importantes.

complètement selon le versant exposé au soleil (adret) ou exposé à l'ombre (ubac). Dans les vallées des Pyrénées orientales, un versant peut être couvert de chênes verts alors que l'autre sera dominé par les hêtres. En Provence, la montagne de la Sainte-Baume offre un contraste saisissant. Le flanc nord abrite une forêt célèbre, dont les hêtres et les tilleuls immenses couvrent d'une ombre légère houx et ifs centenaires. En montant, on sort brusquement de la forêt pour déboucher sur une crête calcaire brûlante, balayée par le mistral. De la crête, la vue sur la mer est largement dégagée, car sur les cailloux exposés au sud ne survivent que des plantes en coussins plaqués au sol, *Santolina chamaecyparissus*, *Teucrium aureum* et *Genista lobellii*. A quelques centaines de mètres près, la sécheresse sera bien différente si votre jardin descend en terrasses face au soleil ou s'il s'étend sur une pente fraîche exposée au nord.

La concurrence racinaire des arbres est une autre cause de sécheresse que l'on rencontre fréquemment dans les jardins, quelle que soit la zone climatique. Les grands arbres agissent comme de véritables pompes à eau, ils assèchent le sol en s'appropriant par le réseau incroyablement dense de leurs racines toute l'humidité disponible. Même en climat relativement humide, la sécheresse devient alors un problème pour les vivaces ou arbustes vivant à proximité de l'arbre. Le stress hydrique en été peut être ainsi plus important sous un vieux tilleul à Toulouse qu'en terrain découvert à Perpignan. La gamme des plantes adaptées est alors particulièrement réduite, puisqu'elles doivent résister à la fois à la sécheresse et à l'ombre.

Le vent renforce toutes les conditions difficiles auxquelles sont soumises les plantes, froid en hiver, sécheresse en été, sel en bord de mer, et parfois action abrasive du sable. La forte augmentation de l'évapotranspiration des feuilles due au vent est l'un des facteurs qui accentuent le plus la sécheresse, que ce soit en climat méditerranéen, en climat océanique ou en montagne près des cols et des crêtes exposées.

Porté par les embruns, le sel qui se dépose sur les plantes du littoral a une action brutale sur les feuilles. La plupart des plantes ne vont pas supporter l'action directe

Les falaises de Gibraltar s'avancent entre mer et océan.
Côté Méditerranée, Asteriscus maritimus et Antirrhinum s'accrochent à la paroi verticale.
Côté Atlantique, les acanthes prospèrent dans un riche sous-bois en pente douce.
A quelques centaines de mètres près, la sécheresse est bien différente en fonction du sol et de l'exposition.

Stipa pennata en juin sur le plateau d'Albion. La forte augmentation de l'évapotranspiration due au vent est l'un des facteurs qui accentuent le plus la sécheresse.

du sel. Les feuilles se brûlent rapidement sous l'effet de la puissante déshydratation de contact générée par les embruns, le sel aspirant l'eau au travers de la paroi des cellules. Dans notre jardin expérimental occasionnellement soumis aux embruns, nous avons pu noter une intéressante corrélation entre l'adaptation à la sécheresse et l'adaptation au sel, les mécanismes de résistance étant souvent similaires. Dans tous les jardins situés près du littoral, il faudra moduler les codes de résistance à la sécheresse en fonction de la proximité de la mer et de la fréquence des embruns. Seules les plantes réellement halophiles (c'est-à-dire qui aiment le sel, du grec *halos*, sel, et *philos*, ami) peuvent toutefois être plantées en première ligne de protection directement face à la mer.

UNE ÉCHELLE DE RÉSISTANCE À LA SÉCHERESSE

Des calanques de Marseille aux montagnes de Turquie, des pelouses du Larzac aux sables du Sahara, la sécheresse varie d'une région à l'autre de la Méditerranée. En fonction de leur milieu d'origine, les plantes se sont ainsi adaptées à une sécheresse plus ou moins forte. Le *Cistus populifolius* qui pousse sur les pentes des Cévennes, le *Cistus albidus* des garrigues de Montpellier ou le *Cistus parviflorus* qui s'étend sur la péninsule d'Akamas à Chypre ne sont pas soumis aux mêmes conditions dans la nature, et on peut facilement observer dans un jardin qu'ils n'ont pas du tout la même résistance à la sécheresse. De même, un *Olearia* de Nouvelle-Zélande ou un *Yucca* de Californie, un *Buddleja* de Chine ou un *Aloe* d'Afrique du Sud ont une résistance à la sécheresse très différente. Pour exprimer ces différences de comportement, on peut noter les plantes sur une échelle, en les classant selon leur degré de résistance à la sécheresse, lorsqu'elles poussent dans un jardin dans les mêmes conditions. Grâce à cette échelle, le jardinier pourra réaliser plus facilement un jardin sans arrosage, car il pourra mieux choisir les plantes adaptées à ses propres conditions climatiques.

Dans ce livre, chaque plante sera décrite avec un code de résistance à la sécheresse sur une échelle allant de 1 à 6. Le code 1 correspond aux plantes les moins résistantes (environ un mois de sécheresse avec une faible intensité du déficit hydrique) et le code 6 aux plantes les plus résistantes (six à sept mois de sécheresse avec une très forte intensité du déficit hydrique). En théorie on pourrait aller plus loin que le code 6, mais en pratique, avec plus de sept mois de sécheresse, on arrive à

des conditions de climat désertique qui ne correspondent pas à l'objet de ce livre.

L'échelle de résistance à la sécheresse a pour vocation d'aider les jardiniers à choisir la bonne plante pour le bon endroit. Elle ne définit pas la résistance des plantes dans l'absolu : c'est une échelle relative, qui permet de comparer une plante à d'autres plantes dont le comportement est déjà connu, dans les conditions spécifiques de votre jardin. Avant de pouvoir utiliser les codes de sécheresse pour choisir les plantes adaptées, il faut donc étalonner son jardin, en utilisant des plantes de référence dont vous connaissez le comportement. Si un *Buddleja officinalis* et un *Elaeagnus* x *ebbingei* (tous les deux notés sur l'échelle avec le code 2,5) prospèrent sans arrosage dans votre jardin, vous pouvez essayer toutes les plantes ayant un code 2,5 ou supérieur. Si par contre le *Buddleja officinalis* a les feuilles qui pendouillent lamentablement pendant tout l'été, si l'*Elaeagnus* x *ebbingei* fait déjà triste mine en juillet et a les feuilles qui se brûlent en août, pour créer un jardin sec il sera raisonnable de vous orienter seulement vers des plantes ayant un code plus élevé.

Les codes ont été établis par l'observation du comportement des plantes dans de nombreux jardins autour de la Méditerranée, ainsi que par l'étude des cortèges floristiques (les plantes qui vivent ensemble dans les mêmes conditions de milieu naturel), dans les régions à climat méditerranéen du globe. Je me suis volontairement limité à une échelle simplifiée pour qu'elle soit utilisable par le plus grand nombre de jardiniers, chaque graduation correspondant à un mois supplémentaire de sécheresse. Pour certaines plantes, il m'a paru utile d'affiner l'échelle en attribuant des codes intermédiaires, comme 2,5 ou 3,5. En raison des nombreux paramètres secondaires influant sur la sécheresse, une échelle plus précise ne serait pas applicable à l'extrême diversité de conditions qui caractérise les jardins méditerranéens.

Dans les conditions uniques de votre propre jardin, vous pouvez par contre très bien affiner une échelle personnelle de résistance à la sécheresse en utilisant des graduation décimales, une plante pouvant être notée 2,8 pour la différencier d'une autre que vous noterez peut-être 2,4 ou 2,6. A chacun sa sécheresse, et à chacun d'affiner son échelle de résistance, l'objectif étant que chaque jardinier puisse mieux connaître les plantes adaptées à son jardin sans arrosage.

1- *Stipa tenacissima* et *Phlomis lychnitis* *en Andalousie. Pour aider le jardinier à choisir les plantes adaptées à son jardin, les plantes présentées dans ce livre sont classées sur une échelle en fonction de leur degré de résistance à la sécheresse.*

2- *Eryngium giganteum* et *Asphodeline liburnica* *en juin, avant l'arrivée de la grande chaleur. L'échelle de résistance à la sécheresse est une échelle relative, qui permet de comparer une plante nouvelle à d'autres plantes dont le comportement est déjà connu dans votre jardin.*

LE JARDIN ET LA SÉCHERESSE

Choisir la plante adaptée

L'installation d'un arrosage automatique semble devenu un réflexe pour la plupart des jardiniers en climat sec. Pour mieux accueillir les plantes, on croit bien faire en améliorant les conditions de culture dans son jardin. Lorsqu'on veut choisir les végétaux, il suffit alors d'aller faire un tour dans une jardinerie, et d'acheter selon l'inspiration du moment rosiers, hortensias, clématites ou lauriers-amandes. On ne connaît pas forcément les exigences de toutes ces plantes, mais ce n'est pas grave : avec de l'eau, de la tourbe et du terreau, tout semble possible dans le jardin. Pourtant, en climat méditerranéen, il y a bien mieux à faire ! Plutôt que lutter contre le climat et le sol, il vaut mieux consacrer son énergie à rechercher les plantes adaptées à l'environnement local. Au lieu de changer les conditions de culture, c'est la gamme des plantes qu'il faut changer.

Page 48
En fin de printemps, le jardin sec croule sous les fleurs. Les inflorescences graciles de Perovskia abrotanoides *émergent d'une* Achillea coarctata, *dont la belle floraison jaune se renouvelle durant plusieurs mois.*

Asphodelus cerasiferus *résiste à la sécheresse, au froid, au calcaire, au feu, et même à la dent des moutons. Dans un jardin méditerranéen, il faut changer radicalement de perspective. Au lieu d'améliorer les conditions de culture, il faut chercher les espèces adaptées à l'environnement local.*

Ne vous pressez pas : avant de commencer le jardin, il faut prendre un peu de recul. Si vous plantez trop vite, vous avez de fortes chances de vous tromper dans le choix des espèces, et vous risquez de subir de nombreux échecs. Il vaut mieux perdre quelques semaines pour choisir les bonnes plantes, plutôt que de passer des années à se battre pour faire survivre des plantes mal adaptées qui finiront de toute façon par mourir lors d'une période de canicule ou de sécheresse prolongée. Dans le jardin, la bataille contre la sécheresse est toujours perdue d'avance.

Mais alors, que planter ? Le plus simple est de commencer par étudier ce qui nous entoure. Portons un regard neuf sur la garrigue : tout près de nous se cache un réservoir inépuisable de plantes pour les jardins. Elles sont forcément adaptées, puisqu'elles vivent là depuis toujours. Plantez des asphodèles et des euphorbes, des myrtes et des romarins. Essayez le chèvrefeuille d'Etrurie au parfum subtil, laissez-vous tenter par l'arôme puissant du pistachier lentisque. Découvrez l'incroyable diversité des *Teucrium* et des *Phlomis*. Apprenez à connaître les armoises au feuillage ciselé, et les innombrables cistes, aux pétales chiffonnés comme de la vieille soie. En climat méditerranéen, la première école de jardinage est l'étude de la garrigue.

Ensuite, pour apprendre à connaître d'autres plantes adaptées à votre environnement, une bonne solution consiste à observer les jardins alentour. En vous concentrant sur les jardins peu entretenus, les vieux parcs abandonnés, vous repérerez les plantes qui survivent sans aucune aide extérieure. Vous découvrirez les iris d'Alger qui se naturalisent, les acanthes et les pervenches qui envahissent les sous-bois, les rosiers de Banks centenaires qui grimpent à l'assaut des arbres. Les plantes sauvages locales et les plantes "abandonnées" des vieux jardins constituent la meilleure liste pour vos premières plantations.

Enfin, pour essayer d'autres espèces dans la profusion de variétés disponibles dans les pépinières, les foires aux plantes ou les catalogues de vente par correspondance, il faudra prendre le temps de bien vérifier leurs exigences culturales. Avant d'essayer une plante nouvelle, il faut

toujours se poser les trois questions de base : est-ce qu'elle est adaptée à mon type de sol ? Est-ce qu'elle va supporter le froid ? Est-ce qu'elle va résister à la sécheresse ? Dans ce livre je vais donner, pour chaque plante, les exigences concernant le sol, la tolérance au froid, ainsi que le code de résistance à la sécheresse (voir p. 40-47). Ne vous laissez pas distraire par la couleur des fleurs ou une jolie photo : contrôlez tout de suite l'essentiel. Soyez sage, si une plante ne convient manifestement pas à vos conditions, rayez-la de votre liste !

LE CALCAIRE

Si votre sol est calcaire, comme le sont la plupart des sols autour de la Méditerranée, ce n'est pas la peine d'essayer les espèces calcifuges. Le calcaire va empêcher leurs racines d'assimiler le fer dans le sol, ce qui va perturber leur métabolisme. Elles vont rapidement montrer des signes de chlorose, jaunissement du feuillage, arrêt de la croissance, puis dépérissement. Vous pourrez par exemple planter en sol calcaire de nombreuses espèces de lavandes, *Lavandula angustifolia*, *Lavandula latifolia*, *Lavandula lanata*, et bien d'autres encore. Mais il y en a une que vous ne pourrez jamais faire pousser : c'est la *Lavandula stoechas*, car elle se plaît uniquement en sol acide. De même, chez de nombreuses plantes de climat méditerranéen comme les céanothes, les cistes ou les *Callistemon*, certaines espèces aiment le calcaire, alors que d'autres ne le supportent pas. Il faut donc être particulièrement vigilant lors de la sélection des plantes : la vérification de leur tolérance au calcaire est primordiale.

Dans le cas de figure plus rare où votre sol est acide, la gamme de plantes que vous pouvez accueillir est beaucoup plus large. La plupart des plantes sauvages de climat méditerranéen s'adaptent en effet sans problème en sol acide, même si dans la nature on les trouve sur roche calcaire. Le *Cistus albidus*, par exemple, se plaît dans les sols calcaires des garrigues de Montpellier, pourtant il pousse tout aussi bien en sol acide. Près de l'abbaye de Fontfroide, dans une station célèbre étudiée par les botanistes depuis plusieurs siècles, *Cistus albidus* vit au milieu de nombreux cistes acidophiles, comme le joli *Cistus crispus* à port étalé. L'hybride naturel entre ces deux espèces y est d'ailleurs remarquablement abondant : c'est le *Cistus* x *pulverulentus* à floraison éclatante, l'un des meilleurs cistes couvre-sol pour les jardins.

La notion de chlorose est complexe, car elle dépend à la fois du pH, du taux de calcaire actif et du type de sol, plus ou moins asphyxiant. Le drainage joue ainsi un rôle important : les plantes chlorosent beaucoup plus vite en sol compact et argileux, restant gorgé d'eau en hiver. Il est donc souvent difficile de savoir dans quelle mesure le calcaire va être un réel problème pour les plantes, d'autant que, d'un endroit à l'autre du jardin, il peut y avoir des différences notables dans la nature du sol. Pour être sûr de ne pas se tromper sur les plantes adaptées, je vous suggère de faire quelques plantations expérimentales qui vont pouvoir vous guider par la suite. Vous pouvez facilement tester une zone du jardin en plantant à proximité l'un de l'autre plusieurs cistes ayant une tolérance au calcaire différente : *Cistus albidus* (bien adapté au calcaire), *Cistus salviifolius* (qui préfère les sols neutres) et *Cistus ladanifer* (qui ne pousse qu'en terrain acide).

1- *Rosa banksiae* 'Alba Plena' envahit les arbres et se couvre de cascades de fleurs parfumées au mois de mai. En observant les jardins alentour, vous découvrirez de nombreuses plantes adaptées à votre sol et à votre climat.

2- *Phlomis italica* est originaire des îles Baléares. Il tolère bien la sécheresse et le calcaire, mais ne résiste pas à des températures inférieures à - 8 ou -10 °C. Avant d'essayer une plante nouvelle, il faut toujours se poser les trois questions de base : est-ce que le sol lui convient ? Est-ce qu'elle va supporter le froid ? Est-ce qu'elle va résister à la sécheresse ?

3- Avec sa houppette de bractées décoratives, *Lavandula stoechas* est particulièrement attractive. Mais attention, elle ne pousse qu'en sol acide ! Si votre sol est calcaire, vérifiez bien la tolérance des plantes au calcaire avant de les choisir.

4- *Cistus salviifolius* se plaît dans les sols acides ou neutres : en sol trop calcaire il montre des signes de chlorose, qui se traduisent par un jaunissement du feuillage. Si vous ne connaissez pas bien votre sol, une bonne solution consiste à planter quelques plantes témoins. Selon leur comportement, vous saurez rapidement si vous avez un sol calcaire, neutre ou acide.

Selon le comportement de ces plantes témoins après quelques mois, vous saurez quelle gamme de plantes est adaptée à votre sol.

LE FROID

Le froid est un facteur limitant majeur pour les plantes de jardin. On associe souvent le climat méditerranéen à une image de douceur, et beaucoup de jardiniers se laissent aller à une tentation subtropicale. Pourtant, à part dans quelques zones protégées du littoral, on peut s'attendre à des températures minimales parfois très basses, les hivers méditerranéens étant très irréguliers. Fin février 1956, une grande vague de froid a tué vignes et oliviers dans l'arrière-pays de Montpellier. On cite souvent l'hiver 1789 comme l'un des plus froids qu'ait connus le Sud de la France : cette année-là le port de Marseille était bloqué par la glace. Plus récemment, les hivers rigoureux successifs de 1985, 1986 et 1987 ont fait un grand nettoyage dans les jardins du Sud de la France, éliminant toutes les plantes peu rustiques. Et si la perspective d'un réchauffement climatique implique l'éventuelle récurrence de sécheresses prolongées ou de canicules, les hivers peuvent rester occasionnellement très froids. L'été 2003 reste en mémoire pour sa canicule exceptionnelle dans le Sud de l'Europe, mais en février 2005, une grande vague de froid s'est abattue autour de la Méditerranée, les températures de l'ordre de - 10 °C en Andalousie faisant de nombreux dégâts dans les jardins. A cette période, Clara et moi étions bloqués par la neige lors d'un voyage botanique à Tafraoute, à deux pas du désert dans le Sud du Maroc, dans une région où il n'avait pas neigé de mémoire d'homme.

La rusticité d'une plante dépend de nombreux paramètres. Les jardiniers méditerranéens sont souvent fiers d'annoncer les températures négatives qu'ils ont pu enregistrer au petit matin sur leur thermomètre. Mais la durée du froid est un facteur au moins aussi important. S'il fait - 10 °C pendant quelques heures en fin de nuit, ce n'est pas du tout la même chose que s'il fait - 10 °C pendant plusieurs semaines d'affilée. En région méditerranéenne, les températures remontent généralement durant la journée grâce à un ensoleillement généreux, et il est rare que le sol gèle réellement en profondeur. Le durcissement des plantes, dépendant de l'arrivée plus ou moins rapide du froid, influe aussi beaucoup sur leur sensibilité au gel.

L'humidité du sol a également son importance. De nombreuses plantes méditerranéennes supportent un froid sec mais peuvent mourir sous l'influence conjuguée du froid et de l'humidité. Les protections contre le froid, avec de la paille ou des feuilles mortes, sont à ce titre souvent néfastes pour les plantes méditerranéennes, car elles retiennent l'humidité et peuvent faire pourrir la plante. Il faut au contraire favoriser un drainage parfait autour du collet pour aider la plante à passer l'hiver. L'âge de la plante influe sur sa résistance au froid. Une plante bien établie pourra rejeter de souche après un hiver rigoureux, alors qu'une jeune plante, encore faiblement enracinée dans le sol, n'aura pas la force de repartir au printemps. Enfin, on peut noter qu'une espèce peut présenter des "écotypes" différents : au cours de son évolution, l'espèce s'adapte petit à petit,

1- Givre sur feuillage. La rusticité d'une plante dépend de nombreux paramètres, dont la température minimale, la durée du froid, le durcissement de la plante et l'état d'humidité du sol.

2- Février 2005 : euphorbe cactiforme sous la neige, près du col de Tizi n Tarakatine, dans le Sud du Maroc. On associe souvent le climat méditerranéen à une image de douceur, mais les hivers méditerranéens peuvent être occasionnellement très froids.

dans un lieu donné, à des conditions particulières comme le froid. La sélection de ces écotypes permet de planter en région froide des espèces habituellement considérées comme non rustiques. Nous nous sommes par exemple longtemps passionnés pour la recherche d'écotypes rustiques de lauriers-roses, en répertoriant les stations les plus hautes où poussent les lauriers-roses dans les oueds du Haut-Atlas. Nous recherchons maintenant des écotypes rustiques de *Lavandula dentata* : rêve et plaisir des voyages à venir.

On ne peut donc pas dire d'une manière absolue qu'une plante résiste au froid. Mais on peut fournir une approximation, très utile pour les jardiniers, en indiquant une fourchette de températures à partir desquelles la plante risque d'être sérieusement endommagée par le froid, dans une région donnée. Par exemple, on peut indiquer que dans la région de Montpellier, la rusticité de *Salvia africana-lutea* est de l'ordre de - 4 à - 6 °C. Dans le Nord de la France, avec des froids prolongés et des conditions plus humides, la même *Salvia africana-lutea* ne résistera peut-être qu'à des températures de 0 à - 2 °C. Les indications de rusticité que je vais donner pour chaque plante dans ce livre s'entendent pour un froid de type méditerranéen, ne durant généralement pas longtemps. Elles doivent donc être éventuellement modulées selon le type de froid, plus ou moins prolongé et humide, qui caractérise votre région.

PETIT, DUR ET TRAPU : UNE NOUVELLE NORME DE QUALITÉ

Si vous avez choisi une espèce, en vérifiant ses exigences culturales concernant le sol, le froid et la sécheresse, elle a toutes chances d'être bien adaptée à vos conditions. Mais pour assurer une bonne reprise, il faut aussi savoir choisir la plante que vous allez mettre en place dans votre jardin.

Plus les conditions climatiques sont difficiles, plus il faut planter des végétaux petits, qui ont été élevés à la dure. Lorsque vous choisissez une plante trop grande, dites-vous bien que pour qu'elle pousse plus vite, elle a été cultivée en pépinière dans des conditions bien trop favorables. La plante s'habitue à une fertilisation généreuse et à de l'eau à volonté. Avec son air bien gras, elle semble en parfaite santé, mais en fait elle est fragilisée à l'extrême, ayant perdu la nécessité de s'adapter à des conditions difficiles. Les feuilles sont surdimensionnées, les stomates sont ouverts au maximum, la densité des poils à la surface des feuilles est très faible. La plante a oublié ce qu'était la sécheresse.

Lorsqu'elle va quitter la pépinière pour être plantée au jardin, une plante trop grande va subir un stress brutal. Du jour au lendemain, fini l'arrosage quotidien. La plante se retrouve livrée à elle-même dans un environnement hostile, sans avoir les moyens pour y faire face. Elle va souffrir fortement et tenter de développer en urgence les mécanismes d'adaptation qui lui font défaut, fermeture progressive des stomates, jaunissement puis chute partielle du feuillage, et début d'une phase de repos végétatif. Il peut falloir plusieurs mois, voire plus d'un an, pour que la plante se remette du stress lié à la plantation. Le résultat est alors l'inverse de celui escompté : au lieu d'avoir une grosse plante qui fait rapidement de l'effet, on se retrouve avec une plante chétive, qui perd ses feuilles et qui bloque sa croissance.

Quelle est la taille optimale de plantation ? Le maître mot au moment de choisir la plante va être l'équilibre. Il faut que le volume du feuillage soit équilibré par rapport au volume du système racinaire. L'équilibre est très simple à juger : si le pot mesure 15 à 20 centimètres de hauteur, une plante de bonne qualité pour un jardin sec

1- Ce jeune laurier-rose originaire du Haut-Atlas pousse dans un oued d'altitude, qui se transforme en hiver en cascade de glace. La sélection d'écotypes rustiques permet de planter des lauriers-roses en régions froides, où les variétés classiques ne survivent pas.

2- Salvia africana-lutea pousse en sol drainé, sur le littoral atlantique de la province du Cap en Afrique du Sud. Elle peut repartir de la souche après des températures de l'ordre de - 4 à - 6 °C dans la région de Montpellier, car le sol ne gèle pas en profondeur, grâce à la remontée des températures diurnes.

aura une hauteur d'environ 15 à 20 centimètres aussi. Pas besoin de devenir un maniaque de la règle millimétrée et du pied à coulisse, cette notion d'équilibre se juge du premier coup d'œil. Une plante d'un an cultivée dans un pot de 1 à 2 litres, avec une végétation dense et compacte, donne une qualité de reprise remarquable. Quand vous le pouvez, choisissez toujours des plantes de petite taille, trapues et ramifiées : elles surmonteront sans dommage la transition entre les conditions de culture en pépinière et les conditions du jardin.

LA QUALITÉ DES RACINES

En achetant une plante, on contrôle instinctivement la qualité du feuillage, mais on oublie de penser aux racines. Pourtant, c'est de la qualité racinaire que dépend avant tout la bonne reprise. La qualité des racines est le sujet tabou de l'horticulture. Tout le monde sait qu'il y a un problème, mais on évite d'en parler. De quoi s'agit-il ? Cultivée en pot, la plante émet des racines qui commencent par s'allonger normalement en tous sens. Puis soudain les racines sont bloquées par la paroi du pot. Comme il faut bien qu'elles continuent à pousser pour nourrir la plante, elles suivent alors la paroi et tournent à l'intérieur du pot. Plus la plante pousse, plus les racines tournent : si la plante reste trop longtemps dans son pot, à force de tourner les racines forment un chignon serré de racines circulaires. Que se passe-t-il lors de la plantation ? La plante va avoir du mal à émettre de nouvelles racines vers le bas, comme si elle gardait une mémoire de la déformation racinaire imposée par la paroi du pot. Seules de petites racines secondaires vont démarrer à partir du chignon, et la plante peinera à s'ancrer convenablement dans le sol. La plante va grandir, mais les racines n'arriveront pas à bien se développer. Pour les végétaux ligneux – arbres, arbustes ou arbrisseaux –, il y a plus grave : si la plante réussit enfin à s'établir, la base du tronc grossit petit à petit et un jour, au bout de cinq ou dix ans selon les espèces, le collet de la plante va être étranglé par les racines circulaires du chignon qui persiste dans le sol. C'est l'une des causes principales de la mort prématurée, souvent mal identifiée, des plantes ligneuses dans le jardin.

Dans les jardins méditerranéens, le problème du chignon racinaire est encore plus important qu'en climat tempéré. Le chignon racinaire rend la plante plus sensible à la sécheresse : il ralentit nettement l'émission de racines maîtresses vers les couches profondes du sol, qui sont toujours les plus humides. Au bout de quelques années, le déséquilibre entre la végétation et les racines

1- Pour favoriser la reprise, essayez de choisir des plantes compactes, avec un volume de végétation équilibré par rapport au volume du système racinaire. Des plantes petites, trapues et bien endurcies surmontent plus facilement la transition entre les conditions de pépinière et les conditions du jardin.

2- La qualité des racines est le sujet tabou de l'horticulture. A force de tourner, les racines forment un chignon serré de racines circulaires, préjudiciable pour la qualité de la reprise, pour la résistance à la sécheresse et pour la pérennité de la plante à long terme.

3- Cette lavande n'a pas résisté à la sécheresse : en l'arrachant, on découvre l'important déséquilibre entre la végétation et le système racinaire, qui ne s'est presque pas développé autour du chignon.

faiblement développées autour du chignon peut créer un stress hydrique sévère. On est ainsi parfois surpris par la mauvaise résistance à la sécheresse d'une plante dans le jardin, alors que, d'après sa région climatique d'origine, elle aurait dû se comporter beaucoup mieux. En arrachant cette plante, il y a de fortes chances que vous trouviez un gros problème de chignon, très peu de racines nouvelles ayant pu plonger dans le sol pour puiser l'humidité nécessaire à la plante.

Pour les plantes vivaces herbacées, ce problème de chignon est moins grave, car la plante se régénère par drageons, marcottes ou rhizomes. En quelques années, la plante échappe d'elle-même à la souche d'origine issue de la culture en pot. Mais pour toutes les plantes ligneuses, arbres, arbustes ou arbrisseaux, le chignon racinaire est un défaut majeur, préjudiciable pour la qualité de la reprise, la résistance à la sécheresse, la tenue au vent et la pérennité de la plante à long terme.

Il existe pourtant différents modèles de pots "intelligents" permettant de lutter contre le chignon racinaire. Mais comme ils sont chers, peu répandus ou difficiles à utiliser en production à grande échelle, ils sont malheureusement souvent délaissés par les horticulteurs. Seule une demande régulière de clients soucieux de qualité pourra sans doute infléchir les habitudes dans les années à venir.

Les pots en tourbe, fibre de coco ou autre matériau biodégradable, en laissant passer les racines au travers des parois, provoquent un "cernage aérien" naturel, comme si on pinçait l'extrémité de chacune des racines sitôt qu'elle sort du pot. Au lieu de tourner dans le pot, la racine se ramifie alors régulièrement en tous sens. Mais justement parce qu'ils sont biodégradables, ces pots s'abîment rapidement et deviennent difficiles à manipuler, d'où leur faible succès en pépinière. Ils peuvent par contre convenir pour un particulier qui cherche à produire, à petite échelle, des plantes de qualité.

Directement inspirés des godets utilisés pour la production de plants forestiers, il existe aussi des pots horticoles individuels, garnis de fortes rainures verticales dont le relief guide les racines vers le bas en les empêchant de tourner. Le fond de ces pots est constitué d'un grillage, pour assurer un cernage aérien des racines qui pointent au fond de la motte. En climat sec, ce type de pot a un gros avantage : sa forme étroite et haute assure une bonne profondeur du système racinaire dès la plantation, lui

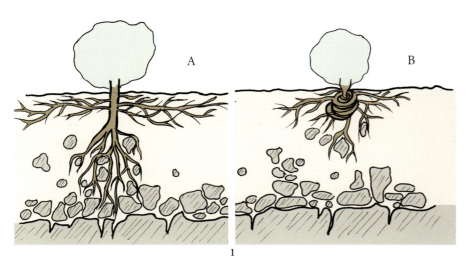

INCIDENCE DE LA CULTURE EN POT SUR LE SYSTÈME RACINAIRE

1

1- *Incidence de la culture en pot sur le système racinaire.*
A. Système racinaire optimal d'un arbrisseau méditerranéen : racines profondes pour puiser l'humidité lors des grandes sécheresses, et réseau dense de racines superficielles pour capter l'humidité lors de la moindre pluie.
B. Elevée trop longtemps en pot rond, la plante se fait étrangler par ses racines nouées en chignon. Après quelques années, le système racinaire atrophié ne suffit plus à approvisionner la plante, qui risque de mourir de soif lors d'une sécheresse prolongée.

2- *Cultivée dans un pot anti-chignon de type forestier, la plante a des racines qui se dirigent vers le bas, prêtes à plonger rapidement en profondeur pour mieux résister à la sécheresse.*

2

permettant de se développer rapidement dans la zone la plus humide du sol.

Comment faire si vous ne trouvez autour de chez vous que des plantes cultivées dans des pots traditionnels ? La première règle sera d'essayer d'acheter une plante jeune, cultivée six mois ou un an au maximum dans son pot. Plus la plante est vieille, plus le problème du chignon est grave. Si le chignon n'est pas trop important, au moment de la plantation vous pouvez essayer de dérouler les jeunes racines pour les étaler dans le trou de plantation. C'est une opération assez délicate, mais il vaut mieux casser quelques racines que laisser le chignon dans l'état. Enfin, on peut copier une technique parfois utilisée en pépinière, lors du rempotage d'une plante dans un pot de taille supérieure. Avec une lame bien tranchante, on fait deux incisions verticales dans la motte, pour sectionner les racines qui tournent. Attention, cette technique sévère est praticable uniquement en automne ou en hiver, lorsque le stress hydrique est faible. Elle suppose qu'on rabatte également la partie aérienne de la plante : en coupant les racines, on diminue brutalement leur capacité d'absorption, il faut donc en conséquence réduire l'évapotranspiration, en diminuant la surface du feuillage.

LA BONNE PLANTE AU BON ENDROIT

Malgré tout le soin que vous aurez apporté à la sélection des espèces et au contrôle de la qualité des plantes, il faut accepter de faire des essais dans son jardin. La multitude des paramètres est telle qu'on ne peut jamais être parfaitement sûr du résultat. On ne réalise pas un jardin comme on construit une maison, avec des briques et du ciment : un jardin sec est toujours un jardin un peu expérimental. Les plantes sont vivantes, certaines vont prospérer, d'autres vont mourir. Le plus souvent, ce n'est pas la faute de la plante mais celle du jardinier. Une plante vivote dans son coin ? C'est peut-être qu'elle est mal placée. Vous avez essayé un *Geranium macrorrhizum* pour l'extraordinaire odeur de son feuillage, mais vous avez oublié qu'il fallait le planter à l'ombre. Votre câprier est mort au bout de quelques mois ? Vous ne saviez pas qu'il fallait le planter au sommet d'une petite montagne de cailloux purs. Dans un jardin méditerranéen naturel, une seule devise : la bonne plante au bon endroit. Si la plante n'est pas heureuse là où vous l'avez placée, ce n'est pas grave, il suffit de la remplacer par une autre. Le plaisir du jardinage n'est pas tant dans le résultat final, mais dans la découverte sans cesse renouvelée du comportement des plantes et de leur évolution dans le jardin.

Le Geranium macrorrhizum *est un bon couvre-sol dans un jardin sec, à condition de le planter à l'ombre dans un sol assez profond. Dans notre jardin, nous n'avons qu'une seule devise : la bonne plante au bon endroit. Il ne faut pas hésiter à faire au moins trois essais, dans des conditions différentes, avant de décider qu'une plante ne convient pas.*

Bien réussir la plantation

PRÉPARATION DU SOL

Pour comprendre comment préparer le sol dans un jardin sec, il suffit d'observer les plantes méditerranéennes dans leur milieu d'origine. Feu, pâturage et coupes intensives ont façonné depuis des millénaires un paysage dégradé, soumis à une forte érosion. Faites une promenade en garrigue et regardez sous vos pieds : la bonne terre a disparu, entraînée par les pluies violentes. Il ne reste que les cailloux, et souvent on voit la roche mère affleurer. Cet environnement minéral abrite pourtant une remarquable diversité de plantes, qui profitent de la moindre fissure pour plonger leurs racines au plus profond sous les pierres. Au cours de leur évolution, les plantes de terrain sec se sont adaptées à des conditions de sol qui semblent difficiles, mais qui leur conviennent parfaitement : pas de belle terre profonde et humifère, mais un sol caillouteux, pauvre et bien drainé.

Les plantes de milieu sec ont besoin de drainage avant tout. La sécheresse ne leur fait pas peur, elles sont faites pour ça. Ce qu'elles craignent, c'est le sol asphyxiant, une terre lourde et compacte, les jardins où l'eau va longuement stagner pendant la saison des pluies. Si votre terre est légère et perméable, si votre jardin descend en terrasses successives soutenues par de vieux murs en pierres, votre sol est naturellement drainé – vous avez de la chance car il n'y a rien de plus à faire. Mais si vous avez un terrain qui reste gorgé d'eau pendant des semaines après les pluies, avec une terre argileuse dure en été et

collante en hiver, ne plantez rien : il faut absolument commencer par le drainage.

La manière la plus simple de drainer le sol est de surélever les massifs de plantation. Une allée gravillonnée, suivant les points bas entre les massifs, suffit alors à évacuer l'eau. On peut aussi placer un drain enterré sous les allées pour assécher une zone particulièrement humide. Pas besoin de créer des monticules énormes pour surélever les massifs. Un apport de terre de 20 à 30 centimètres par rapport au niveau du sol d'origine est largement suffisant. On peut profiter de la terre provenant du décaissement des allées et des éventuelles tranchées de drainage, ou récupérer la terre mise de côté lors de la construction d'une maison neuve. Si le sol est très argileux, l'idéal est de mélanger la terre avec du sable de rivière grossier, dans une proportion pouvant aller jusqu'à 30 à 50 % de sable.

SOIGNER LE DRAINAGE POUR RÉUSSIR LA PLANTATION

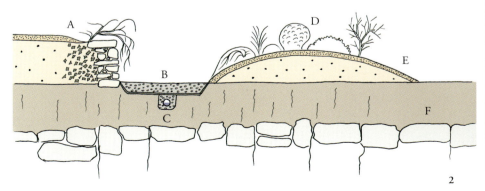

1- Coronilla minima illumine les éboulis calcaires, à Saint-Guilhem-le-Désert. En observant les plantes dans leur milieu naturel, on comprend mieux comment les acclimater dans le jardin. Ici, pas de bonne terre, de terreau ou d'engrais : ce que la coronille préfère, c'est un excellent drainage.

*2- Soigner le drainage pour réussir la plantation.
A. En comblant avec des cailloux l'arrière d'un muret en pierres sèches, on crée les conditions idéales pour accueillir les plantes les plus exigeantes en drainage, comme Capparis spinosa ou Ebenus cretica.
B. Située en point bas entre les massifs, une allée gravillonnée évacue l'eau après la pluie. Pour éviter les adventices, le gravier est placé sur un film plastique ou un feutre géotextile.
C. En sol restant très humide en hiver, l'allée gravillonnée peut être doublée d'un drain agricole, avec un tuyau d'évacuation placé dans le gravier.
D. Massif surélevé, composé d'un mélange terre-sable. L'excès d'eau s'évacue par gravité. Les plantes de terrain sec, comme les cistes ou les lavandes, se plaisent dans ce sol bien drainé.
E. Un paillage à la surface du sol limite la germination des adventices et diminue l'évaporation.
F. Sol argileux d'origine, restant trop humide en hiver pour les plantes de terrain sec.*

3- La terre récupérée lors du décaissement des allées va servir à créer des massifs surélevés permettant d'améliorer sensiblement le drainage d'un terrain argileux.

On obtient ainsi des massifs surélevés dont le drainage excellent convient parfaitement aux plantes de climat sec.

Il est d'ailleurs utile d'avoir toujours dans un coin du jardin un tas de sable de rivière, qui permettra d'améliorer le drainage pour tous les petits travaux de plantation futurs. Attention au type de sable : le sable de rivière, dont les grains sont ronds, améliore le drainage, alors que le sable de carrière, issu du concassage des cailloux, a des grains aigus et vient durcir l'argile comme si c'était du béton. Il y a bien sûr d'autres techniques et matériaux possibles pour le drainage, cailloux, graviers ronds, pouzzolane, murets en pierres sèches, mais la technique des massifs surélevés avec un mélange de terre et de sable est souvent la plus facile à mettre en œuvre. Elle permet en même temps de modeler le terrain avant la plantation, pour transformer un terrain plat sans intérêt en véritable début de paysage, le cheminement des allées entre les massifs conférant un esprit méditerranéen au jardin, comme un sentier qui serpente dans la garrigue.

Si vous venez de créer un massif surélevé, la terre est juste foisonnée à souhait, et il ne reste plus qu'à planter. Mais si vous plantez directement dans le sol d'origine, qui n'a pas été travaillé depuis longtemps, il faut le décompacter sur au moins 30 à 40 centimètres de profondeur. Plus on aère le sol, plus les racines pourront plonger rapidement en profondeur, permettant aux plantes de mieux supporter le premier été. Il vaut mieux passer deux jours à la fourche-bêche avant la plantation que tout l'été avec un tuyau d'arrosage. Bien que tentant, un petit coup de motoculteur en surface ne suffit pas : il donne une impression de propreté, mais la rotation des couteaux peut au contraire former une semelle de labour qui freinera la progression des racines. Pour les grands chantiers, un sous-solage avec un tracteur équipé de griffes de décompactage convient bien, car il aère la terre en profondeur tout en conservant les positions respectives des strates d'origine du sol, l'activité biologique étant plus importante en surface. Pour les petits jardins, il faut prendre son courage à deux mains : vous avez le choix entre le pic ou la fourche-bêche, et vous pourrez fièrement exhiber vos ampoules comme preuve du sérieux de la préparation de votre terrain.

LA DATE DE PLANTATION

Dans un jardin méditerranéen, la plantation en automne, juste avant le début de la saison des pluies, est idéale. On profite du cycle naturel de croissance de la plante, qui a tout le temps pour s'installer dans les conditions les plus favorables. Les plantes adaptées à la sécheresse ont un cycle de végétation inversé par rapport à celui des plantes de climat tempéré : croissance en automne, en hiver et au printemps, puis net repos estival lorsque la chaleur arrive. Dès les premières pluies d'automne, les racines commencent à s'allonger, profitant du sol humide et de la terre encore chaude. La plante pousse peu durant les premiers mois – mais ce n'est pas grave car ce qui est important se passe dessous. Le système racinaire se développe et se ramifie, il cherche à descendre le plus rapidement possible. La période qui suit la plantation est comme un compte à rebours avant l'arrivée de la chaleur et de la sécheresse. Plus on plante tôt, plus la plante a le temps de bien s'établir pendant l'automne et l'hiver, pour passer le premier été sans difficulté.

Il ne faut pas chercher la première année à obtenir une croissance rapide. N'apportez ni terreau ni engrais, aucun moyen artificiel pour forcer la végétation. La première année, on cherche seulement à avoir une plante

1- Dans un jardin méditerranéen, la plantation juste avant la saison des pluies est idéale. Plus on plante tôt, plus la plante a le temps de bien s'établir pendant l'automne et l'hiver, pour passer le premier été sans difficulté.

2- Jeune plantation. N'apportez ni terreau ni engrais, aucun moyen artificiel pour forcer la végétation. La première année, on cherche seulement à avoir une plante qui reprenne bien, un volume de feuillage limité pour réduire l'évapotranspiration, et des racines aussi développées que possible.

qui reprenne bien, avec un volume de feuillage limité pour réduire l'évapotranspiration, et des racines aussi développées que possible. Ce n'est que la deuxième année que la végétation prend vraiment du volume, souvent d'ailleurs d'une manière spectaculaire, comme pour rattraper le temps perdu. Le système racinaire est alors assez puissant pour supporter une croissance vigoureuse, et en quelques années on est surpris d'avoir des plantes déjà assez fortes pour structurer rapidement le jardin. Dans un jardin sec, les plantes poussent beaucoup plus rapidement qu'on ne l'imagine, à condition toutefois de respecter les bonnes conditions initiales : choix de l'espèce adaptée, préparation du sol et plantation en automne.

LE TROU ET LA CUVETTE

Si vous avez soigneusement décompacté votre sol à l'avance, le trou de plantation n'est plus qu'une simple formalité, quatre coups de pioche et c'est prêt. Dans les cas particuliers où le décompactage de toute la surface ne peut pas être pratiqué, comme sur un talus en forte pente avec un risque d'érosion, le trou de plantation doit être particulièrement soigné. Pour un jeune arbuste élevé en pot de 1 à 2 litres, il faut un trou d'au moins 30 centimètres de large et 40 de profondeur, ce qui représente le volume moyen que les racines vont coloniser dès la première année. Pas de tourbe, pas de compost, pas de fumier ! Le fond du trou doit être simplement rebouché avec la terre d'origine mêlée à du sable ou du gravier, un mélange bien souple qui permettra à l'eau d'arrosage de pénétrer en quelques minutes sous la motte de la plante, pour tirer les racines vers le bas en créant une zone humide en profondeur.

Si votre plante présente un chignon racinaire, c'est le moment d'essayer de le dérouler délicatement, en étalant les racines dans le trou. Puis on finit de reboucher avec le même mélange perméable, terre d'origine coupée de sable et de gravier, toujours pour que l'eau puisse pénétrer sans problème. Un bornage soigneux, c'est-à-dire le tassement régulier avec le pied autour de la plante, assure que la terre soit partout en contact avec la motte de la plante, sans laisser de poches d'air qui pourraient dessécher les racines. Evitez si possible les plantes élevées dans un substrat trop riche en tourbe : dès que la motte sèche, elle se rétracte comme une vieille éponge et, au lieu de rester en contact avec la terre dans le trou de plantation, les racines se retrouvent dans une bulle d'air.

Et maintenant, la cuvette : c'est peut-être le plus important ! Les jardiniers novices font toujours une cuvette d'arrosage trop petite, qui va être quasiment inutile. La cuvette doit retenir l'eau d'arrosage en l'empêchant de s'échapper en tous sens sur la surface. L'eau qui ruisselle à la surface est de l'eau perdue, car elle va s'évaporer. Seule l'eau qui pénètre en profondeur va être utile à la plante. La taille de la cuvette dépend de la nature du terrain, plus ou moins perméable, mais en général une bonne cuvette doit faire au moins 60 centimètres de diamètre et 20 de hauteur, pour pouvoir retenir en une seule fois 20 à 30 litres d'eau. Lorsque la densité de plantation ne permet pas de faire une cuvette individuelle pour chaque plante, par exemple pour des plantes couvre-sol plantées serré, la cuvette peut être plus large et venir entourer plusieurs plantes à la fois. Il suffit de veiller à ce que les bords soient toujours parfaitement de niveau, pour que l'eau ne déborde pas sur un côté lors du remplissage. On pratique toujours un premier arrosage juste après la plantation, en remplissant la cuvette bien à ras bord, même si la plante ne semble pas avoir soif. Ce premier arrosage a pour vocation de finir de tasser la terre autour de la motte et de procurer à la plante une importante réserve d'humidité en profondeur pour qu'elle puisse attendre l'arrivée des pluies d'automne.

Les jardiniers novices font toujours une cuvette d'arrosage trop petite : une bonne cuvette doit faire au moins 60 centimètres de diamètre et 20 de hauteur, pour pouvoir retenir en une seule fois 20 à 30 litres d'eau.

Gestion optimale de l'eau

Pour les plantes établies depuis plusieurs années dans le jardin, la sécheresse n'est pas un problème. Si elles sont bien adaptées, elles se comportent comme les plantes sauvages de milieu sec, elles possèdent toutes les stratégies nécessaires pour se défendre contre la chaleur et le manque d'eau. Mais pour les plantes de moins d'un an, l'été va être difficile. Les racines ne sont pas encore assez profondes pour que la plante soit autonome. L'été suivant la plantation est une période de transition, et le jardinier vigilant devra surveiller l'arrosage, même pour les espèces naturellement résistantes à la sécheresse.

QUAND ET COMMENT ARROSER ?
Pour habituer une jeune plante à la sécheresse, la meilleure solution est d'arroser le moins souvent possible. Par contre, chaque arrosage doit être très abondant : il faut que l'eau forme une tache d'humidité en profondeur, bien au-dessous du niveau de la motte de la plante, pour "tirer" les racines vers le bas. Les racines se développent toujours vers les zones les plus humides. Avec des arrosages espacés mais abondants, les racines vont progresser vers les couches les plus basses du sol, là où l'humidité persiste le plus longtemps sans s'évaporer. La plante garde ses racines au frais, elle va pouvoir tenir

1- *Le premier été suivant la plantation est une période de transition, le jardinier vigilant devra surveiller l'arrosage, même pour les espèces naturellement résistantes à la sécheresse.*

2- *Technique traditionnelle d'arrosage des parcelles d'orge dans les montagnes de l'Atlas. Utilisé tout autour de la Méditerranée depuis des siècles, l'arrosage "à la raie", en permettant à l'eau de descendre lentement en profondeur, crée une tache d'humidité qui tire les racines vers le bas.*

deux ou trois semaines en été sans problème, même si là-haut le vent, le soleil et la chaleur dessèchent la surface. Au contraire, les "mouillettes", ces arrosages où l'on apporte tous les soirs une faible quantité d'eau, rendent la plante artificiellement sensible à la sécheresse. Un arrosage superficiel répété va générer un mince tapis de racines juste sous la surface, là où l'évaporation est la plus intense. La plante n'a alors aucune autonomie : sitôt qu'on oublie d'arroser, on la voit peiner, elle tire la langue et, en quelques jours, elle semble prête à mourir de soif.

A chaque arrosage une partie de l'eau est gaspillée, offerte directement au soleil sans être utilisée par la plante. En été, dans le Sud de la France, l'évaporation directe du sol après un arrosage peut atteindre 5 litres par mètre carré en vingt-quatre heures. Comment arroser pour limiter les pertes par évaporation ? Pour les massifs d'arbustes et de vivaces, l'arrosage par aspersion est ce qu'il y a de pire. Au lieu d'arroser en profondeur, on arrose toute la surface, l'effet parapluie des plantes et l'évaporation directe du sol font que seule une faible partie de l'eau va être utilisable par les plantes. L'arrosage par aspersion favorise les racines superficielles au détriment des racines en profondeur, et risque également de faire germer en plein été de nombreuses adventices qui, en puisant de l'eau dans le sol, vont venir faire concurrence aux nouvelles plantations. Enfin, l'arrosage par aspersion favorise l'apparition de nombreuses maladies, rouille, oïdium, *Ascochyta* ou *Phytophthora*.

L'arrosage dans une cuvette au pied de la plante est bien plus efficace. Au lieu de mouiller inutilement toute la surface du massif, l'eau retenue par les bords de la cuvette peut descendre lentement par gravité à 30 ou 40 centimètres de profondeur. C'est pour permettre d'apporter une quantité d'eau suffisante à chaque arrosage que la taille de la cuvette est si importante. Façonnée lors de la plantation autour du pied de la plante, elle doit être reprise en début d'été, car elle a pu s'abîmer pendant l'hiver et le printemps, avec la pluie, le vent ou les travaux de désherbage. On ne le répète jamais assez : une bonne cuvette doit faire au minimum 60 centimètres de diamètre et 20 de profondeur, afin de retenir en une seule fois 20 à 30 litres d'eau. Si la cuvette est trop petite, au lieu de pénétrer en profondeur l'eau s'échappe en ruisselant à la surface : l'eau s'évapore rapidement et la plante a toujours soif.

Selon la nature du sol et les conditions climatiques, il faut moduler le rythme d'arrosage que l'on va adopter. Un sol très sablonneux conserve peu l'eau, on doit donc fractionner les apports en augmentant la fréquence des arrosages. Un sol argileux conserve l'humidité longtemps, les arrosages peuvent être plus espacés. En sol rocheux, de belles poches humides persistent encore plus longtemps sous les grosses pierres, un vrai bonheur pour les racines.

Pour apprendre à mesurer au plus juste la quantité d'eau à apporter à chaque arrosage en fonction de la nature de votre sol, vous pouvez pratiquer le système de la tranchée de contrôle. En début d'été, lorsque la sécheresse est déjà bien installée, remplissez bien à ras la cuvette autour d'une plante, en mesurant l'eau apportée avec un

1- Sol argileux fissuré. A chaque arrosage une partie de l'eau est gaspillée, offerte directement au soleil sans être utilisée par la plante. Pendant la chaleur brûlante de l'été, l'évaporation directe du sol peut être très importante, de l'ordre de 5 litres par mètre carré en 24 heures.

2- La cuvette d'arrosage est primordiale : elle permet à l'eau de pénétrer bien en profondeur, au lieu de s'échapper en ruisselant à la surface du sol.

seau ou un arrosoir. Attendez quarante-huit heures pour que la surface sèche bien. Ensuite, en vous écartant suffisamment du pied de la plante pour ne pas blesser les racines, creusez au pic une tranchée étroite et profonde, qui va permettre de vérifier l'humidité sur une coupe verticale dans le sol. Quelques jours après un arrosage, le sol doit être bien humide à une profondeur de 30 à 40 centimètres, sous la motte de la plante, dans la vraie zone utile pour les racines. Si le sol est sec en profondeur, la prochaine fois doublez la quantité d'eau, et recommencez le contrôle en creusant une nouvelle tranchée près d'une autre plante. Prenez la peine de vous fatiguer un peu avec ces opérations de contrôle la première année, ce calage de l'arrosage est primordial, il vous servira dès le premier été mais aussi pour toutes les plantations des années ultérieures.

Pour donner un exemple, voici le rythme d'arrosage que nous pratiquons dans notre jardin pour les jeunes plantations de moins d'un an. Notre sol est argileux, nous sommes près de Montpellier, dans une région chaude et ventée, mais en été l'hygrométrie de l'air est souvent supérieure à la moyenne en raison de la proximité de la mer. Un été normal, sans pluie notable entre le 15 mai et début septembre, nous apportons 20 litres d'eau toutes les trois semaines environ aux plantations de l'automne précédent. Les 20 litres d'eau permettent aux jeunes plantes de passer sans problème une quinzaine de jours – mais nous essayons d'attendre une bonne semaine de plus avant d'arroser. La dernière semaine, le stress hydrique peut devenir bien visible selon les espèces, certaines plantes semblent sur le point de faner, quelques feuilles jaunissent et tombent. Cette courte période de stress hydrique est extrêmement favorable pour encourager la plante à lutter contre la sécheresse : c'est à ce moment-là qu'elle consacre le meilleur de son énergie, toute sa rage de survie, à l'émission des racines plus en profondeur. Ce rythme n'est bien sûr possible que pour des plantes mises en place en début d'automne, ce qui leur a permis de commencer à bien s'enraciner pendant l'hiver. Si, malgré tous nos grands principes, nous réalisons quelques plantations complémentaires au printemps, nous devons les arroser bien plus souvent le premier été, avec un apport de l'ordre de 10 à 15 litres d'eau une fois par semaine.

Un binage superficiel de la cuvette, quelques jours après l'arrosage, limite les pertes par évaporation. En effet, par capillarité dans le sol, l'eau a toujours tendance à remonter vers la surface où elle s'évapore – c'est particulièrement vrai en sol argileux où la capillarité est plus élevée qu'en sol drainant. En aérant les premiers centimètres, le binage superficiel provoque une rupture de la continuité capillaire du sol, permettant de mieux conserver l'eau en profondeur. Cette rupture de la continuité capillaire peut être efficacement assurée les

Développement des racines selon le type d'arrosage pratiqué durant le premier été.
A. Une petite aspersion quotidienne crée une zone humide superficielle. Les racines se développent là où l'évaporation est la plus importante : la plante supportera très mal la sécheresse les années suivantes.
B. Goutte-à-goutte programmé trois fois par semaine pendant une demi-heure : les racines se concentrent dans une zone humide restreinte. Fragilisée par l'arrosage, la plante ne sera pas autonome les années suivantes.
C. Arrosage abondant à intervalles espacés (20 à 30 litres tous les quinze jours). En "tirant" les racines vers le bas, l'arrosage en profondeur rend la plante plus résistante à la sécheresse. En binant la cuvette après l'arrosage, on évite les pertes en eau par évaporation.

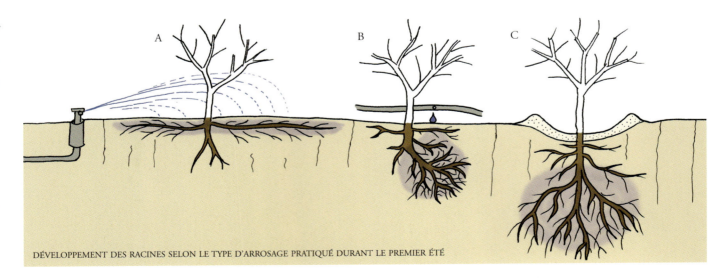

DÉVELOPPEMENT DES RACINES SELON LE TYPE D'ARROSAGE PRATIQUÉ DURANT LE PREMIER ÉTÉ

années ultérieures par la mise en place d'un paillage, qui va conserver l'humidité dans le sol. Mais la première année, nous évitons de pailler le pied des jeunes plantations : le premier été, une bonne aération autour du collet de la plante est primordiale. Elle limite les risques de maladies cryptogamiques liés à l'apport artificiel d'humidité en période chaude, en permettant au sol de se ressuyer rapidement après un arrosage.

L'arrosage au goutte-à-goutte est efficace également, mais il est souvent mal utilisé dans les jardins. Un faible apport d'eau plusieurs fois par semaine crée une zone humide restreinte où se concentrent les racines, fragilisant la plante au lieu de l'habituer à la sécheresse. Si on utilise un goutte-à-goutte il faut réaliser, comme pour l'arrosage à la cuvette, un arrosage en profondeur à intervalles très espacés. Dans notre jardin, nous jugeons que cela ne vaut pas la peine d'installer des tuyaux noirs partout, pour ne s'en servir que quatre ou cinq fois le premier été. Le goutte-à-goutte a par contre toute sa vocation dans l'arrosage régulier du potager et des plantes en pots près de la terrasse d'une maison.

Malgré vos efforts, une jeune plante semble avoir toujours soif ? C'est qu'il y a un problème. Pour analyser ce qui ne convient pas, récapitulez rapidement la liste des conditions de plantation à respecter en climat sec. L'espèce : est-elle bien adaptée à la sécheresse de votre région ? La plante : était-elle petite et durcie, avec un volume aérien équilibré par rapport au volume racinaire ? Les racines : de bonne qualité, sans chignon au fond du pot ? Le sol : décompacté en profondeur, avec un trou de plantation de taille importante ? La date de plantation : en automne juste avant les premières pluies ? L'arrosage : suffisamment abondant à chaque fois, vérifié avec une tranchée de contrôle ? En répondant soigneusement à ces questions, vous trouverez facilement l'origine du problème. Ne vous entêtez pas, il ne sert à rien de se battre contre votre jardin. Si durant le premier été quelques plantes ne tiennent pas comme il faut, abandonnez-les purement et simplement, sans états d'âme. De toute façon elles ont peu de chances de se développer correctement par la suite. Soit l'espèce n'est pas adaptée, soit elles ont un problème majeur qui les pénalisera par la suite, chignon racinaire ou mauvaises conditions de plantation. Dans un jardin méditerranéen, chaque échec est positif, car en comprenant ses erreurs on peut recommencer dans de meilleures conditions l'automne suivant.

POUR LES TÊTUS, UNE HISTOIRE DE ZONE

Le choix raisonné des espèces, les bonnes conditions de plantation et le sérieux de l'arrosage pratiqué la première année vont permettre à la plante d'être entièrement autonome dès la fin du premier été. Fini l'arrosage ! Plus de tuyaux qui traînent, plus de programmateurs et d'électrovannes qui tombent en panne pendant les vacances. Vous aurez tout simplement réussi un jardin "naturel", avec des plantes adaptées à votre sol et à votre climat.

Mais peut-être n'êtes-vous pas satisfait par l'idée d'un jardin entièrement sec ? Les motivations des jardiniers pour créer un jardin sans arrosage peuvent être très

Beschorneria yuccoides en pot. Si l'arrosage à la cuvette convient parfaitement pour les vivaces et les arbustes en pleine terre, l'arrosage au goutte-à-goutte est idéal pour le potager ou les plantes en pots près d'une terrasse.

1- *L'eau a toujours eu un rôle important dans les jardins méditerranéens, comme en témoigne l'histoire des jardins romains ou andalous. Mais pour profiter de la présence de l'eau, pas besoin d'arroser votre jardin : un banc ombragé et une simple fontaine avec le bruit de l'eau qui coule suffisent à créer un coin de fraîcheur paisible.*

2- *Du fond de sa mare, Bufo viridis contemple la frénésie des jardiniers qui arrosent tous les soirs leurs massifs. Les motivations pour créer un jardin sans arrosage peuvent être variées et complémentaires : intérêt paysager des plantes méditerranéennes, paresse devant l'ampleur de la tâche d'arrosage, ou volonté de ne pas gaspiller une ressource précieuse.*

différentes : intérêt paysager des plantes méditerranéennes, choix écologique de ne pas gaspiller une ressource précieuse ou simple désir de voir diminuer sa facture d'eau. J'espère vous encourager à créer un jardin sans arrosage, en utilisant uniquement des plantes qui tolèrent parfaitement la sécheresse. Mais selon vos propres motivations, vous adopterez peut-être une démarche progressive dans la réalisation d'un jardin sec. Vous tenez absolument à conserver quelques mandariniers nichés contre la façade de la maison ? Vous êtes un "fou de plantes" et collectionnez *Arum*, *Hosta* et autres variétés gourmandes en eau ? A chacun ses raisons, à chacun sa manière de jardiner en aimant plus ou moins la sécheresse.

Si vous arrosez certaines plantes de votre jardin, il y a une erreur à ne pas commettre : mélanger les espèces sans tenir compte de leurs besoins en eau, et tout arroser de la même manière. Les plantes exigeantes auront toujours soif, alors que les plantes de garrigue vont rapidement dépérir par excès d'eau. Dans un jardin partiellement irrigué, on a tout intérêt à créer des zones bien distinctes, pour regrouper les plantes en fonction de leurs exigences. En plantant les "soiffardes" dans le même secteur, vous vous simplifierez la tâche : plus besoin de tirer des longueurs de tuyaux qui s'emmêlent, pour n'arroser que deux ou trois plantes à l'autre bout du jardin. Et en conservant un secteur entièrement sec dans le jardin, vous pourrez accueillir toute la gamme des plantes méditerranéennes qui détestent l'eau en été, lavandes, romarins, cistes, céanothes, santolines, *Choisya* ou sauges californiennes.

On peut alors concevoir le jardin selon une trame invisible de cercles concentriques autour de la maison. Plus on s'éloigne, plus le jardin sera sec, alors que tout près de la maison, dans une zone facilement accessible pour l'arrosage, on rassemblera les plantes avec des besoins en eau plus élevés. Les zones les plus arrosées seront bien sûr le potager, les plantes en pots et le "coin pépinière", là où vous soignez boutures et semis pour préparer les nouveaux trésors à mettre en place l'automne suivant. Seules ces zones mériteront d'avoir un arrosage automatisé si vous partez en vacances pendant la période chaude.

Une zone d'arrosage intermédiaire peut concerner les alternatives au gazon. Pas besoin d'être un grand visionnaire pour percevoir que le gazon traditionnel est une absurdité en climat méditerranéen. Si vous avez, profondément ancrée en vous, l'idée que vous ne pouvez pas être heureux sans une vaste pelouse bien grasse, il faut peut-être que vous alliez vous installer en Cornouailles. Pour remplacer le gazon sur de petites surfaces, vous pouvez par contre utiliser des plantes couvre-sol adaptées au climat méditerranéen, qui peuvent supporter un piétinement modéré correspondant à un besoin familial. Certaines de ces plantes couvre-sol résistent relativement bien à la sécheresse (*Phyla nodiflora*, *Achillea crithmifolia*, *Cynodon* 'Santa Ana'), d'autres ont besoin en été d'un arrosage hebdomadaire (*Zoysia tenuifolia*, *Frankenia laevis*, *Thymus ciliatus*). C'est seulement pour les alternatives au gazon qu'un arrosage par aspersion se justifie : la plupart des espèces émettent des tiges rampantes qui s'enracinent sur toute leur longueur. Lorsqu'elles ont besoin d'eau, c'est donc sur toute la surface qu'elles doivent être arrosées. Quelles que soient les espèces utilisées, il faut toujours essayer de réduire au strict minimum la surface des alternatives au gazon. On s'imagine toujours qu'on a besoin de centaines de mètres carrés de gazon, mais bien souvent la seule personne qui marche effectivement sur la totalité de la surface d'une pelouse traditionnelle est le malheureux qui doit tondre tous les dimanches. Limiter la surface des alternatives au gazon à quelques dizaines de mètres carrés permet de diminuer la consommation d'eau, de réduire la

contrainte du désherbage et d'intégrer plus facilement la surface de "gazon" dans l'esprit du jardin méditerranéen.

La conception de zones d'arrosage distinctes permet de profiter d'ambiances différentes, mini-oasis près de la maison et plus loin jardin parfumé de garrigue. Mais il y a un risque en installant une zone irriguée près de la maison. En cas de sécheresse exceptionnelle, s'il y a un arrêté préfectoral interdisant totalement l'arrosage dans votre département, c'est cette zone qui deviendra affreuse, juste sous votre nez, alors que tout le reste du jardin continuera tranquillement à passer l'été sans être affecté. Petit à petit, vous réduirez peut-être les surfaces irriguées, en vous laissant gagner par le plaisir de jardiner avec la sécheresse. Lorsqu'on commence à mieux la connaître, on finit par accepter la sécheresse, et un jour, comme nous, vous découvrirez peut-être que vous ne pouvez plus vous en passer, car elle est le meilleur moyen de créer un jardin original, adapté à l'environnement local. En climat méditerranéen, aimer son jardin, c'est apprendre à aimer la sécheresse.

> ### MOURIR DE SOIF EN HIVER
>
> Dans les régions froides, on peut noter une sécheresse hivernale particulière, pour les plantations récentes de végétaux à feuillage persistant.
>
> Au bout de quelques mois, la jeune plante n'a pas encore de racines profondes. A la suite d'une période de froid intense, le sol peut geler en profondeur, parfois jusqu'à 20 centimètres sous la surface. Un gel en profondeur rend l'eau totalement indisponible pour la plante, le sol gelé devenant pire qu'un désert. Heureusement, tant qu'il fait très froid, les besoins en eau de la plante sont presque nuls. Mais en fin de période froide, il y a souvent une forte amplitude entre les températures diurnes et les températures nocturnes. Lorsque la température remonte dans la journée, une plante en plein soleil se met rapidement à transpirer, et les besoins en eau sont immédiats. Dans le sol qui n'a pas encore eu le temps de dégeler, les racines sont incapables de puiser la moindre humidité : la plante se retrouve en déficit hydrique brutal, comme si on l'avait sectionnée à ras d'un coup de sécateur. Elle peut souffrir fortement, voire mourir au bout de quelques heures.
>
> On confond alors souvent cette mortalité, liée à une sécheresse induite par le gel, avec les dégâts directs du froid sur la partie aérienne, et on peut conclure par erreur qu'une plante en réalité bien rustique est sensible au gel. Pour éviter ce problème, on peut arroser avec de l'eau tiède les quelques plantes les plus précieuses, ce qui permet de dégeler une partie de la terre autour de la motte. En zone froide, il est possible aussi de pailler à l'avance le pied des jeunes plantes à feuillage persistant pour limiter le risque de gel en profondeur, bien que le paillage dès la première année tout près du pied de la plante puisse avoir d'autres défauts (voir les commentaires sur les paillages p. 67-69).

1- Depuis l'Antiquité, la ville d'Istanbul a toujours manqué d'eau. Pour constituer des réserves, à l'époque byzantine d'immenses citernes souterraines ont été construites, aussi belles que des cathédrales. Dans les régions où les pénuries d'eau sont fréquentes, la construction d'une citerne permet d'assurer en été l'arrosage raisonné du potager ou de quelques pots sur la terrasse.

2- A la suite d'une forte mobilisation des associations locales, le niveau du Mono Lake, l'une des sources d'approvisionnement en eau de Los Angeles, est légèrement remonté ces dernières années. Malgré la sécheresse et la chaleur, les gazons immenses des quartiers résidentiels de Los Angeles sont arrosés chaque nuit en abondance. Et dans le Sud de la France, on ne compte plus le nombre de ronds-points engazonnés à l'entrée des villages, triste image du savoir-faire des jardiniers méditerranéens.

3- Dans un jardin partiellement irrigué, il faut créer des zones bien distinctes, en regroupant les plantes selon leurs besoins en eau. En alternative à une pelouse traditionnelle, ce gazon de Frankenia laevis est planté sur une petite surface près de la maison, où il est facile de lui procurer l'arrosage hebdomadaire dont il a besoin.

4- Jardin botanique de Cagliari, en Sardaigne. Une noria désaffectée sert de support à une plante grimpante tolérant la sécheresse. Lorsqu'on commence à mieux la connaître, on finit par accepter la sécheresse, car elle est le meilleur moyen de créer un jardin méditerranéen original, en utilisant des plantes adaptées à l'environnement local.

L'entretien dans un jardin sec

DU DÉSHERBAGE AU PAILLAGE

Les nouvelles plantations doivent être régulièrement désherbées. Pendant l'automne et le printemps, les températures douces et le sol humide favorisent la germination de nombreuses adventices – ces herbes que l'on juge "mauvaises", parce qu'elles poussent au mauvais moment et au mauvais endroit. Profitant du sol soigneusement préparé, les adventices croissent rapidement la première année. Elles peuvent créer une concurrence pour les plantations, par leurs racines qui puisent l'eau du sol et par leur végétation, qui peut cacher la lumière et étouffer les jeunes plantes.

Aimez-vous désherber ? Pour nous, le désherbage est une détente. En fin de journée, lorsque nous avons fini notre travail à la pépinière, Clara et moi attaquons ensemble un petit secteur du jardin. Nous dégageons doucement, l'une après l'autre, les nouvelles plantations, comme autant de petites merveilles. Souvent ce sont des nouveautés que nous avons récoltées les années précédentes, et en les désherbant nous prenons le temps de les

1- *Jardin de Phlomis. Comment limiter le problème de l'herbe ? Le plus simple est d'occuper l'espace, en couvrant toute la surface du sol pour empêcher la germination des adventices.*

2- *Dans un esprit proche de celui de la garrigue, on peut créer des scènes d'aspect naturel, tout en utilisant une palette végétale beaucoup plus large.*

observer de près et d'étudier leur comportement. Tiens, ça c'est le *Teucrium* doré que nous avons trouvé à Gibraltar, et là, regarde, c'est le *Stachys* tout gris et soyeux, qui poussait dans les ruines du stade antique, à Delphes. A petite dose, le désherbage est l'un des meilleurs moments du jardinage – mais le plaisir peut vite se transformer en véritable corvée. Au bout de quelques heures, on a mal aux genoux et au dos. Si la surface est trop grande, le désherbage devient un chantier pénible. En prévoyant les plantations, il faut donc être sage : plutôt que planter tout le jardin en une seule fois, il vaut mieux répartir les plantations en tranches successives, plus faciles à entretenir la première année.

Comment limiter le problème de l'herbe les années suivantes ? Au fur et à mesure des plantations, les surfaces à entretenir deviennent chaque année plus importantes : en automne et au printemps, c'est l'explosion de l'herbe, et on ne sait plus où donner de la tête. Le plus simple est d'occuper la surface en couvrant le sol. Tant qu'on peut voir la terre nue, il y aura des adventices. Mais si on occupe tout l'espace libre avec des arbustes ou des plantes vivaces couvre-sol, l'herbe ne peut plus pousser. Pour lutter contre les adventices, il faut choisir des plantes à feuillage persistant, ayant une hauteur de 10 à 20 centimètres au minimum. Plus le feuillage est épais, moins la lumière peut pénétrer jusqu'au sol, et moins la germination des adventices est possible. Le jardin entier peut alors être conçu comme un "jardin de couvre-sols", en utilisant une structure de plantes tapissantes de hauteurs variées, dont les strates successives formeront des perspectives originales. L'émergence de vivaces, de graminées et d'arbustes à port érigé au milieu des masses couvre-sol permet de créer des scènes d'aspect naturel, proches de ce que l'on peut observer en garrigue.

Une autre solution pour limiter les adventices est le paillage du sol. Notre jardin est vraiment trop grand pour que nous puissions tout désherber à la main. Progressivement, nous en sommes venus à pailler systématiquement tous les massifs dès la deuxième année qui suit la plantation. Le résultat est au-delà de nos espérances : non seulement les adventices sont de moins en moins nombreuses, mais les plantes dans les zones paillées sont de plus en plus belles. Nous préférons toujours attendre un an avant de pailler : au début, nous entretenons les nouvelles plantations en les désherbant à la main.

Il vaut mieux en effet laisser la cuvette d'arrosage bien visible la première année, pour contrôler la quantité d'eau amenée lors des arrosages et pour travailler la cuvette en cas de besoin. Un paillage épais, serré autour des jeunes plantes, pourrait également maintenir trop d'humidité autour du collet, et favoriser l'apparition de maladies cryptogamiques. Nous procédons donc toujours en deux temps : désherbage manuel la première année, puis mise en place d'un paillage épais pour couvrir le sol dès l'automne suivant. Si on calcule bien les densités de plantation, au bout de quelques années, c'est le développement naturel des plantes qui vient couvrir le sol, par-dessus le paillage : l'herbe n'est plus qu'un mauvais souvenir.

Nous utilisons deux types de paillage. Entre les plantes à développement important, nous étendons sur le sol une épaisse couche de paillage organique. On trouve

1- *Pour diminuer l'entretien, on peut concevoir l'ensemble du jardin comme un "jardin de couvre-sols". Apportant un contraste bienvenu avec leur touche minérale, les cheminements en dallage ou en gravier permettent de circuler facilement dans le jardin.*

2- Sempervivum calcareum. *Tout en mettant en valeur le feuillage des plantes, le paillage du sol permet de limiter le développement des adventices et de réduire les pertes en eau par évaporation.*

3- *Rien de plus pénible que désherber au milieu des épines des cactus. Dans ce jardin de cactées, un intelligent paillage de cailloux a été réalisé : il n'y a plus d'adventices et les plantes retrouvent le drainage parfait qui leur est nécessaire.* (Jardin Pierre Boynet.)

La masse serrée des romarins s'étale sur la roche calcaire, formant un ourlet sombre au sommet des falaises de Bonifacio, au Sud de la Corse. Dans leur environnement naturel, les plantes méditerranéennes vieillissent bien, car elles poussent lentement. Dans les conditions souvent trop riches du jardin, elles ont besoin d'être régulièrement taillées pour conserver un port compact et ramifié, gage d'une meilleure longévité.

dans le commerce des écorces de pin, des coques de cacao, des paillettes de lin ou de chanvre qui peuvent très bien convenir. Mais nous préférons utiliser tous les branchages provenant des travaux de taille dans le jardin, que nous recyclons en paillage après les avoir passés au broyeur à végétaux. Il faut en étendre une couche de 20 centimètres d'épaisseur, car ce broyat se tasse en quelques mois et perd presque la moitié de son volume. Une fois tassé, il doit rester au moins 10 centimètres d'épaisseur pour que le paillage soit efficace contre la germination des adventices. Le paillage a en plus l'avantage de maintenir le sol plus humide, en empêchant l'évaporation directe du sol. C'est pour nous particulièrement important puisque nous n'arrosons plus les plantations dès la deuxième année. Les racines superficielles des plantes peuvent alors se développer juste sous le paillage, là où l'activité biologique du sol est la plus importante, alors que les racines profondes bénéficient plus longtemps d'un sol humide. Excellente alternative à l'utilisation de désherbants chimiques, le paillage permet dans un jardin méditerranéen d'avoir des plantes à la fois plus belles et plus résistantes à la sécheresse. Pour lutter contre les mauvaises herbes vivaces comme le chiendent, le liseron ou l'aristoloche, nous plaçons temporairement sous le paillage un film plastique, que nous enlevons au bout de quelques années.

Entre les plantes à petit développement, nous préférons utiliser un paillage minéral. En effet, les plantes méditerranéennes à petit développement proviennent le plus souvent d'un sol pauvre, très drainant, et elles supportent mal un apport important de matière organique. Tout en empêchant la germination des adventices, le gravier permet en même temps de parfaire le drainage de surface : il convient parfaitement pour les santolines, lavandes, *Helichrysum* et les nombreuses plantes de

rocaille à feuillage gris. Comme il se tasse moins que les paillages organiques, on peut étendre une couche de gravier moins épaisse, de l'ordre de 10 à 12 centimètres. Il est donc bien plus facile à utiliser quand il s'agit de pailler des plantes tapissantes, comme *Achillea umbellata*, *Teucrium ackermanii* ou *Dianthus corsicus*, qui seraient enfouies sous l'épaisseur d'un paillage organique. La diversité des couleurs et des granulométries des nombreux graviers disponibles permet une mise en valeur très intéressante du feuillage des végétaux. Dans notre jardin, nous utilisons surtout des graviers calcaires, avec une granulométrie allant de 10 à 30 millimètres : l'absence de particules fines rend la germination des mauvaises herbes plus difficile. On peut noter toutefois que certaines plantes du jardin sont tellement heureuses qu'elles se ressèment abondamment dans le gravier. Nous découvrons ainsi fréquemment des semis d'*Iris unguicularis*, de *Limonium*, de cistes, de santolines ou d'asphodèles. Nous les enlevons s'ils n'ont pas assez de place pour se développer. Mais bien souvent nous les laissons pousser là où ils sont apparus : ils viennent combler naturellement un espace vide, ou créer une association inattendue avec les plantes environnantes. Le désherbage n'est plus alors le simple travail négatif d'élimination des adventices, il devient un travail créatif passionnant, grâce auquel on infléchit doucement l'évolution naturelle du jardin.

LA PRAIRIE SÈCHE

L'orchis bouc, Himantoglossum hircinum, *est apparu tout seul dans notre jardin. En conservant des zones de "prairie sèche" dans le jardin, on peut favoriser l'apparition d'espèces sauvages ornementales.*

Si vous avez des surfaces encore non aménagées dans votre jardin, ne vous battez pas contre les mauvaises herbes ! Laissez venir au contraire tout ce qui veut bien pousser naturellement. Une fauche occasionnelle permettra d'obtenir une "prairie sèche", bien verte de l'automne au printemps, et devenant jaune durant l'été. Dans un grand jardin, il est d'ailleurs très intéressant de garder une partie de la surface en prairie sèche. Vous maintiendrez ainsi des réserves de faune auxiliaire qui diminueront les soucis de maladies sur vos plantations. En plus, vous risquez d'avoir de bonnes surprises. En adaptant le rythme de fauche en fin de printemps, vous pourrez favoriser la production de graines pour les espèces sauvages les plus ornementales, qu'elles soient annuelles ou vivaces. Notre jardin est presque entièrement aménagé, mais nous gardons depuis toujours une longue allée en prairie sèche, le long d'une vieille haie de *Crataegus*. Nous avons le plaisir d'y observer chaque année la progression des orchidées sauvages qui sont apparues toutes seules, d'abord *Barlia robertiana* et depuis peu l'élégant orchis bouc, *Himantoglossum hircinum*.

1- *Un broyeur à végétaux est l'un des meilleurs investissements dans les grands jardins. Il permet de recycler les déchets de taille, pour créer un paillage limitant les adventices et conservant l'humidité dans le sol.*

2- *Le* Gaura lindheimeri *se ressème très facilement, se glissant dans les trous entre les vivaces et les arbustes. En désherbant nous avons laissé quelques plants de* Gaura lindheimeri, *pour amener un peu de légèreté dans la masse sombre des* Lavandula x intermedia *'Grosso'.*

1- *Selon l'inspiration, le jardinier vient légèrement sculpter les massifs, pour valoriser les formes naturelles et accentuer les contrastes entre les formes en boule et les silhouettes élancées. La boule argentée sur la droite est un Teucrium fruticans.*

2- *Pour diminuer les maladies dans un jardin d'ornement, la solution la plus simple consiste à augmenter la diversité végétale. Ce petit massif où se ressèment librement valérianes, sauges, centaurées et euphorbes n'a besoin d'aucun soin ou traitement particulier, petite scène naturelle dans un jardin où l'entretien est extrêmement limité.*

LA TAILLE

De nombreuses plantes méditerranéennes aiment être taillées chaque année. Les lavandes, les santolines, les romarins ou les cistes doivent être maintenus en boule compacte, d'un léger coup de cisaille à l'automne. Ces plantes ont tendance sinon à monter sur du vieux bois et à vieillir prématurément. En coupant l'extrémité des tiges, on favorise les ramifications : la plante aura une meilleure longévité si on lui conserve un port bien dense. Dans la nature, santolines, lavandes et romarins vivent dans un sol caillouteux, presque sans terre. Elles sont naturellement nanifiées par les conditions très difficiles de leur environnement, et elles vivent de nombreuses années sans problème. Dans le jardin, la plante pousse trop vite. Elle atteint sa maturité en quelques années, et raccourcit son cycle naturel de vie. Si les chignons racinaires sont probablement la première cause de mort prématurée des plantes, la deuxième vient certainement des conditions de culture trop favorables dans le jardin pour bon nombre d'espèces sauvages méditerranéennes.

Pas d'arrosage, et presque pas de désherbage : dans un jardin méditerranéen, l'entretien peut devenir à terme tellement limité qu'on n'a presque plus rien à faire. On peut alors, pour le plaisir, modeler les plantes dans les massifs, pour mettre en valeur les formes naturelles et accentuer les contrastes entre les ports en boule et les silhouettes élancées. Le jardinier se promène en automne et, selon l'inspiration, vient légèrement sculpter ici un *Teucrium fruticans*, là les épines enchevêtrées du *Sarcopoterium*, plus loin la toison épaisse du *Ballota acetabulosa*. Un vieux pied d'*Arbutus andrachne* mérite peut-être d'avoir les branches basses dégagées, pour mettre en valeur ses branches tortueuses et son écorce flamboyante. Si une année vous n'avez pas le temps, eh bien, vous ne taillerez rien du tout. Quelques romarins érigés vont se dégarnir et vieilliront peut-être plus rapidement ? Ce n'est pas grave, ils étaient tout simplement mal adaptés à votre terre trop lourde : lorsqu'ils seront morts, vous les remplacerez par une plante vieillissant mieux, comme un lentisque ou un filaria.

MALADIES ET RAVAGEURS

Pour éviter les maladies dans un jardin d'ornement, je vous propose les deux principes simples que nous appliquons dans notre jardin : augmenter la diversité et traiter le moins possible. Autrefois on commençait par entourer son jardin par une haie taillée au carré, composée d'une seule espèce, comme du cyprès ou du laurier-amande. Outre son aspect affligeant de mur végétal, la haie monospécifique est un nid à maladies. Comme la plupart des plantes de haies sont multipliées par boutures reproduisant le même clone, il n'y a aucune diversité génétique qui permette de limiter la propagation d'une maladie. Il suffit qu'une plante soit malade pour que l'ensemble de la haie le devienne. On peut ainsi voir des haies de fusain couvertes d'un bout à l'autre de cochenilles, des alignements de cyprès comme brûlés par un champignon, le *Coryneum cardinale*, ou des haies de laurier-amande criblées d'oïdium perforant. Evitez toutes les plantations monospécifiques, que ce soit pour les haies, les massifs de vivaces et d'arbustes, ou les tapis de plantes couvre-sol. Plus vous aurez de diversité, moins vous aurez de risques de maladies.

Si, malgré la diversité de vos plantations, une plante subit une attaque de ravageurs, le traitement chimique n'est pas la solution efficace. Un traitement pour tuer quelques pucerons ne fera qu'augmenter le problème des pucerons à long terme. Sans le savoir, vous tuez en même temps les larves de coccinelles, alors qu'elles s'apprêtaient à faire un festin des premiers pucerons bien gras qui apparaissaient sur les bourgeons tendres. Le résultat est le contraire de celui que vous recherchiez : en rompant l'équilibre entre le ravageur et son prédateur naturel, vous favorisez le développement des colonies de pucerons – mais cette fois-ci, au lieu d'en avoir quelques dizaines, vous en aurez des milliers. Et si vous vous entêtez à traiter encore, le résultat sera de pire en pire : en quelques générations, les pucerons vont développer une souche résistante à la matière active du produit que vous employez – vous ne pourrez tout simplement plus les tuer. Le plus souvent, les traitements favorisent à long terme les ravageurs au lieu de les combattre, alors qu'avec un tout petit peu de patience, votre problème de ravageurs se serait résorbé de lui-même en quelques semaines. Pour les maladies comme pour les ravageurs, il vaut mieux commencer par une démarche prophylactique, c'est-à-dire se demander en premier lieu si ce ne sont pas les mauvaises pratiques culturales qui favorisent l'apparition de la maladie ou des insectes nuisibles. Si vous arrosez au goutte-à-goutte des *Choisya ternata*, un champignon va s'installer au collet de la plante : la solution n'est pas dans les traitements contre le *Phytophthora*, mais dans l'élimination du goutte-à-goutte. Si vous placez un laurier-rose au beau milieu d'un gazon arrosé par aspersion, ne soyez pas surpris de voir les branches atteintes par le chancre bactérien du laurier-rose : il se développe systématiquement lorsqu'on mouille régulièrement le feuillage. Commencez par déplacer le laurier-rose ou, mieux, éliminez le gazon. Si vous fertilisez un ciste à feuilles de sauge, son bois tendre et gonflé va être une invitation pour toutes les cochenilles farineuses du voisinage. Au lieu de traiter avec un produit particulièrement dangereux, enlevez les quelques cochenilles avec une éponge savonneuse et cessez toute fertilisation.

Avant de songer à un traitement, il faut prendre le temps de comprendre l'origine du problème et essayer de le prévenir plutôt que de le guérir. Dans un jardin méditerranéen, les problèmes sont d'ailleurs le plus souvent liés à une fragilisation artificielle des plantes, occasionnée par un excès d'arrosage ou de fertilisation. Commencez par éliminer eau et engrais, bien des maladies disparaîtront d'elles-mêmes. Dans un verger ou un champ d'oliviers, dès lors qu'on cultive un alignement de plantes identiques, les maladies et les ravageurs peuvent être un vrai problème : on est alors bien obligé de se poser la question des traitements chimiques ou de leurs alternatives biologiques. Mais dans un jardin d'ornement, rien de plus facile que d'avoir un jardin sans le moindre traitement. En garrigue, pas de *Phytophthora* sur les santolines, pas de dépérissement des lavandes, pas de mortalité intempestive des cistes. Il suffit dans votre jardin de copier la nature, c'est-à-dire de ne rien faire du tout. Si, malgré tout, une plante est toujours malade, n'insistez pas : laissez-la mourir sans remords. Plutôt que lutter pour sauver une variété, essayez-en une autre : dites-vous toujours qu'il y a des milliers d'autres espèces, tout aussi belles et plus faciles à cultiver, qui attendent d'être plantées dans votre jardin.

1- *Une coccinelle escalade les fleurs du Lithodora fruticosa. Les larves de coccinelles sont de voraces consommateurs de pucerons. Avant de traiter d'une manière intempestive, ce qui a souvent pour effet de rompre l'équilibre entre les ravageurs et leurs prédateurs naturels, il faut toujours se demander si ce ne sont pas les mauvaises pratiques culturales qui favorisent artificiellement l'apparition des maladies et des insectes nuisibles.*

2- *La douce impudeur de cet amandier en train de germer invite le jardinier à le transplanter délicatement. Dans un jardin, diminuer l'entretien permet de libérer du temps pour se consacrer à des tâches autrement plus intéressantes. Vous pouvez par exemple essayer de multiplier vos propres plantes. Accessibles à tout le monde, les opérations simples de semis et de bouturage sont l'un des meilleurs moments du jardinage : pour vous aider, vous trouverez dans ce livre des conseils de multiplication précis pour chaque espèce.*

3- *Epilobium canum 'Western Hills'. Si une plante ne se plaît pas dans votre jardin, n'insistez pas, essayez-en une autre : dites-vous toujours qu'il y a des milliers d'autres espèces, aussi belles et plus faciles à cultiver, qui attendent d'être plantées dans votre jardin.*

LES PLANTES POUR JARDIN SEC DE A À Z

La description des plantes comporte les indications suivantes :

– le nom scientifique (genre, espèce, variété ou sous-espèce, cultivar) ainsi que le nom commun lorsqu'il y en a un. Pour rechercher les plantes par leur nom commun, vous pouvez vous reporter à l'index en fin d'ouvrage.

– des indications techniques mises en valeur par un texte en vert : origine géographique, hauteur et largeur, exposition, rusticité, code de résistance à la sécheresse. Prenez le temps de bien étudier ces indications techniques, elles sont primordiales pour choisir la bonne plante pour le bon endroit !

– une description approfondie du feuillage et de la floraison, complétée par des suggestions d'association avec d'autres végétaux et des conseils d'entretien. Les exigences concernant le sol sont mentionnées à la fin de chaque description.

– des conseils précis de multiplication, avec des techniques simples que tout amateur peut facilement mettre en œuvre dans son jardin.

Dans chaque genre, les espèces principales sont suivies par une liste d'espèces et variétés complémentaires, décrites plus brièvement, repérées dans le texte par le signe •.

Chaque année au printemps, Asphodelus cerasiferus *se pare de fleurs brillantes, à texture satinée.*

Acanthus mollis (Acanthaceae) Acanthe

ORIGINE : Nord de la Grèce, Albanie, Croatie ; HAUTEUR DU FEUILLAGE : 50 cm ; HAUTEUR EN FLEUR : 1,25 m ; LARGEUR : 80 cm à 1 m ; EXPOSITION : soleil ou ombre ; RUSTICITÉ : - 12 à - 15 °C (le feuillage peut être partiellement brûlé par le froid dès - 8 °C) ; CODE DE SÉCHERESSE : 4.

Du grec *ákantha*, épine, et du latin *mollis*, souple, doux. Son nom évoque déjà toute l'ambivalence de l'acanthe : douce mais épineuse, persistante en hiver mais caduque en été, quand on ne s'y attend pas. L'acanthe ne laisse généralement pas les jardiniers indifférents. Certains l'aiment, d'autres semblent la détester. Dans un jardin sec, c'est en tout cas une vivace robuste et facile à cultiver, tolérant aussi bien l'ombre que le soleil : je suis dans le camp de ceux qui l'aiment. Les grandes feuilles lobées vert sombre, très décoratives, sont persistantes en hiver. La souche se propage par de grosses racines charnues. Ces racines sont capables de stocker l'eau et les réserves de nourriture qui vont permettre à la plante de traverser la période de sécheresse, lorsqu'elle entre en dormance estivale. En juin, les hampes florales vigoureuses donnent à la plante une silhouette spectaculaire. Les fleurs blanches, partiellement enveloppées par de larges sépales pourpres, sont munies de bractées épineuses : pas moyen de récolter les graines sans mettre de gants ! Après la floraison, le feuillage se dessèche puis disparaît entièrement, et la plante se met en repos jusqu'à l'automne. Pour masquer le vide qu'elle laisse en été dans notre jardin, nous aimons associer l'acanthe avec des plantes à cycle de végétation inverse, caduques en hiver et fleurissant en été : *Caryopteris incana*, *Ceratostigma griffithii* et *Perovskia* 'Blue Spire' dans les tons bleus, ou *Lobelia laxiflora*, *Dicliptera suberecta* et *Epilobium canum* dans des tons chauds. L'acanthe supporte bien le calcaire et s'adapte facilement dans tous les sols. Elle a une prédilection pour les cailloux au pied des ruines, auxquels elle donne un charme antique. Elle supporte la concurrence racinaire des vieux arbres : c'est l'une des meilleures vivaces à planter sous des chênes ou des pins. Dans les vieux jardins elle peut se naturaliser en sous-bois et former des colonies importantes, qui peuvent être difficiles à éliminer.

Multiplication par division en fin d'été, ou par semis au printemps.

• **Acanthus spinosus** a des feuilles très découpées, franchement épineuses. C'est d'ailleurs *Acanthus spinosus* et non *Acanthus mollis* qui a certainement inspiré à l'origine les motifs des feuilles d'acanthe dans l'architecture antique. D'après les historiens, c'est en effet Callimachos, un sculpteur du Vᵉ siècle avant Jésus-Christ, qui aurait le premier utilisé ce motif pour sculpter un chapiteau à Corinthe, en copiant une plante sauvage poussant à proximité de son atelier – et c'est *Acanthus spinosus* qui pousse à l'état naturel à Corinthe. Origine : Sud de la Grèce et de la Turquie. Rusticité : - 12 à - 15 °C. Code de sécheresse : 5.

Du Nord au Sud, les différentes espèces d'acanthes deviennent de plus en plus épineuses. Dans le Nord de la Grèce, on trouve Acanthus mollis, *aux larges feuilles vert sombre, dans le Péloponnèse elle est remplacée par* Acanthus spinosus, *et sous le soleil brûlant de Crète, c'est* Acanthus spinosissima *que l'on voit ici coloniser les friches en bord de route.*

*Enveloppées de larges sépales pourpres, les fleurs blanches d'*Acanthus mollis *sont munies de bractées épineuses.*

Acer monspessulanum (Aceraceae)
Erable de Montpellier

ORIGINE : Bassin méditerranéen ; HAUTEUR : 5 m et plus (mais il faut des années !) ; LARGEUR : 3 m et plus ; EXPOSITION : soleil ; RUSTICITÉ : - 15 °C et plus froid ; CODE DE SÉCHERESSE : 4.

L'érable de Montpellier est un petit arbre charmant, fréquent sur les collines dans l'arrière-pays autour de la Méditerranée. Comme il a une croissance lente, c'est surtout comme un arbuste qu'il est planté dans les jardins, souvent pour constituer des haies en mélange avec d'autres espèces spontanées comme *Rhamnus alaternus*, *Phillyrea angustifolia* ou *Pistacia lentiscus*. Ses petites feuilles coriaces à trois lobes, vert brillant, prennent de belles couleurs en novembre, jaunes, orange, ou parfois rouges, avant de tomber en fin d'automne. Les fleurs jaune-vert, discrètes, apparaissent en avril et sont suivies de nombreux fruits rougeâtres ailés (les samares), décoratifs pendant tout l'automne. L'érable de Montpellier supporte bien le calcaire. Il aime les sols pauvres et cailloux.

Multiplication par semis. Pour lever la dormance il faut un long passage au froid : en région froide on peut semer dehors dès septembre et laisser au froid tout l'hiver, la germination a lieu à partir du mois de mars. Sinon, il faut stratifier les graines en les faisant tremper 48 heures puis en les conservant 3 à 4 mois au réfrigérateur dans un sachet avec de la vermiculite humide, à une température d'environ 4 °C, pour les semer au printemps.

*Les flammes orange d'*Acer monspessulanum *illuminent ce paysage d'automne dans le Sud de l'Espagne.*

Achillea millefolium (Asteraceae)

ORIGINE : Europe, Asie Mineure ; HAUTEUR DU FEUILLAGE : 10 à 15 cm ; HAUTEUR EN FLEUR : 60 cm ; LARGEUR : 50 cm et plus ; EXPOSITION : soleil ou mi-ombre ; RUSTICITÉ : - 15 °C et plus froid ; CODE DE SÉCHERESSE : 2,5.

Le genre *Achillea* est dédié au héros grec Achille. Dans l'*Iliade*, Achille soigne les blessures de ses guerriers en appliquant des pansements d'*Achillea millefolium* : il aurait découvert les vertus de la plante en herborisant avec son tuteur, le centaure Chiron. On trouve une évocation des propriétés antiseptiques et cicatrisantes de l'*Achillea millefolium* dans les différents noms qui lui ont été donnés au fil des siècles, *herba militaris* à l'époque romaine ou *sanguinary* et *yarrow* en anglais au Moyen Age : on l'utilisait pour cicatriser les blessures des flèches. C'est une vivace à feuilles persistantes vert sombre, finement découpées en d'innombrables folioles, d'où le nom "millefeuille". La souche se propage par rhizomes et forme un couvre-sol dense, que l'on peut utiliser en alternative au gazon pour des surfaces modérément piétinées. Les fleurs, blanches ou parfois rosées, sont portées par de longues hampes florales en juin-juillet. L'*Achillea millefolium* supporte bien le calcaire. Elle s'adapte facilement dans tous les sols, même très argileux. Elle supporte la concurrence racinaire des arbres, ce qui en fait un bon couvre-sol en lisière de sous-bois. Si on l'utilise en alternative au gazon, il faut la tondre deux ou trois fois au printemps et en début d'été, pour maintenir le tapis bien ras.

Multiplication par semis, en début d'automne ou au printemps. On peut semer directement en place ou dans des godets à repiquer.

- **Achillea clypeolata** a de longues feuilles argentées, devenant presque blanches en été. Portées par de fortes hampes florales de mai à juillet, les fleurs jaune lumineux s'épanouissent en larges corymbes bombés (*clypeolata* vient du latin *clypeus*, nom du bouclier arrondi utilisé à l'époque romaine). Origine : Balkans. Rusticité : - 15 °C et plus froid. Code de sécheresse : 3,5.

Un jardin sec en début d'été. Au premier plan, Achillea clypeolata *déploie ses corymbes jaunes devant une coulée de* Lavandula x intermedia *'Grosso'.*

- **Achillea coarctata** se développe rapidement en un large couvre-sol grâce à ses rhizomes puissants. Les feuilles finement découpées, gris argenté, sont serrées les unes contre les autres (*coarctata* vient du latin *coarto*, rassembler, compresser). Les fleurs jaune vif, abondantes en mai-juin, remontent en automne. Origine : Balkans. Rusticité : - 15 °C et plus froid. Code de sécheresse : 3.

- **Achillea crithmifolia** a de jolies feuilles persistantes gris-vert, finement découpées. Elle forme un excellent couvre-sol que l'on peut utiliser comme alternative au gazon pour des surfaces modérément piétinées. Les fleurs blanc crème sont peu abondantes, ce qui permet à la plante de rester basse et dense, même si on ne la tond pas. Nous aimons l'associer au *Phyla nodiflora* pour un gazon beau toute l'année : le *Phyla* domine lorsque l'*Achillea* est partiellement en repos en été, alors que le beau feuillage hivernal de l'*Achillea crithmifolia* masque les tiges dénudées du *Phyla* lorsque celui-ci devient caduc en hiver. Origine : régions montagneuses des Balkans. Rusticité : - 15 °C et plus froid. Code de sécheresse : 2,5.

- **Achillea nobilis** se propage rapidement grâce à ses longs rhizomes, et forme un couvre-sol vigoureux, à tendance envahissante. Dans notre jardin, le petit godet planté à l'origine s'est développé le long d'une allée sur plus de 10 mètres de longueur ! Les fleurs, jaune crème très doux, sont remarquablement abondantes en mai-juin, après quoi la plante se met partiellement en repos pendant la période estivale. On peut l'utiliser pour coloniser des espaces sauvages en fond de jardin, ou la planter sur talus pour lutter contre l'érosion. Origine : Sud de l'Europe. Rusticité : - 15 °C et plus froid. Code de sécheresse : 3.

- **Achillea umbellata** a de petites feuilles argentées, finement découpées. La plante forme un coussin tapissant très décoratif en rocaille, en bordure ou entre des dalles. Les fleurs abondantes, en ombelles blanc pur, sont portées par de courtes hampes florales, en avril-mai. Origine : montagnes du Centre et du Sud de la Grèce. Rusticité : - 15 °C et plus froid. Code de sécheresse : 4.

Agapanthus praecox (Alliaceae)

ORIGINE : Afrique du Sud (Est de la province du Cap) ; HAUTEUR DU FEUILLAGE : 30 à 40 cm ; HAUTEUR EN FLEUR : 60 à 80 cm ; LARGEUR : 30 à 40 cm ; EXPOSITION : soleil ou mi-ombre ; RUSTICITÉ : le feuillage est brûlé par le froid dès - 6 °C, mais la souche repart après de courtes périodes à - 10 ou - 12 °C ; CODE DE SÉCHERESSE : 3,5.

Du grec *agapein*, aimer, et *anthos*, fleur. D'où vient ce nom de "fleur de l'amour" ? Peut-être de l'ancienne tradition xhosa en Afrique du Sud, où les jeunes mariées portaient sur leur poitrine de longs colliers de racines d'agapanthes, pour assurer la santé des enfants à venir. L'*Agapanthus praecox* est une vivace à racines charnues, formant une touffe qui se propage lentement par rhizomes. Les longues feuilles vertes, en forme de ruban, sont épaisses et persistantes. Les fleurs bleues, rassemblées en ombelles sphériques très décoratives, sont portées sur de longues tiges en juillet. L'agapanthe supporte bien le calcaire. Elle préfère un sol souple, profond, bien drainé. On peut noter qu'il y a en horticulture une large confusion dans la nomenclature des agapanthes, les botanistes ayant souvent eux-mêmes des avis divergents sur le nombre d'espèces qui existent en Afrique du Sud. Selon les dernières publications (Snoeijer 2004), les agapanthes classiques des jardins, généralement nommées *Agapanthus africanus* ou *Agapanthus umbellatus*, seraient en fait toutes des cultivars d'*Agapanthus praecox* – l'*Agapanthus africanus* étant une espèce bien distincte à tout petit développement, non cultivée dans les jardins car elle y fleurit très peu : sa floraison est déclenchée dans le *fynbos* par le passage du feu.

Multiplication par division en fin d'été, ou par semis de graines fraîches : semis d'automne pour les graines récoltées en jardin dans l'hémisphère nord, semis de printemps pour les graines fraîches reçues directement d'Afrique du Sud (Kirstenbosch ou Silverhill Seeds). On obtient facilement des hybrides si on récolte les graines dans un jardin où poussent différentes agapanthes.

- **Agapanthus praecox 'Albidus'** a des fleurs blanches.

- **Agapanthus campanulatus** est une espèce à feuilles caduques, portant de grandes fleurs bleues. Elle préfère l'ombre ou la mi-ombre. Hauteur en fleur : 1 m. Rusticité : - 12 à - 15 °C pendant de courtes périodes. Code de sécheresse : 2.

- **Agapanthus caulescens** subsp. **angustifolius** a des feuilles caduques et de belles fleurs bleu foncé. Hauteur en fleur : 1 m. Rusticité : - 12 à - 15 °C pendant de courtes périodes. Code de sécheresse : 2.

- **Agapanthus 'Purple Cloud'** est un hybride probable entre *A. praecox* et *A. inapertus*. Les feuilles sont persistantes, et les grandes fleurs, d'un remarquable bleu-violet foncé, sont portées sur de longues tiges. Hauteur en fleur : 1 à 1,50 m. Rusticité : - 12 à - 15 °C pendant de courtes périodes. Code de sécheresse : 3.

Agave americana (Agavaceae)

ORIGINE : Mexique ; HAUTEUR DES FEUILLES : 1,50 m ; HAUTEUR DE LA HAMPE FLORALE : 5 à 10 m ; LARGEUR : 1,50 m, mais se propage en tous sens par ses drageons ; EXPOSITION : soleil ; RUSTICITÉ : environ - 10 °C ; CODE DE SÉCHERESSE : 6.

Du grec *agauos*, admirable, en raison de la beauté de la plante. Selon une autre interprétation, le nom viendrait d'*Agavé*, une tante de Dionysos, qui célébrait les rites orgiaques des bacchantes sur les collines au-dessus de Thèbes – allusion aux effets

*Les fleurs jaune éclatant d'*Achillea coarctata *sont mises en valeur par la douceur du feuillage argenté.*

Achillea nobilis *forme un tapis envahissant au pied du* Genista aetnensis, *dont les rameaux souples se courbent sous le poids de centaines de fleurs parfumées.*

*En juillet, les ombelles gracieuses d'*Agapanthus praecox *'Albidus' s'élèvent au milieu du feuillage vert.*

des boissons alcoolisées obtenues à partir du mescal, le jus fermenté des agaves. L'*Agave americana* offre une silhouette imposante, avec ses puissantes rosettes de feuilles gris-bleu. La pointe acérée des feuilles est dangereuse : à éviter près de passages, et dans les jardins où il y a des enfants. La plante drageonne abondamment. La hampe florale, majestueuse, apparaît au bout de 15 à 20 ans, et marque la mort de la plante mère, les nombreux rejets apparus tout autour se développant rapidement à sa place. L'*Agave americana* supporte bien le calcaire. Il préfère les sols pauvres, bien drainés. Dans les régions chaudes du pourtour méditerranéen, l'agave peut se naturaliser et devenir envahissant.
Multiplication par prélèvement de rejets en fin d'hiver.

Ajania pacifica (Asteraceae)
ORIGINE : Centre et Est de l'Asie ; HAUTEUR : 30 cm ; LARGEUR : 50 cm ; EXPOSITION : soleil ; RUSTICITÉ : - 15 °C et plus froid ; CODE DE SÉCHERESSE : 2,5.

Cette vivace se plaît depuis de nombreuses années dans une des zones les plus ingrates de notre jardin. La plante drageonne lentement pour former un joli coussin régulier. Les feuilles semi-persistantes, gris velouté, sont rehaussées d'un fin liséré argenté. Les fleurs jaunes, assez discrètes, s'épanouissent en une profusion de petits coussinets jaunes en octobre-novembre, au moment où il n'y a plus beaucoup de fleurs dans le jardin. L'*Ajania pacifica* supporte bien le calcaire. C'est une plante de culture facile, peu exigeante sur la nature du sol, et qui vieillit bien. Comme les tiges ont une base ligneuse qui se dégarnit en hiver, on peut les couper au ras du sol vers le mois de février, pour régénérer la plante et mieux profiter au printemps de l'élégance des feuilles juvéniles.
Multiplication par division en automne, ou par boutures herbacées au printemps.

Akebia quinata (Lardizabalaceae)
ORIGINE : Chine, Japon, Corée ; HAUTEUR ET LARGEUR : 10 m ; EXPOSITION : soleil ou mi-ombre ; RUSTICITÉ : - 12 à - 15 °C ; CODE DE SÉCHERESSE : 3.

Plante grimpante à tiges volubiles et jolies feuilles coriaces, découpées en cinq folioles, caduques ou semi-persistantes. Les grappes de petites fleurs brun-violet, agréablement parfumées (une fine odeur de chocolat blanc), comprennent des fleurs mâles et des fleurs femelles séparées. Elles apparaissent en avril-mai. La production des curieux fruits ovoïdes, comestibles, n'est possible que si les fleurs femelles sont pollinisées par les fleurs mâles d'une autre variété d'*Akebia*, comme par exemple *Akebia quinata* 'Alba'. Ces fruits ont de nombreuses propriétés en médecine traditionnelle chinoise : ils auraient entre autres la faculté intéressante de calmer les hypocondriaques. Très vigoureux, l'*Akebia* peut servir à couvrir de grandes pergolas. L'*Akebia quinata* supporte bien le calcaire. C'est une grimpante de culture facile, qui préfère les sols souples et profonds.
Multiplication par boutures herbacées au printemps.

• *Akebia quinata* 'Alba' est une forme à fleurs rose pâle ou crème, permettant la pollinisation d'*Akebia quinata* pour la production de fruits.

Alcea rosea (Malvaceae) Rose trémière
ORIGINE : Asie Mineure ; HAUTEUR EN FLEUR : 1,50 à 2 m ; LARGEUR : 40 à 50 cm ; EXPOSITION : soleil ; RUSTICITÉ : - 15 °C et plus froid ; CODE DE SÉCHERESSE : 3.

La rose trémière évoque le charme des vieux jardins. Elle se ressème abondamment dans les situations chaudes, bien ensoleillées, souvent au pied de murs car elle affectionne les sols pauvres et caillouteux. Parfois considérée comme une bisannuelle, elle se comporte le plus souvent dans le Sud de la France comme une vivace. En hiver les larges feuilles arrondies se développent en rosette près du sol. Puis la plante s'allonge rapidement au printemps, toute l'énergie étant consacrée

*On apprécie les fleurs d'*Ajania pacifica *lorsqu'elles apparaissent début novembre, à une époque où il n'y a plus beaucoup de fleurs dans le jardin.*

Alcea rosea *se ressème volontiers dans les sols pauvres au pied des murs en pierres.*

à la production de la forte hampe florale qui, dans de bonnes conditions, peut atteindre 2 mètres de hauteur. Les fleurs, en larges coupes veinées, déclinent les tons blancs, roses, violacés ou jaunes selon les variétés. La rose trémière supporte bien le calcaire. En fin de saison les feuilles se tachent de rouille, on peut alors rabattre la plante sans oublier de récupérer les graines, pour les disperser un peu plus loin dans le jardin.

Multiplication par semis, directement en place à l'automne, ou en godets au printemps. Les variétés se croisent facilement et on peut obtenir différentes couleurs de fleurs par semis.

Aloe striatula (Aloaceae)

ORIGINE : Afrique du Sud (Karoo) et montagnes du Lesotho, jusqu'à 2 000 m d'altitude ; HAUTEUR : 1,50 m ; LARGEUR : 2 m et plus ; EXPOSITION : soleil ; RUSTICITÉ : -10 à -12 °C ; CODE DE SÉCHERESSE : 5.

C'est le plus résistant au froid des *Aloe* arbustifs. Il forme un gros arbuste à port lâche, les branches épaisses s'étalant plus ou moins sur le sol. Les longues feuilles persistantes, charnues, sont striées de fins traits parallèles, d'où le nom *striatula*. Les inflorescences forment de longs épis jaune orangé, en mai-juin. L'*Aloe striatula* supporte bien le calcaire. Il préfère les sols légers, bien drainés. Si on le taille chaque année en fin d'hiver, il prend une forme régulière en dôme, très décorative quand la plante se couvre de fleurs.

Multiplication par boutures de tronçons, en automne ou au printemps. On peut faire sécher les boutures pendant quelques jours pour les laisser cicatriser, avant de les planter en godets ou directement en pleine terre.

Il existe de nombreuses autres espèces d'*Aloe*, intéressantes pour les jardins secs situés en climat doux : pour mieux découvrir ce genre, je vous conseille l'excellent guide récemment réédité : *Aloes of South Africa* (voir bibliographie). Brigitte et Jo Issa proposent une belle collection d'*Aloe* dans leur pépinière spécialisée en plantes de l'hémisphère sud (voir l'annexe "Les bonnes adresses du jardin sec").

Aloysia virgata (Verbenaceae)

ORIGINE : Argentine ; HAUTEUR : 4 à 5 m ; LARGEUR : 2 m ; EXPOSITION : soleil ; RUSTICITÉ : -8 à -10 °C ; CODE DE SÉCHERESSE : 4.

Il y a parfois de bonnes surprises. Nous avons découvert l'*Aloysia virgata* en Andalousie dans le jardin de Lindsay Blyth, qui nous a gentiment confié quelques boutures. Mais comme souvent, lorsqu'on trouve une plante nouvelle qui a l'air "trop belle", nous nous sommes dit qu'elle ne tiendrait pas dans notre jardin. Elle s'est pourtant très bien adaptée à nos conditions froides et sèches. C'est un arbrisseau élancé à feuilles caduques ou semi-persistantes, dont les jeunes branches souples sont légèrement retombantes. Les fleurs blanches, remarquablement parfumées, forment des épis à l'extrémité des rameaux, d'avril à juillet. Leur délicieux parfum d'amande douce peut embaumer tout un secteur du jardin lorsqu'il fait chaud le soir. L'*Aloysia virgata* supporte bien le calcaire. Il préfère les sols souples, assez profonds, bien drainés. On peut le retailler chaque année en fin d'hiver pour qu'il conserve un port bien dense.

Multiplication par boutures herbacées au printemps.

• *Aloysia triphylla* est la verveine citronnelle, un peu gourmande en eau, mais qui mérite une place dans tous les potagers. On récolte les feuilles avant les premières gelées, pour faire d'agréables tisanes pendant tout l'hiver. Origine : Chili, Argentine. Rusticité : -8 à -10 °C (le feuillage est brûlé par le froid dès -2 à -4 °C, mais la souche repart bien au printemps). Code de sécheresse : 2.

Anagyris foetida (Fabaceae) Bois puant

ORIGINE : Bassin méditerranéen ; HAUTEUR : 2 m ; LARGEUR : 1 m ; EXPOSITION : soleil ; RUSTICITÉ : -10 à -12 °C ; CODE DE SÉCHERESSE : 5.

Pour mieux résister à la sécheresse, Anagyris foetida vit à contre-saison. La végétation démarre en automne, les fleurs s'épanouissent en plein hiver, et les feuilles tombent en fin de printemps, la plante se mettant en repos pour traverser la chaleur de l'été.

L'*Anagyris* est souvent appelé "bois puant", car une odeur puissante se dégage si on gratte l'écorce ou si on casse un rameau : mais ne vous inquiétez pas, il ne sent rien si on le laisse tranquille. C'est un arbuste à feuillage vert frais, illustrant bien l'une des meilleures stratégies de résistance à la sécheresse des plantes méditerranéennes : la plante garde ses feuilles en automne, en hiver et au printemps, lorsqu'elle a besoin d'assurer sa photosynthèse. Puis elle les perd entièrement en été, lorsque la plante entre en dormance pour être insensible à la sécheresse. En été l'arbuste a une silhouette nue qui surprend, il est entièrement caduc comme le serait en hiver un arbuste de climat tempéré. Les jolies fleurs jaune-vert apparaissent en plein hiver : elles forment des grappes serrées à l'aisselle des feuilles, de janvier à avril. Nous avons reproduit dans notre jardin une association naturelle intéressante, vue dans l'Atlas sur la route du Tizi n Test, *Anagyris foetida* poussant à proximité d'un *Teucrium fruticans* à fleurs bleu-violet foncé, les deux plantes fleurissant à la même époque et formant un joli contraste. L'*Anagyris foetida* supporte bien le calcaire et s'adapte facilement dans tous les sols. C'est une plante robuste, de culture facile.

Multiplication par semis en automne. Il faut préparer les graines avant le semis en les faisant bouillir 10 à 15 secondes puis en les laissant gonfler dans de l'eau pendant 24 heures. Les graines sont toxiques.

Anisodontea malvastroides (Malvaceae)

ORIGINE : Afrique du Sud (province du Cap) ; HAUTEUR : 2 m ; LARGEUR : 2 m ; EXPOSITION : soleil ; RUSTICITÉ : -8 à -10 °C ; CODE DE SÉCHERESSE : 3.

Arbrisseau à port lâche et croissance rapide. Les petites feuilles persistantes, irrégulièrement dentées et lobées, ressemblent à des feuilles de figuier en miniature (*Anisodontea*

Aloe striatula est le plus rustique des Aloe arbustifs. Ses feuilles épaisses et cireuses limitent les pertes en eau, donnant à la plante une excellente résistance à la sécheresse.

vient du grec *anisos*, inégal, et *odontos*, dent). La floraison est remarquablement abondante : une fleur apparaît à l'aisselle de chaque feuille, et la plante fleurit donc pendant toute sa période de croissance. En climat doux, elle pousse et fleurit toute l'année, mais dans notre jardin, elle fleurit surtout au printemps puis à nouveau en automne : elle entre partiellement en repos en été à cause de la sécheresse, ainsi qu'en hiver à cause du froid. Les fleurs délicates s'ouvrent en coupe évasée, les pétales rose tendre ayant à leur base un joli dessin de veines foncées. L'*Anisodontea malvastroides* supporte bien le calcaire. Il est indifférent à la nature du sol. On peut le tailler chaque année en fin d'hiver, en raccourcissant les tiges d'environ un tiers de leur longueur, pour éviter que la plante ne se dégarnisse avec l'âge.

Multiplication par boutures herbacées en automne ou au printemps.

- *Anisodontea capensis* est l'*Anisodontea* le plus classique en horticulture, car il se prête bien à la culture en pot, pour décorer patios et terrasses. Les fleurs abondantes, en forme de petites coupes rose soutenu, se renouvellent toute l'année en climat doux.

Origine : Afrique du Sud. Rusticité : - 4 à - 6 °C. Code de sécheresse : 2.

Les veines brillantes d'Anisodontea malvastroides guident les pollinisateurs vers la base des pétales, où perle doucement le nectar.

Anthyllis cytisoides (Fabaceae)

ORIGINE : Espagne ; HAUTEUR : 60 cm ; LARGEUR : 60 cm ; EXPOSITION : soleil ; RUSTICITÉ : - 10 à - 12 °C ; CODE DE SÉCHERESSE : 5.

Arbrisseau à feuilles persistantes grises et à tiges ramifiées bien visibles, d'un beau blanc argenté. La plante se couvre de petites fleurs jaune tendre, d'avril à juin. Au nouveau jardin botanique de Barcelone, on peut voir une belle association d'*Anthyllis cytisoides* plantés au milieu de grandes masses de *Lavandula dentata*, les coloris des fleurs jaune tendre et bleu clair se mariant parfaitement au printemps. L'*Anthyllis cytisoides* supporte bien le calcaire. Il préfère les sols secs, cailloux, bien drainés. La plante se ressème facilement en sol pauvre : on peut la voir coloniser le bord des routes, les talus et les friches dans tout le Sud de l'Espagne.

Anthyllis cytisoides et Lavandula dentata se ressèment librement dans un grand massif sauvage, au nouveau jardin botanique de Barcelone.

Multiplication par semis en automne, après traitement des graines à l'eau chaude : on verse sur les graines de l'eau bouillante, puis on les laisse gonfler pendant toute une nuit.

Antirrhinum barrelieri (Scrophulariaceae)

ORIGINE : Espagne, Sud du Portugal ; HAUTEUR DU FEUILLAGE : 20 à 30 cm ; HAUTEUR EN FLEUR : 1 à 1,20 m ; LARGEUR : 60 cm ; EXPOSITION : soleil ; RUSTICITÉ : - 10 à - 12 °C ; CODE DE SÉCHERESSE : 5.

Vivace élancée à feuilles persistantes étroites, prenant de belles teintes rouges en hiver. Les grands épis de fleurs rose clair se renouvellent de mars à juillet. En pinçant une fleur sur les côtés, elle s'ouvre comme une "gueule de loup", parfaite pour amuser les enfants dans le jardin (*Antirrhinum* vient du grec *anti*, comme, et *rhin*, museau, par allusion à la forme de la fleur). L'*Antirrhinum barrelieri* supporte bien le calcaire. Il se plaît particulièrement dans les sols pauvres, cailloux, où il se ressème facilement. On peut couper en été les inflorescences fanées, pour que la plante fleurisse à nouveau abondamment en automne.

Multiplication par semis, ou par boutures herbacées au printemps.

- *Antirrhinum glutinosum* forme un coussin tapissant, duveteux et argenté. En mai-juin les grosses fleurs blanches, délicatement veinées de rose, recouvrent entièrement le feuillage. Cette petite plante de rocaille, très décorative, a une croissance lente. L'*Antirrhinum glutinosum* nécessite un sol léger, parfaitement drainé, sinon la souche peut pourrir lors des pluies d'automne et d'hiver. Origine : Espagne. Rusticité : - 8 à - 10 °C. Code de sécheresse : 3,5.

- *Antirrhinum majus* est la gueule-de-loup à fleurs rose pourpre, commune dans le Sud de la France. On peut l'associer à des *Centranthus angustifolius*, pour coloniser les zones pierreuses du jardin. Origine : Sud de la France, péninsule Ibérique. Rusticité : - 12 à - 15 °C. Code de sécheresse : 4.

Le doux museau d'Antirrhinum glutinosum se transforme en gueule de loup menaçante lorsqu'on pince la fleur entre deux doigts.

Près de Ronda, dans le Sud de l'Espagne, la végétation puissante d'Antirrhinum barrelieri colonise le pied des falaises.

Dans le massif des Corbières, non loin des châteaux cathares, Antirrhinum majus se dresse sur une crête rocheuse, surveillant le paysage comme une sentinelle.

• *Antirrhinum hispanicum* est une petite vivace, de culture très facile, se couvrant de fleurs rose clair à gorge jaune en avril-mai. Origine : Sud de l'Espagne (elle colonise les talus en friche tout autour de Grenade). Rusticité : - 10 à - 12 °C. Code de sécheresse : 5.

Arbutus unedo (Ericaceae) Arbousier

ORIGINE : Sud de l'Europe ; HAUTEUR : 5 m et plus ; LARGEUR : 2 à 3 m ; EXPOSITION : soleil ou mi-ombre ; RUSTICITÉ : - 12 à - 15 °C ; CODE DE SÉCHERESSE : 4.

L'arbousier est un petit arbre à croissance lente, que l'on utilise souvent dans les jardins comme un gros arbuste. On peut le planter en sujet isolé, ou le mélanger à d'autres arbustes pour constituer la structure persistante de grandes haies libres. Ses feuilles persistantes sont coriaces et vernissées, de couleur vert sombre. En automne il est particulièrement attractif lorsqu'il se couvre de clochettes blanches, alors qu'au même moment les fruits rouges arrivent à maturité, un an après la floraison. Les fruits sont comestibles, mais ils ont une texture râpeuse peu agréable : malgré leur couleur tentante de fraise mûre, en général on n'en mange pas plus d'un seul (*unedo* vient du latin *unum edo*, j'en mange un seul). Bien que l'*Arbutus unedo* pousse à l'état sauvage en sol acide ou neutre, il s'acclimate bien en jardin même si le sol est calcaire, à condition qu'il soit parfaitement drainé.

*Chaque année au printemps, l'écorce rouge d'*Arbutus x thuretiana *s'exfolie pour laisser la place à une écorce vert pistache, douce et lisse comme une peau neuve.*

*Multiplication de l'espèce type par semis de graines fraîches. On multiplie les cultivars d'*Arbutus unedo *et les différents hybrides par boutures de pousses semi-aoûtées en automne, mais l'enracinement peut être très lent. Les marcottes aériennes donnent également de bons résultats.*

• *Arbutus unedo* var. *rubra* a de jolies fleurs roses et un port dense : dans notre jardin c'est l'un des meilleurs arbustes à floraison d'automne. Les fleurs sont légèrement plus foncées lorsqu'elles sont à l'ombre.

• *Arbutus andrachne* est un arbre à belle écorce lisse, rouge orangé. Les jeunes pousses prennent une couleur bronze en hiver. Dans la nature il pousse en sol calcaire, contrairement à *Arbutus unedo*. Origine : Est du Bassin méditerranéen. Rusticité : - 10 à - 12 °C. Code de sécheresse : 5. *Multiplication par semis de graines fraîches, provenant de la nature (les graines d'*Arbutus andrachne *récoltées dans les jardins botaniques donnent le plus souvent des hybrides).*

• *Arbutus* x *andrachnoides* est l'hybride entre *Arbutus unedo* et *Arbutus andrachne*. Tant qu'il est jeune, il conserve l'écorce sombre d'*Arbutus unedo*, mais quand il est âgé, son écorce s'exfolie pour laisser apparaître la belle écorce orangée d'*Arbutus andrachne*. Il existe de nombreux clones d'*Arbutus* x *andrachnoides*, qui sont plus ou moins proches de l'un ou l'autre des parents.

• *Arbutus* x *thuretiana* est l'hybride entre *Arbutus canariensis* et *Arbutus andrachne*. Son écorce remarquable, rouge et lisse comme de la peau, se craquelle en fin de printemps puis s'exfolie en laissant apparaître une écorce neuve, d'une étonnante couleur vert pistache, qui s'assombrit peu à peu pour devenir rouge à nouveau : une merveille, recherchée par tous les jardiniers amateurs. Rusticité : - 10 à - 12 °C. Code de sécheresse : 4.

Artemisia (Asteraceae) Armoise

Le genre *Artemisia* est dédié à Artémis, qui dans la mythologie grecque était la déesse de la chasse, de la nature et de la fertilité. Artémis ayant vu souffrir sa mère, Léto, lors de la naissance d'Apollon (Artémis est la sœur jumelle d'Apollon), elle assistait ensuite les femmes lors d'accouchements difficiles en les soulageant avec des armoises, aux nombreuses propriétés médicinales. Artémis était aussi déesse de la lune, et l'un de ses rôles était de rafraîchir les plantes en été avec de la rosée nocturne, lorsque Zeus s'endormait trop longtemps sur l'Olympe en oubliant d'envoyer des orages bienfaiteurs : les poils argentés, qui créent toute la beauté du feuillage des armoises, sont parfaits pour piéger la rosée nocturne.

*Les poils soyeux qui couvrent le feuillage ciselé d'*Artemisia arborescens *lui permettent de capter l'humidité nocturne.*

Artemisia alba

ORIGINE : montagnes du Sud de l'Europe ; HAUTEUR : 50 cm ; LARGEUR : 80 cm ; EXPOSITION : soleil ; RUSTICITÉ : - 15 °C et plus froid ; CODE DE SÉCHERESSE : 3,5.

Vivace à souche ligneuse, dont les jolies feuilles semi-persistantes gris-vert, découpées en fines lanières, dégagent une agréable odeur de camphre. Les nombreuses petites fleurs gris jaunâtre créent une masse légère, qui enveloppe la plante en été. On peut tailler la plante en automne d'un léger coup de cisaille, pour accentuer son port naturel qui forme un large coussin couvre-sol. L'*Artemisia alba* supporte bien le calcaire et s'adapte facilement dans tous les sols, même argileux. C'est une plante robuste, de culture facile, et qui vieillit bien : une valeur sûre dans le jardin méditerranéen.

Multiplication par boutures herbacées au printemps.

Artemisia arborescens

ORIGINE : Bassin méditerranéen ; HAUTEUR : 1,25 à 1,50 m ; LARGEUR : 1 à 1,25 m ; EXPOSITION : soleil ; RUSTICITÉ : - 6 à - 8 °C ; CODE DE SÉCHERESSE : 4.

Arbrisseau à feuilles persistantes argentées, finement découpées, très aromatiques. La plante a une croissance rapide et forme une large masse arrondie. Sa durée de vie n'est pas très longue. Au bout d'une dizaine d'années, il faut être prêt à la renouveler, mais comme elle se multiplie facilement et qu'elle pousse vite, on lui pardonne aisément. Une taille régulière, chaque année en automne, permet de garder un port plus compact et assure un meilleur vieillissement à la plante. Elle repart bien de la base si on est obligé de la tailler très court : dans notre jardin, c'est souvent le cas lorsque la partie aérienne gèle après un hiver rigoureux. L'*Artemisia arborescens* supporte bien le calcaire. Elle préfère les sols pauvres, caillouteux, parfaitement drainés.

Multiplication par boutures herbacées en automne ou au printemps.

• *Artemisia arborescens* 'Carcassonne' est intéressante pour sa meilleure résistance au froid. Les plantes ont quelquefois une origine curieuse : ce cultivar est apparu par semis dans l'ancienne décharge à ciel ouvert de Carcassonne. Il a survécu au grand froid de l'hiver 1985, ce pourquoi nous l'avons sélectionné. De port arrondi et compact, il ne dépasse pas 1 mètre de hauteur. C'est l'un des meilleurs arbrisseaux à feuillage argenté de notre jardin. Rusticité : - 10 à - 12 °C.

• *Artemisia arborescens* 'Porquerolles' est un cultivar nain, formant une petite boule très régulière, d'environ 60 centimètres de diamètre. Malheureusement il est moins résistant à la sécheresse, et dans notre jardin il souffre toujours en été. En climat océanique il forme une remarquable topiaire argentée, unique dans son genre. Code de sécheresse : 2,5.

Artemisia canariensis

ORIGINE : îles Canaries ; HAUTEUR : 80 cm ; LARGEUR : 80 cm ; EXPOSITION : soleil ; RUSTICITÉ : - 8 à - 10 °C ; CODE DE SÉCHERESSE : 4.

Arbrisseau à belles feuilles persistantes découpées, très aromatiques. Les feuilles, argentées en hiver, deviennent presque blanches en été. La plante a une croissance rapide et forme une boule régulière très ornementale. Grâce à son feuillage argenté, remarquablement lumineux, c'est l'une des meilleures plantes pour créer des contrastes dans le jardin avec les arbustes sclérophylles à feuillage sombre. Les nombreuses petites fleurs jaune pâle apparaissent d'avril à juillet. Bien qu'originaire de sols volcaniques, l'*Artemisia canariensis* supporte bien le calcaire. Elle s'adapte facilement dans les jardins, quelle que soit la nature du sol. Une autre bonne surprise : malgré son origine canarienne, la plante a une assez bonne résistance au froid. Une légère taille d'automne permet d'accentuer, si on le souhaite, son port naturel en boule.
Multiplication par boutures herbacées au printemps.

Artemisia lanata

ORIGINE : montagnes du Sud de l'Europe ; HAUTEUR DU FEUILLAGE : 5 cm ; HAUTEUR EN FLEUR : 15 à 20 cm ; LARGEUR : 30 à 40 cm ; EXPOSITION : soleil ; RUSTICITÉ : - 15 °C et plus froid ; CODE DE SÉCHERESSE : 3.

Voilà une plante qui a bien des noms différents. Selon les auteurs il faut l'appeler *Artemisia assoana*, *Artemisia campestris* subsp. *borealis*, *Artemisia caucasica*, *Artemisia nana*, *Artemisia pedemontana* ou *Artemisia lanata*. Je ne suis pas sûr qu'*Artemisia lanata* soit le vrai nom, mais il exprime bien l'aspect très doux de la plante. C'est une jolie vivace tapissante à feuillage soyeux et argenté, finement découpé. Les tiges s'enracinent au contact du sol, ce qui permet à la plante de progresser en largeur pour former un couvre-sol dense. Elle se prête à de nombreuses utilisations dans le jardin : bordure argentée pour souligner le tracé d'une allée, joints entre les dalles d'un pas japonais, tapis au travers duquel on peut faire émerger bulbes et petites vivaces, ou même gazon d'aspect original pour de petites surfaces rarement piétinées. La floraison est attractive, ce qui n'est pas toujours le cas pour les armoises : sur de courtes hampes florales, une multitude de petits capitules argentés accrochent la lumière en mai-juin. L'*Artemisia lanata* supporte bien le calcaire. Elle préfère un sol souple, bien drainé. Si on taille les inflorescences fanées, le feuillage reste plus dense en été.
Multiplication par division en automne, ou par boutures herbacées au printemps, juste avant la montée à fleurs.

Artemisia ludoviciana 'Silver Queen'

ORIGINE : Amérique du Nord ; HAUTEUR EN FLEUR : 50 cm (ou plus si le sol est frais) ; LARGEUR : 80 cm et plus ; EXPOSITION : soleil ; RUSTICITÉ : - 15 °C et plus froid ; CODE DE SÉCHERESSE : 3.

Vivace à belles feuilles argentées caduques, étroites et allongées (le cultivar 'Valerie Finnis', très proche, se distingue par ses feuilles irrégulièrement dentées). La plante se développe en large couvre-sol grâce à ses rhizomes vigoureux. Elle est particulièrement belle au printemps, lorsque les bourgeons percent du sol et forment un tapis de jeunes pousses argentées, très lumineuses. Les tiges s'allongent en été et portent de longs épis de petites fleurs gris jaunâtre, d'intérêt plus modeste. L'*Artemisia ludoviciana* supporte bien le calcaire. Peu exigeante sur la nature du sol, c'est une plante de culture facile, qui vieillit bien. Elle est souvent utilisée pour garnir le pied d'arbustes à floraison printanière, qu'elle met en valeur par son beau feuillage. En automne on peut retailler la plante au ras du sol.
Multiplication par division en fin d'hiver, ou par boutures herbacées au printemps, avant la montée à fleurs.

Il existe de nombreuses autres espèces d'armoises, intéressantes pour la diversité de leurs feuillages argentés. Souvent les jardiniers ne connaissent qu'*Artemisia* 'Powis Castle', qui pourtant est l'une des moins adaptées, car elle vieillit très mal en conditions méditerranéennes. Voici une sélection

*Les jeunes pousses lumineuses d'*Artemisia ludoviciana *'Silver Queen' s'étalent devant la masse opulente d'*Euphorbia cyparissias *'Tall Boy'.*

*Les fins capitules d'*Artemisia lanata *accrochent la lumière. En hiver, son feuillage soyeux forme un magnifique tapis argenté.*

d'espèces complémentaires qui réussissent bien dans notre jardin :

• *Artemisia absinthium* : c'est la grande absinthe, à forte odeur amère, qui a inspiré peintres et poètes du XIXe siècle. Dans un jardin naturel, c'est une plante utile : elle attire très tôt les pucerons, favorisant le développement des prédateurs naturels, et contribuant ainsi à protéger les autres plantes. Nous la plaçons non loin du potager, pour qu'elle profite de l'arrosage en été, car la résistance à la sécheresse n'est pas son point fort. Origine : montagnes d'Europe, d'Afrique du Nord et d'Asie. Rusticité : - 15 °C et plus froid. Code de sécheresse : 2.

• *Artemisia caerulescens* subsp. *gallica* est une petite vivace rhizomateuse, spontanée sur le littoral tout près de notre jardin. Nous la laissons coloniser librement le bord des allées de notre pépinière. Ses feuilles semi-persistantes grises, finement découpées, ont une surprenante odeur où se mêlent le camphre et la banane mûre. Origine : Sud de la France. Rusticité : - 10 à - 12 °C. Code de sécheresse : 4.

• *Artemisia cana* est un arbuste à odeur très puissante, presque violente, pour amateurs de sensations fortes. Origine : Ouest des Etats-Unis. Rusticité : - 12 à - 15 °C. Code de sécheresse : 4.

• *Artemisia* 'Canescens' forme un joli couvre-sol bas. Le feuillage argenté, d'aspect frisé, prend une étonnante teinte violacée en hiver. Les botanistes ne sont pas d'accord sur l'origine de cette plante. Rusticité : - 15 °C et plus froid. Code de sécheresse : 3.

• *Artemisia cretacea* a une odeur puissante, évoquant l'huile d'olive. Les feuilles caduques, gris argenté, disparaissent sous une masse de fleurs gris jaunâtre en été. Origine : montagnes d'Italie. Rusticité : - 15 °C et plus froid. Code de sécheresse : 4.

• *Artemisia dracunculus* var. *sativa* est l'estragon, au feuillage délicieusement aromatique. J'aime autant cuisiner que jardiner, et si je devais ne garder qu'une seule plante condimentaire dans notre jardin, je crois que ce serait celle-là ! Origine : large distribution dans l'hémisphère nord. Rusticité : - 15 °C et plus froid. Code de sécheresse : 2,5.

• *Artemisia herba-alba*, à l'odeur extraordinaire, est bien connue de tous ceux qui aiment l'Afrique du Nord. Elle survit, malgré le pâturage intensif, dans les zones semi-désertiques de l'Atlas et de l'Anti-Atlas. Lorsqu'il n'y a plus de menthe, c'est l'une des plantes utilisées pour aromatiser le thé. Elle est l'une des herbes qui donnent son goût puissant au fameux bouillon d'escargot, aux innombrables vertus médicinales, que l'on déguste à la tombée de la nuit sur la place de Jemaa-el-Fna, à Marrakech. Cette armoise est parfois classée dans le genre *Seriphidium*. Origine : plaines steppiques du Maghreb. Rusticité : - 12 à - 15 °C. Code de sécheresse : 6.

• *Artemisia maritima* est une vivace rhizomateuse à feuilles semi-persistantes, découpées en lanières

Artemisia pontica forme un bon couvre-sol, se faufilant entre les cailloux grâce à ses rhizomes.

étroites, presque blanches, très aromatiques. La santonine, extrait aux propriétés vermifuges et antiparasitaires, provient des *semen-contra*, ou "semences contre" (les vers) importées d'Asie – qui en fait ne sont pas des graines mais les minuscules boutons des fleurs de différentes armoises, dont *Artemisia maritima*. Origine : steppes salées d'Asie. Rusticité : - 15 °C et plus froid. Code de sécheresse : 4.

• *Artemisia pontica*, la petite absinthe, est une vivace rhizomateuse qui se développe en un joli tapis couvre-sol. Les feuilles caduques, grises, finement découpées, sont aromatiques. Pline l'Ancien en faisait déjà l'éloge dans son *Histoire naturelle*, en raison de ses nombreuses propriétés médicinales. Origine : montagnes du Sud de l'Europe. Rusticité : - 15 °C et plus froid. Code de sécheresse : 2,5.

• *Artemisia tridentata* couvre les grands espaces steppiques du Nouveau-Mexique. Elle donne aux plateaux qui entourent le profond sillon du Rio Grande une étonnante couleur gris bleuté. C'est un arbuste persistant à odeur forte, dont les feuilles étaient utilisées traditionnellement par les Indiens d'Amérique comme antiseptique. Origine : déserts d'altitude du Sud-Ouest des Etats-Unis. Rusticité : - 15 °C et plus froid. Code de sécheresse : 6.

• *Artemisia vallesiaca* forme un brouillard de feuilles semi-persistantes aromatiques, argentées, ciselées comme de la dentelle. Cette vivace rhizomateuse se prête bien à la couverture du sol au pied des arbustes à feuillage caduc. Origine : Sud des Alpes. Rusticité : - 15 °C et plus froid. Code de sécheresse : 3.

Asphodeline lutea (Asphodelaceae)
Bâton de Jacob

ORIGINE : Bassin méditerranéen ; HAUTEUR DU FEUILLAGE : 20 cm ; HAUTEUR EN FLEUR : 60 cm et plus ; LARGEUR : 30 cm ; EXPOSITION : soleil ; RUSTICITÉ : - 12 à - 15 °C ; CODE DE SÉCHERESSE : 5.

Vivace à rhizomes tubéreux, dont les nombreuses feuilles linéaires forment une rosette régulière. Les feuilles sont persistantes en hiver et caduques en été, après floraison. Les fleurs jaune brillant, très belles, apparaissent sur une hampe rigide, en mai-juin. C'est une plante très

Asphodeline lutea se plaît en sol pauvre, bien drainé. Avec Euphorbia acanthothamnos, elle se ressème dans les éboulis, au pied d'une des dernières forêts naturelles de cyprès de Provence, en Crète.

commune dans les montagnes du Sud-Ouest de la Crète, où on peut la voir émerger entre *Ballota pseudodictamnus*, *Sarcopoterium spinosum* et *Thymus capitatus*, dans un beau paysage évoquant un jardin naturel. L'*Asphodeline lutea* supporte bien le calcaire. Elle se plaît en sol pauvre, bien drainé. *Multiplication par semis au printemps.*

• *Asphodeline liburnica* se ressème facilement dans les endroits les plus secs du jardin. Elle a une floraison plus tardive (juin-juillet), et nous aimons l'associer avec *Salvia chamaedryoides*, *Perovskia* 'Blue Spire' ou *Lavandula* x *intermedia*, pour créer de jolis massifs jaune et bleu en début d'été. Origine : Grèce. Rusticité : - 12 à - 15 °C. Code de sécheresse : 5.

Les fleurs éphémères d'Asphodeline lutea s'ouvrent le matin et fanent le soir, les nombreux boutons alignés sur l'inflorescence attendant sagement leur tour.

Asphodelus microcarpus (Asphodelaceae)

ORIGINE : Bassin méditerranéen ; HAUTEUR DU FEUILLAGE : 30 cm ; HAUTEUR EN FLEUR : 80 cm à 1 m ; LARGEUR : 50 cm ; EXPOSITION : soleil ; RUSTICITÉ : - 12 à - 15 °C ; CODE DE SÉCHERESSE : 5.

Les asphodèles ont longtemps été associés à la mort : dans les croyances populaires, ils servaient de nourriture aux morts qui grignotaient par en dessous leurs racines charnues. Dans l'*Odyssée*, quand Ulysse descend aux enfers pour recueillir la prophétie de Tirésias, c'est dans un champ couvert d'asphodèles qu'il voit errer lentement les ombres des morts. L'image d'asphodèles couvrant de vastes étendues est fréquente autour de la Méditerranée, dans les paysages dégradés par le passage répété des chèvres et des moutons. Les asphodèles résistent en effet à toutes les agressions. Ils colonisent l'espace libre en prenant la place des espèces éliminées par le surpâturage ou le feu. *Asphodelus microcarpus*, l'une des espèces les plus décoratives du genre, est une vivace robuste à racines tubéreuses. Ses grandes feuilles gris bleuté sont persistantes en hiver et caduques en été, après la floraison, lorsque la plante entre en repos pour résister à la sécheresse. Les jolies fleurs blanches ont une forme étoilée, avec les pétales délicatement veinés de vert. Elles sont portées par de fortes hampes ramifiées,

Asphodelus fistulosus *est une plante pionnière, qui colonise les terres incultes et les bords de chemin.*

qui donnent une remarquable silhouette architecturale à la plante pendant la période de floraison, d'avril à juin. L'*Asphodelus microcarpus* supporte bien le calcaire et résiste aux embruns. Il se plaît en sol pauvre, bien drainé.

Multiplication par semis, de préférence en automne. Les semis de printemps lèvent bien, mais les plantules peuvent pourrir lorsqu'elles perdent rapidement leurs premières feuilles en début d'été.

• *Asphodelus albus* est une vivace vigoureuse, à hampes épaisses non ramifiées, couvertes de fleurs blanches très serrées. Elle se plaît dans les terrains rocheux. Origine : Europe, Afrique du Nord (autour de la Méditerranée c'est plutôt une espèce montagnarde). Rusticité : - 15 °C et plus froid. Code de sécheresse : 4.

• *Asphodelus cerasiferus* est commun dans le Sud de la France, où ses belles hampes marquent le paysage dans les garrigues après le passage du feu. On le reconnaît facilement à ses gros fruits (*cerasifer* signifie "qui porte des cerises", par opposition à *microcarpus*, à petits fruits). Origine : Ouest du Bassin méditerranéen. Rusticité : - 15 °C et plus froid. Code de sécheresse : 5.

• *Asphodelus fistulosus* a un aspect bien différent, avec sa touffe de feuilles linéaires, cylindriques et creuses (*fistulosus* vient du latin *fistula*, tuyau). Ses petites fleurs blanches, abondantes, couvrent la plante dès la fin de l'hiver et se renouvellent jusqu'en juin. Il colonise les friches et les bords des chemins, et se ressème très facilement dans les jardins. Origine : Bassin méditerranéen. Rusticité : - 12 à - 15 °C. Code de sécheresse : 5.

Atriplex canescens (Chenopodiaceae)

ORIGINE : Sud-Ouest de Etats-Unis ; HAUTEUR : 1,25 à 1,50 m ; LARGEUR : 1,50 m ; EXPOSITION : soleil ; RUSTICITÉ : - 12 à - 15 °C ; CODE DE SÉCHERESSE : 6.

Arbrisseau à feuilles persistantes étroites, gris doré, devenant argentées en été (*canescens* en latin signifie "blanchissant"). Lors de la floraison estivale, l'extrémité souple des rameaux se courbe à l'horizontale, donnant un port original à la plante (les fleurs elles-mêmes sont peu visibles). Les plantes femelles se couvrent ensuite de nombreux fruits ailés, curieux et ornementaux, dont le poids fait retomber les branches en cascades. Ces fruits étaient traditionnellement moulus par les Indiens d'Amérique pour obtenir une farine qui servait de base pour la fabrication d'un pain du désert. L'*Atriplex canescens* supporte bien le calcaire. Bien que poussant dans les dunes des déserts du Sud-Ouest américain, il s'adapte facilement à de nombreuses conditions dans les jardins, même si le sol est très argileux. Comme chez tous les *Atriplex*, le système racinaire extrêmement profond permet une remarquable résistance à la sécheresse.

Pour multiplier les plantes femelles, plus décoratives, on évite le semis : multiplication par boutures herbacées au mois de mai.

Asphodelus microcarpus *colonise les milieux dégradés par les assauts répétés du feu et du surpâturage. Les racines charnues de l'asphodèle servent de réserve d'eau et d'éléments nutritifs, lui permettant de survivre en été lorsqu'il se met en repos pour résister à la sécheresse.*

Dans un jardin sec, le contraste entre les feuillages permet de créer une structure persistante attractive toute l'année. En haut à gauche, le feuillage argenté de Centaurea pulcherrima *accroche le regard, à droite c'est la masse un peu molle d'*Atriplex nummularia *qui domine, et plus bas les feuilles velues de* Phlomis grandiflora *émergent du feuillage sombre et vernissé de* Ceanothus griseus *var.* horizontalis *'Yankee Point'.*

Atriplex halimus Arroche

ORIGINE : Europe et Bassin méditerranéen, sur littoral ; HAUTEUR : 1,50 à 2 m ; LARGEUR : 1,50 à 2 m ; EXPOSITION : soleil ; RUSTICITÉ : - 12 à - 15 °C ; CODE DE SÉCHERESSE : 6.

Arbrisseau à feuilles persistantes épaisses, grises. Les feuilles sont comestibles : elles ont un agréable goût salé et peuvent être préparées en salades. La plante se couvre de fleurs insignifiantes, grisâtres, en été. L'*Atriplex halimus* supporte bien le calcaire. Il est indifférent à la nature du sol et résiste parfaitement aux embruns. C'est l'un des arbustes d'ornement dont les racines résistent le mieux à de fortes concentrations de sel. Il y a quelques années, en remontant le désert du Néguev vers le kibboutz Ein Gedi, nous avons vu des *Atriplex halimus* poussant dans des conditions extrêmes, à proximité des montagnes de sel extraites de la mer Morte. L'*Atriplex halimus* supporte bien la taille, et il est souvent utilisé pour constituer des haies en première ligne sur le littoral, pour protéger les jardins des embruns. Il reste d'ailleurs plus beau si on le taille, car les inflorescences sèches, qui persistent longtemps à l'extrémité des rameaux, peuvent donner un aspect dégarni à la plante.
Multiplication par boutures herbacées au printemps.

- *Atriplex lentiformis*, proche de l'*Atriplex canescens*, a un port dressé, plus raide. Ses feuilles linéaires ont les bords ourlés vers le haut : les feuilles ressemblent à de fines gouttières, ce qui leur permet de limiter la surface d'exposition au soleil. Origine : Sud-Ouest des Etats-Unis, Nord du Mexique. Rusticité : - 10 à - 12 °C. Code de sécheresse : 6.

- *Atriplex nummularia* a de grosses feuilles arrondies gris bleuté, un peu molles, à bords ondulés. C'est un arbuste de petite taille, cultivé comme fourrage dans différentes régions arides du monde. Origine : Australie. Rusticité : - 8 à - 10 °C. Code de sécheresse : 6.

- *Atriplex spinifera* a de petites feuilles gris bleuté, en forme de fer de lance. En cas de stress hydrique intense, les feuilles deviennent caduques en été. Le bout des rameaux, en durcissant, devient légèrement épineux. La plante est extrêmement résistante aux embruns et au sol salé. Origine : Sud-Ouest des Etats-Unis. Rusticité : - 10 à - 12 °C. Code de sécheresse : 6.

La silhouette sombre d'un chêne se détache sur l'étendue rocailleuse couverte de Ballota acetabulosa. *En s'inspirant de ce paysage de Grèce, on peut imaginer une scène de "jardin naturel" demandant un entretien minimum, en y ajoutant simplement quelques touches de couleurs avec des sauges, des* Perovskia *ou des buplèvres.*

1- *Les jolies feuilles grises de* Ballota pseudodictamnus *forment une masse arrondie, dont on peut accentuer la forme naturelle d'un petit coup de cisaille à l'automne.*

2- Ballota pseudodictamnus *près de Patara, en Turquie.*

Ballota acetabulosa (Lamiaceae)

ORIGINE : Grèce, Turquie ; HAUTEUR : 40 à 50 cm ; LARGEUR : 60 cm ; EXPOSITION : soleil ; RUSTICITÉ : - 10 à - 12 °C ; CODE DE SÉCHERESSE : 5.

Vivace à base ligneuse, dont toutes les parties, tiges, feuilles et inflorescences, sont entièrement couvertes de poils laineux. Les feuilles arrondies, persistantes, sont serrées sur les tiges, et la plante se développe naturellement en un gros coussin gris argenté, très décoratif. Les fleurs roses, qui apparaissent d'avril à juillet, sont plutôt discrètes, comme si la plante était déjà assez belle grâce à son seul feuillage. Après la floraison, les grandes bractées en forme de coupe (*acetabulosa* vient du latin *acetabulum*, gobelet à vinaigre) persistent tout l'été sur les inflorescences. Ces bractées laineuses étaient autrefois utilisées comme mèches pour lampe à huile. Vous pouvez essayer : il faut faire flotter sur de l'huile d'olive la bractée posée à l'envers et allumer la pointe qui brûle doucement. Le *Ballota acetabulosa* supporte bien le calcaire et résiste aux embruns. Il nécessite un sol drainé, car il craint l'humidité hivernale. On peut le tailler en automne pour éliminer les inflorescences fanées, et sculpter la végétation dense pour accentuer la forme en boule ou en coussin.

Multiplication par semis en automne, ou par boutures herbacées au printemps.

- **Ballota hirsuta** a de jolies feuilles persistantes gris-vert, duveteuses. Les épis de fleurs blanc rosé apparaissent en juin-juillet. Origine : Espagne, Portugal. Rusticité : - 10 à - 12 °C. Code de sécheresse : 5.

- **Ballota pseudodictamnus** est proche de *Ballota acetabulosa*. Les feuilles rondes sont plus grandes et la plante a un développement plus important : elle forme de magnifiques coussins avec l'âge. Origine : Grèce, Turquie. Rusticité : - 12 à - 15 °C. Code de sécheresse : 5.

Beschorneria yuccoides (Agavaceae)

ORIGINE : Mexique ; HAUTEUR DU FEUILLAGE : 60 à 80 cm ; HAUTEUR EN FLEUR : 1,50 à 2 m ; LARGEUR : 60 cm ; EXPOSITION : soleil ou mi-ombre ; RUSTICITÉ : - 8 à - 10 °C ; CODE DE SÉCHERESSE : 4.

Vivace rhizomateuse formant une grande rosette de feuilles persistantes étroites, vert bleuté. L'extrémité des feuilles est souvent gracieusement infléchie vers l'extérieur, donnant à la plante un port en fontaine. Les inflorescences spectaculaires apparaissent de juin à août, avec de lourdes hampes florales rougeâtres, qui se penchent d'un côté comme si elles allaient s'écrouler sous le poids des fleurs. Les fleurs tubulaires, retombantes, d'une étonnante couleur vert vif, sont largement enveloppées de bractées rouges très décoratives. Ces fleurs sont riches en nectar : elles sont visitées dans leur biotope d'origine par des oiseaux-mouches, qui assurent la pollinisation. Le *Beschorneria yuccoides* se plaît en sol acide, neutre ou légèrement calcaire. Il nécessite un drainage parfait, car il craint l'humidité hivernale. On peut le planter en lisière de sous-bois, où il supporte bien la concurrence racinaire des vieux arbres : au Mexique, il pousse souvent en sous-bois clairsemé de chênes. On peut aussi le planter en pot, pour profiter de sa silhouette architecturale, très décorative. Contrairement à d'autres membres de la famille des Agavaceae, le *Beschorneria* ne meurt pas après la floraison.

Multiplication par semis au printemps.

Bignonia capreolata (Bignoniaceae)

ORIGINE : Sud-Est des Etats-Unis ; HAUTEUR ET LARGEUR : jusqu'à 10 m ; EXPOSITION : soleil ou mi-ombre ; RUSTICITÉ : - 10 à - 12 °C ; CODE DE SÉCHERESSE : 4.

Le nom "bignone" désigne plusieurs plantes grimpantes intéressantes pour les jardins secs, dont les *Campsis*, *Macfadyena*, *Podranea* et *Tecomaria*. La *Bignonia capreolata* est une liane à croissance rapide, dont les tiges sont munies de vrilles ramifiées, très efficaces pour accrocher la plante à son support (*capreolata* signifie "muni de vrilles"). Ces vrilles se terminent par de petits disques, qui se collent comme des ventouses, capables d'adhérer aux surfaces les plus lisses. Les feuilles vert sombre, persistantes et coriaces, se parent de reflets violacés en hiver. Les fleurs, qui apparaissent d'avril à juillet, s'ouvrent en longues trompettes rouges à pavillon jaune. Elles ne sont pas spectaculaires, mais ce qu'elles ont d'unique est leur odeur : elles dégagent un doux parfum de café mêlé de chocolat. La *Bignonia capreolata* supporte bien le calcaire. Elle est peu exigeante sur la nature du sol.

Multiplication par boutures herbacées au printemps.

Les fleurs de Bignonia capreolata *s'ouvrent en trompette, exhalant une douce odeur de café et de chocolat.*

Brachyglottis monroi (Asteraceae)

ORIGINE : Nouvelle-Zélande ; HAUTEUR : 60 à 80 cm ; LARGEUR : 80 cm à 1 m ; EXPOSITION : soleil ; RUSTICITÉ : - 10 à - 12 °C ; CODE DE SÉCHERESSE : 3.

Arbrisseau à jolies feuilles persistantes, épaisses. Le dessus des feuilles est gris-vert, alors que le dessous est couvert d'un feutre blanc, qui sert à limiter les pertes en eau. Le bord ondulé des feuilles est rehaussé par une fine marge argentée : très chic ! La plante a un port régulier en gros coussin. Les fleurs jaunes apparaissent en juin-juillet : elles sont peu abondantes, mais ce n'est pas grave car la beauté de la plante réside avant tout dans son feuillage. Le *Brachyglottis monroi* supporte bien le calcaire et résiste aux embruns. Il préfère les sols souples, bien drainés. Il n'est pas nécessaire de le tailler en automne : son port naturel est parfait, et la plante vieillit bien sans avoir besoin de soins particuliers. *Multiplication par boutures herbacées en automne ou au printemps.*

• *Brachyglottis* 'Sunshine' est un arbuste à feuilles gris argenté, qui forme une boule de 1 mètre de hauteur et de largeur. Il se couvre de marguerites jaunes en juin. Origine : Nouvelle-Zélande. Rusticité : - 10 à - 12 °C. Code de sécheresse : 2,5.

Buddleja alternifolia (Buddlejaceae)

ORIGINE : Nord-Ouest de la Chine ; HAUTEUR : 2 à 3 m ; LARGEUR : 2 à 3 m ; EXPOSITION : soleil ; RUSTICITÉ : - 15 °C et plus froid ; CODE DE SÉCHERESSE : 3,5.

Arbrisseau à feuilles étroites, caduques. Les longs rameaux ont un port légèrement pleureur. Les fleurs parfumées, de couleur lilas, apparaissent en mai-juin. Elles sont groupées en petits bouquets arrondis qui couvrent toute la longueur des rameaux, donnant un aspect très original à la plante. Elles attirent une foule de papillons, un vrai régal pour les yeux. Le *Buddleja alternifolia* supporte bien le calcaire. Il est indifférent à la nature du sol. C'est une plante robuste, de culture facile, qui vieillit bien. Les fleurs apparaissent sur les rameaux de l'année précédente : si on doit tailler la plante, il faut le faire après la floraison, pour ne pas compromettre la floraison de l'année suivante – mais dans notre jardin nous préférons ne pas la tailler du tout, le port retombant et enchevêtré faisant partie de son charme.
Multiplication par boutures de bois sec en hiver.

• *Buddleja alternifolia* 'Argentea' a un feuillage gris, qui forme un contraste doux avec la floraison. Les rameaux ont un port plus érigé que ceux de la forme type.

Les fleurs parfumées du Buddleja *'Lochinch' se marient bien avec son feuillage clair. La floraison printanière peut remonter à l'automne, si l'été n'est pas trop sec.*

Buddleja 'Lochinch'

ORIGINE DES PARENTS : Chine ; HAUTEUR : 1,50 à 2 m ; LARGEUR : 1 m ; EXPOSITION : soleil ; RUSTICITÉ : - 12 à - 15 °C ; CODE DE SÉCHERESSE : 2.

Arbrisseau dense et ramifié, à feuilles semi-persistantes. C'est un hybride entre *Buddleja davidii*, dont il a pris la floraison abondante, et *Buddleja fallowiana*, dont il a pris le port compact et le joli feuillage : les feuilles sont grises sur le dessus, argentées et duveteuses sur le revers. Les fleurs parfumées, de couleur bleu-violet tendre, se marient parfaitement avec le feuillage. Elles apparaissent en mai-juin et attirent une grande quantité de papillons. Si l'été n'a pas été trop sec, il peut y avoir une deuxième floraison, un peu moins abondante, en automne. Le *Buddleja* 'Lochinch' supporte bien le calcaire. Il est indifférent à la nature du sol. C'est une plante de culture facile, dans les jardins pas trop secs.
Multiplication par boutures herbacées au printemps.

Buddleja marrubiifolia

ORIGINE : Texas et Mexique, dans le désert du Chihuahua ; HAUTEUR : 1 à 1,25 m ; LARGEUR : 1 m ; EXPOSITION : soleil ; RUSTICITÉ : - 6 à - 8 °C, ou peut-être un peu plus froid si le sol est très sec ; CODE DE SÉCHERESSE : 5.

Arbrisseau à petites feuilles persistantes duveteuses, gris argenté, devenant presque blanches en été. Les fleurs, légèrement parfumées, sont toutes rondes, elles ressemblent à des billes orange vif. Elles apparaissent plus ou moins toute l'année, avec un pic de floraison en fin de printemps, où de nombreux papillons viennent les visiter. Le *Buddleja marrubiifolia* supporte bien le calcaire. Il nécessite un sol sec, pauvre, parfaitement drainé. Nous avons découvert cette plante assez rare en visitant une petite pépinière à Tucson, dans l'Arizona : par chance, les quelques graines, fines comme de la poussière, que nous avons ramenées ont bien germé et donné quelques plants, qui se sont bien acclimatés dans notre jardin. Nous aimons associer ce *Buddleja* à d'autres arbustes à feuillage gris, *Leucophyllum langmanae*, *Artemisia canariensis*, *Centaurea pulcherrima* ou *Helichrysum orientale* : en jouant sur les textures et les volumes, on arrive à composer d'étonnantes cascades argentées.
Multiplication par semis en automne, ou par boutures herbacées en début de printemps. Il faut maintenir les boutures dans un substrat très drainé, car elles pourrissent facilement.

Buddleja officinalis

ORIGINE : Chine ; HAUTEUR : 3 m ; LARGEUR : 1,50 m ; EXPOSITION : soleil ; RUSTICITÉ : - 8 à - 10 °C (la floraison est retardée si l'hiver est froid) ; CODE DE SÉCHERESSE : 2,5.

Arbrisseau à feuilles persistantes. Les feuilles sont vertes sur le dessus, grises et duveteuses sur le revers. Les nombreux épis de fleurs rose tendre apparaissent en plein hiver. De janvier à début avril, leur doux parfum de miel embaume à plusieurs mètres à la ronde. Dans notre jardin, nous l'avons placé tout près d'une allée : en hiver, chaque fois

que nous passons à proximité, nous nous arrêtons pour le plaisir de humer les fleurs. Le *Buddleja officinalis* supporte bien le calcaire. Il est indifférent à la nature du sol. Il a une croissance assez rapide et ne demande aucun entretien.
Multiplication par semis en automne, ou par boutures herbacées en fin de printemps.

Buddleja saligna
Origine : Afrique du Sud ; Hauteur : 3 m et plus ; Largeur : 2 m ; Exposition : soleil ; Rusticité : - 10 à - 12 °C ; Code de sécheresse : 4.

Arbuste à feuilles persistantes allongées, légèrement coriaces. Vertes et brillantes sur le dessus, duveteuses et argentées en dessous, elles évoquent une feuille d'olivier : cet arbuste est d'ailleurs appelé *false olive* en Afrique du Sud. Les fleurs crème, à odeur agréable de sureau, sont regroupées en courtes panicules. Elles sont remarquablement abondantes : la plante croule littéralement sous les fleurs en automne. Le *Buddleja saligna* supporte bien le calcaire et résiste aux embruns. Il est indifférent à la nature du sol. De croissance rapide, il supporte la taille : c'est une bonne plante pour haie libre, où sa floraison automnale fait merveille.
Multiplication par semis au printemps, ou par boutures herbacées au printemps.

Buddleja salviifolia
Origine : Afrique du Sud ; Hauteur : 3 m et plus ; Largeur : 2 m ; Exposition : soleil ; Rusticité : - 10 à - 12 °C ; Code de sécheresse : 3,5.

Arbuste à jolies feuilles persistantes allongées, vertes et rugueuses dessus, blanches et duveteuses dessous. Les nombreux épis de fleurs parfumées, blanc crème à gorge orange, apparaissent de février à avril. Le *Buddleja salviifolia* supporte bien le calcaire et résiste aux embruns. Il est indifférent à la nature du sol. Dans notre jardin, nous aimons l'associer à d'autres arbustes à floraison précoce, *Teucrium fruticans*, *Medicago arborea* et *Buddleja officinalis*, pour créer des massifs joyeux et colorés en fin d'hiver. Au jardin botanique de Kirstenbosch, on peut en voir un spécimen magnifique, présenté dans la collection des plantes médicinales sud-africaines : un petit panneau indique que la décoction des racines calme les coliques – toujours bon à savoir lorsqu'on voyage !
Multiplication par semis en automne, ou par boutures herbacées en fin de printemps.

• *Buddleja agathosma* a de grandes feuilles blanches et laineuses. Les fleurs parfumées, d'un délicat rose lilas, apparaissent au printemps. Origine : Afrique du Sud. Rusticité : - 8 à - 10 °C. Code de sécheresse : 3.

• *Buddleja crispa* a des feuilles arrondies, blanches et laineuses. Les fleurs parfumées, rose lilas, sont groupées en courtes panicules. La plante fleurit longuement au printemps, et à nouveau en automne, voire plus ou moins toute l'année en climat doux. Origine : de l'Afghanistan au Sud-Ouest de la Chine. Rusticité : - 8 à - 10 °C. Code de sécheresse : 3.

• *Buddleja globosa* est célèbre pour ses étonnantes inflorescences sphériques, jaune orangé, qui apparaissent au printemps. Si la sécheresse est trop longue, l'arbuste se défeuille en fin d'été, prenant un aspect peu ornemental (une partie des feuilles noircies persiste sur la plante). Il préfère les sols peu calcaires. Origine : Chili. Rusticité : - 10 à - 12 °C. Code de sécheresse : 2.

• *Buddleja loricata* a un joli feuillage étroit, gris-vert, de texture rugueuse. Les tiges et le revers des feuilles sont couverts de poils argentés ou dorés. Les fleurs, blanc crème à gorge orange, sont parfumées. C'est un arbuste à végétation dense, facile à intégrer dans une haie libre. Origine : Afrique du Sud. Rusticité : - 10 à - 12 °C. Code de sécheresse : 3,5.

• *Buddleja myriantha* a des feuilles gris doré, duveteuses, qui forment un contraste intéressant avec les courts épis de fleurs bleu-violet, au printemps. C'est un arbuste compact, de culture facile, qui vieillit bien. Origine : Tibet, Ouest de la Chine. Rusticité : - 12 à - 15 °C. Code de sécheresse : 3.

Il existe de nombreuses autres espèces et variétés de *Buddleja*. Jean-François Giraud en propose une belle collection dans la pépinière spécialisée Le Jardin de Rochevieille (voir l'annexe "Les bonnes adresses du jardin sec").

Bulbine frutescens (Asphodelaceae)
Origine : Afrique du Sud ; Hauteur du feuillage : 30 cm ; Hauteur en fleur : 50 à 60 cm ; Largeur : 60 cm et plus ; Exposition : soleil ; Rusticité : - 4 à - 6 °C ; Code de sécheresse : 5.

Vivace à longues feuilles persistantes cylindriques, succulentes. La base ligneuse des tiges s'enracine en se couchant sur le sol, et la plante forme un couvre-sol épais. Sur les fines inflorescences arquées s'ouvrent, progressivement de bas en haut, de jolies fleurs jaunes à bouquet saillant d'étamines. La floraison peut se renouveler toute l'année en climat doux, mais elle s'arrête en hiver s'il fait froid. La *Bulbine frutescens* supporte bien le calcaire. Elle préfère les sols pauvres, bien drainés. Comme elle est trop sensible au froid pour vivre en pleine terre dans notre jardin, nous l'avons mise dans une jarre sur notre terrasse, où nous profitons de sa floraison originale et décorative pendant de longs mois. Nous l'avons associée à une *Lavandula* x *ginginsii* 'Goodwin Creek Grey', aux beaux épis bleu-violet sombre.
Multiplication : il est facile de prélever les tiges dont la base est déjà couverte de racines aériennes, cherchant à piquer vers le sol : il ne reste alors qu'à rempoter.

• *Bulbine frutescens* 'Hallmarck' est un cultivar à belles fleurs orange lumineux.

Bupleurum fruticosum (Apiaceae)
Origine : Bassin méditerranéen ; Hauteur : 1,50 à 2 m ; Largeur : 1 m ; Exposition : soleil ou ombre ; Rusticité : - 12 à - 15 °C ; Code de sécheresse : 5.

Arbrisseau à feuilles persistantes vert bleuté, épaisses et coriaces, couvertes d'une cuticule vernissée, ce qui permet à la plante de limiter les pertes en eau par évaporation. La floraison est une surprise : les ombelles de fleurs jaune-vert apparaissent en plein été, de juin à août, comme si la

Sur notre terrasse où nous la cultivons en pot, Bulbine frutescens 'Hallmarck' fleurit presque toute l'année. En hiver, nous la plaçons contre un mur sous une avancée du toit, pour qu'elle bénéficie de l'inertie thermique de la maison.

Indifférente à la sécheresse, la floraison de Bupleurum fruticosum *se prolonge de juin à août, illuminant le jardin de ses ombelles jaune-vert alors que la plupart des plantes sont en repos depuis longtemps.*

plante se moquait bien de la sécheresse. Les fleurs, légèrement parfumées, dégagent à la mi-journée une odeur surprenante, évoquant le poivron grillé à la flamme. Le *Bupleurum fruticosum* supporte bien le calcaire et résiste aux embruns. Il préfère les sols bien drainés. Dans notre jardin, il se ressème naturellement, et nous laissons le plus souvent les jeunes plants s'installer là où bon leur semble : nous aimons observer l'évolution naturelle des massifs, où se créent entre les plantes des associations intéressantes et inattendues. C'est comme cela que nous avons découvert l'une des meilleures associations du jardin sec, un buplèvre vigoureux s'étant semé au beau milieu d'un large massif de *Perovskia*. Le doux mariage de leurs fleurs bleues et jaunes forme maintenant l'une des plus belles scènes estivales de notre jardin, se prolongeant pendant les longs mois de sécheresse.
Multiplication par semis de graines fraîches en automne, juste après la récolte.

Bupleurum spinosum

ORIGINE : montagnes d'Espagne et du Maroc ; HAUTEUR : 30 cm ; LARGEUR : 30 cm ; EXPOSITION : soleil ; RUSTICITÉ : - 15 °C et plus froid ; CODE DE SÉCHERESSE : 5.

Le *Bupleurum spinosum* est un exemple typique des plantes qu'on appelle "les xérophytes épineux" : pour mieux affronter le froid, la sécheresse et le vent qui caractérisent les crêtes des montagnes méditerranéennes, la plante se ramasse sur elle-même et forme un curieux coussin d'épines. Le *Bupleurum spinosum* a de petites feuilles linéaires, persistantes en hiver, mais qui peuvent tomber en été si la sécheresse est importante, laissant apparaître le squelette ramifié de la plante. Les fleurs estivales sont rassemblées en petites ombelles jaune-vert. Les pédicelles (petites tiges de la fleur) durcissent après la floraison et se transforment en épines ramifiées, ornementales grâce à leur étonnante couleur vert vif. Le *Bupleurum spinosum* supporte bien le calcaire. Il préfère les sols pauvres, caillouteux, très drainés. C'est une plante de rocaille d'aspect très original, recherchée par les amateurs. Sa croissance est lente : amis jardiniers, si vous êtes pressés, passez votre chemin.
Multiplication par semis de graines fraîches en automne.

• *Bupleurum gibraltaricum* a de grandes feuilles coriaces, d'un vert plus sombre que celles de *Bupleurum fruticosum*. Il forme un bel arbrisseau, qui pousse aussi bien au soleil qu'à l'ombre. Les inflorescences jaune-vert apparaissent en été. Origine : montagnes du Sud de l'Espagne et du Maroc. Rusticité : - 12 à - 15 °C. Code de sécheresse : 5.

Buxus sempervirens (Buxaceae)

ORIGINE : Sud de l'Europe, Asie Mineure, Afrique du Nord ; HAUTEUR : jusqu'à 6 m (plus souvent 1 à 2 m dans les jardins) ; LARGEUR : jusqu'à 2 m ; EXPOSITION : soleil ou ombre ; RUSTICITÉ : - 15 °C et plus froid ; CODE DE SÉCHERESSE : 4.

Arbuste à petites feuilles aromatiques, coriaces, persistantes, vert sombre. Le feuillage peut prendre d'intéressantes teintes bronze ou orangées en automne et en hiver, parfois dès la fin de l'été les années les plus sèches. Quand nous récoltons nos boutures en automne, nous aimons monter sur le plateau du Larzac, pour profiter du paysage austère coloré par le feuillage roux des buis qui s'accrochent aux rochers sculptés par l'érosion. Les fleurs verdâtres, à bouquets d'étamines jaunes, apparaissent en avril. Le buis pousse très lentement, et son bois remarquablement dur (le plus dur du monde après celui de l'ébène !), d'une jolie couleur jaune citron, est utilisé pour la sculpture de petits objets. Le *Buxus sempervirens* supporte bien le calcaire. Il est indifférent à la nature du sol. Comme il supporte bien la taille, le buis est traditionnellement utilisé pour constituer des bordures. Dans notre jardin, nous préférons lui laisser son port naturel : nous aimons utiliser son feuillage sombre pour créer des contrastes dans les massifs de plantes à feuillage gris.
Multiplication par boutures aoûtées, en automne ou en hiver. Il ne faut pas être pressé : l'enracinement est très lent !

• *Buxus balearica* a de belles feuilles ovales, épaisses et coriaces, très sombres. Une fois bien installé, il pousse (un peu) plus vite que *Buxus sempervirens*, et peut à terme former de petits arbres à belle couronne régulière. On peut en voir de beaux spécimens dans les vieux parcs du Sud de la France, comme au jardin des Plantes de Montpellier. Origine : îles Baléares, Sardaigne, Sud de l'Espagne. Rusticité : - 12 à - 15 °C. Code de sécheresse : 4.

Caesalpinia gilliesii (Caesalpiniaceae)
Oiseau du paradis

ORIGINE : Argentine, Uruguay ; HAUTEUR : 1,50 à 2 m ; LARGEUR : 1,50 m ; EXPOSITION : soleil ; RUSTICITÉ : - 12 à - 15 °C ; CODE DE SÉCHERESSE : 4.

Arbuste à feuillage caduc. Les feuilles, finement découpées en de nombreuses folioles, donnent à la plante un aspect de luxuriance et de légèreté. Les inflorescences coniques, spectaculaires, s'épanouissent à l'extrémité des tiges en juin-juillet, parfois jusqu'en septembre. Elles sont composées de fleurs jaune tendre, d'où fusent de longues étamines rouges, gracieusement arquées. Elles sont très belles, mais ce n'est pas la peine de les regarder de trop près : elles exhalent une odeur curieuse, assez désagréable. Le *Caesalpinia gilliesii* supporte bien le calcaire. Il préfère les sols souples, assez profonds, bien drainés. C'est un arbuste de culture facile, qui vieillit bien. Avec l'âge il s'élève sur un petit tronc, comme un arbre miniature, dont on peut masquer le pied en l'entourant de plantes plus basses. Dans notre

NOMS SCIENTIFIQUES OU NOMS COMMUNS ?

On appelle le *Caesalpinia gilliesii* "oiseau du paradis", un joli nom évocateur, qui semble plus facile à retenir que le nom scientifique. Mais comme souvent avec les noms communs des plantes, "oiseau du paradis" peut prêter à confusion. Une plante peut en effet avoir plusieurs noms communs, et inversement des plantes différentes peuvent avoir le même nom commun. "Oiseau du paradis" désigne ainsi à la fois le *Strelitzia reginae*, grande vivace originaire d'Afrique du Sud, et le *Caesalpinia gilliesii* originaire d'Amérique du Sud, parfois aussi appelé "petit flamboyant" – tout comme son cousin le *Caesalpinia pulcherrima*, qui lui, par contre, est originaire d'Inde. Il ne faut pas confondre ces deux flamboyants avec le flamboyant d'Hyères (*Sesbania punicea*, pas du tout originaire d'Hyères) ni bien sûr avec le grand flamboyant, *Delonix regia*, arbre d'origine tropicale qui fait lui aussi partie de la famille des *Caesalpiniaceae*. Vous êtes perdus ? Pour simplifier la communication entre les jardiniers, il vaut mieux souvent en rester aux noms scientifiques, finalement pas si compliqués que cela, et qui génèrent bien moins d'erreurs.

L'origine des noms scientifiques, pour peu qu'on s'y penche un peu, est d'ailleurs pleine d'anecdotes qui sont autant de repères mnémotechniques. Le *Caesalpinia*, par exemple, est nommé en l'honneur d'Andreas Cesalpini, un botaniste de Pise, qui était le médecin du pape Clément VIII. Cesalpini publia en 1583 *De plantis libri*, l'un des premiers ouvrages qui basaient la taxonomie sur l'étude des organes sexuels des fleurs, alors que la plupart des théologiens de l'époque dénonçaient l'idée de sexualité chez les plantes. J'imagine la bataille que les théologiens furieux livraient contre Cesalpini, chaque fois que j'observe un *Caesalpinia* dont les fleurs exhibent en toute impudeur leurs vigoureuses étamines arquées vers le ciel.

Les fleurs du *Caesalpinia gilliesii* ont de belles étamines rouges qui se dressent vers le ciel. Si l'on prend le soin d'enlever les gousses dès qu'elles apparaissent, la floraison se renouvelle généreusement pendant tout l'été.

---

masse de pollen jaune foncé (*Callistemon* vient du grec *kallistos*, très beau, et *stêmôn*, étamine). Bien qu'il ne soit pas très connu, le *Callistemon rigidus* est certainement le plus adaptable des nombreux *Callistemon* que nous avons essayés dans notre jardin. Il supporte parfaitement notre sol difficile (argileux et calcaire) et résiste bien au froid. C'est également le plus résistant à la sécheresse de tous les *Callistemon*. Il a une croissance rapide, et son port raide, un peu dégingandé, est assez original : pour le mettre en valeur, on peut le planter en sujet isolé, comme une émergence solitaire au milieu de plantes basses ou tapissantes.

Multiplication par semis en automne, ou par boutures semi-aoûtées en automne ou au printemps.

- ***Callistemon acuminatus*** a de jolies fleurs rouge pourpre et de jeunes pousses soyeuses, brun-rose. Il convient pour les sols acides, neutres ou légèrement calcaires. Origine : Australie. Rusticité : - 8 à - 10 °C. Code de sécheresse : 3.
- ***Callistemon viminalis* 'Little John'** est une plante compacte, qui forme une boule régulière. Il est facile à cultiver en bac. Les épis de fleurs, rouge vermillon, apparaissent plusieurs fois dans l'année. Il convient pour les sols acides, neutres ou légèrement calcaires. Origine : Australie. Rusticité : - 6 à - 8 °C. Code de sécheresse : 4.
- ***Callistemon salignus*** a de jeunes pousses décoratives, tendres et soyeuses, teintées de rose ou de rouge. Bonne surprise : la plante fleurit trois ou quatre fois

jardin, nous l'avons entouré de *Salvia microphylla* 'Royal Bumble', dont la généreuse floraison rouge velours se marie bien avec la couleur chaude des fleurs du *Caesalpinia*.

Multiplication par semis en automne, après traitement des graines à l'eau chaude : on verse sur les graines de l'eau bouillante, puis on les laisse gonfler pendant toute une nuit.

Calamintha nepeta (Lamiaceae)

Origine : Sud de l'Europe, Afrique du Nord ; **Hauteur en fleur :** 40 cm ; **Largeur :** 40 cm ; **Exposition :** soleil ; **Rusticité :** - 12 à - 15 °C ; **Code de sécheresse :** 4.

Vivace rhizomateuse à feuillage duveteux, semi-persistant. Les petites feuilles dégagent une odeur puissante où se mêlent la menthe et le bitume (*Calamintha* vient du grec *kalos*, beau, et *minthos*, menthe). Sans être spectaculaire, la floraison est jolie : elle forme un brouillard de petites fleurs bleu très clair, de juin à octobre. Le *Calamintha nepeta* supporte bien le calcaire. Il préfère les sols pauvres, caillouteux, bien drainés. Nous aimons le placer dans notre jardin près d'un passage, pas japonais ou allée gravillonnée, où il va se ressemer librement : lorsqu'il fait bien chaud en été, quand on froisse le feuillage en marchant sur les plantes, l'odeur du *Calamintha* est délicieusement rafraîchissante.

Multiplication par semis en automne, ou par boutures herbacées au printemps.

Callistemon rigidus (Myrtaceae)

Origine : Australie ; **Hauteur :** 3 m et plus ; **Largeur :** 1,50 m ; **Exposition :** soleil ; **Rusticité :** - 10 à - 12 °C ; **Code de sécheresse :** 5.

Arbuste à feuilles persistantes vert sombre, effilées et coriaces. En mai, la plante se couvre d'inflorescences étonnantes, rouge et or, formant des manchons cylindriques autour des tiges comme des écouvillons : en Australie elle est d'ailleurs appelée *bottlebrush*, rince-bouteilles. Des fleurs, on ne voit en fait que les magnifiques étamines rouge clair, portant à leur extrémité une petite

Les jeunes pousses colorées du Callistemon acuminatus *précèdent de peu les écouvillons rouge pourpre des fleurs.*

Le Callistemon salignus *fleurit plusieurs fois dans l'année, chaque nouvelle période de croissance déclenchant une floraison abondante.*

dans l'année, chaque nouvelle pousse au printemps comme à l'automne déclenchant une nouvelle floraison. Les inflorescences sont d'une étonnante couleur jaune-vert pâle, très douce, presque translucide. Il supporte bien le calcaire, mais nécessite un sol léger, bien drainé. Origine : Australie. Rusticité : - 8 à - 10 °C. Code de sécheresse : 4.

• **Callistemon 'Violaceus'** a des feuilles étroites et un port évasé, en fontaine. Les fleurs sont d'un joli violet clair. Il convient pour les sols acides, neutres ou légèrement calcaires. Les avis des spécialistes divergent sur le nom correct de cette plante, certains la considèrent comme une espèce, d'autres comme un cultivar ou un hybride. Rusticité : - 10 à - 12 °C. Code de sécheresse : 3,5.

Il existe de nombreuses autres espèces et variétés de *Callistemon*. Chantal et Thierry Railhet en proposent une belle collection dans leur pépinière spécialisée en plantes australes (voir l'annexe "Les bonnes adresses du jardin sec").

Campsis grandiflora (Bignoniaceae)

ORIGINE : Chine ; HAUTEUR ET LARGEUR : jusqu'à 6 m ; EXPOSITION : soleil ; RUSTICITÉ : - 15 °C et plus froid ; CODE DE SÉCHERESSE : 3.

Plante grimpante à tiges sarmenteuses vigoureuses. Les racines aériennes qui apparaissent sur les tiges permettent à la plante de s'accrocher à un mur, à la manière du lierre. Les feuilles caduques, vertes, sont divisées en grandes folioles dentées. La floraison dure tout l'été, elle est spectaculaire avec ses grappes de fleurs qui s'ouvrent en larges trompettes évasées. D'abord orange vif, les fleurs évoluent à maturité vers un délicat coloris abricot, très doux. En regardant la fleur de près, on voit clairement dans la belle gorge jaune, striée de rouge, les grandes étamines arquées d'où la plante tire son nom (*Campsis* vient du grec *kampsis*, courbure, d'après la forme des étamines). Le *Campsis grandiflora* supporte bien le calcaire. Il est indifférent à la nature du sol. C'est une plante facile à cultiver, qui vieillit bien : on en voit parfois des sujets centenaires, dont les beaux troncs noueux ornent les piliers de pergolas anciennes. Lorsque le *Campsis* prend un développement trop important, on peut le rabattre en hiver sans affecter la floraison suivante, les fleurs apparaissant sur le bois de l'année.

Multiplication par boutures de bois sec en hiver, ou par marcottes réalisées en automne. La multiplication est possible aussi par semis au printemps, mais les plants issus de semis mettent de nombreuses années à fleurir.

• **Campsis radicans**, la trompette de Jéricho, est une liane à croissance rapide, dont les tiges munies de nombreuses racines aériennes permettent à la plante de s'accrocher toute seule sur les murs. Les fleurs rouge-orange, en forme de trompettes étroites, se renouvellent pendant tout l'été. La plante a tendance à drageonner au pied des murs et couvre facilement de très grandes façades. On peut en voir un bel exemple au jardin des Plantes de Montpellier, où tout le mur à droite près de l'entrée du boulevard Henri-IV est couvert par un vieux pied de *Campsis radicans*. Origine : Sud-Ouest des Etats-Unis. Rusticité : - 15 °C et plus froid. Code de sécheresse : 3.

• **Campsis radicans 'Flava'** a de jolies fleurs jaune soufre.

• **Campsis x tagliabuana 'Mme Gallen'** est un hybride entre *Campsis grandiflora* et *Campsis radicans*. Les grandes fleurs en trompette ont une belle couleur orange, chaude et lumineuse. C'est généralement cette plante qui est appelée "bignone", bien que ce nom puisse désigner également non seulement les autres *Campsis* mais aussi les nombreuses autres espèces de lianes dans la famille des Bignoniaceae. C'est une excellente plante grimpante à floraison estivale abondante, utile pour couvrir les façades (elle s'accroche toute seule) ou pour garnir de grandes pergolas. Rusticité : - 15 °C et plus froid. Code de sécheresse : 3.

Multiplication possible par boutures de bois sec en hiver, mais il faut préférer les plants issus de greffe, qui sont plus vigoureux. On pratique en fin d'hiver une greffe en fente sur le collet charnu des racines de Campsis radicans.

Capparis spinosa (Capparaceae) Câprier

ORIGINE : Bassin méditerranéen ; HAUTEUR : 50 cm ; LARGEUR : 1,50 m et plus ; EXPOSITION : soleil ; RUSTICITÉ : - 12 à - 15 °C ; CODE DE SÉCHERESSE : 6.

Arbrisseau à feuilles caduques, épaisses, vert bleuté. Les longs rameaux, munis d'épines recourbées, ont un port étalé ou retombant. Le système racinaire très développé permet à la plante de bien résister à la sécheresse : elle s'offre le luxe de fleurir en plein été, quand la plupart des autres plantes méditerranéennes se mettent en repos. Les fleurs sont belles, un des bijoux du jardin sec : la grande corolle blanche s'ouvre sur un magnifique bouquet d'étamines, longues et fines, blanches à extrémités violettes. Les fleurs se renouvellent de juin à septembre. C'est surtout pour les boutons des fleurs que la plante est connue : ce sont les câpres, que l'on récolte en début d'été, pour les préparer dans du vinaigre. On peut aussi consommer les fruits, semblables à des cornichons, qui mûrissent en automne. Le *Capparis spinosa* supporte bien le calcaire. On dit souvent qu'il faut planter cinq câpriers avant d'en réussir un. Pourtant c'est une plante de culture facile, si on respecte sa principale exigence : une plantation dans les cailloux, idéalement au sommet d'un mur en pierres sèches, et sans aucun arrosage en été.

Multiplication par semis de graines fraîches en automne, immédiatement après la récolte. La multiplication est possible aussi en bouturant de gros tronçons de bois sec en hiver, mais avec un faible taux de réussite. Selon une tradition ancienne, il faut fendre la base des boutures en croix pour y insérer un grain de blé : est-ce parce que la germination du blé libère des enzymes qui favorisent l'enracinement, ou peut-être simplement le fait de maintenir la blessure ouverte concentre-t-il les hormones de rhizogenèse ?

Le magnifique pavillon de Campsis grandiflora *laisse entrevoir dans sa gorge étroite les étamines arquées d'où la plante tire son nom.*

• *Capparis spinosa* '**Inermis**' est une variété sans épines, que l'on trouve occasionnellement en Crète ou sur les îles des Cyclades. Le port de la plante ainsi que la floraison (et la production de câpres) sont identiques à ceux de la forme type.

Caryopteris incana (Verbenaceae)

ORIGINE : Chine, Japon ; HAUTEUR : 60 cm ; LARGEUR : 60 cm ; EXPOSITION : soleil ; RUSTICITÉ : - 12 à - 15 °C ; CODE DE SÉCHERESSE : 2,5.

Sous-arbrisseau à feuilles caduques ou semi-persistantes, gris-vert, légèrement aromatiques. Les fleurs, d'une remarquable couleur bleu-violet intense, apparaissent après les premières pluies en septembre-octobre. Petit détail agréable, elles attirent une grande quantité de papillons, dont les ailes aux couleurs joyeuses contrastent avec les fleurs sombres. Dans notre jardin, nous avons associé le *Caryopteris incana* à *Ceratostigma plumbaginoides*, *Helianthus maximilianii* et *Epilobium canum* 'Catalina', petite scène haute en couleurs pour la fin de l'été. Le *Caryopteris incana* supporte bien le calcaire. Il préfère les sols souples, assez profonds. Les pousses herbacées sèchent après la floraison : on peut les tailler en hiver, juste au-dessus de la base ligneuse de la végétation.
Multiplication par semis en automne, ou par boutures herbacées au printemps.

• *Caryopteris mongholica* est un sous-arbrisseau qui fleurit bleu clair, en août-septembre. Origine : Mongolie, Nord de la Chine. Rusticité : - 12 à - 15 °C. Code de sécheresse : 2.

• *Caryopteris x clandonensis* '**Kew Blue**' est l'un des hybrides entre *Caryopteris incana* et *Caryopteris mongholica*. Il forme un sous-arbrisseau compact, à feuilles caduques gris-vert, très aromatiques (odeur de térébinthe). Les fleurs, d'une belle couleur bleu-violet lumineux, apparaissent en août-septembre. Rusticité : - 12 à - 15 °C. Code de sécheresse : 2,5.

Catananche caerulea (Asteraceae)
Cupidone

ORIGINE : Bassin méditerranéen ; HAUTEUR DU FEUILLAGE : 10 cm ; HAUTEUR EN FLEUR : 50 cm ; LARGEUR : 30 cm ; EXPOSITION : soleil ou mi-ombre ; RUSTICITÉ : - 12 à - 15 °C ; CODE DE SÉCHERESSE : 4.

Vivace formant une rosette de feuilles persistantes allongées, gris-vert. Les hampes florales ramifiées portent une multitude de jolies fleurs bleues en juin-juillet. Elles sont suivies pendant tout l'été par des fructifications globuleuses ornementales, couvertes de bractées argentées. En Languedoc, cette plante est souvent appelée "cigalou", à cause du bruit que font en été les bractées, frottant les unes contre les autres lorsqu'il y a du vent. La *Catananche caerulea* supporte bien le calcaire. Elle préfère les sols légers, bien drainés, car en sol lourd elle a une durée de vie assez courte.
Multiplication par semis en automne.

Ceanothus '**Concha**' (Rhamnaceae)

ORIGINE : hybride probable entre *Ceanothus impressus* et *Ceanothus papillosus*, deux espèces originaires de Californie ; HAUTEUR : 3 m ; LARGEUR : 3 m ; EXPOSITION : soleil. RUSTICITÉ : - 10 à - 12 °C ; CODE DE SÉCHERESSE : 4.

Arbuste à feuilles allongées persistantes, vert foncé brillant. Au mois de mars, la plante se couvre de boutons décoratifs, rouge violacé. Puis les fleurs parfumées,

Ceanothus griseus *var.* horizontalis 'Yankee Point' s'adapte bien dans notre jardin, grâce à sa bonne tolérance au calcaire.

d'un magnifique bleu foncé brillant, s'épanouissent en avril. Le *Ceanothus* 'Concha' supporte bien le calcaire. Il a une durée de vie relativement courte : douze à quinze ans tout au plus, comme la plupart des céanothes à feuillage persistant. La plante vieillit mieux si le sol est caillouteux, sec, bien drainé. Attention, les céanothes sont sensibles au *Phytophthora*, un champignon du collet qui se développe lorsque le sol est chaud et humide : il ne faut surtout pas les arroser en été !
Multiplication par boutures semi-aoûtées en automne.

• *Ceanothus griseus* var. *horizontalis* '**Yankee Point**' a des rameaux étalés qui se superposent en strates successives pour former une masse couvre-sol épaisse. En avril, la floraison abondante, bleu vif, est délicieusement parfumée : elle sent le miel et attire d'innombrables abeilles. Le *Ceanothus griseus* var. *horizontalis* 'Yankee Point' supporte bien le calcaire. Il est peu exigeant sur la nature du sol : c'est l'un des céanothes qui se plaisent le mieux dans notre jardin, même si la végétation est souvent légèrement brûlée par le froid. Origine : Californie. Rusticité : - 8 à - 10 °C. Code de sécheresse : 4.

• *Ceanothus* '**Ray Hartman**' a une végétation vigoureuse et prend l'allure d'un petit arbre. Les boutons de fleurs apparaissent dès l'automne, et la plante peut commencer à fleurir très tôt si l'hiver est doux, se couvrant au printemps de milliers de fleurs parfumées, bleu clair. Il supporte bien le calcaire si le sol est parfaitement drainé. Origine : Californie. Rusticité : - 8 à - 10 °C. Code de sécheresse : 4.

• *Ceanothus* '**Skylark**' est réputé être l'un des céanothes persistants les plus rustiques. Il a un beau feuillage vert sombre brillant, qui forme un contraste intéressant avec les fleurs bleu clair, en avril-mai. Il supporte bien le calcaire si le sol est parfaitement drainé. On trouve souvent cette plante sous le nom de *Ceanothus* 'Victoria'. Origine : Californie. Rusticité : - 12 à - 15 °C. Code de sécheresse : 4.

En septembre, dès les premières pluies, le jardin sort de sa torpeur estivale. De nombreuses plantes fleurissent à cette période, dont Caryopteris incana, *aux fleurs bleu-violet intense.*

Pour les amateurs de céanothes, il faut signaler la parution récente du livre passionnant de David Fross & Dieter Wilken : *Ceanothus* (voir la bibliographie en annexe).

Centaurea bella (Asteraceae)

ORIGINE : Caucase ; HAUTEUR DU FEUILLAGE : 10 à 15 cm ; HAUTEUR EN FLEUR : 20 à 30 cm ; LARGEUR : 40 cm ; EXPOSITION : soleil ; RUSTICITÉ : - 15 °C et plus froid ; CODE DE SÉCHERESSE : 4.

Le genre *Centaurea* est dédié au centaure Chiron (le précepteur d'Achille dans la mythologie grecque), herboriste et médecin, par allusion aux propriétés médicinales de plusieurs espèces de centaurées. La *Centaurea bella* est une vivace à jolies feuilles persistantes, gris-vert. Les tiges s'enracinent au contact du sol, ce qui permet à la plante de progresser en largeur pour former un bon couvre-sol, à végétation dense. Les fleurs rose violacé se renouvellent de mars à juin. Portées par de courtes hampes florales, elles ont une silhouette élégante. La plante se prête à de nombreuses utilisations dans le jardin : bordure le long d'une allée, joints entre les dalles d'un pas japonais, tapis au pied de rosiers ou d'arbustes, ou même gazon d'aspect original pour de petites surfaces rarement piétinées. Nous aimons l'associer à *Tanacetum densum* subsp. *amanii* et *Artemisia lanata* pour créer un tapis gazonnant où se mêlent les feuillages gris-vert, blancs et argentés. La *Centaurea bella* supporte bien le calcaire. Elle est indifférente à la nature du sol. C'est une plante robuste et adaptable, qui ne demande aucun entretien, et dont le vieillissement est excellent : tout simplement une des meilleures vivaces de notre jardin !

Multiplication par division en automne, ou par boutures herbacées au printemps.

Centaurea bella *forme un petit couvre-sol pour bordure ou rocaille. Ses fleurs élégantes se renouvellent pendant plusieurs mois au printemps.*

Centaurea ragusina *pousse dans les cailloux sur la côte adriatique, en Croatie. Ce n'est que dans les zones les plus pauvres et caillouteuses du jardin que la plante est heureuse.*

• *Centaurea pulcherrima* forme une magnifique masse arrondie de longues feuilles découpées, gris argenté (*pulcherrima* signifie "très beau" !). Les fleurs roses, peu nombreuses, apparaissent en juin-juillet. La *Centaurea pulcherrima* n'aime pas les bonnes terres de jardin : elle y pousse trop vite et meurt en quelques années. Elle vieillit bien mieux si on la plante à la dure, dans un sol pauvre, caillouteux, très sec. Origine : Caucase, Asie Mineure. Rusticité : - 12 à - 15 °C. Code de sécheresse : 5.

• *Centaurea ragusina* accroche le regard par ses feuilles d'une remarquable couleur blanc argenté. Les grosses fleurs jaunes apparaissent en juin-juillet. Elle se plaît dans les sols caillouteux, très secs, et résiste bien aux embruns. Origine : Dalmatie (*ragusina* ne vient pas de Ragusa, en Sicile, mais de Raguse, l'ancien nom de Dubrovnik, en Croatie). Rusticité : - 12 à - 15 °C. Code de sécheresse : 5.

Centranthus ruber (Valerianaceae)
Valériane, lilas d'Espagne

ORIGINE : Europe, Afrique du Nord, Asie Mineure ; HAUTEUR : 60 cm ; LARGEUR : 50 cm ; EXPOSITION : soleil ou mi-ombre ; RUSTICITÉ : - 15 °C et plus froid ; CODE DE SÉCHERESSE : 4.

Vivace à feuilles semi-persistantes. La floraison rose est abondante de mai à juillet, et peut remonter légèrement en automne. Les fleurs sont regroupées en grandes cymes allongées. Si on observe à la loupe une fleur individuelle (toute petite !), on peut voir qu'elle a une forme curieuse : elle est munie d'un long éperon arqué, qui sert de réserve de nectar pour le plus grand bonheur des papillons (*Centranthus* vient du grec *kentron*, éperon, et *anthos*, fleur). Il existe plusieurs formes, à fleurs blanches, rouges ou mauves, qui créent de belles masses colorées lorsqu'on les associe entre elles. Le *Centranthus ruber* supporte bien le calcaire. Il est peu exigeant sur la nature du sol, tolérant aussi bien les cailloux que l'argile. Il se ressème abondamment : nous aimons le laisser évoluer librement dans le jardin, où il vient boucher les trous entre les vivaces ou les arbustes. On peut aussi s'en servir comme plante pionnière pour coloniser les talus pauvres et rocailleux, en compagnie d'*Euphorbia characias* et de *Dorycnium hirsutum*.

Multiplication par semis en automne, ou par boutures herbacées en début de printemps.

Centranthus ruber *se ressème abondamment, colonisant les espaces non aménagés du jardin.*

Lumière matinale du mois de juin, Centranthus angustifolius *'Mauve' émerge derrière* Stipa tenuissima.

La floraison douce de Centranthus angustifolius *contraste avec l'environnement brutal dans lequel la plante prospère.*

• **Centranthus angustifolius** a de jolies feuilles étroites, vert bleuté, et des fleurs rose tendre. C'est une plante qui prospère dans les cailloux : moins il y a de terre, plus elle est contente ! Origine : Sud de la France, Espagne, Maroc. Dans l'Hérault, on peut en voir de belles colonies dans les grands éboulis au pied des falaises de Saint-Guilhem-le-Désert. Rusticité : - 12 à - 15 °C. Code de sécheresse : 5.

Cerastium tomentosum (Caryophyllaceae)
ORIGINE : Italie ; HAUTEUR : 10 à 20 cm ; LARGEUR : 50 cm et plus ; EXPOSITION : soleil ; RUSTICITÉ : - 15 °C et plus froid ; CODE DE SÉCHERESSE : 2.

Vivace à petites feuilles persistantes, duveteuses, blanc argenté. Les tiges courent sur le sol et la plante forme un beau tapis, qui retombe en cascade sur les cailloux et les murets. Elle disparaît sous l'abondance des fleurs blanc pur, en mai. Le *Cerastium tomentosum* supporte bien le calcaire. Il préfère les sols caillouteux, drainés, sa durée de vie étant plus courte en sol lourd. En région méditerranéenne, il est plus heureux dans les jardins de moyenne montagne, car en plaine et sur le littoral il a souvent trop chaud en été.

Multiplication par semis au printemps, ou boutures herbacées en automne.

• **Cerastium candidissimum** a un feuillage blanc éclatant (*candicum* signifie "blanc", et *candidissimum*, "plus blanc que blanc" !). Nous avons récolté cette jolie vivace sur le chemin qui s'élève vers le mont Parnasse, à environ une journée de marche au-dessus des ruines de Delphes. Origine : montagnes de Grèce. Rusticité : - 12 à - 15 °C. Code de sécheresse : 3.

Ceratostigma plumbaginoides
(Plumbaginaceae) Plumbago rampant
ORIGINE : Ouest de la Chine ; HAUTEUR : 25 cm ; LARGEUR : 30 à 40 cm ; EXPOSITION : soleil ou mi-ombre ; RUSTICITÉ : - 15 °C et plus froid ; CODE DE SÉCHERESSE : 3,5.

Vivace à feuilles caduques, devenant rouges en automne. La plante se propage lentement par rhizomes et finit par former un tapis épais. Les fleurs apparaissent dès le milieu de l'été et se renouvellent jusqu'aux premières gelées : elles sont d'un bleu intense, absolument remarquable, et forment un contraste intéressant avec le feuillage rougissant en automne. Le *Cerastostigma plumbaginoides* supporte bien le calcaire. Il est indifférent à la nature du sol. C'est une plante robuste, de culture facile, qui vieillit bien : on en voit souvent de magnifiques tapis dans les vieux parcs du Sud de la France. Nous aimons l'associer avec les fleurs jaune lumineux du *Sternbergia lutea*, dont le feuillage vernissé occupe le sol en hiver quand le *Ceratostigma* est caduc, et disparaît au contraire en été quand le *Ceratostigma* est en pleine végétation.

Cerastium candidissimum *croule sous les fleurs au mois de mai.*

En fin d'été, le bleu magnifique du Ceratostigma plumbaginoides *présage la fraîcheur bienvenue des journées d'automne.*

Multiplication par division en hiver, ou par boutures herbacées en fin de printemps.

• *Ceratostigma griffithii* est un sous-arbrisseau dense, à feuilles semi-persistantes, prenant des teintes violacées en automne et en hiver. Les jolies fleurs bleues se renouvellent d'août à octobre. Origine : Himalaya. Rusticité : - 12 à - 15 °C. Code de sécheresse : 4.

• *Ceratostigma wilmottianum* a des feuilles caduques qui rougissent à l'automne. Les fleurs bleues apparaissent en fin d'été. Il a un port plus lâche que celui de *Ceratostigma griffithii*. C'est le plus connu des *Ceratostigma* arbustifs, mais dans notre jardin c'est un soiffard : il a souvent triste mine en été. Origine : Ouest de la Chine. Rusticité : - 15 °C et plus froid. Code de sécheresse : 2.

Cercis siliquastrum (Caesalpiniaceae)
Arbre de Judée

ORIGINE : Sud-Est de l'Europe, Asie Mineure ; HAUTEUR : 5 à 8 m, parfois plus ; LARGEUR : 4 m ; EXPOSITION : soleil ; RUSTICITÉ : - 15 °C et plus froid ; CODE DE SÉCHERESSE : 5.

Arbuste ou petit arbre à feuilles caduques, en forme de cœur, qui peuvent prendre de belles couleurs automnales, dans les tons jaunes. Les fleurs rose vif, rassemblées en faisceaux denses, apparaissent en mars-avril avant les feuilles. Elles couvrent tous les rameaux, perçant directement de l'écorce sombre sur les vieilles branches et le tronc : chaque année, la floraison est un moment de pur bonheur dans le jardin. Les fleurs sont suivies par des gousses brunes, aplaties aux deux extrémités, qui persistent longtemps sur la plante (*Cercis* vient du grec *kerkis*, navette de tisserand, évoquant la forme des gousses). Le *Cercis siliquastrum* supporte bien le calcaire. Dans la nature, il pousse en sol caillouteux (on peut en voir de magnifiques exemplaires sur les pentes rocailleuses dans les montagnes du Taurus, poussant avec *Acer sempervirens* et *Cedrus libanii* subsp. *stenocoma*), mais il s'adapte facilement dans toutes les terres de jardin, même lourdes et argileuses. C'est une plante robuste, de culture facile.

Multiplication par semis en automne, après traitement des graines à l'eau chaude : on verse sur les graines de l'eau bouillante, puis on les laisse gonfler pendant toute une nuit.

Chamaemelum nobile 'Flore Pleno'
(Asteraceae) Camomille romaine

ORIGINE : Europe, Afrique du Nord ; HAUTEUR DU FEUILLAGE : 5 cm ; HAUTEUR EN FLEUR : 15 cm ; LARGEUR : 30 à 40 cm ; EXPOSITION : soleil ; RUSTICITÉ : - 15 °C et plus froid ; CODE DE SÉCHERESSE : 2.

Vivace tapissante à petites feuilles semi-persistantes, finement découpées, d'un joli vert frais. Lorsqu'on les froisse, les feuilles dégagent une odeur très agréable, évoquant la pomme verte (*Chamaemelum* vient du grec *kamai*, à terre, et *mêlon*, pomme). La camomille romaine est appréciée depuis l'Antiquité pour ses vertus médicinales, trop nombreuses pour être énumérées : je retiens juste qu'elle a des propriétés antibiotiques et cicatrisantes, et qu'elle aide à lutter contre les flatulences. Les tiges traçantes s'enracinent au contact du sol, et la plante forme un remarquable couvre-sol ras. On peut l'utiliser comme alternative au gazon, pour de petites surfaces modérément piétinées : un gazon qui sent la pomme ! Les fleurs blanches, en capitules arrondis, apparaissent sur de courtes hampes florales en début d'été. La camomille romaine supporte bien le calcaire et résiste aux embruns. Elle préfère les sols souples, assez profonds, bien drainés.

Multiplication par division en automne, ou par boutures herbacées au printemps.

Choisya ternata (Rutaceae)
Oranger du Mexique

ORIGINE : Mexique ; HAUTEUR : 1,50 à 2 m ; LARGEUR : 2 m ; RUSTICITÉ : - 12 à - 15 °C ; CODE DE SÉCHERESSE : 4.

Arbuste à feuilles persistantes, aromatiques, vert brillant. Les feuilles dégagent lorsqu'on les froisse une subtile odeur de câpre et de poivron. La plante a un port dense et prend naturellement une forme de boule. Les jolies fleurs, blanc pur, s'épanouissent en mars-avril et remontent en automne. Elles sont agréablement parfumées et attirent les papillons. Le *Choisya ternata* supporte bien le calcaire. Il préfère les sols bien drainés. Il supporte la concurrence racinaire, et on peut le planter sous de grands arbres clairsemés – il tolère même l'ombre dense mais son port est alors moins compact. Attention, il est très sensible au *Phytophtora*, un champignon du collet qui se développe lorsque le sol est chaud et humide : il ne faut surtout pas l'arroser en été !

Multiplication par boutures semi-aoûtées en début d'hiver.

• *Choisya* 'Aztec Pearl', l'hybride entre *Choisya ternata* et *Choisya arizonica*, a des feuilles élégantes, découpées en fines folioles vert sombre. Les feuilles, très aromatiques, libèrent lorsqu'on les froisse une odeur fraîche, évoquant la feuille d'agrume et le poivron vert. Plus grandes que celles de *Choisya ternata*, les fleurs blanc pur sont délicieusement parfumées.

Délicieusement parfumées, les fleurs de Choisya *'Aztec Pearl' embaument tout un secteur du jardin.*

Le pied que nous avons planté, à l'ombre d'un rosier de Banks près de la maison, embaume toute notre terrasse au printemps. Rusticité : - 12 à - 15 °C. Code de sécheresse : 5.

Cistus (Cistaceae)

Souvent les jardiniers ne savent pas s'il faut dire un ciste ou une ciste. Si certains noms français de plantes peuvent être utilisés indifféremment au masculin ou au féminin (par exemple on peut dire un bougainvillier ou une bougainvillée), pour les cistes, c'est bien le masculin qu'il faut employer. Au féminin, le mot "ciste" a en effet une signification tout autre, il désigne une tombe mégalithique en pierre : si vous cherchez *une* ciste, ce n'est donc pas chez un pépiniériste qu'il faut vous adresser ! Dans les montagnes du Taurus, nous avons par contre admiré de beaux cistes en fleur au milieu de vieilles cistes en ruine.

Cistus vient du grec *kistê*, panier, par allusion à la forme des fruits qui s'ouvrent vers le ciel, comme de petits paniers remplis de graines. Lorsque les conditions sont favorables, ces graines germent par milliers, constituant parfois un véritable gazon de jeunes plantules serrées les unes contre les autres. Le ciste est une espèce pionnière, liée à l'écologie du feu. Dans la nature, il germe grâce à la chaleur intense et brève de l'incendie, et colonise en quelques années l'espace dégagé par les flammes. Avec ses fleurs blanches ou roses, légères comme de la soie chiffonnée, il peut colorer des collines entières dans les garrigues qui ont récemment brûlé. Puis il cède la place, lorsque la garrigue se reconstitue et que des arbustes plus hauts viennent lui cacher la lumière. La durée de vie des cistes est donc relativement courte, de l'ordre de dix à quinze ans. Exceptionnellement, certains cistes peuvent vivre plus longtemps, surtout en climat non méditerranéen : on nous a signalé un pied de *Cistus laurifolius* qui avait vécu plus de trente ans à l'arboretum des Barres, dans le Loiret. Une taille légère de l'extrémité des tiges, pratiquée chaque année en début d'automne, conserve aux cistes un port compact et ramifié, ce qui permet d'améliorer leur longévité.

Les cistes sont peut-être les plantes qui expriment le mieux l'esprit de la garrigue : leurs fleurs semblent fragiles, et pourtant ce sont des plantes particulièrement robustes. Ils poussent dans des sols dégradés, pauvres et cailloutteux, où depuis des siècles, sous l'action du feu et du pâturage, l'érosion a mis la pierre à nu. Pour bien cultiver les cistes dans un jardin, il faut chercher à s'approcher de leurs conditions de milieu d'origine. Plus le sol est pauvre et drainé, plus les cistes sont heureux. Au contraire, si la terre est trop riche, si le sol est lourd, gorgé d'humidité en hiver, les cistes poussent mal et vieillissent prématurément. Lors de la plantation, ils ne veulent ni terreau ni engrais : un apport généreux de cailloux ou de sable est ce qui leur convient le mieux.

Attention, les cistes ont une tolérance au calcaire très différente, selon les espèces et les variétés : il faut les choisir soigneusement en fonction de votre sol. Si vous ne connaissez pas bien votre sol, prenez le temps de faire un essai en plantant quelques cistes ayant des exigences différentes. Vous pourrez planter par exemple un *Cistus ladanifer* ne poussant qu'en sol acide, un *Cistus salviifolius* supportant les sols neutres ou légèrement calcaires, et un *Cistus albidus* supportant bien le calcaire. En moins d'un an vous pourrez juger le comportement de ces plantes témoins, et mieux choisir par la suite les espèces adaptées à votre jardin. Certains cistes comme le *Cistus albidus*, qui supportent bien le calcaire, chlorosent facilement si le sol reste humide en hiver, et on peut confondre les problèmes liés au calcaire avec ceux liés à un sol trop lourd : pensez au drainage avant tout !

Nous avons rassemblé dans notre jardin une large collection de cistes, récoltés lors de voyages de recherche autour de la Méditerranée ou provenant d'échanges avec d'autres amateurs passionnés. Sur près de deux cents taxons que compte notre collection, voici une sélection restreinte d'une trentaine d'espèces et variétés – cela n'a pas été facile de choisir, car je les aime tous !

Il n'y a pas que les fleurs qui soient belles chez les cistes. Dans un jardin méditerranéen, la diversité de leurs feuillages persistants permet de créer des massifs attractifs toute l'année : Cistus ladanifer *var.* sulcatus (1), Cistus albidus (2) *et* Cistus laurifolius (3).

Un semis de Cistus salviifolius *colonise l'espace ouvert par l'incendie. Les cistes sont des plantes pionnières, liées à l'écologie du feu. Leur durée de vie est relativement courte, de l'ordre de dix à quinze ans.*

Délicates comme de la soie chiffonnée, les nouvelles fleurs de cistes se déplient le matin avec les premiers rayons du soleil. Le soir, il ne reste qu'un tapis de pétales jonchant le sol.

Cistus albidus Ciste cotonneux
ORIGINE : Ouest du Bassin méditerranéen ; HAUTEUR : 1 m ; LARGEUR : 1 m ; EXPOSITION : soleil ; RUSTICITÉ : - 10 à - 12 °C ; CODE DE SÉCHERESSE : 4,5.

Arbrisseau à feuilles persistantes duveteuses, gris clair (*albidus* signifie "blanchâtre", par allusion au feuillage couvert de poils denses qui réfléchissent la lumière). En avril-mai, les fleurs roses se marient délicatement avec le feuillage gris et duveteux, dans une scène tout en douceur qui contraste avec l'environnement rude dans lequel vit la plante dans la nature. Le *Cistus albidus* supporte bien le calcaire. Il a besoin d'un sol pauvre et caillouteux, parfaitement drainé. Si la terre est trop lourde, il souffre d'asphyxie racinaire et chlorose rapidement en hiver, malgré sa bonne tolérance au calcaire. Sa durée de vie est de l'ordre d'une dizaine d'années. En cas de sécheresse intense, il perd une partie de ses feuilles, ce qui lui permet de limiter efficacement les pertes en eau, mais peut le rendre moins ornemental en fin d'été. Le feuillage se renouvelle alors dès les premières pluies et redevient dense et beau en automne. Un détail intéressant : sous les cistes, les feuilles tombées au sol forment une litière épaisse, qui en se décomposant libère des composés organiques limitant la germination d'espèces concurrentes. Dans un massif de cistes, il n'y a presque pas d'adventices !

Multiplication par semis en automne. Les graines doivent être récoltées dans la nature, dans des stations pures, pour éviter tout risque d'hybridation. Pour tous les cistes, on obtient un taux de germination bien meilleur si l'on scarifie les graines. Il faut les frotter une minute entre deux feuilles de papier de verre, pour attaquer le tégument dur qui enveloppe la graine et inhibe la germination. On peut également simuler l'action du feu pour lever la dormance des graines, en les passant pendant une dizaine de minutes dans un four chauffé à 150 °C.

Cistus atriplicifolius, *longtemps classé dans les* Halimium, *est le ciste qui fleurit le plus longtemps dans notre jardin. Malgré la chaleur, sa floraison se prolonge en juillet, parfois même tout l'été.*

En anglais, on les appelle rock roses : *ce que les cistes préfèrent avant tout, ce sont les cailloux.* Cistus albidus *a de belles fleurs roses qui se marient avec son feuillage gris et duveteux.*

Cistus atriplicifolius
Ciste à feuilles d'arroche
ORIGINE : Sud de l'Espagne, Maroc ; HAUTEUR : 1 à 1,25 m ; LARGEUR : 80 cm ; EXPOSITION : soleil ; RUSTICITÉ : - 10 à - 12 °C ; CODE DE SÉCHERESSE : 5.

Longtemps classée dans les *Halimium*, cette plante fait maintenant partie des cistes, à la suite de la révision du genre récemment publiée par Jean-Pierre Demoly (voir la bibliographie en annexe). Le *Cistus atriplicifolius* est un arbrisseau à belles feuilles persistantes, gris argenté. Les fleurs jaune d'or, précédées d'élégants boutons rouge sombre, apparaissent en cymes érigées de mai à juillet. La floraison peut même se prolonger parfois jusqu'en septembre, si l'été n'est pas trop sec. Les feuilles, les boutons et les fleurs forment un contraste remarquable : c'est certainement l'un des plus beaux cistes dans notre jardin. Nous l'avons associé à *Salvia* 'Allen Chickering' et *Perovskia* 'Blue Spire', pour créer en début d'été une jolie scène où fleurs jaunes et fleurs bleues se mêlent aux différents tons de feuillages gris. Le *Cistus atriplicifolius* se plaît en sol acide, neutre ou légèrement calcaire. Il a une durée de vie de l'ordre d'une dizaine d'années, il vieillit mieux si le sol est pauvre, sec et bien drainé.

Multiplication par semis de graines scarifiées, en automne. Les graines doivent être récoltées dans la nature, dans des stations pures, pour éviter tout risque d'hybridation. Les jeunes semis sont très sensibles aux fontes et pourritures : il faut les maintenir dans un emplacement bien ventilé, et préférer les semis en godets distancés plutôt qu'en caissette, afin de limiter la propagation des maladies cryptogamiques.

Cistus creticus Ciste de Crète
ORIGINE : Bassin méditerranéen ; HAUTEUR : 1 m ; LARGEUR : 1 m ; EXPOSITION : soleil ou mi-ombre ; RUSTICITÉ : - 8 à - 10 °C ; CODE DE SÉCHERESSE : 5.

Arbrisseau à feuilles persistantes, gris-vert, irrégulièrement ondulées. Le feuillage du *Cistus creticus*, variable selon les variétés, peut être plus ou moins aromatique. Les feuilles des variétés aromatiques produisent du ladanum, une résine utilisée depuis l'Antiquité en médecine et en parfumerie. Dans les villages de Crète, la récolte du ladanum se faisait traditionnellement de deux manières : soit en fouettant les jeunes pousses glutineuses avec un *ladanisterion*, sorte de large râteau muni de lanières en cuir, soit en passant au peigne la barbe des chèvres après leur passage dans les collines couvertes de cistes. Les fleurs, d'un beau rose lumineux, apparaissent en avril-mai. Selon leur origine géographique, les *Cistus creticus* ont une résistance au calcaire différente. Nous en avons sélectionné plusieurs supportant bien le calcaire, dont le cultivar 'Bali' (récolté à Bali, où les *Cistus creticus* poussent au pied

istus creticus *et* Salvia pomifera *poussent côte à côte dans les Lefka Ori, les "montagnes blanches" de Crète.*

d'une belle station d'*Arbutus andrachne*). Le *Cistus creticus* vieillit relativement bien, surtout si on le plante en sol pauvre, très sec : il a une durée de vie de douze à quinze ans. Il résiste aux embruns : on le voit souvent pousser tout près du littoral sur les îles méditerranéennes, en Corse, en Crète ou à Chypre.

Multiplication par boutures semi-aoûtées en automne, ou par semis de graines scarifiées en automne. Les graines doivent être récoltées dans la nature, dans des stations pures, pour éviter tout risque d'hybridation.

• *Cistus creticus* f. *albus* est une forme à jolies fleurs blanches. Le clone que nous cultivons a un port compact, supporte bien le calcaire et vieillit particulièrement bien.

Cistus ladanifer f. maculatus

ORIGINE : Sud-Ouest de l'Europe, Afrique du Nord ; HAUTEUR : 2 m et plus ; LARGEUR : 1 à 1,25 m ; EXPOSITION : soleil ; RUSTICITÉ : - 10 à - 12 °C ; CODE DE SÉCHERESSE : 5.

Arbuste dressé à feuilles persistantes allongées, vert sombre. Les feuilles et les jeunes pousses, très odorantes par temps chaud, sont glutineuses : elles sont couvertes de ladanum, qui est exploité en Espagne pour la parfumerie. Les grandes fleurs blanches, spectaculaires, apparaissent en avril-mai. La base des pétales est marquée par de belles macules rouge sombre, au dessin délicat, comme des coups de pinceau chinois autour du bouquet central d'étamines. On trouve aussi dans la nature une forme à pétales dépourvus de macules. Le *Cistus ladanifer* pousse souvent en colonies très denses : lorsqu'il est en fleur, les collines se transforment en un magnifique paysage, où les corolles blanches contrastent avec le feuillage sombre. En France, une station renommée pour observer de vastes étendues de *Cistus ladanifer* se trouve près de Saint-Chinian dans l'Hérault, à la sortie du village sur la route de Saint-Pons. Le *Cistus ladanifer* pousse uniquement en sol acide. Il aime les sols pauvres et caillouteux. Sa durée de vie est de l'ordre d'une dizaine d'années.

Multiplication par semis de graines scarifiées en automne. Les graines doivent être récoltées dans la nature, dans des stations pures, pour éviter tout risque d'hybridation.

• *Cistus ladanifer* var. *sulcatus* pousse dans le Sud du Portugal, en Algarve près du cap Saint-Vincent. Il a un port compact, ne dépassant pas 1 mètre de hauteur dans la nature. Ses feuilles sombres et brillantes sont couvertes d'une épaisse couche de ladanum : c'est le plus aromatique de tous les cistes. Attention, si vous touchez les feuilles, ça colle comme du papier attrape-mouche ! Les grandes fleurs sont blanches, immaculées. On peut le planter en sol acide, neutre ou légèrement calcaire, bien drainé. Il résiste parfaitement aux embruns.

Bob Page, le spécialiste anglais des cistes, a récolté au Portugal le *Cistus ladanifer* var. *sulcatus* f. *bicolor*, rare dans la nature, dont certaines sélections ont les pétales marqués de macules spectaculaires.

Cistus laurifolius Ciste à feuilles de laurier

ORIGINE : montagnes du Sud de l'Europe, d'Afrique du Nord et de Turquie ; HAUTEUR : 2 m et plus ; LARGEUR : 1 à 1,25 m ; EXPOSITION : soleil ou mi-ombre ; RUSTICITÉ : environ - 20 °C ; CODE DE SÉCHERESSE : 5.

Arbrisseau vigoureux à grandes feuilles persistantes, épaisses et coriaces, vert mat. Les pousses tendres sont collantes et aromatiques, et les vieilles feuilles se couvrent souvent d'une belle pruine argentée. La floraison est tardive : les fleurs blanches s'épanouissent en mai-juin, quand de nombreux cistes approchent déjà de la fin de leur floraison. Les fleurs sont précédées par des boutons allongés rouge vif, très ornementaux, qui apparaissent plusieurs semaines avant la floraison. Le *Cistus laurifolius* pousse en sol acide, neutre ou légèrement calcaire. Il est d'origine montagnarde, ce qui lui donne une rusticité remarquable. Il couvre des versants entiers dans les vallées des Pyrénées orientales, où en hiver il est enseveli sous la neige : on peut en voir par exemple de belles étendues sur la petite route qui serpente au-dessus du village d'Eus, juste en face du Canigou. Il faut le planter en sol pauvre, bien drainé. Sa durée de vie est bonne, de l'ordre de douze à quinze ans. Il se dégarnit de la base lorsqu'il est âgé, ce qui permet d'apprécier son tronc tortueux, dont la belle écorce s'exfolie en lambeaux d'une chaude couleur rouge orangé.

Multiplication par semis de graines scarifiées en automne. Les graines doivent être récoltées dans la nature, dans des stations pures, pour éviter tout risque d'hybridation.

• *Cistus laurifolius* subsp. *atlanticus* a un port compact : il forme une masse ramifiée qui ne dépasse pas 1 mètre de hauteur. On peut en voir de belles stations dans le Moyen-Atlas, entre Azrou et Ifrane, où il pousse souvent en association avec *Cytisus battandieri*, dans les clairières des grandes forêts de cèdres où l'on rencontre parfois le singe magot.

Cistus salviifolius Ciste à feuilles de sauge

ORIGINE : Bassin méditerranéen, Caucase ; HAUTEUR : jusqu'à 1 m, selon les variétés ; LARGEUR : 1 m et plus ; EXPOSITION : soleil ou mi-ombre ; RUSTICITÉ : - 12 à - 15 °C ; CODE DE SÉCHERESSE : 4.

Arbrisseau dense et ramifié, à port variable : dans la nature il peut se développer en boule régulière, ou former un couvre-sol à vigoureuse végétation tapissante. Les feuilles persistantes arrondies, vert grisâtre, ont une texture rugueuse. Les jolies fleurs en forme de coupe s'épanouissent

Les fleurs rose-violet de Cistus x argenteus *'Blushing Peggy Sammons' se mêlent aux fleurs blanches de* Cistus laurifolius. *Ces deux cistes se distinguent par leur résistance au froid remarquable, qui permet de les planter en dehors des zones à climat méditerranéen.*

en avril-mai, avec un coloris blanc ivoire très doux. Le *Cistus salviifolius* se distingue des autres espèces par sa bonne tolérance à l'ombre : il colonise souvent les sous-bois clairs dans les forêts de chênes ou de pins. Il pousse en sol acide, neutre ou légèrement calcaire. Il a besoin d'un sol bien drainé, car il chlorose facilement en hiver si le sol est trop lourd : dans la nature il pousse toujours en sol caillouteux ou sablonneux. Il résiste aux embruns, on le voit souvent pousser tout près du littoral, autour de la Méditerranée comme sur la côte atlantique. Sa durée de vie est de l'ordre de dix à douze ans.

Multiplication par boutures semi-aoûtées en automne, ou par semis de graines scarifiées en automne. Les graines doivent être récoltées dans la nature, dans des stations pures, pour éviter tout risque d'hybridation.

- ***Cistus salviifolius* 'Bonifacio'** est une sélection à tiges rampantes, qui forme un excellent couvre-sol tapissant. C'est une plante que nous avons récoltée en Corse sur les falaises du cap Pertusato, où les cistes et les romarins, plaqués au sol depuis des siècles par la violence du vent et des embruns, ont évolué génétiquement vers un port tapissant.

Cistus x aguilari

Hauteur : 2 m ; Largeur : 1,25 m ; Exposition : soleil ou mi-ombre ; Rusticité : - 10 à - 12 °C ; Code de sécheresse : 4.

Cet hybride naturel entre *Cistus ladanifer* et *Cistus populifolius* var. *major* a été récolté en Espagne au début du XXᵉ siècle par Oscar Warburg. Son nom officiel est *Cistus* x *aguilari* nvar. *pilosus* nf. Oscari, mais il est couramment cultivé sous le nom de *Cistus* x *aguilari*. C'est un arbuste vigoureux, à rameaux dressés et port pyramidal. Il a de longues feuilles persistantes vert foncé, dont les bords sont largement ondulés. On reconnaît la parenté de *Cistus ladanifer* aux jeunes pousses collantes et aux feuilles très odorantes par temps chaud. Les belles fleurs blanches, de taille imposante, semblent posées sur le feuillage en étages successifs. Le *Cistus* x *aguilari* pousse en sol acide, neutre ou légèrement calcaire. Il a une durée de vie de l'ordre de dix à douze ans.

Multiplication par boutures semi-aoûtées en automne.

- ***Cistus* x *aguilari* 'Maculatus'** a la base des pétales ponctuée de grosses macules pourpres, spectaculaires. Lui aussi a un nom officiel, *Cistus* x *aguilari* nvar. *pilosus* nf. *maculatus*, mais il est cultivé sous le nom de *Cistus* x *aguilari* 'Maculatus'. Il pousse en sol acide uniquement. C'est un rétrocroisement

Culminant majestueusement à près de 2 mètres de hauteur, Cistus x aguilari se transforme en une cascade de fleurs blanches au mois de mai.

Les grosses macules pourpres rehaussent les fleurs spectaculaires du Cistus x aguilari *'Maculatus'.*

Cistus x cyprius *a hérité des qualités de ses deux parents :* Cistus ladanifer *lui a donné ses macules pourpres, et* Cistus laurifolius *lui a donné son excellente rusticité.*

entre *Cistus* x *aguilari* et *Cistus ladanifer* f. *maculatus*, réalisé en 1920 par Oscar Warburg. Code de sécheresse : 4.

Cistus x argenteus 'Blushing Peggy Sammons'

HAUTEUR : 1,20 m ; LARGEUR : 1 m ; EXPOSITION : soleil ; RUSTICITÉ : environ - 15 °C ; CODE DE SÉCHERESSE : 4.

Arbrisseau à feuilles persistantes gris-vert. Les fleurs, d'un beau rose-violet soutenu, apparaissent en avril-mai. Dans notre jardin, nous avons créé de grands massifs multicolores, en mêlant les cistes à fleurs blanches, rose pastel ou rose vif : au printemps, au milieu des cascades de fleurs, le *Cistus* x *argenteus* 'Blushing Peggy Sammons' domine nettement car c'est celui qui a les fleurs les plus foncées. Sa durée de vie est de l'ordre de douze à quinze ans. C'est un hybride dont la parenté est complexe (hybride triple dont les parents sont *Cistus albidus*, *Cistus creticus* et *Cistus laurifolius*) : on peut simplement retenir que sa bonne résistance au froid vient de son parent *Cistus laurifolius*. Il supporte le calcaire à condition que le sol soit parfaitement drainé. Si la terre est trop lourde, il souffre d'asphyxie racinaire et chlorose rapidement en hiver

Multiplication par boutures semi-aoûtées en automne.

• *Cistus* x *argenteus* **'Peggy Sammons'** a des fleurs plus claires, d'un étonnant rose tendre à reflets métalliques.

Cistus x cyprius

HAUTEUR : 1,50 à 2 m ; LARGEUR : 1 m ; EXPOSITION : soleil ; RUSTICITÉ : environ - 15 °C ; CODE DE SÉCHERESSE : 5.

Le *Cistus* x *cyprius* est un hybride naturel entre *Cistus ladanifer* et *Cistus laurifolius* : en cherchant bien, on peut en repérer de beaux spécimens, poussant au milieu de ses parents, dans la grande station de cistes près de Saint-Chinian, dans l'Hérault. Il forme un arbrisseau vigoureux, à port dressé. Les feuilles persistantes allongées, épaisses et coriaces, sont souvent couvertes d'une pruine grise et contrastent avec les jeunes pousses sombres, collantes et très odorantes par temps chaud. Le *Cistus* x *cyprius* pousse en sol acide, neutre ou légèrement calcaire. Il a hérité des qualités de ses parents : le *Cistus ladanifer* lui a donné ses grandes fleurs à macules pourpres, alors que le *Cistus laurifolius* lui a donné son excellente rusticité et sa meilleure tolérance au calcaire. Il fleurit en avril-mai, avec de belles inflorescences dont les boutons sont rouges. C'est une excellente plante de jardin : il est robuste et facile à cultiver. Sa durée de vie est bonne, dans notre jardin le plus vieux pied, âgé d'une quinzaine d'années, fleurit encore fidèlement chaque printemps. Malheureusement, comme sa multiplication est délicate, il est difficile à trouver en pépinière.

Multiplication par boutures semi-aoûtées en automne. L'enracinement est lent, et le taux de réussite est faible. Il faut surveiller régulièrement *l'état des boutures, pour enlever les feuilles abîmées, afin d'éviter l'apparition de foyers de pourriture grise.*

• *Cistus* x *cyprius* var. *ellipticus* **'Elma'** est un hybride entre *Cistus ladanifer* var. *sulcatus* et *Cistus laurifolius* : il a un port plus compact et des feuilles odorantes vert sombre, couvertes de ladanum. Sa floraison est exceptionnellement abondante : en avril-mai, la plante se couvre de grandes fleurs d'un blanc ivoire très doux. En fin d'après-midi, les pétales tombent d'un seul coup, créant un superbe tapis éphémère sur le sol, comme une scène d'estampe japonaise.

Cistus x florentinus

HAUTEUR : 1 m ; LARGEUR : 1 m ; EXPOSITION : soleil ou mi-ombre ; RUSTICITÉ : environ - 12 à - 15 °C ; CODE DE SÉCHERESSE : 4.

Le *Cistus* x *florentinus* est un hybride naturel entre *Cistus monspeliensis* et *Cistus salviifolius*, que l'on peut facilement observer sitôt que les deux parents poussent ensemble dans la nature : nous en connaissons plusieurs pieds dans les garrigues à quelques kilomètres de notre pépinière. C'est un arbrisseau compact et ramifié, à joli port en boule. Ses feuilles persistantes, étroites et allongées, sont agréablement odorantes par temps chaud. Une masse de petites fleurs blanches couvre la plante en avril-mai. Les fleurs sont réunies en inflorescences scorpioïdes (qui ressemblent à la queue d'un scorpion), comme chez tous les hybrides de *Cistus monspeliensis*. Le *Cistus* x *florentinus* supporte bien le calcaire. Il a besoin d'un sol bien drainé : si la terre est trop lourde, il souffre d'asphyxie racinaire et peut chloroser en hiver, malgré sa bonne tolérance au calcaire. Il a une durée de vie de l'ordre de dix à douze ans. En cas de sécheresse intense, il peut perdre une partie de ses feuilles, ce qui lui permet de limiter efficacement les pertes en eau, mais le rend moins ornemental en fin d'été.

1- *Cistus* x *florentinus* *se couvre de petites fleurs, légères comme des papillons.*

2- *Cistus* x *pauranthus* *'Natacha' est un ciste compact, à jolie forme arrondie.*

3- *Dans les Corbières, près de l'abbaye de Fontfroide, on trouve* Cistus x hybridus *en lisière des bois de chênes verts. En avril-mai, son feuillage disparaît sous la multitude de fleurs.*

Multiplication par boutures semi-aoûtées en automne.

• ***Cistus* x *florentinus* 'Tramontane'** forme un couvre-sol bas, très dense et ramifié, dont le feuillage vert sombre contraste avec les nombreuses petites fleurs blanc pur. Dans notre jardin, c'est le meilleur ciste à port tapissant : un excellent couvre-sol pour talus secs et rocailleux.

Cistus x hybridus

Hauteur : 80 cm à 1 m ; Largeur : 1 à 1,50 m ; Exposition : soleil ou mi-ombre ; Rusticité : environ - 15 °C ; Code de sécheresse : 4.

Près de l'abbaye de Fontfroide, dans les Corbières, se trouve une station remarquable, haut lieu de la botanique depuis plusieurs siècles : les spécialistes s'y sont succédé pour étudier de nombreuses espèces de cistes ainsi que leurs hybrides naturels. Le *Cistus* x *hybridus* y est fréquent : c'est l'hybride naturel entre *Cistus populifolius* et *Cistus salviifolius*. C'est un arbrisseau dont la végétation très dense forme un dôme parfaitement régulier. Les feuilles persistantes, vert sombre, ont une texture rugueuse. En avril-mai, le feuillage disparaît sous la multitude de fleurs blanches, rehaussées par un large bouquet central d'étamines jaunes. Le *Cistus* x *hybridus* pousse en sol acide, neutre ou légèrement calcaire. A Fontfroide, on peut le voir pousser au soleil comme à mi-ombre, souvent au pied des chênes verts – il supporte même l'ombre dense, bien qu'il soit alors nettement moins florifère. Sa durée de vie est relativement bonne, de l'ordre de douze à quinze ans.

Multiplication par boutures semi-aoûtées en automne.

Cistus x pauranthus

Hauteur : 80 cm à 1 m ; Largeur : 80 cm à 1 m ; Exposition : soleil ; Rusticité : - 8 à - 10 °C ; Code de sécheresse : 5.

Le *Cistus* x *pauranthus* est un hybride naturel entre *Cistus salviifolius* et *Cistus parviflorus*, que l'on peut trouver occasionnellement à Chypre ou en Crète. C'est un arbrisseau bien ramifié, dont les jolies feuilles persistantes, gris-vert, ont une texture rugueuse. Les nombreuses fleurs roses, en forme de coupe, apparaissent en avril-mai. C'est une plante très décorative, qui de loin ressemble à un *Cistus salviifolius* à fleurs roses. Le *Cistus* x *pauranthus* supporte bien le calcaire. Il a besoin d'un sol parfaitement drainé : si la terre est trop lourde, il souffre d'asphyxie racinaire et peut chloroser en hiver, malgré sa bonne tolérance au calcaire. Il a une durée de vie de l'ordre de dix à douze ans.

Multiplication par boutures semi-aoûtées en automne.

• ***Cistus* x *pauranthus* 'Natacha'** est un cultivar que nous avons sélectionné près de Vaï, à l'extrémité est de la Crète, sur les collines surplombant la plage célèbre où est protégé le rare *Phoenix theophrasti*. C'est un arbrisseau très compact, qui forme un étonnant coussin parfaitement régulier, comme s'il était taillé en forme de topiaire. Les fleurs rose pastel, presque blanches, sont petites mais très abondantes : elles peuvent recouvrir entièrement la plante en avril. Dans notre jardin, nous aimons associer le *Cistus* x *pauranthus* 'Natacha' à d'autres plantes d'origine crétoise, *Scabiosa minoana*, *Helichrysum orientale*, *Satureja thymbra*, *Salvia pomifera* ou *Hypericum empetrifolium* : une simple promenade dans le jardin devient alors, pour quelques instants, une délicieuse invitation au voyage. Attention, ce ciste n'est pas très rustique : le feuillage commence à se brûler dès - 6 à - 8 °C (nous avons noté une bien meilleure rusticité si la plante est cultivée en sol pauvre, sec, très bien drainé).

Cistus x pulverulentus

Hauteur : 40 à 60 cm ; Largeur : 1,25 à 2 m, parfois plus ; Exposition : soleil ; Rusticité : - 10 à - 12 °C ; Code de sécheresse : 4.

Le *Cistus* x *pulverulentus* est l'hybride entre *Cistus albidus* et *Cistus crispus*. C'est un arbrisseau vigoureux à port étalé, qui forme un excellent couvre-sol pour talus pauvre et sec. Dans la forme habituellement cultivée, on reconnaît la parenté dominante de *Cistus crispus* aux feuilles persistantes gaufrées, gris-vert, à bords ondulés. Les fleurs, d'un beau rose foncé éclatant, ont un coloris vibrant qui accroche le regard. Elles se renouvellent de mai à début juillet : c'est l'un des cistes dont la floraison se prolonge le plus longtemps, malgré l'arrivée de la chaleur estivale. En cas de sécheresse intense, il peut perdre une partie de ses feuilles, ce qui lui permet de limiter efficacement les pertes en eau, mais le rend moins ornemental en fin d'été. Le *Cistus* x *pulverulentus* supporte bien le calcaire et résiste aux embruns. Il a besoin d'un sol parfaitement drainé : si la terre est trop lourde, il souffre d'asphyxie racinaire et peut chloroser en hiver, malgré sa bonne tolérance au calcaire. Sa durée de vie est bonne, de l'ordre de douze à quinze ans. Au fil des années, il peut prendre un développement très important. Notre pied le plus vieux, âgé d'une quinzaine d'années, s'étale sur plus de 3 mètres de large, formant une magnifique cascade de fleurs en fin de printemps.

Multiplication par boutures semi-aoûtées en automne.

Le Cistus x pulverulentus *fleurit tardivement, quand la plupart des cistes ont déjà terminé leur floraison. Son coloris intense brille dans la lumière chaude du mois de juin.*

Au fil des siècles, les auteurs successifs ont décrit le *Cistus* x *pulverulentus* sous des noms différents, occasionnant une belle confusion dans la nomenclature. Linné le premier s'était trompé en étudiant la plante aux environs de Narbonne : ne reconnaissant pas qu'il s'agissait d'un hybride, il lui avait attribué un nom d'espèce *(Cistus incanus)*. Malheureusement, le nom *Cistus incanus* a été utilisé ultérieurement par différents botanistes pour désigner d'autres espèces, d'où un écheveau de noms erronés, que seuls les spécialistes s'aventurent à démêler. En suivant la règle d'antériorité qui régit les noms botaniques, le nom exact de cette plante serait *Cistus* x *incanus* – mais pour ne pas créer de confusion supplémentaire, je préfère garder pour le moment le nom *Cistus* x *pulverulentus*, couramment utilisé en horticulture. Quel que soit son nom, il s'agit en tout cas d'une plante exceptionnelle !

• **Cistus x *pulverulentus* Gp Delilei** est un hybride naturel très fréquent autour de l'abbaye de Fontfroide, dans l'Aude. Il a la même parenté que le *Cistus* x *pulverulentus*, mais son joli feuillage gris et duveteux signale la parenté dominante de *Cistus albidus*. C'est un arbrisseau vigoureux qui se développe en large boule régulière. La forme que nous cultivons a des fleurs d'un rose doux et lumineux. Très adaptable, il est de culture facile et vieillit particulièrement bien. Si je n'avais la place que pour un seul ciste, je crois que je choisirais celui-ci ! Hauteur : 1 m. Largeur : 1 à 1,50 m.

Cistus x purpureus

Hauteur : 1,25 m ; Largeur : 1,25 m ; Exposition : soleil ; Rusticité : - 10 à - 12 °C ; Code de sécheresse : 5.

Le *Cistus* x *purpureus* est l'hybride entre *Cistus creticus* et *Cistus ladanifer*. C'est un arbrisseau dense et ramifié qui forme une large boule régulière. Ses feuilles persistantes allongées, vert sombre, sont agréablement odorantes par temps chaud. Les grandes fleurs apparaissent en avril-mai. De couleur rose violacé, elles sont rehaussées par de belles macules rouge pourpre. Lumineuses et spectaculaires, elles forment un beau contraste avec le feuillage sombre. Le *Cistus* x *purpureus* supporte bien le calcaire. Il a besoin d'un sol sec et

Cistus x purpureus est facile à cultiver. Ses fleurs lumineuses et son beau feuillage sombre, odorant par temps chaud, en font l'un des arbrisseaux les plus prisés dans les jardins secs.

Avec son vigoureux port étalé, Cistus x pulverulentus *est l'un des meilleurs couvre-sols pour talus rocailleux.* Eschscholzia californica *mêle ses corolles éblouissantes aux fleurs vives du ciste, dans une scène joyeuse et colorée, demandant très peu d'entretien.*

Cistus x ralletii a une durée de vie assez courte, de l'ordre de dix à douze ans. Sa floraison est tellement belle qu'on lui pardonne aisément : pour le jardinier, cela fait déjà dix ans de bonheur !

parfaitement drainé : si la terre est trop lourde, il souffre d'asphyxie racinaire et peut chloroser en hiver, malgré sa bonne tolérance au calcaire. Sa durée de vie est de l'ordre de dix à douze ans.
Multiplication par boutures semi-aoûtées en automne.

• *Cistus* x *purpureus* 'Alan Fradd' est une mutation à fleurs blanches, dont la base des pétales est maculée de rouge sombre. Le feuillage et le port sont similaires à ceux de *Cistus* x *purpureus*, au point qu'on ne peut pas les reconnaître, hors période de floraison. Ils sont d'ailleurs intéressants à associer, les couleurs des fleurs se mettant en valeur mutuellement.

Cistus x *purpureus* f. *holorhodeos* a de jolies fleurs originales, de couleur rose indien, sans macules sur les pétales (en grec, *holorhodeos* signifie "entièrement rose"). Les pétales sont curieusement ourlés vers le haut, en forme de gouttière.

Cistus x ralletii

HAUTEUR : 1,25 m ; LARGEUR : 1 m ; EXPOSITION : soleil ; RUSTICITÉ : - 8 à - 10 °C ; CODE DE SÉCHERESSE : 3.

Le *Cistus* x *ralletii* est un hybride entre *Cistus creticus* et *Cistus symphytifolius* (un ciste d'origine canarienne). Il a de larges feuilles persistantes gris-vert, à bords légèrement ondulés. Ses fleurs, d'un beau rose lumineux, sont exceptionnellement abondantes. Elles se renouvellent d'avril à début juillet, et couvrent entièrement la plante : c'est l'un des cistes les plus florifères de notre collection, une véritable boule de fleurs ! En climat océanique, on nous a signalé qu'il peut fleurir tout l'été sans interruption. Le *Cistus* x *ralletii* pousse en sol acide, neutre ou légèrement calcaire. Il a besoin d'un sol pauvre, bien drainé. Il a une durée de vie moyenne, de l'ordre de dix à douze ans.
Multiplication par boutures semi-aoûtées en automne.

Cistus x skanbergii

HAUTEUR : 60 cm ; LARGEUR : 80 cm à 1 m ; EXPOSITION : soleil ; RUSTICITÉ : - 10 à - 12 °C ; CODE DE SÉCHERESSE : 4.

Le *Cistus* x *skanbergii* est l'hybride naturel entre *Cistus monspeliensis* et *Cistus parviflorus*. On le trouve à Chypre sur les pentes caillouteuses de la péninsule d'Akamas, dont la pierre calcaire, chauffée à blanc par le soleil, contraste avec la mer sombre. Cet hybride est parfois si abondant qu'il semble presque dominer la *phrygana*, comme s'il cherchait à supplanter ses parents. C'est un arbrisseau à végétation dense et ramifiée, qui forme une large boule étalée. Ses feuilles persistantes linéaires sont grises et duveteuses. Les fleurs, rose saumon clair, sont regroupées en inflorescences scorpioïdes, qui évoquent la parenté de *Cistus monspeliensis*. Elles apparaissent en avril-mai et sont remarquablement abondantes, ce qui compense largement leur petite taille. Le *Cistus* x *skanbergii* supporte bien le calcaire. Il a besoin d'un sol sec et parfaitement drainé, sinon il vieillit mal et chlorose facilement en hiver, malgré sa bonne tolérance au calcaire. Sa durée de vie est moyenne, de l'ordre de dix à douze ans. En cas de sécheresse intense, il peut perdre une partie de ses feuilles, ce qui lui

Le coloris très doux de Cistus x skanbergii *lui donne un charme subtil. En hiver, on peut le retailler d'un léger coup de cisaille, pour accentuer son port naturel en boule régulière.*

permet de limiter efficacement les pertes en eau, mais peut le rendre moins ornemental en fin d'été.
Multiplication par boutures semi-aoûtées en automne.

Cistus x verguinii 'Paul Pècherat'

HAUTEUR : 1 m ; LARGEUR : 1,25 m ; EXPOSITION : soleil ou mi-ombre ; RUSTICITÉ : - 12 à - 15 °C ; CODE DE SÉCHERESSE : 4,5.

Le *Cistus* x *verguinii* est un hybride naturel entre *Cistus salviifolius* et *Cistus ladanifer*. On peut le voir poussant au milieu de ses parents, sur le mont Tibidabo, dont les belles pentes sauvages dominent l'agitation trépidante de Barcelone. Le cultivar 'Paul Pècherat' est un semis spontané qui est apparu dans l'arboretum Pècherat, en Charente-Maritime, où a été rassemblée une vaste collection de cistes. Ses feuilles persistantes étroites, vert sombre, sont agréablement odorantes par temps chaud. C'est un arbrisseau dense et ramifié, qui s'élargit avec l'âge pour former une masse imposante. On peut noter qu'il repart bien sur le vieux bois après une taille sévère, ce qui est inhabituel chez les cistes. Les fleurs blanches apparaissent en avril-mai. Elles sont ouvertes en forme de coupe, avec à la base des pétales une belle macule pourpre sombre, presque noire. La génétique réserve parfois de bonnes surprises : le *Cistus* x *verguinii* 'Paul Pècherat' se distingue par sa bonne résistance au calcaire, inattendue d'après sa parenté. Il préfère les sols bien drainés. Il vieillit bien, sa durée de vie est d'une quinzaine d'années au moins. C'est une excellente variété, robuste et de culture facile : dans notre jardin, parmi toutes les variétés de cistes à fleurs blanches maculées, c'est de loin celui qui se comporte le mieux.
Multiplication par boutures semi-aoûtées en automne.

Clematis armandii (Ranunculaceae)

ORIGINE : Chine ; HAUTEUR ET LARGEUR : 5 m ; EXPOSITION : soleil ou ombre ; RUSTICITÉ : - 12 à - 15 °C ; CODE DE SÉCHERESSE : 3.

Liane à longues tiges sarmenteuses (*Clematis* vient du grec *klêma*, sarment). Les feuilles persistantes, vert sombre, sont épaisses et coriaces. En février-mars, la plante se couvre d'une profusion de jolies fleurs blanches, bien parfumées. La *Clematis armandii* supporte bien le calcaire. Elle préfère les sols souples, assez profonds. Si on la plante contre un mur, il faut pouvoir la palisser, car elle ne s'accroche pas toute seule. On la plante souvent au pied d'un arbuste ramifié qui peut lui servir de support. On peut même la planter à l'ombre dense sous un arbre, où elle a tendance alors à grimper haut pour chercher la lumière et fleurir au soleil. Dans notre jardin, chaque année nous guettons sa floraison avec bonheur : en

En même temps que les fleurs d'amandier, les cascades blanches de Clematis armandii *annoncent la fin prochaine de l'hiver.*

même temps que les premières fleurs d'amandier, les fleurs délicates de la *Clematis armandii* annoncent la fin prochaine de l'hiver.
Multiplication de jeunes pousses herbacées au printemps. La multiplication est délicate : comme les entrenœuds sont très longs, on coupe un tronçon avec un seul nœud, et on le plante jusqu'au ras des feuilles.

Clematis cirrhosa

ORIGINE : Bassin méditerranéen ; HAUTEUR ET LARGEUR : 2 à 3 m ; EXPOSITION : soleil ou mi-ombre ; RUSTICITÉ : - 12 à - 15 °C ; CODE DE SÉCHERESSE : 5.

Liane à fines tiges volubiles, qui s'enroulent facilement sur les supports. (En latin, *cirrhosa* signifie "qui s'enroule comme une vrille". Non, ne cherchez pas, la clématite n'a rien à voir avec la cirrhose, mot dérivé du grec *kirrhos*, orange, d'après la couleur du foie malade.) Les feuilles vert sombre, vernissées, prennent de jolis reflets bronze lorsqu'il fait froid. Elles sont persistantes en hiver, mais se recroquevillent puis tombent vers le mois de juillet, ce qui permet à la plante de traverser l'été sans souffrir de la sécheresse. Les nombreuses fleurs, en forme de belles cloches blanc crème, s'ouvrent très tôt : elles apparaissent en février-mars, parfois plus tôt en hiver si le temps est doux, et souvent même dès l'automne. Nous aimons faire grimper la *Clematis cirrhosa* au travers d'arbustes à feuillage

Début mai, notre jardin de cistes croule sous les fleurs. Au premier plan, les fleurs blanches de Cistus x verguinii *'Paul Pècherat' contrastent avec son beau feuillage sombre.*

Mois de février dans les montagnes de l'Atlas. Les tiges volubiles de Clematis cirrhosa *s'enroulent sur les tiges d'un pistachier. Ses fleurs blanc crème, un peu molles, se découpent contre le bleu profond du ciel hivernal.*

caduc, *Vitex*, *Punica* ou *Cotinus*, dont le cycle de végétation est complémentaire : la clématite décore avec ses cascades de fleurs leurs rameaux nus en hiver, puis son feuillage disparaît en été quand les arbustes sont en pleine végétation. La *Clematis cirrhosa* supporte bien le calcaire et résiste aux embruns. Elle est peu exigeante sur la nature du sol, c'est une plante sympathique et gracieuse, de culture facile.
Multiplication par boutures herbacées en automne ou au printemps.

• **Clematis flammula** a des feuilles caduques. En été et en début d'automne, elle se couvre de toutes petites fleurs blanches, très parfumées, suivies de graines décoratives, plumeuses et argentées. On peut s'en servir comme grimpante, ou comme couvre-sol pour talus en conditions difficiles. Elle résiste aux embruns. Origine : garrigue et dunes littorales du Bassin méditerranéen. Rusticité : - 12 à - 15 °C. Code de sécheresse : 4.

Coleonema album (Rutaceae)

ORIGINE : littoral et montagnes de la province du Cap, en Afrique du Sud ; HAUTEUR : 1,50 m ; LARGEUR : 1 m ; EXPOSITION : soleil ; RUSTICITÉ : - 8 à - 10 °C ; CODE DE SÉCHERESSE : 4.

Arbrisseau à feuillage très fin, évoquant une bruyère. Les feuilles persistantes dégagent une agréable odeur acidulée lorsqu'on les froisse, où se mêlent le caramel, la cannelle et l'agrume. Une huile essentielle en est extraite, utilisée en Afrique du Sud pour éloigner les moustiques et calmer les piqûres d'insectes (on peut s'en servir comme de la citronnelle, en frottant juste le feuillage sur la peau, qui reste ensuite parfumée pendant longtemps). Dans notre jardin, la plante forme une boule érigée, mais dans son environnement naturel elle est souvent plaquée au sol par

Insensible aux tempêtes, Coleonema album *pousse sur le littoral, tout près du cap de Bonne-Espérance en Afrique du Sud. Dans notre jardin, c'est un arbuste élégant, dont le feuillage libère une odeur délicieuse lorsqu'on le froisse.*

le vent et le sel, comme au cap de Bonne-Espérance où cette espèce est abondante : elle pousse en première ligne juste derrière les gros rochers du littoral, faisant face aux tempêtes qui semblent venir tout droit du pôle Sud. Les rameaux souples se couvrent d'une multitude de toutes petites fleurs blanches, très décoratives, de janvier à avril, éventuellement dès le mois de novembre en climat doux. Le *Coleonema album* supporte bien le calcaire. Il préfère les sols légers, bien drainés. Il résiste parfaitement aux embruns.
Multiplication par semis en automne, ou par boutures herbacées au printemps, après la floraison.

• **Coleonema pulchrum** a de jolies fleurs roses, de forme étoilée, qui s'épanouissent de janvier à avril. Origine : Afrique du Sud. Rusticité : - 6 à - 8 °C. Code de sécheresse : 4.

Colutea arborescens (Fabaceae)
Baguenaudier
ORIGINE : Sud de l'Europe, Afrique du Nord ; HAUTEUR : 2 m ; LARGEUR : 1 m ; EXPOSITION : soleil ; RUSTICITÉ : - 15 °C et plus froid ; CODE DE SÉCHERESSE : 3,5.

Arbuste à feuilles composées, caduques. Les fleurs jaunes, assez discrètes, apparaissent en mai-juin. Elles sont suivies par de curieuses gousses gonflées d'air, qui restent ornementales pendant tout l'été. Le *Colutea* a un port ramifié lorsqu'il est jeune, mais avec l'âge il se dégarnit de la base et forme un petit tronc. Il est réputé ne pas aimer la taille : *Colutea* vient du grec *kolouô*, mutiler, car, selon les auteurs anciens, si on taillait la plante elle risquait d'en mourir. Le *Colutea arborescens* supporte bien le calcaire. Il est indifférent à la nature du sol, c'est un arbuste robuste, de culture facile. *Multiplication par semis en automne, après traitement des graines à l'eau chaude : on verse sur les graines de l'eau bouillante, puis on les laisse gonfler pendant toute une nuit.*

Colutea arborescens *reste longtemps ornemental après la floraison, grâce à ses curieuses gousses translucides et gonflées.*

Convolvulus cneorum (Convolvulaceae)
ORIGINE : Croatie, Albanie, dans les cailloux et les rochers en bord de mer ; HAUTEUR : 50 cm ; LARGEUR : 60 à 80 cm ; EXPOSITION : soleil ; RUSTICITÉ : - 10 à - 12 °C ; CODE DE SÉCHERESSE : 4.

Arbrisseau à belles feuilles persistantes, soyeuses et argentées. La plante forme une boule étalée et retombe facilement en cascade lorsqu'elle est cultivée au-dessus d'un muret en pierres. La floraison débute en avril et se prolonge jusqu'en juillet. Au milieu du feuillage argenté apparaissent d'abord d'élégants boutons roses, qui s'épanouissent en de larges fleurs blanches, chaque pétale étant marqué d'une délicate nervure rose. Le *Convolvulus cneorum* supporte bien le calcaire et résiste aux embruns. Il a besoin d'un sol léger, sablonneux, très bien drainé. Il supporte mal l'humidité en été, car il est sensible à des maladies cryptogamiques qui entraînent un flétrissement des branches et la mort rapide de la plante. C'est une espèce un peu capricieuse, mais tellement belle qu'elle mérite vraiment un petit effort pour lui procurer les conditions de plantation qui lui conviennent. Dans notre jardin, nous l'avons planté sur un petit monticule (40 centimètres de haut sur 1 mètre de large) composé de grosses pierres et de sable, mélangé avec un tout petit peu de terre : la plante y est parfaitement heureuse. Elle se cultive très bien aussi en pot sur une terrasse, à condition de la placer dans un substrat filtrant, comprenant une bonne part de cailloux et de sable. *Multiplication par boutures herbacées en automne.*

• *Convolvulus sabatius* est une vivace drageonnante qui se couvre de jolies fleurs bleues de mai à juillet. Elle peut s'élever un peu lorsqu'elle rencontre un support. En l'associant avec *Cistus* x *florentinus* 'Tramontane', on crée une étonnante scène bleu et blanc, les fleurs exactement de la même taille semblant provenir d'une seule plante. Origine : Afrique du Nord. Rusticité : la souche résiste à - 10 ou - 12 °C, mais le feuillage devient caduc dès - 6 à - 8 °C. Code de sécheresse : 3.

Coronilla glauca (Fabaceae)
Coronille glauque
ORIGINE : Bassin méditerranéen ; HAUTEUR : 1 à 1,25 m ; LARGEUR : 1 m ; EXPOSITION : soleil ou mi-ombre ; RUSTICITÉ : - 12 à - 15 °C ; CODE DE SÉCHERESSE : 3,5.

Arbuste à feuilles persistantes épaisses, vert bleuté. La plante forme une jolie boule naturelle, bien dense. Elle se couvre de fleurs délicieusement parfumées, jaune éclatant, de fin janvier à début avril. Les fleurs, serrées les unes contre les autres, sont regroupées en inflorescences circulaires (*Coronilla* vient du latin *corona*, couronne, par allusion à la forme de l'inflorescence). La *Coronilla glauca* se ressème très facilement, et on peut s'en servir comme plante pionnière pour coloniser les talus ou les zones sauvages de grands jardins. Nous aimons l'associer à d'autres espèces qui parfument l'air doux en début de printemps, *Choisya* 'Aztec Pearl', *Buddleja officinalis* ou *Euphorbia characias* subsp. *wulfenii*. La *Coronilla glauca* supporte bien le calcaire. Elle préfère les sols pauvres, caillouteux, bien drainés. En cas de sécheresse intense, elle peut perdre une partie de ses feuilles en fin d'été, ce qui lui permet de limiter efficacement les pertes en eau. Comme la plupart des espèces pionnières, elle a une durée de vie relativement courte, de l'ordre de dix à douze ans. *Multiplication par semis en automne, après traitement des graines à l'eau chaude : on verse sur les graines de l'eau bouillante, puis on les laisse gonfler pendant toute une nuit. On peut aussi la multiplier par boutures herbacées en fin d'hiver, juste avant la montée à fleurs.*

• *Coronilla glauca* 'Citrina' a de belles fleurs, d'un superbe jaune pâle très doux. Elle se ressème facilement, en reprenant la couleur jaune vif de l'espèce type : il faut la renouveler souvent, mais elle est facile à multiplier par boutures herbacées, juste avant la floraison.

• *Coronilla emerus* est caduque en hiver. Sa floraison printanière est moins abondante, mais c'est une

Convolvulus cneorum *a besoin d'un sol léger, parfaitement drainé, sinon il vieillit mal. Nous aimons le placer au sommet d'un mur en pierres, où son beau feuillage argenté peut retomber en cascade.*

Détail d'une inflorescence de Coronilla glauca *'Citrina'.* Coronilla *vient du latin* corona, *couronne, par allusion à la disposition des fleurs.*

Dans la sierra del Cardó, près de Tarragone en Espagne, la Coronilla juncea *se dresse sur les crêtes rocheuses.*

espèce intéressante pour coloniser les zones ombragées du jardin : elle se plaît en sous-bois, sous des pins ou sous des chênes. Origine : Sud de l'Europe. Rusticité : - 15 °C et plus froid. Code de sécheresse : 3.

• **Coronilla juncea** ne garde ses feuilles que pendant quelques mois en hiver. Dès qu'il fait chaud, la plante perd ses feuilles, et ses fins rameaux cylindriques lui donnent une silhouette caractéristique de petit jonc, assez étonnante. Elle se couvre d'une profusion de fleurs jaune vif de février à avril. C'est une plante qui aime les sols caillouteux et résiste bien aux embruns. Elle est par exemple très fréquente dans les calanques de Marseille : au printemps ses jolis buissons jaune vif, accrochés à la roche calcaire, forment un beau contraste avec la mer d'un bleu profond. Origine : Bassin méditerranéen. Rusticité : - 12 à - 15 °C. Code de sécheresse : 5.

• **Coronilla minima** forme un tapis de petites feuilles épaisses, vert bleuté. C'est une plante de rocaille de culture facile, qui se couvre de fleurs

Très tôt au printemps, les coronilles se couvrent de fleurs éclatantes. La silhouette sombre d'un cyprès est encadrée par le jaune vif de Coronilla glauca, *alors qu'en avant-plan les fleurs jaune pâle de la forme 'Citrina' viennent adoucir la scène. Les autres plantes qui structurent ce massif sont (de gauche à droite)* Teucrium fruticans, Bupleurum fruticosum, Atriplex canescens, Juniperus oxycedrus *et* Artemisia arborescens.

jaunes en mai-juin. Dans l'Hérault, on en trouve de belles stations entre les roches dolomitiques du cirque de Mourèze, poussant avec *Helichrysum stoechas* et *Globularia alypum*. Origine : Sud de l'Europe. Rusticité : - 15 °C et plus froid. Code de sécheresse : 5.

• ***Coronilla ramosissima*** est une espèce peu connue, que nous avons récoltée vers 1 500 mètres d'altitude dans l'Anti-Atlas, où elle pousse dans un environnement aride au milieu de surprenantes euphorbes cactiformes (*Euphorbia echinus* subsp. *echinus*). Elle a de nombreuses petites feuilles persistantes, épaisses et bleutées, serrées sur des rameaux un peu tortueux, et elle se couvre de petites fleurs jaunes en avril-mai. Origine : Maroc. Rusticité : - 10 à - 12 °C. Code de sécheresse : 6.

Correa alba (Rutaceae)

Origine : Australie ; **Hauteur** : 1,50 à 2 m ; **Largeur** : 1,50 m ; **Exposition** : soleil ; **Rusticité** : - 8 à - 10 °C ; **Code de sécheresse** : 4.

Arbrisseau ramifié à feuillage persistant. Les feuilles coriaces, gris-vert, ont un revers duveteux et argenté. Elles dégagent une agréable odeur citronnée lorsqu'on les froisse et sont utilisées en Australie pour faire du thé. Les nombreuses fleurs blanches, en forme de petite cloche étoilée, ont une apparence cireuse. Elles apparaissent de janvier à avril, puis à nouveau en automne, parfois même toute l'année en climat doux. Le *Correa alba* supporte bien le calcaire. Il préfère les sols légers, bien drainés. Il résiste parfaitement aux embruns directs. Une légère taille de l'extrémité des branches, chaque année en automne, permet de lui conserver un port dense et compact.
Multiplication par boutures herbacées au printemps.

Cotinus coggygria (Anacardiaceae)
Fustet, arbre à perruque

Origine : Sud de l'Europe, Asie ; **Hauteur** : 1,50 à 2 m ; **Largeur** : 1,50 m ; **Exposition** : soleil ; **Rusticité** : - 8 à - 10 °C ; **Code de sécheresse** : 4.

Arbuste à feuilles caduques, vertes, prenant de belles teintes rouge orangé en automne. Les petites fleurs jaune-vert, groupées en panicules, apparaissent en mai-juin. Après la floraison, les pédicelles s'allongent et forment un long panache couvert de poils : l'inflorescence prend alors un remarquable aspect léger et plumeux, très décoratif. Elle persiste tout l'été et se pare comme les feuilles de belles couleurs automnales. Le *Cotinus coggygria* supporte bien le calcaire. Dans la nature, il pousse sur des coteaux rocailleux, mais il

Dans la nature, Cotinus coggygria *pousse sur les coteaux rocailleux. Dans les jardins, il s'adapte facilement à tous les types de sols, même très argileux.*

s'adapte facilement dans toutes les terres de jardin, même lourdes et argileuses. C'est une plante robuste, de culture facile.
Multiplication par boutures herbacées en fin de printemps, ou par marcottes aériennes en automne.

• ***Cotinus coggygria* 'Grace'** a de grandes feuilles rouge clair, prenant de magnifiques couleurs brillantes et translucides en automne, orange ou rouge feu. Il est très utile pour éclairer de ses couleurs vives les haies libres ou les massifs d'arbustes à feuillage persistant.

• ***Cotinus coggygria* 'Royal Purple'** a un feuillage pourpre sombre, qui peut servir pour créer un contraste intéressant avec des plantes à feuillage clair.

Crocus sativus (Iridaceae) Safran

Hauteur : 20 cm ; **Largeur** : 20 cm ; **Exposition** : soleil ; **Rusticité** : - 15 °C et plus froid ; **Code de sécheresse** : 5.

Cultivé depuis la nuit des temps, le safran est d'origine incertaine. Les spécialistes supposent que c'est un hybride entre deux *Crocus* sauvages, apparu il y a plusieurs millénaires en Grèce ou en Turquie. Le bulbe de safran est un corme (base renflée de la tige), qui a une période de dormance estivale : les jolies feuilles linéaires apparaissent en automne, persistent tout l'hiver et disparaissent avec l'arrivée de la chaleur. En octobre les fleurs percent directement du sol. Elles sont d'une grande beauté, avec leurs douces corolles lilas, veinées de violet, servant d'écrin aux longs stigmates rouge éclatant. Ces stigmates sont récoltés à la main puis séchés, pour être utilisés comme épice ou comme colorant. Pas étonnant que le safran soit si cher : il faut la bagatelle de 150 000 fleurs

Les inflorescences plumeuses de Cotinus coggygria *'Grace' s'élèvent au-dessus du feuillage rouge clair.*

pour produire 1 kilo d'épice. Et si vous récoltiez vous-même votre safran ? Il est de culture facile : on plante les bulbes vers le mois de juin, et on peut les diviser chaque été pour augmenter la production. Plutôt que de les placer en rangées comme dans un potager traditionnel, nous aimons en placer un peu partout dans le jardin, en les associant à des plantes couvres-sol tapissantes, comme *Artemisia lanata* ou *Thymus ciliatus*. Le *Crocus sativus* supporte bien le calcaire. Il préfère les sols légers, bien drainés.
Multiplication par division des cormes en début d'été.

Allium christophii, Scilla peruviana, Sternbergia lutea et bien d'autres : de très nombreuses plantes à

bulbe méritent d'accompagner le safran dans les jardins secs. La pépinière Bulb'Argence propose une intéressante sélection de bulbes adaptés au climat méditerranéen (voir l'annexe "Les bonnes adresses du jardin sec").

Cytisus battandieri (Fabaceae)

ORIGINE : Maroc, dans le Moyen-Atlas et le Rif ; HAUTEUR : 3 à 4 m ; LARGEUR : 2 à 3 m ; EXPOSITION : soleil ; RUSTICITÉ : - 12 à - 15 °C ; CODE DE SÉCHERESSE : 4.

Arbuste à feuilles gris-vert, caduques ou semi-persistantes. Les feuilles et les jeunes pousses sont couvertes d'un fin duvet soyeux. Les feuilles, divisées en trois folioles, ont leur contour rehaussé par un fin liséré, brillant et argenté, très décoratif. Les fleurs jaune vif, groupées en grappes denses, apparaissent en mai-juin, avec un doux parfum d'ananas. Le *Cytisus battandieri* pousse en sol acide, neutre ou légèrement calcaire. Il préfère les sols bien drainés. C'est un arbuste à croissance rapide, dont le port est ouvert et aéré. On peut tailler l'extrémité des branches chaque année en fin d'hiver, pour obtenir une plante plus compacte et ramifiée.

Multiplication par semis en automne, après traitement des graines à l'eau chaude : on verse sur les graines de l'eau bouillante, puis on les laisse gonfler pendant toute une nuit.

Dasylirion longissimum (Agavaceae)

ORIGINE : Mexique ; HAUTEUR DU FEUILLAGE : 1,50 à 2 m ; HAUTEUR EN FLEUR : 4 m et plus ; LARGEUR : 1 à 1,50 m ; EXPOSITION : soleil ; RUSTICITÉ : - 8 à - 10 °C ; CODE DE SÉCHERESSE : 5.

Plante ligneuse à stipe court, surmonté d'une couronne de feuilles linéaires vert foncé, coriaces et persistantes. Les feuilles rayonnent en tous sens à partir du cœur et finissent par former une sphère, donnant à la plante une étonnante silhouette architecturale, très ornementale. En été apparaît une hampe florale spectaculaire, qui s'élève comme une longue chandelle au-dessus du feuillage (la plante ne commence à fleurir qu'au bout de dix ou quinze ans). Les petites fleurs jaunâtres sont serrées tout le long de l'inflorescence (*Dasylirion* vient du grec *dasus*, dense, et *leirion*, lys). La hampe florale persiste longtemps après que les fleurs sont fanées, souvent jusqu'en hiver. Le *Dasylirion longissimum* supporte bien le calcaire. Il résiste mieux au froid si le sol est très bien drainé. C'est une plante de culture facile, à croissance relativement lente. Pour mettre en valeur sa silhouette unique, on le plante souvent en sujet isolé, par exemple au sommet d'une grande rocaille. On peut aussi le cultiver en jarre, pour décorer patios ou terrasses.

La silhouette de Dasylirion longissimum *se dresse au domaine du Rayol, dont les jardins évoquent les paysages des différentes régions à climat méditerranéen du globe.*

Comme une asperge géante, la hampe florale de Dasylirion acrotrichum *s'allonge de jour en jour, atteignant près de 4 mètres de hauteur en quelques semaines.*

Multiplication par semis au printemps : patience, au bout d'un an on obtient une plante avec trois feuilles fines comme des fils.

• ***Dasylirion acrotrichum*** a des feuilles dentées, gris bleuté, dont l'extrémité est munie d'une curieuse houppette de fibres, comme un pinceau ébouriffé (*acrotrichum* vient du grec *akros*, extrémité, et *trichos*, poils). La plante forme une belle sphère de feuilles, plus compacte que celle du *Dasylirion longissimum*. Après de nombreuses années, elle s'élève sur un petit tronc. Les hampes florales peuvent se dresser jusqu'à 4 mètres de hauteur. Origine : Mexique. Rusticité : - 8 à - 10 °C. Code de sécheresse : 5.

Au Sud du Maroc, le safran est cultivé en petites parcelles taillées dans le flanc des montagnes de l'Anti-Atlas. Dans le souk de Tafraoute, les lourds sacs s'ouvrent sur les odeurs chaudes où se mêlent le safran, le henné et le za'atar. On peut cultiver dans un jardin sec des centaines de plantes aromatiques, pour le plus grand plaisir du nez et des papilles.

Delosperma cooperi *s'étale dans les cailloux, formant un excellent petit couvre-sol de rocaille.*

Les fleurs de Dianthus corsicus *sont toutes petites, mais leur parfum épicé est remarquable. En arrière-plan,* Antirrhinum glutinosum *commence à s'épanouir.*

Delosperma cooperi (Aizoaceae)

ORIGINE : Afrique du Sud ; HAUTEUR : 10 cm ; LARGEUR : 40 cm et plus ; EXPOSITION : soleil ; RUSTICITÉ : - 10 à - 12 °C ; CODE DE SÉCHERESSE : 4.

Vivace tapissante à feuilles persistantes, charnues et cylindriques. Les feuilles sont couvertes de petites papilles d'aspect cristallin, qui accrochent la lumière. Bien que de croissance assez lente, la plante forme un bon couvre-sol grâce à ses tiges qui s'enracinent au contact du sol, permettant à la plante de progresser en largeur. Elle trouve de nombreuses utilisations au jardin : couvre-sol en rocaille ou entre des dalles, plante retombante au-dessus d'un muret, jolie cascade dégringolant d'une jarre. On peut la planter aussi sur les toitures-terrasses, où elle survit dans une faible épaisseur de substrat avec un arrosage occasionnel. En été, la plante se couvre de fleurs rose-violet éclatant, dont les fins pétales rayonnent autour des étamines blanches. Le *Delosperma cooperi* supporte bien le calcaire. Il préfère les sols caillouteux, parfaitement drainés.

Multiplication par boutures herbacées, en automne ou au printemps.

Dianthus anatolicus (Caryophyllaceae)
Œillet d'Anatolie

ORIGINE : Turquie ; HAUTEUR DU FEUILLAGE : 10 cm ; HAUTEUR EN FLEUR : 25 cm ; LARGEUR : 40 cm ; EXPOSITION : soleil ; RUSTICITÉ : - 15 °C et plus froid ; CODE DE SÉCHERESSE : 3,5.

Dianthus vient du grec *dios*, génitif de *Zeus*, et *anthos*, fleur : sans doute en raison de leur beauté, les œillets étaient considérés comme la fleur des dieux. Peu connu, le *Dianthus anatolicus* est une jolie vivace qui forme un coussin étalé, à feuilles persistantes étroites, gris bleuté. Les nombreuses fleurs blanches, à peine lavées de rose, apparaissent en mai-juin. Elles ont une apparence légère, avec l'extrémité de leurs pétales délicatement découpée en franges très fines. Le *Dianthus anatolicus* supporte bien le calcaire. Il est indifférent à la nature du sol, c'est une plante de culture facile, qui vieillit bien.

Multiplication par semis en automne, ou par boutures herbacées en début de printemps, avant la montée à fleurs.

• **Dianthus corsicus** a des feuilles vertes très serrées et forme un charmant coussin dru, d'aspect gazonnant. Au printemps, la plante se couvre de petites

Les fleurs délicatement frangées de Dianthus anatolicus *s'épanouissent en mai-juin. En raison de sa beauté, l'œillet était considéré dans l'Antiquité comme la fleur des dieux.*

fleurs rose vif, au remarquable parfum épicé : quelques pieds arrivent à embaumer le soir tout un coin du jardin. Rusticité : - 10 à - 12 °C. Code de sécheresse : 3,5.

• **Dianthus pyrenaicus 'Cap Béar'** est un coussin tout rond, gris bleuté, avec des petites feuilles en aiguilles serrées les unes contre les autres, comme un petit hérisson. Les toutes petites fleurs rose pâle apparaissent en juin-juillet. C'est un cultivar de l'œillet des Pyrénées, que nous avons sélectionné au cap Béar (près de Banyuls), où toute la végétation semble compressée par la violence du vent et des embruns. Il faut le planter en sol pauvre, très drainé. Rusticité : - 15 °C et plus froid. Code de sécheresse : 4.

Dicliptera suberecta (Acanthaceae)

ORIGINE : Uruguay ; HAUTEUR : 40 cm ; LARGEUR : 60 cm ; EXPOSITION : soleil ou mi-ombre ; RUSTICITÉ : le feuillage disparaît dès les premières gelées, mais la souche résiste à des températures de l'ordre de - 10 à - 12°C ; CODE DE SÉCHERESSE : 3,5.

Souvent appelé *Justicia* ou *Jacobinia*, le *Dicliptera suberecta* est une vivace à jolies feuilles gris-vert, à texture douce et veloutée. Dans notre jardin, le feuillage est rabattu chaque année par le froid – il est persistant dans les zones où il ne gèle jamais. La végétation redémarre vigoureusement au printemps, les jeunes tiges, cassantes comme du verre, poussant rapidement pour former dès l'été une belle masse arrondie. La souche se propage lentement en largeur et forme petit à petit un couvre-sol dense. De juin à septembre, la plante se couvre de fleurs tubulaires rouge orangé, pollinisées dans leur pays d'origine

Dicliptera suberecta a triste mine quand son feuillage sèche en hiver, mais quelle fête en été !

par des oiseaux-mouches, qui viennent se nourrir du nectar contenu au fond de la corolle. Le *Dicliptera suberecta* supporte bien le calcaire. Il aime les sols légers, bien drainés : en cas d'humidité stagnante, la souche peut pourrir en hiver. C'est une excellente vivace pour colorer le jardin sec en été, avec d'autres plantes aux couleurs vives comme *Epilobium canum*, *Salvia darcyi* ou *Ceratostigma plumbaginoides*.
Multiplication par boutures herbacées en automne ou au printemps.

Dorycnium pentaphyllum (Fabaceae)

ORIGINE : Bassin méditerranéen ; HAUTEUR : 60 cm ; LARGEUR : 80 cm ; EXPOSITION : soleil ; RUSTICITÉ : - 12 à - 15 °C ; CODE DE SÉCHERESSE : 5.

Arbrisseau à végétation dense, souple et ramifiée. Les petites feuilles persistantes, gris argenté, sont divisées en cinq folioles (les botanistes y voient en fait trois folioles, entourées de deux stipules semblables à des folioles). En juin-juillet, la multitude de petites fleurs blanches, très mellifères, forme une masse légère autour de la plante. Le *Dorycnium pentaphyllum* supporte bien le calcaire et résiste aux embruns. Il préfère les sols pauvres, bien drainés, où il se ressème facilement. En sol lourd ou trop riche, il a tendance à pousser trop vite, sa durée de vie est alors bien plus courte.
Multiplication par semis en automne, après traitement des graines à l'eau chaude : on verse sur les graines de l'eau bouillante, puis on les laisse gonfler pendant toute une nuit. On peut facilement le multiplier aussi par boutures herbacées, au printemps.

• *Dorycnium hirsutum* a de jolies feuilles duveteuses, gris argenté. Sa durée de vie est courte mais il se ressème très facilement dans le jardin. On peut l'utiliser comme plante pionnière, pour coloniser les grands talus ou les zones sauvages du jardin, en le plantant par exemple avec *Cistus albidus*, *Coronilla glauca*, *Euphorbia characias* et *Centranthus ruber*. Il se couvre de jolies fleurs blanc rosé, à sépales soyeux, en mai-juin. Origine : Bassin méditerranéen. Rusticité : - 10 à - 12 °C. Code de sécheresse : 4.

Drosanthemum hispidum (Aizoaceae)

ORIGINE : Afrique du Sud (Namaqualand) ; HAUTEUR : 15 à 20 cm ; LARGEUR : 60 à 80 cm et plus ; EXPOSITION : soleil ; RUSTICITÉ : - 8 à - 10 °C ; CODE DE SÉCHERESSE : 6.

Vivace à végétation étalée. Les tiges rampantes, à croissance rapide, s'enracinent au contact du sol. Les petites feuilles persistantes, cylindriques et charnues, sont serrées les unes contre les autres. Comme chez la plupart des plantes succulentes de la famille des Aizoacaeae, les feuilles sont couvertes de papilles brillantes qui accrochent la lumière – elles sont particulièrement visibles chez le *Drosanthemum*. Ces papilles, en forme de vessie, sont composées de cellules spéciales, capables de se gonfler pour emmagasiner un volume d'eau jusqu'à dix mille fois supérieur à celui contenu par les cellules normales. Disposées en relief sur l'épiderme, elles servent à la fois de réserve d'eau externe et de filtre pour protéger la plante des rayons du soleil. Une petite observation à la loupe permet de distinguer parfaitement les papilles gonflées qui ornent la surface des feuilles, comme si la plante était couverte de gouttelettes de rosée (*Drosanthemum* vient du grec *drosos*, rosée, et *anthos*, fleur). En avril-mai, la plante disparaît sous une masse de fleurs, rose éclatant, d'un coloris tellement intense qu'on en détourne presque le regard. Le *Drosanthemum hispidum* supporte bien le calcaire. Il préfère les sols bien drainés. Il forme un excellent couvre-sol pour grande rocaille, ou à faire retomber au-dessus d'un mur. On peut le planter aussi sur les toitures-terrasses, où il survit dans une faible épaisseur de substrat. D'après notre expérience, c'est l'une des rares plantes (avec le *Malephora lutea*) qui arrive à survivre sans arrosage sur les toitures-terrasses, dans les conditions climatiques du Sud de la France. Lors de périodes de déficit hydrique sévère, le *Drosanthemum hispidum* peut perdre une bonne partie de ses feuilles, devenant alors moins ornemental jusqu'à l'arrivée des pluies d'automne.
Multiplication par boutures herbacées, en automne ou au printemps.

Dorycnium pentaphyllum s'est ressemé au milieu d'un massif de vivaces. Le léger brouillard de ses fleurs blanches enveloppe les inflorescences jaune vif d'Achillea clypeolata.

Les fleurs brillantes du Drosanthemum hispidum semblent se bousculer pour aller chercher leur place au soleil.

Ebenus cretica (Fabaceae)

ORIGINE : Crète ; HAUTEUR : 60 à 80 cm, parfois plus ; LARGEUR : 60 à 80 cm ; EXPOSITION : soleil ; RUSTICITÉ : - 10 à - 12 °C ; CODE DE SÉCHERESSE : 5.

Arbrisseau à feuilles soyeuses et argentées, semi-persistantes. Les jolies fleurs roses s'épanouissent en mai, disposées en inflorescences coniques, couvertes de longs poils soyeux. En début de floraison, les inflorescences semblent bicolores : les fleurs du bas sont déjà roses, alors que les fleurs du haut, encore en boutons, sont enfouies dans une masse épaisse de poils argentés. L'*Ebenus cretica* supporte bien le calcaire. Il a besoin d'un sol pauvre, caillouteux, parfaitement drainé, sinon il vieillit mal : dans la nature, on le trouve dans les gorges qui sillonnent les montagnes du Sud de la Crète, accroché aux éboulis ou aux parois rocheuses. C'est une plante de grande beauté, recherchée par les amateurs.

Multiplication par semis en automne. Après avoir soigneusement enlevé la gousse soyeuse qui enveloppe la graine minuscule, il faut scarifier les graines en les frottant entre deux feuilles de papier de verre. On verse ensuite sur les graines de l'eau bouillante et on les laisse gonfler pendant 12 heures. Le taux de germination est irrégulier, généralement assez faible. Les jeunes semis sont très sensibles à l'excès d'eau.

Echinops ritro (Asteraceae)

ORIGINE : Sud de l'Europe ; HAUTEUR EN FLEUR : 60 à 80 cm, parfois plus ; LARGEUR : 60 cm ; EXPOSITION : soleil ou mi-ombre ; RUSTICITÉ : - 15 °C et plus froid ; CODE DE SÉCHERESSE : 3.

Vivace à feuilles caduques gris-vert, profondément découpées en lobes épineux, comme des feuilles de chardon. Le revers des feuilles est couvert de poils denses qui forment un feutre blanchâtre. Les fleurs, d'un joli bleu métallique, apparaissent en mai-juin et peuvent se renouveler tout l'été. Elles sont regroupées en étonnants capitules sphériques, très décoratifs (*Echinops* vient du grec *echinos*, hérisson, et *opsis*, aspect, pour évoquer la forme des inflorescences). L'*Echinops ritro* supporte bien le calcaire. Il aime les sols rocailleux, bien drainés. Il faut éviter de l'arroser, car il devient alors sensible aux pucerons et à l'oïdium, un champignon qui abîme son feuillage en été.

Multiplication par semis en automne.

Elaeagnus angustifolia (Elaeagnaceae)
Olivier de Bohême, chalef

ORIGINE : Sud de l'Europe, Asie ; HAUTEUR : 5 m et plus ; LARGEUR : 4 m et plus ; EXPOSITION : soleil ; RUSTICITÉ : - 15 °C et plus froid ; CODE DE SÉCHERESSE : 3,5.

Arbuste ou petit arbre, dont la souche émet parfois des rejets. Les feuilles caduques sont grises sur le dessus et argentées sur le revers, elles évoquent des feuilles d'olivier (*Elaeagnus* vient du grec *elaía*, olivier, et *agnos*, nom du *Vitex agnus-castus*, un autre grand arbuste à feuilles caduques). Les rameaux sont munis de fortes épines : c'est un arbuste souvent utilisé pour constituer des haies défensives impénétrables, en association avec *Poncirus trifoliata* et *Hippophae rhamnoides*. Dans notre jardin, ce n'est pas pour ses épines que nous aimons le cultiver, mais pour son odeur remarquable. Les petites fleurs jaunes, délicieusement parfumées, apparaissent en mai. Par temps calme elles peuvent embaumer tout un secteur du jardin, avec leur odeur douce et sucrée, comme du miel. Elles sont suivies en automne par des fruits comestibles, en forme de petites olives, un régal pour les oiseaux. L'*Elaeagnus angustifolia* supporte bien le calcaire. Il est indifférent à la nature du sol, c'est un arbuste robuste, de culture facile. Il résiste parfaitement aux embruns. On peut le tailler en automne pour le maintenir compact, mais attention aux épines des rameaux tombés au sol : rien de tel pour faire crever les roues des brouettes !

Multiplication par semis en automne, ou par boutures de bois sec en hiver.

• *Elaeagnus angustifolia* var. *caspica* est une variété dont les rameaux sont dépourvus d'épines. Les larges feuilles, argentées sur les deux faces, sont très décoratives. Dans notre jardin, c'est une variété qui drageonne plus que l'*Elaeagnus angustifolia* type.

Elaeagnus x *ebbingei*

HAUTEUR : 3 m et plus ; LARGEUR : 2 à 3 m et plus ; EXPOSITION : soleil ou mi-ombre ; RUSTICITÉ : - 15 °C et plus froid ; CODE DE SÉCHERESSE : 2,5.

L'*Elaeagnus* x *ebbingei* est un hybride entre *Elaeagnus macrophylla* et *Elaeagnus pungens*, tous deux originaires du Japon. Ses feuilles persistantes, coriaces, sont gris-vert sur le dessus et argentées sur le revers. Au printemps, les nouvelles pousses s'allongent très rapidement, elles ont une curieuse couleur rouille à reflets argentés. Les petites fleurs blanches apparaissent de septembre à novembre. Elles sont discrètes et se fondent dans le feuillage, mais sont délicieusement parfumées. L'*Elaeagnus* x *ebbingei* supporte bien le calcaire. Il aime les sols souples, bien drainés : il peut facilement chloroser en sol lourd. Attention, c'est un arbuste vigoureux. Il a eu son heure de gloire comme plante pour haie taillée au carré, et toute une génération de jardiniers a passé de longs dimanches à essayer de le maintenir dans les dimensions initialement prévues – mais plus on le taille, plus il pousse ! Il est bien plus adapté aux haies libres, où il pourra se développer à son aise au milieu d'autres grands arbustes à feuillage persistant.

Multiplication par boutures de tronçons en automne, avec de jolies pousses de l'année bien aoûtées, épaisses comme un crayon.

*Ce n'est que dans un jardin sec qu'*Ebenus cretica *dévoile le charme de ses épis soyeux. Si au contraire on l'arrose en été, il dépérit rapidement.*

*Au mois d'août, les têtes hérissées de l'*Echinops ritro *peuplent les étendues arides du causse du Larzac.*

*Les fleurs de l'*Elaeagnus angustifolia var. *caspica se fondent discrètement dans son magnifique feuillage argenté.*

1- *Au jardin exotique de Roscoff, un banc invite au repos, astucieusement placé contre un Elaeagnus x ebbingei. Le promeneur fatigué se laisse envoûter en automne par son parfum délicieux.*

2- *Epilobium canum 'Albiflora' a des tiges souples, étalées ou retombantes.*

3- *Malgré la sécheresse, on peut créer des scènes estivales exubérantes et fleuries. Dans une pluie de pétales blancs, les Gaura lindheimeri se mêlent au rouge feu de l'*Epilobium canum *'Western Hills'.*

Epilobium canum 'Western Hills'
(Onagraceae)

ORIGINE : Sud-Ouest des Etats-Unis ; HAUTEUR : 60 cm ; LARGEUR : 1 m et plus ; EXPOSITION : soleil ; RUSTICITÉ : - 12 à - 15 °C ; CODE DE SÉCHERESSE : 4.

Vivace à feuilles étroites, grises et duveteuses. En climat doux, les feuilles sont parfois semi-persistantes, mais dans notre jardin la végétation sèche entièrement en hiver, la plante prenant un aspect assez vilain à partir du mois de décembre. Nous la retaillons alors au ras du sol, ce qui permet aux nouveaux bourgeons qui percent du sol de former un beau tapis argenté en fin d'hiver. D'année en année, la plante s'étend en largeur grâce à sa forte souche drageonnante : elle peut être assez envahissante ! Les fleurs, remarquablement abondantes, se renouvellent de juillet à octobre, au moment où la plupart des plantes entrent en dormance estivale. De couleur rouge-orange éclatant, elles ont une jolie forme de tube évasé, d'où émerge un long bouquet d'étamines. Elles sont portées par un petit pédicelle enflé, qui deviendra la gousse future, remplie d'une multitude de graines très fines (*Epilobium* vient du grec *epi*, au-dessus, et *lobos*, gousse). L'*Epilobium canum* 'Western Hills' supporte bien le calcaire. Il préfère les sols légers, bien drainés. Avec sa floraison estivale exubérante, c'est l'une des meilleures vivaces pour le jardin sec.
Multiplication par boutures herbacées au printemps.

Il existe de nombreux taxons d'*Epilobium canum*, qui diffèrent par leur port et la couleur des fleurs. Ils fleurissent pour la plupart en fin d'été, plus

tardivement que le cultivar 'Western Hills'. On les trouve parfois sous leur ancien nom de *Zauschneria californica*. En voici quelques-uns qui sont particulièrement beaux dans notre jardin :

• *Epilobium canum* **'Albiflora'** a des feuilles vertes et des fleurs blanc pur. Les tiges souples s'étalent en largeur, la plante drageonne très vigoureusement et forme un bon couvre-sol. Hauteur : 30 cm.

• *Epilobium canum* **'Catalina'** a un beau feuillage soyeux et argenté, qui met en valeur les fleurs rouge corail intense. Hauteur : 60 cm.

• *Epilobium canum* **subsp. angustifolia** a des petites feuilles grises et un port élancé, l'extrémité des tiges se courbant d'un côté sous le poids des fleurs orange vif. La plante drageonne peu. Hauteur : 60 à 80 cm.

• *Epilobium canum* **subsp. garrettii** a des feuilles vertes et des tiges prostrées. La plante forme un bon couvre-sol. Hauteur : 20 à 30 cm.

Eragrostis curvula (Poaceae)
Herbe d'amour

ORIGINE : Sud de l'Afrique ; HAUTEUR DU FEUILLAGE : 60 cm ; HAUTEUR EN FLEUR : 1 m ; LARGEUR : 80 cm à 1 m ; EXPOSITION : soleil ; RUSTICITÉ : - 12 à - 15 °C ; CODE DE SÉCHERESSE : 4.

Graminée à feuilles vertes, linéaires, prenant de jolies teintes dorées en hiver. La plante s'épaissit doucement et finit par former une touffe dense, avec de longues feuilles souples qui s'animent au moindre souffle. Les inflorescences légères apparaissent en été, comme un brouillard d'épillets très fins, disposés en forme de cœur (*Eragrostis* vient du grec *Eros*, amour, et *agrostis*, herbe : certains y voient une allusion à la forme des épillets, d'autres perçoivent l'herbe d'Eros comme une invitation à se coucher dans son feuillage fin et souple). L'*Eragrostis curvula* supporte bien le

calcaire. C'est une graminée de culture facile, peu exigeante sur la nature du sol. Dans les régions ventées, elle est très décorative lorsqu'on la plante en masse, l'ondulation des feuilles formant de grandes vagues qui se renouvellent sans cesse.
Multiplication par semis en automne, ou division des touffes en hiver.

Erica multiflora (Ericaceae)

ORIGINE : Bassin méditerranéen ; HAUTEUR : 60 à 80 cm ; LARGEUR : 60 cm ; EXPOSITION : soleil ou mi-ombre ; RUSTICITÉ : - 12 à - 15 °C ; CODE DE SÉCHERESSE : 4.

Arbrisseau à petites feuilles persistantes étroites, vert foncé. Les rameaux très ramifiés forment une masse dense et arrondie. Les fleurs apparaissent en grappes de clochettes roses, serrées au sommet des tiges, de septembre à décembre. Lorsqu'elles fanent, elles prennent une teinte rousse originale, les inflorescences sèches restant décoratives pendant tout l'hiver. L'*Erica multiflora* se distingue de la plupart des autres bruyères par sa bonne tolérance au calcaire. Elle aime les sols caillouteux, parfaitement drainés, et résiste aux embruns. Dans les calanques de Marseille, on peut en voir des pieds magnifiques, dont la floraison rose émerge en automne des romarins bleu tendre, dans un bel environnement minéral où les falaises blanches plongent dans la mer sombre.
Multiplication par semis au printemps, ou par boutures en automne, en prélevant des pousses latérales non fleuries.

Erigeron karvinskianus (Asteraceae)

ORIGINE : Mexique ; HAUTEUR : 30 cm ; LARGEUR : 40 cm ; EXPOSITION : soleil ou mi-ombre ; RUSTICITÉ : - 10 à - 12 °C ; CODE DE SÉCHERESSE : 3.

Vivace à tiges souples et ramifiées formant une masse dense, plus ou moins étalée. Les petites feuilles, persistantes en climat doux, sont caduques dès que les températures descendent au-dessous de - 5 °C environ. La plante se couvre d'une profusion de petites fleurs en forme de pâquerettes, blanches ou délicatement rosées. La floraison se prolonge d'avril à octobre, avec généralement un repos lors de la sécheresse estivale. La plante se ressème abondamment au bord des allées, entre des dalles ou dans les joints des vieux murs en pierres. Les graines sont en effet facilement dispersées par le vent, grâce à leurs aigrettes de soies blanches (*Erigeron* vient du grec *êri*, tôt, et *geron*, vieillard, par allusion à la houppette de soies blanches qui apparaissent sur les graines dès qu'elles commencent à mûrir). Dans notre jardin, nous aimons associer l'*Erigeron karvinskianus* à *Geranium sanguineum*, *Nepeta* x *faassenii* et *Stipa pennata*, leurs floraisons se mêlant dans une joyeuse scène printanière. L'*Erigeron karvinskianus* supporte bien le calcaire. Il est peu exigeant sur la nature du sol. C'est une plante généreuse, de culture tellement facile qu'il serait dommage de s'en priver dans un jardin méditerranéen.
Multiplication par semis en automne, ou par boutures herbacées au printemps.

Erigeron karvinskianus *et* Nepeta racemosa *se sont spontanément ressemés dans cette petite auge. En laissant les plantes évoluer librement dans le jardin, on découvre d'intéressantes associations naturelles, parfois plus réussies que la conception initiale.*

Erodium trifolium (Geraniaceae)

ORIGINE : Asie Mineure ; HAUTEUR : 25 cm ; LARGEUR : 30 cm ; EXPOSITION : soleil ou mi-ombre ; RUSTICITÉ : - 10 à - 12 °C ; CODE DE SÉCHERESSE : 3.

Vivace à belles feuilles gris-vert, duveteuses, divisées en trois lobes largement arrondis. Les feuilles sont persistantes en hiver et caduques en été : la plante entre en dormance pour traverser la période de sécheresse estivale. Elle vit alors sur ses réserves, qu'elle a accumulées pendant la saison humide dans les grosses racines charnues, en forme de carotte, qui plongent profondément entre les pierres. La floraison illumine le jardin dès la fin de l'hiver : elle commence en février et se prolonge jusqu'en mai, lorsque les dernières fleurs disparaissent en même temps que les feuilles avant l'arrivée brutale de la chaleur. Les fleurs sont très belles : les pétales blancs à texture satinée sont traversés de fines nervures violettes, les deux pétales supérieurs étant rehaussés de larges macules rouge sombre. En fanant, la fleur cède la place au fruit caractéristique des *Erodium* : un fruit enflé, prolongé par un long bec, évoquant la tête d'un héron (*Erodium* vient du grec *erôdios*, héron). Dès que la graine est mûre, le bec s'enroule en une fine spirale qui permet à la graine soit d'être entraînée par le vent, soit de s'accrocher dans les poils des animaux, assurant sa dissémination au loin. La plante se ressème d'ailleurs facilement dans le jardin, et c'est toujours un plaisir de voir ses fleurs magnifiques percer dans un endroit inattendu, entre des cailloux ou au milieu d'autres vivaces. L'*Erodium trifolium* supporte bien le calcaire.

*Insensible à la sécheresse, c'est en plein été que l'*Eryngium amethystinum *déploie ses couronnes de bractées épineuses, d'un remarquable bleu-violet métallique.*

Dès la fin de l'hiver, les Erodium trifolium *illuminent le jardin, faisant signe aux pollinisateurs avec leurs pétales colorés.*

Il est indifférent à la nature du sol, c'est une vivace de culture facile, qui vieillit très bien dans notre jardin.
Multiplication par boutures de racines en fin d'été, ou par semis de graines fraîches, au printemps. Il faut surveiller les graines pour les récolter juste au moment où le bec s'enroule en spirale, avant qu'elles ne soient entraînées par le vent : si on tarde trop, il n'y a plus rien !

Eryngium amethystinum (Apiaceae)

ORIGINE : Sud-Est de l'Europe ; HAUTEUR EN FLEUR : 50 cm ; LARGEUR : 40 cm ; EXPOSITION : soleil ; RUSTICITÉ : - 15 °C et plus froid ; CODE DE SÉCHERESSE : 4.

Vivace à feuilles gris-vert, découpées en segments coriaces et épineux. Le feuillage est généralement caduc, mais la rosette basale peut rester persistante si l'hiver n'est pas trop froid. La plante monte à fleurs en juillet-août, avec des inflorescences largement ramifiées. Les fleurs sont rassemblées en capitules globuleux, entourés à leur base par une couronne de fines bractées épineuses, très décoratives. Les tiges, les fleurs et la couronne de bractées sont d'un remarquable bleu-violet métallique, à reflets argentés. L'*Eryngium amethystinum* supporte bien le calcaire. Il préfère les sols caillouteux, bien drainés. C'est une plante étonnante, qu'on peut facilement mettre en valeur en la plantant au milieu de plantes tapissantes argentées, comme *Artemisia lanata* ou *Tanacetum densum* subsp. *amanii*.
Multiplication par semis en automne. Attention, ça pique, il faut récolter les graines avec des gants !

Eschscholzia californica (Papaveraceae)
Pavot de Californie

ORIGINE : Sud-Ouest des Etats-Unis ; HAUTEUR DU FEUILLAGE : 15 à 20 cm ; HAUTEUR EN FLEUR : 40 cm ; LARGEUR : 30 cm ; EXPOSITION : soleil ; RUSTICITÉ : - 12 à - 15 °C ; CODE DE SÉCHERESSE : 5.

Ne vous laissez pas rebuter par son nom rébarbatif : l'*Eschscholzia* est une vivace toute simple, facile à cultiver. Le feuillage, caduque ou semi-persistant, est divisé en fines lanières vert bleuté. Les fleurs se renouvellent d'avril à septembre et forment de larges coupes jaunes ou orange vif selon les variétés. Les pétales ont un reflet brillant qui rend le coloris des fleurs particulièrement lumineux. Les fleurs sont suivies par des gousses étroites, qui s'ouvrent en fin d'été pour libérer d'innombrables petites graines noires, germant facilement en sol léger. L'*Eschscholzia* se comporte parfois comme une plante annuelle, ou comme une vivace à durée de vie courte – mais la plante se ressème si généreusement qu'elle semble tout à fait pérenne. Dans les zones semi-désertiques de Californie, elle colonise parfois de grandes surfaces, illuminant les collines de ses corolles éclatantes : c'est d'ailleurs la fleur officielle de l'Etat de Californie. Dans la tradition indienne, la sève épaisse et transparente était utilisée pour ses nombreuses propriétés : légèrement narcotique (l'*Eschscholzia* est un cousin du *Papaver somniferum*, l'opium), elle est réputée avoir des propriétés sédatives et aphrodisiaques. L'*Eschscholzia californica* supporte bien le calcaire et résiste aux embruns. Il préfère les sols souples, parfaitement drainés. Il faut veiller à le planter en situation bien ensoleillée, car les fleurs restent fermées lorsqu'elles sont à l'ombre.

Multiplication par semis en automne. On peut semer en godets à repiquer, ou semer directement en place.

• **Eschscholzia californica** var. **maritima** forme une touffe plus compacte, avec un joli feuillage bleu argenté et des fleurs jaune vif. Origine : Californie, sur le littoral. Rusticité : - 10 à - 12 °C. Code de sécheresse : 5.

Euphorbia (Euphorbiaceae)

On reconnaît les euphorbes à leur latex abondant, sorte de sève épaisse et blanche qui se coagule à l'air libre. Le latex le plus connu est celui de l'*Hevea brasiliensis*, une euphorbe arborescente d'origine sud-américaine que l'on saigne pour recueillir la matière première du caoutchouc naturel ("caoutchouc" vient de l'indien *cao*, arbre, et *tchu*, qui pleure). Après vulcanisation, le caoutchouc naturel acquiert une étonnante élasticité : il sert pour la fabrication d'objets aussi divers que les pneus d'avion ou les préservatifs masculins.

Le latex frais des euphorbes peut provoquer des irritations ou des brûlures sur la peau. Il a longtemps été utilisé pour ses propriétés médicinales. Le nom *Euphorbia* a d'ailleurs été donné au Ier siècle après J.-C. par le roi Juba II de Mauritanie, en l'honneur de son médecin Euphorbos. Juba II avait découvert dans les montagnes de l'Atlas une plante (sans doute *Euphorbia resinifera* ou *Euphorbia echinus*) au latex particulièrement brûlant : son médecin Euphorbos l'expérimentait pour guérir la syphilis. Les auteurs anciens citent de nombreuses autres propriétés du latex des euphorbes. Pour soigner les caries, il fallait par exemple verser une goutte de latex d'*Euphorbia characias* dans la dent creuse, en ayant toutefois pris la précaution de protéger auparavant les gencives avec de la cire, sinon toutes les dents risquaient de tomber à la suite du traitement. Pline évoque une manière radicale de soigner les morsures des serpents : quel que soit l'endroit de la morsure, il fallait faire une incision au sommet du crâne du patient, pour y verser des gouttes de latex jusqu'à ce que la guérison s'ensuive. Pour les sujets atteints de phlegme, il suggère cette fois une cuillerée de graines d'*Euphorbia pithyusa* introduites en suppositoire : je ne vous conseille pas d'essayer ! Comme remède plus doux, on trouve actuellement au Sud du Maroc un étonnant miel d'euphorbe (provenant d'*Euphorbia regis-jubae* – l'euphorbe du roi Juba – qui pousse sur le littoral atlantique près du cap Rihr). On peut acheter ce miel sur la route entre Essaouira et Agadir, à des marchands ambulants qui promettent la guérison de tous rhumes, bronchites et angines. Clara et moi l'avons goûté l'an passé : la première sensation est délicieuse, on dirait un miel de lavande. Puis soudain la bouche prend feu, une véritable brûlure de la gorge qui descend lentement vers les poumons : pas d'erreur, c'est bien du miel d'euphorbe !

Euphorbia ceratocarpa

ORIGINE : Sicile ; HAUTEUR : 60 à 80 cm, parfois plus ; LARGEUR : 80 cm à 1 m ; EXPOSITION : soleil ou mi-ombre ; RUSTICITÉ : - 10 à - 12 °C ; CODE DE SÉCHERESSE : 4.

Vivace à feuilles persistantes, longues et vertes, sillonnées par une grosse nervure pâle. La végétation dense forme un dôme élégant, la base des tiges prenant d'intéressantes couleurs rouges en se lignifiant. Les inflorescences très ramifiées, jaune éclatant, s'épanouissent de mai à juillet. Les fleurs sont suivies par de petites capsules couvertes de protubérances allongées, en forme de corne (*ceratocarpa* vient du grec *keras*, corne, et *karpos*, fruit). Comme pour toutes les euphorbes, ces capsules

Pendant de longs mois, Euphorbia ceratocarpa *forme une masse lumineuse, très décorative.*

explosent à maturité avec un bruit sec, éjectant les nombreuses graines à plusieurs mètres à la ronde. L'*Euphorbia ceratocarpa* supporte bien le calcaire. Elle est indifférente à la nature du sol, c'est une vivace généreuse et robuste, de culture facile.

Multiplication par semis en automne, ou boutures herbacées au printemps.

Euphorbia characias subsp. characias

ORIGINE : Ouest du Bassin méditerranéen ; HAUTEUR : 80 cm ; LARGEUR : 60 à 80 cm ; EXPOSITION : soleil ; RUSTICITÉ : - 12 à - 15 °C ; CODE DE SÉCHERESSE : 5.

Vivace à tiges nombreuses, formant une belle touffe arrondie. Les longues feuilles persistantes, gris bleuté, sont tournées vers le bas, formant une jupe serrée le long des tiges. En février apparaît une grande inflorescence cylindrique dont l'extrémité se déroule d'abord en forme de crosse, puis s'épanouit pleinement de mars à juin. Les cyathes vert acide sont ornés de glandes sombres de couleur rouge-marron, parfois violettes ou noires. L'*Euphorbia characias* se ressème très facilement dans le jardin. On peut l'utiliser comme plante pionnière pour coloniser les talus ou les espaces sauvages en fond de jardin, en association par exemple avec *Centranthus ruber* et *Dorycnium hirsutum*. Elle supporte bien le calcaire. Elle préfère les sols pauvres, caillouteux, bien drainés. La plante vieillit bien, mais chaque tige a une durée de vie de deux ans : elle s'allonge la première année, puis fleurit au printemps suivant et se dessèche entièrement après la floraison. En automne, on peut tailler court toutes les tiges qui ont fleuri, pour que la plante garde un aspect plus décoratif en hiver – il vaut mieux mettre des gants pour se protéger du latex.

Multiplication par semis en automne.

• **Euphorbia characias** subsp. **wulfenii** a une végétation vigoureuse qui forme une remarquable

Euphorbia echinus *dans l'Atlas. En raison des utilisations médicinales du latex, le roi Juba II de Mauritanie a donné aux euphorbes le nom de son médecin, Euphorbos.*

architecture régulière, très décorative. Lorsque la crosse de l'inflorescence se déroule en fin d'hiver, elle dégage une délicieuse odeur de café fraîchement moulu, très surprenante. Les grandes inflorescences forment ensuite des colonnes massives et spectaculaires : elles sont d'un coloris très lumineux, le jaune brillant des glandes nectarifères se mêlant au vert acide des cyathes. L'*Euphorbia characias* subsp. *wulfenii* est l'une des plantes les plus décoratives de notre jardin, chaque année en fin d'hiver – si nous ne devions planter qu'une seule espèce d'euphorbe, ce serait celle-là ! Hauteur : 1 à 1,50 m. Largeur : 1,25 m. Origine : Est du Bassin méditerranéen.

Euphorbia corallioides

ORIGINE : Sud de l'Italie, Sicile ; HAUTEUR : 30 cm ; LARGEUR : 40 cm ; EXPOSITION : soleil ou mi-ombre ; RUSTICITÉ : - 15 °C et plus froid ; CODE DE SÉCHERESSE : 3.

Vivace à feuilles vertes, semi-persistantes. En automne la plante se défeuille partiellement, laissant apparaître durant tout l'hiver les étonnantes tiges rouge vif (*corallioides* vient du latin *corallium*, corail). Les inflorescences jaune lumineux apparaissent de mai à juillet. La plante a une durée de vie courte (elle est parfois considérée comme une bisannuelle), mais elle se ressème facilement, ce qui fait qu'on la conserve sans

Euphorbia corallioides est peu exigeante sur la nature du sol. Très adaptable, elle fleurit aussi bien au soleil qu'à la mi-ombre.

LA SEXUALITÉ DES EUPHORBES, UNE HISTOIRE DE GLANDES ET DE LATEX

Tout en pollinisant cette euphorbe, une fourmi gourmande lèche consciencieusement ses glandes vertes, toutes luisantes de nectar.

Les euphorbes ont des inflorescences curieuses. Ce n'est pas la peine de chercher les pétales, il n'y en a pas. A la place de la corolle, ce sont les feuilles et les bractées qui sont brillamment colorées pour attirer les insectes. En observant de près une *Euphorbia rigida* en fleur, on peut voir au sommet de chaque pédicelle un petit réceptacle jaune vif, formé par deux bractées soudées en forme de cupule, dans lequel sont rassemblés les organes floraux : c'est ce que les botanistes appellent le cyathe (du latin *cyathium*, petit vase qui servait à puiser le vin dans les cratères). Au centre du cyathe trône une fleur femelle, solitaire et nue : sans sépales ni pétales, elle est composée uniquement d'un ovaire coiffé d'une fine touffe de stigmates, qui recueillent délicatement le pollen sous le ventre des pollinisateurs. Pour favoriser la diversité génétique en empêchant l'autopollinisation, la fleur femelle s'épanouit bien avant les fleurs mâles qui l'entourent dans le cyathe. Lorsque les fleurs mâles se développent à leur tour, la fleur femelle s'est déjà couchée au bord du cyathe, l'ovaire fécondé se transformant en lourde capsule pendante, qui explosera plus tard pour expulser au loin les graines arrivées à maturité. Les fleurs mâles sont réduites à leur plus simple expression : une couronne d'étamines dressées qui exhibent leur petite masse de pollen jaune vif. Pour mieux attirer les pollinisateurs, le cyathe abrite aussi quatre belles glandes rouges, toutes luisantes de nectar : un vrai délice pour les insectes. Toutes les parties de l'inflorescence laissent perler du latex toxique dès qu'on les sectionne : dans la subtile mécanique sexuelle des euphorbes, tout est poison mortel pour l'ennemi herbivore, mais tendresse et douceur pour les insectes pollinisateurs.

problème dans le jardin. L'*Euphorbia corallioides* supporte bien le calcaire. Elle est indifférente à la nature du sol, elle prospère même en sol lourd, sec en été et humide en hiver.

Multiplication par semis en automne.

Euphorbia cyparissias

ORIGINE : Europe ; HAUTEUR : 20 à 30 cm ; LARGEUR : 1 m et plus ; EXPOSITION : soleil ou mi-ombre ; RUSTICITÉ : - 15 °C et plus froid ; CODE DE SÉCHERESSE : 3.

Vivace à feuilles très fines, d'un joli vert tendre. Les jeunes pousses qui percent du sol au printemps évoquent un jeune semis de cyprès (*cyparissias* vient du grec *kuparissos*, cyprès). La végétation est entièrement caduque en hiver, et la souche se propage par de longs rhizomes, pour former un couvre-sol envahissant. Les inflorescences jaune-vert lumineux, très abondantes, recouvrent toute la plante de mars à juin. L'*Euphorbia cyparissias* supporte bien le calcaire. Elle est indifférente à la nature du sol. On peut s'en servir pour couvrir le sol en

*Détail d'une inflorescence d'*Euphorbia rigida. *Déjà fécondée, l'unique fleur femelle s'est transformée en lourde capsule ventrue. Guettant le passage des insectes, les étamines jaune vif se dressent autour des glandes nectarifères rouges.*

créant de grandes taches de lumière au pied d'arbustes à feuillage sombre. Les tapis jaune acide d'*Euphorbia cyparissias* forment par exemple un beau contraste au mois de mars avec des romarins à fleurs bleu foncé, comme les cultivars 'Corsican Blue', 'Ulysse' ou 'Sappho'.

Multiplication par division en automne, ou boutures de jeunes pousses herbacées au printemps, en récoltant des pousses non fleuries.

• *Euphorbia cyparissias* **'Clarice Howard'** forme un tapis bas, ne dépassant pas 15 à 20 cm. Elle a de jeunes pousses violacées qui créent un joli contraste avec la floraison.

• *Euphorbia cyparissias* **'Tall Boy'** est une forme à végétation plus haute, qui possède des rhizomes puissants. Elle se plaît dans les talus sauvages, où on peut l'associer à d'autres plantes envahissantes, comme *Achillea nobilis* ou *Potentilla reptans*.

Euphorbia dendroides

ORIGINE : Bassin méditerranéen ; HAUTEUR : 1 à 1,50 m, parfois plus ; LARGEUR : 1 à 1,50 m ; EXPOSITION : soleil ; RUSTICITÉ : - 6 à - 8 °C ; CODE DE SÉCHERESSE : 5.

Arbuste à feuilles étroites et allongées, vertes. Les feuilles, persistantes en hiver, sont caduques en été : la plante entre en repos quand la chaleur arrive, pour traverser l'été sans souffrir de la sécheresse. Elle décore le jardin à contre-saison : avant de tomber, le feuillage prend au mois de juin d'étonnantes "couleurs d'automne", jaunes, orange ou violacées, très décoratives. En octobre au contraire, avec les premières pluies d'automne, elle se couvre de nouvelles pousses d'un joli vert tendre, comme une végétation printanière. Les fleurs jaune-vert apparaissent en avril. La plante forme une masse régulière à branches ramifiées, comme la couronne d'un arbre miniature (*dendroides* vient du grec *dendron*, arbre). Sa silhouette ronde caractérise de nombreux paysages du littoral méditerranéen, en particulier sur les îles : que ce soit en Sardaigne, en Crète ou à Chypre, on la voit perchée au sommet des falaises côtières ou sur les talus rocheux tombant en forte pente vers la mer. L'*Euphorbia dendroides* supporte bien le calcaire et résiste aux embruns. Elle préfère les sols pauvres, caillouteux, parfaitement drainés.

Multiplication par semis en automne.

Euphorbia mellifera

ORIGINE : Madère, îles Canaries ; HAUTEUR : généralement 1,50 à 2 m en jardin (jusqu'à 15 m dans la nature !) ; LARGEUR : environ 2 m en jardin ; EXPOSITION : soleil ou mi-ombre ; RUSTICITÉ : - 8 à - 10 °C ; CODE DE SÉCHERESSE : 3.

Cette grande euphorbe, qui se développe comme un véritable arbre aux îles Canaries, ne dépasse généralement pas la taille d'un petit arbuste dans les jardins du Sud de la France. Les grandes feuilles persistantes, vertes, sont marquées d'une large nervure centrale blanchâtre. La plante a une belle silhouette architecturale, très décorative. Sa végétation vigoureuse forme une masse arrondie dense, avec de longues feuilles serrées à l'extrémité des tiges. Les inflorescences brun orangé s'épanouissent en mai-juin, elles dégagent un agréable parfum de miel. L'*Euphorbia mellifera* pousse en sol acide, neutre ou légèrement calcaire. Elle préfère un sol souple et profond, bien drainé. Elle pousse bien dans notre jardin, mais c'est en Bretagne que nous avons vu les plus beaux exemplaires (au jardin de la Retraite à Quimper et au jardin exotique de Roscoff) : elle est parfaitement à l'aise dans la douceur du climat atlantique.

Multiplication par semis en automne, ou par boutures herbacées au printemps.

Euphorbia myrsinites

ORIGINE : Sud de l'Europe, Afrique du Nord, Asie centrale ; HAUTEUR : 20 cm ; LARGEUR : 40 à 50 cm ; EXPOSITION : soleil ; RUSTICITÉ : - 15 °C et plus froid ; CODE DE SÉCHERESSE : 5.

Vivace à belles feuilles persistantes gris bleuté, épaisses, presque succulentes. Les feuilles, ovales et pointues, évoquent la forme des feuilles de myrte (*myrsinites* vient de *myrsine*, le nom grec du myrte). Elles sont joliment disposées en spirale serrée le long des tiges. La plante a une architecture originale, très décorative, avec ses tiges prostrées rayonnant comme des tentacules à partir du centre. Les inflorescences abondantes, couchées sur le sol, se renouvellent de mars à juin, avec des cyathes gris-vert ornés de glandes nectarifères jaune intense. La plante se ressème facilement dans notre jardin. C'est une excellente plante de rocaille, que nous aimons associer à *Globularia alypum* ou *Lithodora fruticosa*, pour créer de jolies scènes jaune et bleu en début de printemps. L'*Euphorbia myrsinites* supporte bien le calcaire. Elle préfère les sols pauvres, caillouteux, parfaitement drainés.

Multiplication par semis en automne.

*Dans ce jardin sans arrosage, l'entretien est très réduit. Les vivaces et les arbustes occupent la totalité du sol, limitant la germination des adventices. Le tapis jaune acide d'*Euphorbia cyparissias *brille au premier plan.*

Euphorbia myrsinites *se ressème très facilement dans les rocailles et les vieux murs.*

Pour résister à la sécheresse, Euphorbia dendroides vit à contre-saison. En fin de printemps, elle se pare de riches "couleurs d'automne", qui animent l'austérité des falaises calcaires.

Euphorbia rigida

ORIGINE : Bassin méditerranéen, Asie Mineure ; HAUTEUR : 50 cm ; LARGEUR : 60 cm ; EXPOSITION : soleil ; RUSTICITÉ : - 15 °C et plus froid ; CODE DE SÉCHERESSE : 5.

Vivace à feuilles persistantes pointues, bleu argenté. Comme chez l'*Euphorbia myrsinites*, les feuilles sont joliment disposées en spirale le long des tiges – mais ici les tiges ont un port dressé, raide. La première fois que nous avons vu cette euphorbe, c'était en novembre dans les montagnes du Taurus, sur le chemin du mont Olympe (celui de Turquie), au-dessus de Chimère : il faisait froid et les *Euphorbia rigida* avaient déjà pris leur belle couleur hivernale. Depuis, nous en mettons un peu partout dans notre jardin, car c'est une plante qui attire le regard à toutes les saisons. En été, le gris métallique des feuilles commence à se teinter de reflets rose pâle. En automne et en hiver, les feuilles se parent d'étonnantes teintes rouge violacé : plus il fait froid, plus la plante se colore. Dès le mois de janvier, les inflorescences apparaissent en ombelles à l'extrémité des tiges, d'un magnifique jaune lumineux : c'est l'une des vivaces les plus attractives dans le jardin en fin d'hiver. Au fur et à mesure que la saison avance, l'inflorescence se transforme et devient encore plus belle. Les fleurs femelles se changent en lourdes capsules pendantes, couleur chocolat, les bractées du cyathe deviennent jaune-vert acide, alors que les glandes nectarifères virent au rouge flamboyant, bien visible de loin : une véritable fête pour les pollinisateurs comme pour les yeux du jardinier. L'*Euphorbia rigida* supporte bien le calcaire. Elle préfère un sol pauvre, bien drainé.
Multiplication par semis en automne.

Euphorbia spinosa

ORIGINE : Bassin méditerranéen ; HAUTEUR : 30 cm ; LARGEUR : 50 à 60 cm ; EXPOSITION : soleil ; RUSTICITÉ : - 12 à - 15 °C ; CODE DE SÉCHERESSE : 4.

Sous-arbrisseau à toutes petites feuilles serrées, vert sombre, persistantes. Les nombreux rameaux imbriqués forment un coussin bas, dense et parfaitement régulier, très décoratif en rocaille. Les petites inflorescences jaune-vert, très abondantes, recouvrent entièrement la plante en mai-juin. Après la floraison, les pédicelles des inflorescences durcissent et donnent à la plante un aspect légèrement épineux. L'*Euphorbia spinosa* supporte bien le calcaire. Elle préfère un sol pauvre, caillouteux, parfaitement drainé. On peut l'associer à d'autres plantes formant des coussins denses, comme *Rhodanthemum hosmariense* ou *Scabiosa hymnetia*.

Multiplication par semis en automne ou par boutures herbacées en début de printemps, juste avant l'allongement des tiges qui marque le début de la floraison.

Parmi les très nombreuses autres espèces d'euphorbes qui existent, en voici quelques-unes qui se plaisent particulièrement dans notre jardin :

• **Euphorbia acanthothamnos** a de petites feuilles vert tendre, persistantes en hiver. Elle se couvre au printemps de minuscules inflorescences jaune-vert. En été elle perd toutes ses feuilles, se transformant en un curieux coussin d'épines enchevêtrées (*acanthothamnos* vient du grec *ákantha*, épine, et *thamnos*, buisson). C'est une plante de rocaille qui nécessite un sol parfaitement drainé, sans quoi elle vieillit mal : elle est malheureusement morte dans notre jardin lors d'un hiver trop pluvieux, il y a quelques années. Nous en cherchons des graines pour la planter à nouveau, cette fois dans un emplacement mieux drainé. Origine : Grèce, Turquie. Rusticité : - 8 à - 10 °C. Code de sécheresse : 5.

• **Euphorbia amygdaloides**, l'euphorbe des bois, a de longues feuilles persistantes vertes (*amygdaloides* signifie "à feuilles d'amandier"). Les tiges épaisses ont une belle coloration rouge. Les grandes

1- Euphorbia spinosa forme un coussin parfaitement régulier, ornemental toute l'année.

*2- Avec les premiers froids de l'hiver, les feuilles argentées d'*Euphorbia rigida *se colorent de reflets violacés.*

3- Euphorbia amygdaloides se plaît en lisière de sous-bois. Dans les montagnes du Taurus, elle pousse dans les clairières caillouteuses, entourée d'arbres de Judée, de styrax officinal et de cèdres.

Solidement ancrée dans la roche, Euphorbia acanthothamnos *se perche au sommet des falaises dominant la mer de Libye, dans le Sud de la Crète.*

inflorescences cylindriques, vert tendre, apparaissent en avril-mai. C'est à l'ombre ou à la mi-ombre, au pied des arbres, que cette euphorbe prospère le mieux. Origine : Europe, Afrique du Nord, Turquie, Caucase. Rusticité : - 15 °C et plus froid. Code de sécheresse : 2.

• **Euphorbia x martinii** est l'hybride naturel entre *Euphorbia characias* et *Euphorbia amygdaloides*. Elle a des feuilles persistantes gris-vert qui contrastent avec les tiges bien rouges. Les inflorescences cylindriques apparaissent de mars à juin, avec des cyathes jaune-vert lumineux ornés de glandes nectarifères rouges, très décoratives. La plante se plaît à la mi-ombre. Rusticité : - 12 à - 15 °C. Code de sécheresse : 3.

• **Euphorbia nicaensis** a de belles feuilles persistantes épaisses, gris bleuté, et des tiges plus ou moins dressées. Les inflorescences jaune-vert lumineux apparaissent de mai à juillet. Origine : du Sud de l'Europe à l'Asie centrale. Rusticité : - 15 °C et plus froid. Code de sécheresse : 5.

• **Euphorbia paralias** a des feuilles persistantes étroites, vert bleuté, densément disposées le long des tiges souples, fines et élégantes. Les inflorescences vertes apparaissent au sommet des tiges de juin à août. Dans la nature, la plante ne s'éloigne guère des zones sableuses du littoral (*paralias* signifie "côtier" en grec), mais dans le jardin on peut l'acclimater en rocaille, si le sol est pauvre et parfaitement drainé. Origine : littoral d'Europe et d'Afrique du Nord. Rusticité : - 12 à - 15 °C. Code de sécheresse : 5.

• **Euphorbia pithyusa** a de jolies feuilles persistantes, bleu argenté, serrées sur les tiges. Les inflorescences apparaissent de mai à août, avec des cyathes verts munis de glandes nectarifères orange. Origine : Bassin méditerranéen, sur rochers ou sable près du littoral. Rusticité : - 10 à - 12 °C. Code de sécheresse : 5.

Au sud d'Essaouira, au Maroc, Euphorbia paralias *colonise le sable et les rochers du littoral.*

1- *Précédant les hampes florales spectaculaires, les jeunes pousses de* Ferula communis *s'allongent rapidement au printemps.*

2- *Massif de graminées au jardin botanique de Barcelone.* Leymus arenarius *en haut,* Festuca valesiaca *var.* glaucantha *à droite, et* Festuca glauca *'Elijah Blue' au premier plan.*

3- *Festuca valesiaca* var. glaucantha *et* Stipa tenuissima. *Le feuillage des graminées est parfait pour assouplir le tracé géométrique d'un passage dallé.*

Ferula communis (Apiaceae)
Grande férule

ORIGINE : Bassin méditerranéen ; HAUTEUR DU FEUILLAGE : 60 cm ; HAUTEUR EN FLEUR : 2 à 3 m ; LARGEUR : 60 à 80 cm ; EXPOSITION : soleil ; RUSTICITÉ : - 10 à - 12 °C ; CODE DE SÉCHERESSE : 5.

Vivace à feuillage finement divisé en longues folioles linéaires, d'aspect léger, très décoratif. Les feuilles, qui apparaissent avec les premières pluies en automne, restent persistantes tout l'hiver. Perçant directement du sol, la hampe florale puissante s'élève rapidement au printemps, jusqu'à ce qu'elle atteigne 2 à 3 mètres de hauteur. En mai-juin elle donne naissance à de larges ombelles hémisphériques, portant chacune des centaines de petites fleurs jaune vif. En début d'été, le feuillage se dessèche et la plante entre en repos, traversant la période de sécheresse estivale grâce aux réserves contenues dans ses rhizomes tubéreux. Marquant l'emplacement de la plante, il ne reste alors que la longue tige sèche de l'inflorescence, étonnante par sa légèreté et sa résistance : cette tige était utilisée par les maîtres d'école pour corriger les élèves dissipés (*Ferula* vient du latin *ferire*, frapper). La tige creuse renferme une moelle fibreuse, qui a la propriété de se consumer lentement sans endommager l'écorce. Elle était utilisée dans l'Antiquité pour transporter le feu d'un lieu à un autre. La *Ferula communis* supporte bien le calcaire. Elle aime les sols pauvres, caillouteux, bien drainés. On dit parfois qu'elle peut se comporter comme une annuelle si on la laisse porter ses graines, mais dans notre jardin c'est une vivace bien fidèle, aussi robuste que spectaculaire. Nous aimons la faire émerger des massifs d'arbustes à feuillages sombres, myrtes, filarias ou pistachiers, son inflorescence géante donnant une touche sauvage aux zones un peu trop strictes du jardin.
Multiplication par semis en automne.

Festuca valesiaca var. *glaucantha* (Poaceae)

ORIGINE : Europe ; HAUTEUR DU FEUILLAGE : 25 cm ; HAUTEUR EN FLEUR : 50 cm ; LARGEUR : 30 cm ; EXPOSITION : soleil ; RUSTICITÉ : - 15 °C et plus froid ; CODE DE SÉCHERESSE : 4.

Touffe de feuilles persistantes linéaires, gris bleuté. Les nombreux épillets gris bleuté apparaissent en avril-mai, puis mûrissent en prenant une jolie couleur dorée, et persistent sur la plante tout l'été. La *Festuca valesiaca* var. *glaucantha* supporte bien le calcaire. Elle aime les sols souples, assez profonds, bien drainés. C'est une graminée sympathique pour alléger rocailles et bordures, où on peut la mêler à d'autres plantes argentées, comme *Stachys cretica* ou *Artemisia caerulescens* subsp. *gallica*.
Multiplication par division en hiver (le semis donne des plantes de couleur irrégulière, plus ou moins vertes ou bleutées).

• *Festuca glauca* **'Elijah Blue'** forme une touffe compacte de feuilles d'un remarquable bleu argenté, surmontée d'épillets argentés, très décoratifs. Origine : Europe. Rusticité : - 15 °C et plus froid. Code de sécheresse : 2.

Ficus pumila (Moraceae)

Origine : Est de l'Asie ; Hauteur et largeur : 5 m ; Exposition : soleil ou ombre ; Rusticité : - 8 à - 10 °C durant de courtes périodes ; Code de sécheresse : 3.

Grimpante à petites feuilles persistantes, d'un joli vert frais. Les tiges adhèrent solidement aux supports grâce à des racines aériennes, sécrétant un latex translucide qui durcit en séchant comme du ciment. En quelques années, la plante forme une étonnante tapisserie verte, épousant parfaitement les supports. Lorsque la plante est adulte, elle produit à l'extrémité des tiges une végétation différente, d'aspect arbustif, à grandes feuilles épaisses, luisantes et coriaces. Elle porte alors des fruits en forme de figues (c'est un cousin éloigné du figuier), de couleur vert clair, dont les graines sont parfois consommées en Asie. Le Ficus pumila supporte bien le calcaire. Il se plaît en sol souple, assez profond. C'est une plante de culture facile, très utile pour garnir les murs à l'ombre, où elle prospère même dans les recoins les plus sombres.

Multiplication par boutures herbacées au printemps.

Fremontodendron 'California Glory' (Sterculiaceae)

Origine des parents : Californie ; Hauteur : 3 à 4 m ; Largeur : 2 à 3 m ; Exposition : soleil ; Rusticité : - 10 à - 12 °C (en zone froide l'arbuste est souvent palissé contre une façade pour qu'il profite de l'inertie thermique du mur) ; Code de sécheresse : 4.

Le Fremontodendron 'California Glory' est un hybride entre Fremontodendron californicum et Fremontodendron mexicanum. C'est un arbuste ramifié dont les jeunes rameaux sont couverts de poils étoilés qui peuvent être irritants lorsqu'on les touche. Les feuilles persistantes, vert mat sur le dessus, couvertes d'un duvet gris doré sur le revers, sont lobées comme de petites feuilles de figuier. En avril-mai l'arbuste se couvre de fleurs magnifiques, d'une remarquable couleur jaune intense. L'aspect brillant, très attractif, de la fleur vient du nectar qui perle doucement de son cœur. Ce nectar réfléchit la lumière et sert de repère aux abeilles qui pollinisent le Fremontodendron dans son milieu naturel : elles perçoivent de loin les fleurs les plus brillantes, ce qui leur permet de s'orienter directement vers celles qui ont le plus de nectar. Le Fremontodendron 'California Glory' supporte bien le calcaire. Il préfère les sols pauvres, caillouteux, parfaitement drainés. Attention, il dépérit très facilement si le sol reste humide en été : comme pour les céanothes, il ne faut surtout pas l'arroser une fois qu'il est bien installé. Pour assurer la reprise la première année, il faut l'arroser en profondeur, à intervalles espacés pour que le sol puisse bien sécher entre chaque arrosage. Comme beaucoup de plantes liées à l'écologie du feu dans le *chaparral*, c'est un arbuste dont la durée de vie est relativement courte, de l'ordre de dix à douze ans – mais on lui pardonne aisément car sa floraison est absolument spectaculaire.

Multiplication par boutures semi-aoûtées en automne. La multiplication est difficile, et le taux d'enracinement est généralement faible.

Gaura lindheimeri (Onagraceae)

Origine : Texas, Mexique ; Hauteur en fleur : 1 m ; Largeur : 60 à 80 cm ; Exposition : soleil ou mi-ombre ; Rusticité : - 12 à - 15 °C ; Code de sécheresse : 4.

Vivace à feuilles caduques, conservant parfois une rosette basale de feuilles persistantes en climat doux. Les feuilles allongées, vertes, sont irrégulièrement ponctuées de taches rouges. De mai à septembre, avec une générosité exceptionnelle, la plante porte d'innombrables fleurs blanc pur, qui virent doucement au rose avant de faner. Avec ses longues tiges légères et ramifiées, la plante semble insensible au vent ou à la sécheresse, gardant tout l'été une silhouette élégante et fière (*Gaura* vient du grec *gauros*, superbe, fier). Le Gaura lindheimeri supporte bien le calcaire. Il est indifférent à la nature du sol. Il se ressème très facilement : dans notre jardin, nous le laissons boucher spontanément les trous dans les massifs d'arbustes et de vivaces, qu'il vient éclairer de ses inflorescences joyeuses. Avec les *Perovskia*, les *Epilobium* ou les *Verbena bonariense*, il fait partie des vivaces incontournables pour donner de la couleur en été dans un jardin sec.

Multiplication par semis en automne, ou par boutures herbacées en début de printemps.

Avec Fremontodendron 'California Glory', *pas moyen de tricher : si on l'arrose en période de chaleur estivale, il dépérit en quelques semaines.*

Avec sa floraison aussi légère qu'abondante, Gaura lindheimeri *est une vivace incontournable pour amener de la couleur en été dans le jardin sec.*

A proximité du désert du Namaqualand, les Gazania éclairent les pentes rocheuses sur la côte ouest, en Afrique du Sud. Le brouillard maritime qui envahit la côte tous les soirs permet à une flore diversifiée de survivre, malgré la pluviométrie très faible.

Gazania rigens (Asteraceae)

ORIGINE : Afrique du Sud ; HAUTEUR : 20 cm ; LARGEUR : 40 à 50 cm ; EXPOSITION : soleil ; RUSTICITÉ : - 4 à - 6 °C ; CODE DE SÉCHERESSE : 2,5.

Vivace à feuilles persistantes allongées, duveteuses. En hiver, les feuilles sont gris-vert, mais en été, lorsqu'il fait bien chaud, elles prennent une remarquable couleur blanc argenté, très attractive. Les tiges étalées s'enracinent au contact du sol, et la plante forme un beau couvre-sol en coussin dense. Les belles fleurs lumineuses, jaune vif ou orange selon les variétés, s'épanouissent d'avril à juin, se mariant agréablement avec le feuillage clair. La floraison remonte parfois légèrement en automne, se prolongeant alors jusqu'aux premières gelées. Le *Gazania rigens* supporte bien le calcaire. Il est peu exigeant sur la nature du sol, mais il résiste mieux au froid en sol sec, bien drainé.
Multiplication par boutures herbacées en automne ou au printemps.

Genista aetnensis (Fabaceae)
Genêt de l'Etna

ORIGINE : Sardaigne, Sicile ; HAUTEUR : 4 m et plus ; LARGEUR : 2 m et plus ; EXPOSITION : soleil ; RUSTICITÉ : - 10 à - 12 °C ; CODE DE SÉCHERESSE : 5.

Arbuste élégant à port souple, légèrement pleureur. Les longs rameaux sont presque dépourvus de feuilles, la photosynthèse étant assurée directement par la chlorophylle des tiges, qui sont de couleur verte. En juin la plante se couvre de petites fleurs jaunes, au doux parfum de miel. Le *Genista aetnensis* supporte bien le calcaire. Il est peu exigeant sur la nature du sol, c'est un arbuste robuste, de culture facile. Dans les montagnes de Sardaigne, nous l'avons vu pousser dans le lit asséché des rivières, sa silhouette jaune émergeant des belles touffes bleues

Les fleurs de Gazania rigens s'ouvrent au soleil et se referment tous les soirs.

des *Vitex agnus-castus* : nous avons reproduit cette association dans notre jardin.
Multiplication par semis en automne, après traitement des graines à l'eau chaude : on verse sur les graines de l'eau bouillante, puis on les laisse gonfler pendant toute une nuit.
• *Genista hispanica* est un sous-arbrisseau formant un coussin épineux, très dense. La plante disparaît sous la masse de fleurs jaune intense, en avril-mai. Origine : Sud-Ouest de l'Europe. Rusticité : - 12 à - 15 °C. Code de sécheresse : 4.

Geranium sanguineum (Geraniaceae)
Bec de grue

ORIGINE : Europe, Turquie ; HAUTEUR : 20 cm ; LARGEUR : 40 cm et plus ; EXPOSITION : soleil ou ombre ; RUSTICITÉ : - 15 °C et plus froid ; CODE DE SÉCHERESSE : 4.

Vivace à feuilles découpées, persistantes ou semi-persistantes, prenant une coloration rouge plus ou moins marquée en automne et en hiver. De croissance assez lente, la plante se propage en largeur grâce à ses rhizomes et forme à terme un bon couvre-sol s'épaississant d'année en année. Les belles fleurs rose-violet vif se renouvellent d'avril à juillet, et la floraison remonte légèrement à l'automne. Les fruits du *Geranium* sont prolongés par un long bec caractéristique, évoquant un bec de grue (*Geranium* vient du grec *geranos*, grue). Le *Geranium sanguineum* supporte bien le calcaire. Dans la nature, il pousse le plus souvent en sol caillouteux, mais dans les jardins il est indifférent à la nature du sol : il se plaît même dans les sols très argileux. Comme il supporte bien la concurrence racinaire des arbres, il est souvent planté en lisière de sous-bois, où il forme un excellent couvre-sol. Il se ressème facilement, souvent au travers d'autres vivaces tapissantes, comme *Thymus ciliatus* ou *Phyla nodiflora* : nous aimons le laisser coloniser librement les parcelles d'alternative au gazon qu'il vient égayer de ses jolies fleurs printanières.
Multiplication par boutures de racines en hiver.
• *Geranium sanguineum* 'Album' a des fleurs blanc pur. Nous aimons l'utiliser pour éclairer les zones ombragées du jardin.
• *Geranium sanguineum* var. *lancastriense* a de jolies fleurs rose pâle, finement striées de rose violacé.
• *Geranium macrorrhizum* forme un bon couvre-sol grâce à ses longs rhizomes (*macrorrhizum* vient du grec *makros*, grand, et *rhiza*, racine). Il se développe mieux à l'ombre, dans un sol souple, assez profond. Ses feuilles duveteuses dégagent lorsqu'on les froisse une odeur remarquable, âcre et puissante, évoquant la rhubarbe. Les fleurs rose pourpre se renouvellent d'avril à juin. Origine : Sud de l'Europe. Rusticité : - 15 °C et plus froid. Code de sécheresse : 3.

Globularia alypum (Globulariaceae)

ORIGINE : Bassin méditerranéen ; HAUTEUR : 50 cm ; LARGEUR : 40 cm ; EXPOSITION : soleil ; RUSTICITÉ : - 12 à - 15 °C ; CODE DE SÉCHERESSE : 6.

Les fleurs de Geranium sanguineum *var.* lancastriense *brillent dans la lumière du soir.*

Arbrisseau à petites feuilles persistantes, épaisses et coriaces, gris bleuté. Chaque année, la floraison est un moment de surprise. En plein hiver, sans se soucier du mauvais temps, les gros boutons globuleux s'épanouissent en de curieux capitules aplatis, d'un bleu magnifique, doux et lumineux. La floraison débute en janvier, parfois même en décembre, et se prolonge jusqu'au mois d'avril. Le *Globularia alypum* supporte bien le calcaire. Il a besoin d'un sol pauvre, caillouteux, parfaitement drainé. C'est une plante d'une grande robustesse, que l'on peut voir fièrement ancrée dans les pierriers des garrigues du Sud de la France, mais que nous avons aussi trouvée dans l'Anti-Atlas, poussant dans des paysages arides au milieu des arganiers et des euphorbes cactiformes. Dans notre jardin, nous aimons associer le *Globularia alypum*

Geranium sanguineum, Erigeron karvinskianus *et* Nepeta x faassenii 'Six Hills Giant' *se mêlent dans une jolie scène printanière.*

Globularia alypum *est l'un des premiers arbrisseaux à fleurir dans les garrigues en fin d'hiver.*

Les têtes serrées de Globularia vulgare *s'élèvent entre les dalles d'un pas japonais.*

Originaire des steppes de Mongolie, Goniolimon speciosum *supporte aussi bien le froid que la sécheresse. Ses inflorescences légères s'épanouissent pendant tout l'été.*

à *Euphorbia rigida*, leurs floraisons bleues et jaunes se mariant parfaitement dans la lumière hivernale.
Multiplication par boutures herbacées en mai, sur les nouvelles pousses tendres qui apparaissent juste après la floraison.

• **Globularia vulgare** est une vivace à feuilles spatulées, formant une touffe étalée sur le sol. Les jolis capitules bleu ciel, perchés sur des hampes graciles, s'épanouissent en mars-avril. Origine : Sud de la France, péninsule Ibérique. Rusticité : - 15 °C et plus froid. Code de sécheresse : 5.

Goniolimon speciosum (Plumbaginaceae)

ORIGINE : steppes de Mongolie et de Sibérie ; HAUTEUR DU FEUILLAGE : 15 cm ; HAUTEUR EN FLEUR : 40 cm ; LARGEUR : 30 cm ; EXPOSITION : soleil ; RUSTICITÉ : - 15 °C et plus froid ; CODE DE SÉCHERESSE : 5.

Parfois classé dans les *Limonium*, le *Goniolimon speciosum* est une vivace à feuilles persistantes épaisses, vertes, prenant parfois des colorations rouges en période de grande sécheresse. La plante forme une touffe basse, qui s'élargit doucement comme un coussin serré. Elle s'ancre sur un caudex central enterré, sorte de renflement de la base de la souche. Réserve d'eau et d'éléments nutritifs, ce caudex permet à la plante de survivre dans les steppes salées de son environnement naturel, en conditions très difficiles. De juin à août, la plante se couvre d'inflorescences légères, très décoratives (*speciosum* signifie en latin "beau, remarquable"). Elles s'épanouissent en panicules curieusement ramifiées en zigzag, dans un joli ton mauve bleuté, qui semble adoucir la lumière forte du plein été. On peut conserver longtemps les inflorescences séchées, qui gardent bien leur couleur. Le *Goniolimon* supporte bien le calcaire. Il est peu exigeant sur la nature du sol. Il résiste aux embruns et aux sols salés. Dans notre jardin, il se ressème facilement, souvent au bord des allées, en mélange avec d'autres vivaces comme *Asphodelus fistulosus* ou *Scabiosa ucranica*. *Multiplication par semis en automne.*

Helianthemum apenninum (Cistaceae)
Hélianthème des Apennins

ORIGINE : Bassin méditerranéen ; HAUTEUR : 20 à 30 cm ; LARGEUR : 30 cm ; EXPOSITION : soleil ; RUSTICITÉ : - 12 à - 15 °C ; CODE DE SÉCHERESSE : 5.

Sous-arbrisseau à feuilles persistantes duveteuses, étroites, gris argenté. En avril-mai, la plante se couvre de petites fleurs blanc

Qui a dit qu'il n'y avait pas de couleurs dans un jardin sec ? Peu respectueux du bon goût, un hélianthème criard s'est ressemé au pied de Salvia greggii *'Furman's Red'.*

pur, légères comme de la soie chiffonnée. Comme chez toutes les cistacées, les fleurs ne durent qu'un jour : les pétales tombent rapidement dans l'après-midi, les boutons gonflés préparant déjà l'éclosion de dizaines de fleurs nouvelles pour le lendemain. L'*Helianthemum apenninum* supporte bien le calcaire. Il aime les sols caillouteux, parfaitement drainés. Nous aimons reconstituer dans notre jardin une petite association naturelle, vue dans les garrigues au pied du plateau du Larzac, où l'*Helianthemum apenninum* pousse en mélange avec *Teucrium aureum* et *Phlomis lychnitis* : en mai, les fleurs blanches et jaune clair se mêlent avec beaucoup de douceur aux différents tons de feuillages gris.
Multiplication par semis en automne, ou par boutures herbacées en début de printemps.
• *Helianthemum* **'Wisley Primrose'** est l'un des nombreux hybrides, fréquents en horticulture, entre *Helianthemum apenninum* et *Helianthemum nummularium*. Il forme un joli couvre-sol et sa floraison jaune pastel est particulièrement généreuse. Dans un jardin sec, la durée de vie des hélianthèmes hybrides n'est pas très longue (généralement pas plus de cinq ou huit ans). Parmi les nombreux cultivars disponibles dans les catalogues, on peut citer 'Rhodanthe Carneum' à fleurs rose saumon tendre et 'Fire Dragon' à fleurs rouge-orange intense. Rusticité : - 15 °C et plus froid. Code de sécheresse : 2,5.

Helianthus maximiliani (Asteraceae)
ORIGINE : Centre et Sud des Etats-Unis ; HAUTEUR : 1,50 à 2 m ; LARGEUR : 1 m et plus ; EXPOSITION : soleil ; RUSTICITÉ : - 15 °C et plus froid ; CODE DE SÉCHERESSE : 4.

Vivace à feuilles allongées vertes, caduques. La plante se propage en largeur grâce à ses rhizomes charnus. C'est un cousin du topinambour (*Helianthus tuberosus*), et ses racines sont également comestibles : elles étaient traditionnellement consommées par les Sioux. En été, les tiges s'allongent rapidement, pour porter en septembre-octobre une multitude de fleurs jaune éclatant. Ces fleurs sont toutes tournées vers le soleil (*Helianthus* vient du grec *helios*, soleil, et *anthos*, fleur), la partie des tiges à l'ombre poussant plus rapidement que la partie des tiges exposée au soleil. L'*Helianthus maximiliani* supporte bien le calcaire. Il est indifférent à la nature du sol ; c'est une vivace robuste, de culture très facile. Dans notre jardin, nous l'avons associé à d'autres plantes à floraison tardive, *Caryopteris incana*, *Epilobium canum* 'Catalina' et *Ceratostigma griffithii*, pour une scène bigarrée qui vient animer le jardin en automne.
Multiplication par division en hiver, ou par boutures de pousses herbacées au printemps.
• *Helianthus salicifolius* a de longues feuilles très fines, retombantes, d'un beau vert frais. Les fleurs jaune d'or sont portées en septembre-octobre au sommet de grandes tiges, tellement souples qu'elles s'écroulent parfois sous le poids des fleurs.

*Les fleurs jaune d'or d'*Helichrysum italicum *exhalent une odeur chaude de curry et de miel.*
*A droite, les premiers boutons d'*Epilobium canum *'Western Hills' montrent à peine leur couleur, alors que* Perovskia *'Blue Spire' est déjà en pleine floraison.*

Origine : Amérique du Nord. Rusticité : - 15 °C et plus froid. Code de sécheresse : 4.

Helichrysum italicum (Asteraceae)
Immortelle d'Italie
ORIGINE : Bassin méditerranéen ; HAUTEUR : 50 cm ; LARGEUR : 60 cm ; EXPOSITION : soleil ; RUSTICITÉ : - 15 °C et plus froid ; CODE DE SÉCHERESSE : 4.

Sous-arbrisseau à feuilles persistantes étroites, gris argenté. Les feuilles dégagent une puissante odeur épicée, évoquant le curry et l'huile de lin. En juin-juillet, la plante se couvre de fleurs jaune d'or (*Helichrysum* vient du grec *helios*, soleil, et *khrusos*, or). Elles embaument l'air chaud d'une délicieuse odeur de curry et de miel. Comme chez la plupart des immortelles, les inflorescences fanées persistent sur la plante, les bractées dorées restant longtemps décoratives après la floraison. L'*Helichrysum italicum* supporte bien le calcaire. Il aime les

Enveloppant le pied de Stachys taurica, Helianthemum *'Wisley Primrose' se couvre de fleurs jaune pâle au printemps.*

*Les inflorescences ramifiées d'*Helianthus maximiliani *se découpent sur le bleu profond du ciel d'automne.*

*Les inflorescences d'*Helichrysum orientale *forment une masse souple autour de la plante.*

Dans les jardins, Helichrysum orientale ne se plaît que dans les sols pauvres et caillouteux. C'est dans les fissures de hautes falaises qu'on trouve la plante à l'état naturel.

sols légers, cailouteux ou sablonneux, parfaitement drainés, sinon il vieillit mal.
Multiplication par boutures herbacées en automne ou au printemps.

• **Helichrysum microphyllum 'Lefka Ori'** forme un coussin miniature, très décoratif en rocaille. Les feuilles minuscules, serrées comme des écailles le long des tiges, ont une couleur gris doré. Elles dégagent une odeur puissante, chaude et épicée, évoquant le curry. Les fleurs rassemblées en têtes jaune d'or s'épanouissent en début d'été, sur de courts pédoncules. Ce cultivar a été sélectionné pour sa résistance au froid dans les montagnes blanches de Crète, les Lefka Ori. C'est, dans notre jardin, le seul *Helichrysum* dont la culture est vraiment facile, avec un vieillissement excellent. Rusticité : - 15 °C et plus froid. Code de sécheresse : 5.

• **Helichrysum stoechas** est commun aussi bien sur les dunes littorales que dans les garrigues de l'arrière-pays. Il pousse toujours en sol très filtrant, souvent dans les rochers dolomitiques comme au cirque de Mourèze, dans l'Hérault. De dimensions compactes, c'est une belle plante de rocaille, dont le feuillage dégage une forte odeur de curry. Il ne s'adapte en jardin que si le sol est parfaitement drainé. Origine : péninsule Ibérique, France (littoral méditerranéen et atlantique). Rusticité : - 12 à - 15 °C. Code de sécheresse : 5.

Helichrysum orientale
Immortelle d'Orient

ORIGINE : îles grecques ; HAUTEUR DU FEUILLAGE : 30 cm ; HAUTEUR EN FLEUR : 60 à 80 cm ; LARGEUR : 60 à 80 cm ; EXPOSITION : soleil ; RUSTICITÉ : - 10 à - 12 °C ; CODE DE SÉCHERESSE : 4.

Sous-arbrisseau à feuilles persistantes, spatulées, argentées sur le dessus, cotonneuses et blanches sur le revers. La plante se développe en un coussin arrondi, de forme très régulière : c'est une excellente plante de structure dans les grandes rocailles. En mai les boutons écailleux, jaune pâle à reflets argentés, apparaissent en capitules aplatis au sommet de fines tiges cotonneuses. Les fleurs s'épanouissent en juin, prenant une belle couleur jaune d'or profond. L'*Helichrysum orientale* supporte bien le calcaire. Dans la nature, il pousse dans les fissures de grandes falaises. On peut le voir en Crète à proximité de Sitia, perché près du sommet de falaises spectaculaires tombant directement dans la mer : pour suivre le petit chemin de chèvres permettant d'accéder à la station, à près de trois cents mètres au-dessus de la mer, il vaut mieux ne pas avoir le vertige ! Dans les jardins, l'*Helichrysum orientale* nécessite un sol parfaitement drainé, sinon il vieillit mal.

Une taille en début d'automne permet de conserver un port en coussin bien dense.
Multiplication par boutures herbacées en automne ou au printemps.

Helleborus argutiflorus (Ranunculaceae)
Hellébore de Corse

ORIGINE : Corse, Sardaigne ; HAUTEUR : 60 cm ; LARGEUR : 60 à 80 cm ; EXPOSITION : ombre ou mi-ombre ; RUSTICITÉ : - 12 à - 15 °C ; CODE DE SÉCHERESSE : 3.

Vivace à feuilles persistantes coriaces, vert mat, découpées en trois folioles dentées. De janvier à mars, les fleurs s'épanouissent en coupes gracieusement inclinées vers le bas, d'une étonnante couleur vert pistache lumineux. L'*Helleborus argutiflorus* supporte bien le calcaire. Il préfère les sols souples, assez profonds. C'est une excellente plante pour éclairer les zones d'ombre, par exemple en lisière de sous-bois, où elle prospère malgré la concurrence racinaire des arbres.
Multiplication par semis de graines fraîches, dès la récolte (généralement fin avril), directement à l'extérieur. Les graines germent dans le courant de l'hiver suivant, après le passage du froid.

Coussin dérisoire dans l'étendue des cailloux, Helichrysum microphyllum 'Lefka Ori' prospère en altitude, dans les montagnes de Crète. La silhouette tortueuse de cyprès centenaires domine les éboulis.

Helichrysum stoechas *dans les roches, à Saint-Guilhem-le-Désert. Cette jolie plante est à réserver aux rocailles les mieux drainées.*

*Les fleurs lumineuses d'*Helleborus argutiflorus *s'épanouissent pendant tout l'hiver.*

Avec sa végétation étalée ou retombante, Hertia cheirifolia *forme un excellent couvre-sol.*

Hertia cheirifolia (Asteraceae)

ORIGINE : Afrique du Nord ; HAUTEUR : 20 cm ; LARGEUR : 50 cm et plus ; EXPOSITION : soleil ; RUSTICITÉ : - 12 à - 15 °C ; CODE DE SÉCHERESSE : 4.

Sous-arbrisseau à feuilles persistantes épaisses, gris bleuté. La plante forme un couvre-sol dense, dont les rameaux étalés s'enracinent au contact du sol. Elle a un aspect original dû à la disposition très régulière des feuilles, toutes orientées à la verticale le long des tiges prostrées. Les fleurs en marguerites jaune vif, peu abondantes, apparaissent en mars-avril, parfois dès le mois de février. L'*Hertia cheirifolia* supporte bien le calcaire ; il se plaît dans les sols légers, bien drainés. C'est un bon couvre-sol pour talus, que l'on peut aussi faire retomber au-dessus de murs en pierres. En cas de sécheresse intense, il perd une partie de ses feuilles, ce qui lui permet de limiter efficacement les pertes en eau, mais le rend moins ornemental en fin d'été.

Multiplication par boutures herbacées en début de printemps.

Hesperaloe parviflora (Agavaceae)

ORIGINE : Texas, Nord du Mexique ; HAUTEUR DU FEUILLAGE : 40 à 60 cm, parfois plus ; HAUTEUR EN FLEUR : 1,20 m ; LARGEUR : 50 cm et plus ; EXPOSITION : soleil ; RUSTICITÉ : - 12 à - 15 °C ; CODE DE SÉCHERESSE : 6.

Arbrisseau à feuilles persistantes, serrées en rosettes denses. La plante s'élargit doucement, formant à terme un couvre-sol épais. En Arizona et au Nouveau-Mexique, elle est souvent plantée en grandes masses couvre-sol, dans les techniques de *xeriscaping*, où l'on cherche à remplacer le gazon par des plantes extrêmement résistantes. Les feuilles linéaires et rigides, en forme de gouttière, ont une marge qui s'effiloche en fibres torsadées. De juin à août, les longues hampes florales s'élèvent en se ramifiant, leur extrémité arquée contrastant avec l'aspect rigide des feuilles. Les petites fleurs tubulaires rouge saumoné, riches en nectar, pendent gracieusement tout le long de la hampe florale. L'*Hesperaloe parviflora* supporte bien le calcaire. Il préfère les sols légers, bien drainés. C'est une plante unique pour sa silhouette architecturale remarquable, et son aptitude à fleurir en plein été : elle semble parfaitement insensible à la chaleur et à la sécheresse, même les plus intenses.

Multiplication par semis en automne.

Hesperaloe parviflora *aux Huntington Botanical Gardens, en Californie.*

Hyparrhenia hirta (Poaceae)

ORIGINE : Bassin méditerranéen ; HAUTEUR : 60 à 80 cm ; LARGEUR : 50 cm et plus ; EXPOSITION : soleil ; RUSTICITÉ : - 12 à - 15 °C ; CODE DE SÉCHERESSE : 5.

Graminée à feuilles étroites et souples, vert bleuté, devenant dorées en hiver. La plante forme une touffe dressée, qui s'élargit doucement à la base. La floraison, très attractive, dure de longs mois. Elle commence en mai-juin, se prolonge plus ou moins tout l'été, et remonte longuement pendant tout l'automne, parfois même en hiver. Les inflorescences sont composées d'épillets velus et soyeux, groupés par deux et enveloppés d'une bractée engainante : on dirait un insecte très fin prêt à s'envoler. L'*Hyparrhenia hirta* supporte

Hyparrhenia hirta *est une graminée robuste, capable de s'installer dans les endroits les plus ingrats du jardin.*

*Les fleurs aux étamines protubérantes semblent posées sur le feuillage frisé d'*Hypericum balearicum. *Ponctuées de glandes résinifères, les feuilles libèrent une forte odeur balsamique lorsqu'on les froisse.*

Malgré sa durée de vie courte, Iberis gibraltarica *est recherché par les amateurs. Il lui faut un emplacement bien drainé, mais pas trop sec.*

*Les fleurs jaune intense d'*Hypericum empetrifolium *sont suivies par des fruits rouges, décoratifs tout l'été.*

bien le calcaire. Il est indifférent à la nature du sol. Il se ressème facilement, surtout le long des chemins, dans la terre récemment remuée. C'est une graminée robuste et adaptable, utile pour garnir les endroits les plus difficiles du jardin.
Multiplication par semis en automne, ou par division en hiver.

Hypericum balearicum (Clusiaceae)
Millepertuis des Baléares

ORIGINE : îles Baléares ; HAUTEUR : 50 cm, parfois plus ; LARGEUR : 60 cm ; EXPOSITION : soleil ou mi-ombre ; RUSTICITÉ : - 12 à - 15 °C ; CODE DE SÉCHERESSE : 5.

Arbrisseau à petites feuilles vert foncé, persistantes et coriaces, à bords ondulés. La végétation forme une boule dense et régulière, comme si elle était taillée en topiaire. Une petite observation à la loupe permet de voir distinctement les glandes résinifères protubérantes, qui ponctuent la surface inférieure des feuilles. Lorsqu'on les froisse, les feuilles dégagent une odeur balsamique de boule de cyprès, doublée d'une note d'agrume, évoquant le fruit du *Maclura pomifera*. Les fleurs, qui s'épanouissent en juin-juillet, ont une belle couleur jaune vif. La texture brillante des pétales contraste avec le feuillage sombre. L'*Hypericum balearicum* supporte bien le calcaire. Dans la nature, il pousse en sol rocheux, bien drainé, mais en jardin c'est une plante peu exigeante qui s'adapte à de nombreuses conditions, supportant même les sols très argileux.
Multiplication par boutures semi-aoûtées en automne.

Hypericum empetrifolium

ORIGINE : Grèce, en particulier dans les îles et en Crète ; HAUTEUR : 50 cm ; LARGEUR : 60 à 80 cm ; EXPOSITION : soleil ; RUSTICITÉ : - 10 à - 12 °C ; CODE DE SÉCHERESSE : 5.

Sous-arbrisseau à petites feuilles persistantes linéaires, à bords enroulés. Le feuillage fin peut évoquer celui d'une bruyère (*Hypericum* vient du grec *iperikos*, dérivé de *upo*, presque, et *ereikê*, bruyère). Lorsqu'on les froisse, les feuilles dégagent une odeur florale et acidulée, évoquant la rose et la feuille d'agrume. En mai la plante disparaît sous une masse de petites fleurs jaune éclatant, regroupées en cymes serrées au sommet des tiges. La plante se couvre ensuite de petits fruits brun-rouge, très décoratifs pendant tout l'été. L'*Hypericum empetrifolium* supporte bien le calcaire. Il nécessite un sol caillouteux, parfaitement drainé. C'est une plante très commune en Crète, où on la voit pousser dans les pentes caillouteuses avec *Satureja thymbra*, *Cistus creticus* et *Salvia pomifera*, dans de charmantes scènes naturelles en bord de route.
Multiplication par semis en automne.

• ***Hypericum aegypticum*** forme un coussin compact de petites feuilles gris bleuté. Les fleurs viennent se mêler au feuillage, comme de petites étoiles jaune tendre, d'avril à juillet. Origine : Bassin méditerranéen. Rusticité : - 12 à - 15 °C. Code de sécheresse : 5.

• ***Hypericum olympicum*** est une vivace drageonnante, qui forme un bon petit couvre-sol pour rocaille ou bordure. Les fleurs jaune vif apparaissent en juin-juillet. Origine : Grèce, Balkans, Turquie. Rusticité : - 15 °C et plus froid. Code de sécheresse : 3.

Iberis semperflorens (Brassicaceae)

ORIGINE : Sicile ; HAUTEUR : 30 cm ; LARGEUR : 50 cm ; EXPOSITION : soleil ; RUSTICITÉ : - 10 à - 12 °C ; CODE DE SÉCHERESSE : 3.

A ne pas confondre avec la corbeille d'argent classique (*Iberis sempervirens*), l'*Iberis semperflorens* est peu connu. C'est un sous-arbrisseau à feuilles vert sombre, épaisses

Iberis gibraltarica, *détail. Pour prendre cette photo en gros plan, j'ai escaladé les éboulis tout près de la zone militaire, au pied des falaises de Gibraltar. Quelques dizaines de secondes plus tard, un premier car de police arrivait en contrebas. On ne badine pas avec Sa Majesté.*

1- *A la sortie de l'hiver,* Iris lutescens *illumine les garrigues de ses fleurs multicolores.*

2- *Rien de plus facile que de multiplier les* Iris germanica *en fin d'été. Leurs épais rhizomes entrelacés sont parfaits pour lutter contre l'érosion sur les talus abrupts.*

3- *Les grosses fleurs de l'*Iris lutescens *semblent disproportionnées par rapport aux feuilles minuscules, qui percent vaillamment entre les cailloux.*

et persistantes, presque succulentes. Les fleurs blanc éclatant, rassemblées en corymbes denses, forment un beau contraste avec le feuillage. C'est par la durée de sa période de floraison que l'*Iberis semperflorens* est vraiment remarquable : elle se renouvelle de novembre à avril, avec une abondance désinvolte, paraissant totalement insensible au froid, à la pluie ou au vent (*semperflorens* vient du latin *semper*, toujours, et *florens*, en fleur). C'est tout simplement la meilleure plante à floraison hivernale de notre jardin. L'*Iberis semperflorens* supporte bien le calcaire. Il préfère les sols légers, bien drainés. C'est une plante très utile en bordure ou en rocaille. On peut aussi la cultiver facilement en bac où elle est parfaite pour décorer, pendant de longs mois, terrasses et patios.

Multiplication par semis en automne, ou par boutures semi-aoûtées en début d'automne.

• **Iberis gibraltarica** forme de petits coussins étalés dans les éboulis au pied des falaises de Gibraltar. En avril-mai, la plante se couvre de larges inflorescences où se mêlent les fleurs rose pastel et blanches, dans un dégradé très doux. La plante est un petit peu capricieuse : il lui faut un emplacement bien drainé mais pas trop sec. Malgré sa durée de vie courte, elle est recherchée par les amateurs pour son charme inégalable. Origine : Gibraltar, Maroc (Rif). Rusticité : - 10 à - 12 °C. Code de sécheresse : 2,5.

Iris unguicularis (Iridaceae) Iris d'Alger

ORIGINE : Grèce, Turquie, Syrie, Algérie ; HAUTEUR : 30 cm ; LARGEUR : 50 cm et plus ; EXPOSITION : soleil ou mi-ombre ; RUSTICITÉ : - 12 à - 15 °C ; CODE DE SÉCHERESSE : 5.

Vivace à feuilles persistantes vertes, dressées, étroites et coriaces. La souche se développe lentement en largeur, grâce à ses

rhizomes épais. Les délicates fleurs bleu-violet sont légèrement parfumées. Emergeant à peine du feuillage, elles apparaissent en plein hiver, de décembre à mars. L'*Iris unguicularis* supporte bien le calcaire. Il aime les sols légers, bien drainés. Il se ressème facilement dans les zones caillouteuses du jardin, par exemple au bord des allées gravillonnées, où il peut constituer naturellement de petites bordures très décoratives.

Multiplication par division en début d'automne.

• **Iris unguicularis 'Alba'** a des fleurs blanc crème, à sépales marqués d'une bande jaune.

• **Iris lutescens** est l'adorable iris nain qui prospère dans les cailloux de nos garrigues. Les grosses fleurs semblent disproportionnées par rapport au feuillage dru et court, poussant au ras du sol. Les fleurs peuvent être blanches, jaunes, bleu clair, bleu foncé ou violettes, selon les variétés. Chaque année en mars, nous allons guetter sa floraison dans les garrigues toutes proches de la pépinière, où l'*Iris lutescens* prospère en larges colonies au milieu des orchidées et des tulipes sauvages. Origine : Sud de la France, Espagne, Italie. Rusticité : - 12 à - 15 °C. Code de sécheresse : 5.

• **Iris germanica** : ils sont disponibles dans d'innombrables couleurs – messagère des dieux, Iris était dans la mythologie grecque la déesse de l'arc-en-ciel. Dans les vieux jardins, c'est surtout la variété primitive bleu-violet qui était utilisée (ainsi que l'iris de Florence, à fleurs blanches), souvent pour coloniser les talus les plus secs. Les épais rhizomes entrelacés constituent une trame d'une grande robustesse, excellente pour lutter contre l'érosion. Origine incertaine (hybride probable de plusieurs espèces européennes). Rusticité : - 15 °C et plus froid. Code de sécheresse : 5.

Il existe de nombreuses autres espèces d'*Iris* botaniques qui s'adaptent parfaitement dans les jardins secs. Jean-Louis Latil en propose une large collection dans sa pépinière spécialisée Lewisia (voir l'annexe "Les bonnes adresses du jardin sec").

Jasminum humile var. *revolutum* (Oleaceae)

ORIGINE : Cachemire ; HAUTEUR : 2 m ; LARGEUR : 1,50 m ; EXPOSITION : soleil ; RUSTICITÉ : - 12 à - 15 °C ; CODE DE SÉCHERESSE : 3,5.

Arbrisseau à feuilles persistantes vertes, divisées en folioles épaisses, légèrement coriaces. La végétation ramifiée forme un buisson dressé, bien touffu dès la base. Les grappes de fleurs jaunes, agréablement parfumées, se renouvellent d'avril à juin. Le *Jasminum humile* var. *revolutum* supporte bien le calcaire. Il est indifférent à la nature du sol. Peu utilisé dans les jardins, c'est pourtant un arbuste robuste, intéressant à planter par exemple dans une haie fleurie.
Multiplication par boutures semi-aoûtées en automne.

• *Jasminum grandiflorum*, le jasmin royal ou jasmin de Grasse, a un port buissonnant, un peu grêle. Il est sensible au froid et il faut le planter bien à l'abri, dans un angle de mur exposé au sud ou à l'ouest. Il peut facilement se cultiver aussi en bac. Les soirs d'été, ses fleurs blanches ont un parfum extraordinaire, doux et entêtant, comme une bouffée nostalgique des ruelles de Séville ou d'Athènes. Origine : serait, selon certains auteurs, une forme du *Jasminum officinale* (originaire d'Asie). Rusticité : - 4 à - 6 °C. Code de sécheresse : 3.

• *Jasminum mesnyi* a de longs rameaux souples et arqués, que l'on voit souvent retomber par-dessus les murs des vieilles propriétés dans le Sud de la France. Ses fleurs jaunes, semi-doubles, plus grosses que celles de *Jasminum nudiflorum*, se renouvellent de février à mai. Origine : Chine. Rusticité : - 10 à - 12 °C. Code de sécheresse : 2,5.

Un banc au Los Angeles County Arboretum. Les fleurs de Jasminum grandiflorum *diffusent un parfum extraordinaire, doux et entêtant.*

Juniperus horizontalis *'Blue Chips' forme un couvre-sol tapissant et vigoureux, juste assez épais pour empêcher la germination des adventices. Son feuillage prend de belles teintes gris violacé en hiver.*

• *Jasminum nudiflorum*, le jasmin d'hiver, se couvre de fleurs jaune vif en plein hiver, au moment où ses rameaux sarmenteux ont perdu leurs feuilles. On peut le faire grimper sur un support, par exemple au travers d'arbustes à feuillage caduc, mais il est surtout intéressant à faire retomber en cascade au-dessus d'un mur, ou comme couvre-sol pour talus. Il se plaît aussi bien au soleil qu'à l'ombre. Ses rameaux fleuris tiennent bien en vase, pour de joyeux bouquets de Noël. Origine : Chine. Rusticité : - 15 °C et plus froid. Code de sécheresse : 3.

Juniperus phoenicea (Cupressaceae)
Genévrier de Phénicie

ORIGINE : Bassin méditerranéen ; HAUTEUR : 2 à 3 m, parfois nettement plus pour les sujets très âgés ; LARGEUR : 1,50 m et plus ; EXPOSITION : soleil ; RUSTICITÉ : - 15 °C et plus froid ; CODE DE SÉCHERESSE : 5.

Arbuste à feuilles persistantes vert sombre, aromatiques. Pour réduire la surface d'évaporation, les feuilles sont réduites à des écailles minuscules, imbriquées le long des fines tiges ramifiées. La végétation compacte se développe naturellement en boule ou en large fuseau, à silhouette intéressante, comme si la plante était taillée régulièrement. La floraison discrète est suivie par de nombreux petits cônes, charnus et brillants (les botanistes les appellent des galbules), verts la première année, puis virant au marron-rouge en mûrissant la deuxième année. Le *Juniperus phoenicea* supporte bien le calcaire. Il vit naturellement en sol rocheux ou sablonneux, mais d'après notre expérience il s'adapte facilement dans les jardins, quelle que soit la nature du sol, même très argileux. Il résiste parfaitement aux embruns.
Multiplication par semis de graines fraîches en automne. Pour lever la dormance, il faut un long passage au froid : en région froide, on peut semer dehors dès le mois de septembre, la germination a lieu à partir du mois de mars. Sinon il faut stratifier les graines en les faisant tremper 48 heures puis en les conservant 5 à 6 mois au réfrigérateur dans un sachet avec de la vermiculite humide, à une température d'environ 4 °C, pour les semer au printemps. On peut scarifier les graines à l'acide sulfurique pour augmenter le taux de germination qui est généralement faible. Multiplication possible également par boutures à talon, en début d'automne.

• *Juniperus horizontalis* **'Blue Chips'** s'étale en un tapis vigoureux d'une quinzaine de centimètres d'épaisseur, sur près de 2 mètres de large. Son feuillage gris bleuté prend une étonnante teinte violacée en hiver. C'est un excellent couvre-sol pour grande rocaille ou talus. Origine : Amérique du Nord. Rusticité : - 15 °C et plus froid. Code de sécheresse : 4.

• *Juniperus oxycedrus*, le genévrier cade, a des feuilles gris bleuté, étroites et aiguës (*oxycedrus* vient du grec *oxy*, aigu, piquant). Les feuilles sont marquées par deux fines bandes blanches sur la face supérieure. Le bois dur, très odorant, à grain fin, est utilisé pour le tournage ou la sculpture : il est réputé imputrescible. Par distillation du bois, on obtient d'ailleurs une huile essentielle à odeur puissante, utilisée comme antiseptique et parasiticide. Le cade est un bel arbuste à faire émerger des massifs de feuillages gris, ou à mêler dans la composition d'une

1- *Pour limiter les pertes en eau, les feuilles de* Juniperus oxycedrus *sont réduites à de simples aiguilles.*

2- *Les inflorescences élancées de* Kniphofia sarmentosa *se dressent vers le ciel hivernal. C'est l'une des rares plantes à fleurir dans notre jardin au mois de janvier*

3- *Malgré la chaleur, les fuseaux orange de* Kniphofia *'Géant' s'épanouissent chaque année en plein mois de juillet..*

haie libre. On observe parfois des sujets centenaires, qui prennent une belle silhouette de petit arbre. Origine : Bassin méditerranéen. Rusticité : - 15 °C et plus froid. Code de sécheresse : 5.

Kniphofia sarmentosa (Asphodelaceae)

ORIGINE : Afrique du Sud, au bord des rivières sèches dans l'Ouest du Karoo ; HAUTEUR DU FEUILLAGE : 40 cm ; HAUTEUR EN FLEUR : 80 cm ; LARGEUR : 60 cm ; EXPOSITION : soleil ; RUSTICITÉ : - 10 à - 12 °C ; CODE DE SÉCHERESSE : 3.

Vivace à feuilles persistantes étroites, vert bleuté, formant une touffe dressée. La souche se propage lentement en largeur grâce à ses rhizomes charnus, qui emmagasinent eau et nourriture, permettant à la plante de traverser la période de sécheresse. En janvier-février, de belles inflorescences en long fuseau orangé s'épanouissent au sommet des tiges élancées. Les fleurs tubulaires serrées s'ouvrent de bas en haut : rouge corail en bouton, elles s'épanouissent orange saumoné et fanent jaune clair. Le *Kniphofia sarmentosa* supporte bien le calcaire ; il aime les sols cailouteux, bien drainés. C'est l'une des vivaces à la floraison la plus spectaculaire en plein hiver : ses inflorescences joyeuses illuminent le jardin lorsque le temps est bien triste. En cas de sécheresse intense, le feuillage sèche partiellement en été, la plante devenant alors moins ornementale.

Multiplication par semis en automne.

• ***Kniphofia*** **'Géant'**, un hybride d'origine incertaine, forme une touffe puissante de feuilles vert foncé. Les gros épis orange éclatant, juchés sur de longues tiges souples, dominent fièrement les massifs de vivaces en juillet. Rusticité : - 12 à - 15 °C. Code de sécheresse : 3.

Lavandula (Lamiaceae)

Il y a une multitude de lavandes différentes, bien qu'elles soient souvent proposées dans le commerce horticole sans grande précision de nom. Le choix d'une lavande mérite pourtant de prendre quelques instants pour vérifier que la plante soit bien adaptée à vos conditions. Les différentes espèces et variétés ont en effet des exigences culturales très différentes, du point de vue, par exemple, de la résistance au calcaire ou au froid. Par contre, elles ont toutes un point commun majeur : dans la nature, elles vivent toujours dans des milieux pauvres et cailouteux, secs, très bien drainés. En jardin, elles détestent l'arrosage estival, qui provoque maladies et dépérissement. Les lavandes sont particulièrement sensibles aux maladies cryptogamiques (champignons du feuillage et du collet), qui se développent lorsque l'humidité vient se conjuguer à la chaleur. Pour bien cultiver les lavandes, il faut copier leurs conditions d'origine : en hiver il leur faut un drainage parfait, et en été il faut les garder au sec avant tout.

Les lavandes poussent souvent trop vite dans les jardins. Dans la nature, les lavandes vieillissent bien mieux, car en sol pauvre et en conditions difficiles, elles poussent plus lentement, sans se dégarnir de la base. Dans les jardins, pour que les lavandes vieillissent correctement, il faut les retailler chaque année en automne, dès leur plus jeune âge. La touffe se ramifie alors de plus en plus en restant bien compacte, formant à terme de magnifiques coussins denses. Et à la plantation, ne leur donnez surtout pas d'engrais ni de terreau : quelques généreuses pelletées de sable et de gravier, voilà ce qu'elles aiment !

Pour échapper à "l'effet rond-point", l'éternel carré de lavandes aussi affligeant que l'olivier centenaire qui l'accompagne, je vous suggère de planter la plus grande diversité de lavandes possible. En les disséminant dans le jardin au milieu des vivaces et des arbustes, vous pourrez découvrir des associations originales, une *Lavandula x intermedia* 'Alba' émergeant par exemple du tapis pourpre des *Teucrium ackermanii*, la *Lavandula lanata* se fondant dans la douceur des *Sideritis cypria*, ou le bleu vif des *Lavandula angustifolia* servant de contrepoint au jaune éclatant d'*Oenothera macrocarpa*. Dans notre jardin, nous cultivons plus d'une centaine d'espèces et variétés de lavandes, véritable fête de la couleur pour célébrer le début de l'été. Voici une courte sélection de celles qui me paraissent les plus belles et les plus faciles à cultiver.

Lavandula angustifolia
Lavande officinale

ORIGINE : Bassin méditerranéen, en montagne, généralement entre 500 et 1 500 m d'altitude ; HAUTEUR DU FEUILLAGE : 20 à 30 cm ; HAUTEUR EN FLEUR : 40 à 60 cm ; LARGEUR : 40 cm environ ; EXPOSITION : soleil ; RUSTICITÉ : - 15 °C et plus froid ; CODE DE SÉCHERESSE : 3.

Arbrisseau à feuillage aromatique grisvert, caduc ou semi-persistant. Les feuilles allongées ont les bords enroulés, pour diminuer la surface d'évaporation, ce qui leur donne un aspect linéaire (*angustifolia* vient du latin *angustus*, étroit). La plante,

Dans un jardin sec, la diversité des lavandes permet de créer de vastes scènes fleuries en début d'été.

de dimensions variables selon les clones, se développe en une boule dense et compacte : il s'agit d'une lavande à petit développement. En juin, les épis courts s'épanouissent sur une multitude de tiges hérissées, transformant la plante pour quelques semaines en une magnifique boule de fleurs bleues. Chaque fleur est entourée par un calice plus ou moins foncé, qui influe sur la perception de la couleur de l'inflorescence vue de loin. Les fleurs de *Lavandula angustifolia* sont traditionnellement distillées pour obtenir l'essence de lavande la plus fine, utilisée pour le parfum ou l'aromathérapie, d'où les noms communs de lavande officinale, lavande vraie ou lavande fine. La *Lavandula angustifolia* supporte bien le calcaire. Loin des paysages de carte postale, la découverte de quelques pieds de lavandes officinales prisonniers de la chevelure argentée des *Stipa pennata*, au milieu de lins, d'astragales et d'euphorbes, est l'une des scènes les plus précieuses de nos coteaux du Sud de la France.

Pour assurer un bon drainage, ces cultivars de Lavandula angustifolia *ont été plantés sur massif surélevé.* Lavandula angustifolia *'Alba' s'intercale entre les cultivars 'Hidcote Blue' (au fond) et 'Lumière des Alpes' (au premier plan).*

Multiplication par semis en automne, pour obtenir des populations génétiquement variables. Les cultivars, par contre, sont multipliés par boutures de tronçons, sur du bois aoûté, en automne.

• *Lavandula angustifolia* **'Alba'** a des fleurs blanc pur, une boule de lumière offrant un contraste magnifique dans les massifs plus foncés.

• *Lavandula angustifolia* **'Folgate'** a de jolies fleurs bleu-violet. De croissance lente, la plante se développe en une petite boule très compacte, comme une lavande naine.

• *Lavandula angustifolia* **'Hidcote Blue'** a de magnifiques fleurs bleu-violet intense, dont les calices ont une couleur veloutée encore plus foncée. Ce cultivar est malheureusement très sensible au dépérissement lorsque les conditions de drainage ne sont pas les meilleures. Nous arrivons à mieux le conserver dans notre jardin depuis que nous le cultivons sur un massif en pente, dont le sol est couvert d'un épais paillage de graviers purs.

• *Lavandula angustifolia* **'Hidcote Pink'** a de délicates fleurs rose pastel, très originales.

• *Lavandula angustifolia* **'Lumière des Alpes'**, sélectionnée par Catherine Coutoulenc, a des inflorescences qui semblent bicolores. Les fleurs violet clair sont mises en valeur par les calices veloutés, d'un beau violet sombre.

• *Lavandula angustifolia* **'Munstead'**, à fleurs bleu lumineux, forme une boule régulière et vigoureuse. De culture facile, elle vieillit bien dans notre jardin.

Lavandula angustifolia *sur le massif de la Sainte-Baume, en Provence. Les lavandes aiment un sol pauvre, parfaitement drainé.*

Les fleurs foncées de Lavandula angustifolia *'Hidcote Blue' contrastent avec les fleurs jaune pâle de* Teucrium flavum.

Le feuillage sombre de Frankenia laevis *met en valeur le coloris rose pâle de* Lavandula angustifolia *'Hidcote Pink'.*

Lavandula angustifolia *'Twickel Purple'* en pleine floraison, début juin. Nettement plus tardive, Lavandula x intermedia *'Julien'* a les boutons qui commencent tout juste à se colorer.

• **Lavandula angustifolia 'Twickel Purple'** a de longs épis mauve violacé très doux. C'est un cultivar très florifère.

Lavandula dentata

ORIGINE : péninsule Ibérique, Maroc ; HAUTEUR DU FEUILLAGE : 60 à 80 cm, parfois plus ; LARGEUR : 60 à 80 cm, parfois plus ; EXPOSITION : soleil ; RUSTICITÉ : - 6 à - 8 °C (peut être plus froid en sol très sec) ; CODE DE SÉCHERESSE : 6.

En France, on l'appelle lavande anglaise, et en Angleterre, juste retour des choses, son nom commun est *French lavender* : bien sûr, elle n'est ni française ni anglaise, on la trouve à l'état spontané en Espagne et au Maroc ! La *Lavandula dentata* est un arbrisseau à feuillage persistant vert, très aromatique. Le bord des feuilles est finement découpé en d'innombrables petites dents bien visibles (*dentata* vient du latin *dens, dentis*, dent). La plante a une dualité saisonnière du feuillage bien marquée, avec des feuilles hivernales et printanières de grande taille, pour assurer la photosynthèse au moment de la période de croissance, et des feuilles estivales nettement plus petites, serrées à la verticale le long des tiges, pour diminuer l'exposition aux rayons du soleil en période de sécheresse. En climat doux, la plante fleurit sans interruption du mois d'octobre au mois de juillet, avec une exceptionnelle générosité, marquant une période de repos seulement au moment le plus sec de l'été. En climat plus froid, la floraison principale a lieu au printemps, avec une belle remontée d'automne. Les épis trapus sont composés de petites fleurs bleu clair, surmontées de bractées florales mauve violacé, décoratives. La plante se développe en une large masse arrondie. Sa floraison exceptionnelle mérite qu'on la plante dans une zone abritée du jardin, par exemple à l'abri d'un mur bien exposé. La *Lavandula dentata*

Près de Valence, en Espagne, Lavandula dentata *et* Lavatera maritima *colonisent une colline rocheuse.*

supporte bien le calcaire et résiste aux embruns. Nous avons noté qu'elle résiste nettement mieux au froid dans les zones du jardin où le sol reste bien sec en hiver. Par contre, en sol lourd, conservant l'humidité hivernale, elle gèle facilement, même si les températures ne descendent pas très bas.
Multiplication par boutures herbacées en automne.

• **Lavandula dentata 'Ploughman's Blue'** a de larges bractées florales, nettement plus foncées : vu de loin, l'épi a une belle couleur bleu-violet, très attractive.

• **Lavandula dentata 'Imi n'Ifri'** est une jolie forme à fleurs roses, que nous avons récoltée au Maroc. Elle pousse près du pont naturel d'Imi n'Ifri, dans un paysage dominé par les silhouettes massives des *Euphorbia resinifera*, la magnifique euphorbe cactiforme des montagnes de l'Atlas.

1- Lavandula dentata *'Ploughman's Blue' a de beaux épis bleu-violet, dominés par de grandes bractées florales. Elle pousse ici avec* Achillea coarctata.

2- *L'écharpe rose de* Convolvulus althaeoides *s'enroule autour de* Lavandula dentata.

1

2

Lavandula dentata 'Imi n'Ifri' au nord du djebel M'Goun au Maroc. On devine en arrière-plan l'architecture régulière d'Euphorbia resinifera.

• **Lavandula dentata var. candicans** a un feuillage gris, duveteux, qui se marie parfaitement avec le coloris doux des fleurs mauves. C'est la variété la plus commune dans le Sud du Maroc, où elle pousse aussi bien sur la côte que dans les montagnes de l'Anti-Atlas, jusqu'à une altitude de 2 000 mètres. Nous essayons actuellement différents clones d'altitude, avec l'espoir de réaliser des sélections plus résistantes au froid.

Lavandula lanata Lavande laineuse

ORIGINE : Espagne ; HAUTEUR DU FEUILLAGE : 20 à 30 cm ; HAUTEUR EN FLEUR : 60 cm ; LARGEUR : 40 à 50 cm ; EXPOSITION : soleil ; RUSTICITÉ : - 10 à - 12 °C (peut-être plus froid en sol très sec) ; CODE DE SÉCHERESSE : 5.

Arbrisseau à feuillage aromatique persistant, argenté, devenant presque blanc en été. Les feuilles, douces au toucher, sont couvertes d'un épais duvet, qui ressemble à la toison laineuse d'une brebis lorsqu'on l'observe à la loupe. La plante se développe naturellement en un large coussin étalé, sans qu'on ait besoin de la tailler. En juillet-août, les épis violet sombre s'épanouissent sur de longues tiges souples, élégantes et ramifiées. On peut voir cette belle espèce pousser en Andalousie dans les montagnes au sud de Grenade, où son feuillage contraste avec les coussins épineux de l'*Erinacea anthyllis*, l'étonnant genêt à fleurs bleues. La *Lavandula lanata* supporte bien le calcaire. Elle est parfois difficile à conserver dans les jardins, car elle ne se plaît qu'en sol pauvre et caillouteux, parfaitement drainé. Nos premiers essais n'ont pas été très concluants, car nous l'avions plantée en sol trop lourd. En raison de la beauté de son feuillage, c'est pourtant une de nos lavandes préférées. Nous avons donc pris le soin de la planter sur des massifs surélevés, avec un large apport de sable et de gravier à la plantation : nous arrivons maintenant à la garder sans problème. Nous aimons l'associer à d'autres plantes argentées, *Stachys cretica*, *Convolvulus cneorum* ou *Helichrysum orientale*, pour créer de belles scènes de feuillages doux et soyeux.

Multiplication par semis en automne. Les jeunes plantules sont très sensibles aux pourritures, il faut les maintenir dans un endroit bien aéré.

Lavandula latifolia Aspic

ORIGINE : Ouest du Bassin méditerranéen, en plaine ou au pied des coteaux, jusqu'à 700 m d'altitude ; HAUTEUR DU FEUILLAGE : 20 à 30 cm ; HAUTEUR EN FLEUR : 60 cm ; LARGEUR : 40 à 50 cm ; EXPOSITION : soleil ; RUSTICITÉ : - 12 à - 15 °C ; CODE DE SÉCHERESSE : 4.

Arbrisseau à feuillage persistant très aromatique (odeur pénétrante de camphre, très agréable), gris-vert au printemps, devenant argenté en été. Les feuilles, assez larges, ont une forme spatulée (*latifolia* vient du latin *latus*, large). La plante se développe en une touffe basse, d'où émergent les longues tiges ramifiées, un peu grêles, qui portent des épis bleu pâle. Paraissant insensible à la sécheresse et à la chaleur, la floraison se renouvelle tranquillement pendant tout l'été, jamais très impressionnante mais toujours jolie, comme un petit brouillard de fleurs couleur du ciel. La *Lavandula latifolia* supporte bien le calcaire. On la trouve communément dans nos garrigues du Sud de la France, en sol très caillouteux, souvent accrochée aux fissures de la roche calcaire, où elle arrive à plonger ses longues racines pour puiser en profondeur le peu d'humidité disponible.

Multiplication par semis en automne.

Dans les montagnes des Alpujarras, en Andalousie, l'austérité apparente du paysage est trompeuse. Parmi les nombreuses espèces qui composent le riche matorral, on trouve Lavandula lanata, *au magnifique feuillage velouté.*

Lavandula latifolia *se plaît dans les fissures des dalles calcaires. Ses longues racines explorent la roche pour trouver des poches d'humidité en profondeur.*

Compacte et florifère, Lavandula x chaytorae *'Richard Gray' est l'une des plus belles lavandes dans notre jardin. Quelques pousses indisciplinées de* Dicliptera suberecta *sont venues drageonner au travers de la lavande.*

Originale et spectaculaire, Lavandula x intermedia *'Alba' mériterait d'être plus souvent plantée dans les jardins.*

Lavandula x chaytorae 'Richard Gray'

HAUTEUR DU FEUILLAGE : 20 à 30 cm ; HAUTEUR EN FLEUR : 40 à 50 cm ; LARGEUR : 40 à 50 cm ; EXPOSITION : soleil ; RUSTICITÉ : - 12 à - 15 °C ; CODE DE SÉCHERESSE : 4.

La *Lavandula* x *chaytorae* 'Richard Gray' est un hybride entre *Lavandula lanata* et *Lavandula angustifolia*. Bénéficiant des qualités de ses deux parents, elle a un beau feuillage persistant étroit, argenté et laineux, et se développe en un coussin arrondi, dense et compact. En juin-juillet, la plante se couvre d'épis portés par de courtes tiges formant une masse serrée. Les fleurs, d'un magnifique violet profond, forment un intéressant contraste avec le feuillage argenté : c'est l'une des plus belles lavandes de notre jardin. La *Lavandula* x *chaytorae* 'Richard Gray' supporte bien le calcaire. Si on la plante dans un sol léger, bien drainé, c'est une plante robuste, de culture très facile. Elle vieillit bien, car elle a moins tendance à monter sur du vieux bois que les lavandes officinales ou les lavandins.
Multiplication par boutures de tronçons, sur du bois aoûté, en automne.

• *Lavandula* x *chaytorae* 'Sawyers' a un port plus étalé et forme un bon couvre-sol : c'est l'une des lavandes les plus basses de notre collection.

• *Lavandula* x *chaytorae* 'Silver Frost' a un remarquable feuillage laineux, presque blanc, particulièrement lumineux. La plante est vigoureuse et forme une large masse arrondie.

Lavandula x ginginsii 'Goodwin Creek Grey'

HAUTEUR DU FEUILLAGE : 30 cm ; HAUTEUR EN FLEUR : 60 à 80 cm, parfois plus ; LARGEUR : 60 cm ; EXPOSITION : soleil ; RUSTICITÉ : - 6 à - 8 °C (jusqu'à - 10 °C et plus froid en sol très sec) ; CODE DE SÉCHERESSE : 5.

La *Lavandula* x *ginginsii* 'Goodwin Creek Grey' est un hybride entre *Lavandula dentata* et *Lavandula lanata*. Elle a un feuillage persistant gris, laineux et aromatique. Les feuilles semblent hésiter entre les caractères des deux parents, parfois irrégulièrement découpées en larges dents, parfois presque entières. La dualité saisonnière du feuillage est bien marquée : les feuilles larges, gris-vert, assurant la photosynthèse en hiver et au printemps, sont remplacées en été par des feuilles étroites et argentées. La plante se développe vigoureusement en largeur, formant un coussin qui peut être utilisé en couvre-sol. D'avril à septembre, les grands épis s'épanouissent sur de longues tiges souples, la couleur violet foncé des fleurs étant mise en valeur par le gris duveteux des calices. La *Lavandula* x *ginginsii* 'Goodwin Creek Grey' supporte bien le calcaire. C'est une plante remarquable, dont la floraison abondante est très ornementale. Elle n'a qu'une seule exigence : encore plus que les autres lavandes, pour bien passer l'hiver, elle a besoin d'un sol pauvre, caillouteux, parfaitement drainé, aussi sec que possible.
Multiplication par boutures herbacées en automne.

Lavandula x intermedia Lavandin

HAUTEUR DU FEUILLAGE : 40 à 80 cm, selon les cultivars ; HAUTEUR EN FLEUR : 80 cm à 1,20 m, parfois plus ; LARGEUR : 60 cm à 1 m, selon les cultivars ; EXPOSITION : soleil ; RUSTICITÉ : - 15 °C et plus froid ; CODE DE SÉCHERESSE : 4.

Les lavandins sont des hybrides entre *Lavandula angustifolia* et *Lavandula latifolia*. Ces deux espèces se croisent facilement dans la nature, dans la zone de moyenne montagne où elles vivent ensemble. Les lavandins ont un feuillage persistant gris-vert, très aromatique. Lavandin, comme *Lavandula,* vient du latin *lavo,* laver, allusion à la tradition de mettre quelques gouttes d'essence de lavande dans le bain (propriétés sédatives et antiseptiques), ou de placer des bouquets secs au milieu du linge (pour le parfumer mais aussi comme parasiticide efficace). Les dimensions des feuilles et de la plante varient nettement selon les cultivars, qui expriment souvent une dominante de l'un ou l'autre des parents. La belle floraison, remarquablement abondante, forme cette boule régulière, hérissée de fleurs, qui est devenue une sorte de symbole mythique de la Provence. Il existe des dizaines de cultivars de lavandins. La récente monographie de Tim Upson, *The Genus Lavandula,* donne de précieuses indications concernant l'historique des cultivars ainsi que les confusions et les synonymies les plus fréquentes dans le commerce horticole (voir bibliographie). Tous les cultivars de *Lavandula* x *intermedia* supportent bien le calcaire. Ils ont besoin d'un sol sec, parfaitement drainé.

• *Lavandula* x *intermedia* 'Alba' a de longs épis de fleurs blanc pur, entourées de fins calices verts. Vigoureuse et florifère, c'est l'une des plus belles variétés de notre collection. Notre pied le plus âgé s'étale sur près de 1,50 mètre de large.

• *Lavandula* x *intermedia* 'Dutch' a de fins épis de fleurs mauve clair, portées par de longues tiges. La floraison est un peu décevante parce qu'elle n'est jamais très abondante. Elle se prolonge par contre pendant plusieurs mois, de juin à septembre : c'est la seule variété de lavandin qui fleurisse tout l'été dans notre jardin. Mais la plante est surtout intéressante pour son beau feuillage gris argenté, bien dense. Elle forme une boule massive, très décorative en hiver et au printemps.

• *Lavandula* x *intermedia* 'Grosso' est un hybride dont le port compact et les feuilles étroites, gris-vert, expriment bien la dominante de *Lavandula angustifolia* dans sa parenté. Les fleurs précoces, violet lumineux, sont rehaussées par des calices violet foncé. La floraison est remarquablement abondante, et la plante couverte d'épis violets semble évoquer parfaitement l'idée de la lavande que tout le monde semble rechercher.

• *Lavandula* x *intermedia* 'Hidcote Giant' se distingue par ses gros épis, portés par de longues tiges

Lavandula x intermedia 'Grosso' est un lavandin classique, au succès mérité. Les fleurs précoces, régulièrement disposées en boule hérissée, ont un beau coloris violet lumineux.

La floraison de Leucophyllum frutescens *correspond au cycle d'une plante du désert : aussi intense que brève, elle est déclenchée par la première pluie suivant une longue période de sécheresse.*

robustes. Les fleurs violettes sont entourées de calices gris violacé. C'est un cultivar à feuilles larges, dont la végétation est particulièrement vigoureuse. Nous l'avons planté au sommet d'une petite butte, où il domine fièrement tout notre jardin de lavandes.

• **Lavandula x intermedia 'Julien'** a de longs épis de fleurs violettes, entourées de calices gris violacé. C'est un cultivar intéressant pour sa floraison tardive : dans notre jardin, il est en pleine floraison au mois de juillet, quand la plupart des autres lavandins sont déjà en train de faner.

• **Lavandula x intermedia 'Super'** est un cultivar élégant, dont les fleurs sont d'un joli mauve clair. Les fleurs ont une odeur très fine, proche de celle de *Lavandula angustifolia*.

Leucophyllum frutescens
(Scrophulariaceae)

ORIGINE : désert du Chihuahua, au Texas et au Mexique ; HAUTEUR : 1,50 m ; LARGEUR : 1 m et plus ; EXPOSITION : soleil ; RUSTICITÉ : - 10 à - 12 °C ; CODE DE SÉCHERESSE : 6.

Arbuste à feuilles persistantes ou semi-persistantes, duveteuses, gris argenté à revers blanchâtre (*Leucophyllum* vient du grec *leukos*, blanc, et *phyllon*, feuille). La floraison correspond au cycle d'une plante du désert : aussi intense que brève, elle est déclenchée par la première pluie suivant une longue période de sécheresse. Dans notre jardin, la floraison a généralement lieu fin septembre ou début octobre. Les fleurs, couvertes de poils duveteux, apparaissent à l'aisselle de chaque feuille de la pousse de l'année. Dans la lumière douce de l'automne, elles transforment la plante en une incroyable boule rose tendre. La plante est alors pour quelques semaines d'une beauté exceptionnelle, sans doute l'arbuste le plus spectaculaire de notre jardin en octobre. Le *Leucophyllum frutescens* supporte bien le calcaire. Il aime les sols

Lavandula x intermedia 'Hidcote Giant' se distingue par ses épis trapus, portés par de très longues tiges.

Lavandula x intermedia 'Super' est un cultivar de culture facile, dont les épis fins ont une jolie couleur mauve clair.

Tachetée et poilue, la gorge mystérieuse de Leucophyllum frutescens *'Green Cloud' attend la visite d'un pollinisateur.*

légers, très bien drainés. Il résiste mal au froid si le sol reste humide en hiver. Il a tendance à se dégarnir de la base avec l'âge : on peut raccourcir l'extrémité des tiges chaque année en fin d'automne, pour lui conserver un port plus compact.
Multiplication par boutures herbacées au printemps.

• *Leucophyllum frutescens* 'Green Cloud' a des feuilles gris-vert qui contrastent avec les belles fleurs rose-violet.

• *Leucophyllum langmanae* a des feuilles gris-vert et un port naturellement dense et compact. Ses fleurs rose vif, disséminées dans le feuillage, se renouvellent en septembre-octobre, avec une abondance variable d'année en année. Plus la sécheresse estivale est intense, plus la floraison d'automne est abondante ! Origine : Mexique, désert du Chihuahua. Rusticité : - 10 à - 12 °C. Code de sécheresse : 6.

Leymus arenarius (Poaceae)

ORIGINE : dunes littorales d'Europe ; HAUTEUR DU FEUILLAGE : 50 cm ; HAUTEUR EN FLEUR : 80 cm ; LARGEUR : 2 m et plus ; EXPOSITION : soleil ; RUSTICITÉ : - 15 °C et plus froid ; CODE DE SÉCHERESSE : 3.

Graminée à grandes feuilles, plates et effilées, d'une étonnante couleur bleu argenté, devenant jaunes en hiver. La plante se propage vigoureusement en largeur grâce à ses rhizomes, et en conditions favorables peut former un large couvre-sol, à tendance envahissante. De longs épis bleu argenté apparaissent au mois de juin. En mûrissant, ils prennent en fin d'été une belle couleur dorée. Le *Leymus arenarius* supporte bien le calcaire ; il préfère les sols souples, sablonneux (*arenarius* vient du latin *arena*, sable). Il s'adapte également en sol argileux et compact, mais il s'étend alors moins en largeur. On peut s'en servir pour coloniser les talus ou les zones sauvages du jardin, en l'associant à d'autres vivaces envahissantes comme *Potentilla reptans* ou *Achillea nobilis*.
Multiplication par division en hiver.

Lithodora fruticosa (Boraginaceae)
Grémil ligneux

ORIGINE : Espagne, Sud de la France ; HAUTEUR : 40 cm ; LARGEUR : 40 cm ; EXPOSITION : soleil ; RUSTICITÉ : - 12 à - 15 °C ; CODE DE SÉCHERESSE : 5.

Sous-arbrisseau à feuilles persistantes vertes, linéaires, dont les bords enroulés vers le bas permettent de diminuer la surface d'évapotranspiration. Hérissées de poils raides, les feuilles sont curieusement rêches au toucher. Les petites fleurs s'épanouissent en avril-mai. D'abord d'un extraordinaire bleu intense, en fanant elles prennent doucement une belle couleur pourpre. Le *Lithodora fruticosa* supporte bien le calcaire. Il nécessite un sol pauvre, parfaitement drainé, sinon il vieillit mal : c'est dans les cailloux qu'il est le plus heureux (*Lithodora* vient du grec *lithos*, pierre, et *doron*, don, présent, comme un cadeau de la garrigue). Pour pouvoir le maintenir dans notre jardin, nous l'avons planté dans un massif surélevé, presque uniquement constitué de sable et de gravier. Nous l'avons associé à d'autres plantes aimant les sols les plus filtrants, *Helichrysum stoechas*, *Teucrium cossonii* et *Globularia alypum*.
Multiplication par boutures herbacées après la floraison, sur la nouvelle pousse de fin de printemps.

Lobelia laxiflora var. *angustifolia* (Campanulaceae)

ORIGINE : Sud-Ouest des Etats-Unis, Mexique ; HAUTEUR : 50 cm et plus ; LARGEUR : 80 cm et plus ; EXPOSITION : soleil ou ombre ; RUSTICITÉ : la végétation est brûlée par le froid dès les premières gelées, mais la souche résiste à - 8 ou - 10 °C ; CODE DE SÉCHERESSE : 2,5.

Vivace à longues feuilles étroites, d'un joli vert frais. La végétation, persistante en climat doux, est généralement caduque dans les jardins du Sud de la France. Dans notre jardin, elle est entièrement rabattue par le froid chaque hiver, mais la souche repart de plus belle au printemps, drageonnant vigoureusement pour former un couvre-sol dense. Les fleurs tubulaires orange vif, à belle gorge jaune, se renouvellent de mai à juillet, parfois même tout l'été si les conditions ne sont pas trop sèches. Dans la nature, les fleurs sont pollinisées par des oiseaux-mouches qui viennent prélever le nectar contenu au fond de la corolle (également par de grosses abeilles qui, elles, sectionnent avec leurs mandibules la base de la corolle pour accéder au nectar). En Arizona, on peut voir le *Lobelia laxiflora* var. *angustifolia* pousser dans les sous-bois de chênes et de peupliers (*Quercus arizonica* et *Populus fremontii*) qui peuplent les fonds des canyons. Dans les jardins, c'est une vivace utile pour décorer les zones ombragées, qui souvent manquent de couleur. Le *Lobelia laxiflora* var. *angustifolia* supporte bien le calcaire. Il est peu exigeant sur la nature du sol. C'est une vivace robuste et joyeuse, qui se cultive aussi bien en pleine terre qu'en pot.
Multiplication par boutures herbacées en début d'automne, avant les premières gelées. Nous prélevons les boutures uniquement les jours gris et humides, car par temps sec elles fanent rapidement, même maintenues sous serre à l'étouffée.

Lonicera etrusca (Caprifoliaceae)
Chèvrefeuille d'Etrurie

ORIGINE : Sud de l'Europe ; HAUTEUR : 2 m et plus ; LARGEUR : 1,50 à 2 m ; EXPOSITION : soleil ou ombre ; RUSTICITÉ : - 15 °C et plus froid ; CODE DE SÉCHERESSE : 4.

Arbrisseau à feuilles caduques, vert clair, légèrement coriaces. Les jeunes pousses, d'une belle couleur rouge violacé, sont volubiles, permettant à la plante de s'élever au travers d'autres arbrisseaux dans la garrigue. En mai-juin, les grappes de fleurs parfumées apparaissent au sommet des tiges. Les fleurs élégantes sont composées d'un long tube rose, s'ouvrant à son extrémité en deux lèvres jaune orangé, d'où émergent un gracieux bouquet d'étamines. Le *Lonicera etrusca* supporte bien le calcaire. Il est indifférent à la nature du sol. C'est un arbrisseau de culture facile, intéressant à mélanger dans une haie libre, qu'il rehausse de sa belle floraison printanière.
Multiplication par boutures herbacées au printemps.

Lonicera etrusca *colonise les vieux pierriers, témoins de cultures ensevelies sous la garrigue renaissante.*

Lonicera japonica 'Halliana'
Chèvrefeuille du Japon

Origine : Est de l'Asie ; **Hauteur et largeur** : 10 m et plus ; **Exposition** : soleil ou mi-ombre ; **Rusticité** : - 15 °C et plus froid ; **Code de sécheresse** : 3,5.

Liane à feuilles persistantes ou semi-persistantes, vertes. Les jeunes pousses volubiles s'enroulent facilement autour des supports, permettant à la plante de grimper ou de s'étendre en largeur très rapidement. Les fleurs, d'abord blanches puis virant au jaune, sont rassemblées par paires à l'aisselle des feuilles sur les pousses de l'année. La floraison est abondante en mai-juin, puis remonte plus faiblement jusqu'au mois de septembre. Elle est délicieusement parfumée et peut embaumer tout un secteur du jardin lorsque l'air est calme. Le Lonicera japonica 'Halliana' supporte bien le calcaire. Il préfère les sols souples, assez profonds. C'est une excellente plante grimpante pour couvrir une pergola. On peut aussi s'en servir pour envahir les grillages de clôture, la faire retomber au-dessus de murs ou couvrir de grands talus.

Multiplication par boutures herbacées, en automne ou au printemps.

- **Lonicera japonica 'Chinensis'** a de jeunes pousses pourpres. Les fleurs, d'abord blanc et rouge clair, évoluent à maturité vers une couleur chaleureuse, rose orangé et jaune tendre.

- **Lonicera fragrantissima** est un arbrisseau à feuilles caduques, parfois semi-persistantes. En plein hiver, les fleurs blanc crème, très parfumées, apparaissent tout au long des pousses de l'année précédente. Origine : Chine. Rusticité : - 15 °C et plus froid. Code de sécheresse : 2,5.

- **Lonicera implexa**, le chèvrefeuille des Baléares, est spontané dans les garrigues, où ses tiges volubiles forment une masse entrelacée au milieu des chênes kermès et des pistachiers (*implexa* signifie en latin "entrelacé"). On le reconnaît facilement à ses feuilles persistantes épaisses, un peu glauques, curieusement soudées deux à deux, qui semblent transpercées en leur centre par les tiges rouges. Les fleurs rouge et jaune apparaissent au sommet des nouvelles pousses en mai-juin. Origine : Bassin méditerranéen. Rusticité : - 12 à - 15 °C. Code de sécheresse : 4,5.

- **Lonicera syringantha** est un petit arbrisseau très ramifié à feuilles caduques. Ses fleurs printanières, très parfumées, sont aussi discrètes que charmantes. Elles ont la couleur et le parfum du lilas (*syringantha* vient de *Syringa*, le lilas). Origine : Chine, Tibet. Rusticité : - 15 °C et plus froid. Code de sécheresse : 2,5.

- **Lonicera tatarica 'Arnold Red'** est un arbrisseau à feuilles caduques, dont les rameaux dressés ont une croissance assez rapide. En mars-avril, les belles fleurs rouge clair se mêlent au vert tendre des nouvelles feuilles. C'est un bel arbrisseau pour haie libre. Origine : Russie, Asie centrale. Rusticité : - 15 °C et plus froid. Code de sécheresse : 3.

Dans le creux de l'hiver, le parfum subtil de Lonicera fragrantissima *embaume l'air glacial.*

Lygeum spartum (Poaceae) Sparte

Origine : Maroc, Espagne, Sud de l'Italie, Crète ; **Hauteur** : 60 cm ; **Largeur** : 60 à 80 cm ; **Exposition** : soleil ; **Rusticité** : - 15 °C et plus froid ; **Code de sécheresse** : 6.

Graminée à longues feuilles, fines et coriaces, restant vertes toute l'année. Les feuilles ressemblent à des feuilles de jonc : enroulées en gouttière serrée, elles abritent leurs stomates sur la face interne pour limiter l'évapotranspiration, ce qui permet à la plante de survivre en conditions arides. Les feuilles, souples et résistantes, sont traditionnellement utilisées en sparterie. Elles sont employées pour la fabrication de nattes ou de corbeilles au Maroc, avec d'autres graminées comme l'*Ampelodesmos mauritanicus* et le *Stipa tenacissima* (*spartum* vient du grec *spartê*, corde, par allusion à l'utilisation du feuillage). La souche rhizomateuse se développe petit à petit en forme de couronne, comme un nid. Les fleurs, très ornementales, apparaissent en juin-juillet. Elles ont une forme curieuse : coiffé d'une longue bractée horizontale, l'épillet argenté, couvert de longs poils soyeux, se prolonge par deux fines glumes, l'ensemble évoquant une tête d'oiseau ébouriffé. Le *Lygeum spartum* supporte bien le calcaire et résiste aux embruns. Il est peu exigeant sur la nature du sol. C'est une plante robuste et décorative, l'une des rares graminées à garder son feuillage vert toute l'année.

Multiplication par semis en automne, ou par division en hiver.

Macfadyena unguis-cati (Bignoniaceae)
Griffe de chat

Origine : Amérique du Sud, du Mexique à l'Argentine ; **Hauteur et largeur** : 15 m et plus ; **Exposition** : soleil ou mi-ombre ; **Rusticité** : la végétation est détruite par le froid à - 4 ou - 6 °C, mais la plante peut repartir de la

Délicieusement parfumées, les fleurs de Lonicera japonica *'Chinensis' s'épanouissent en mai-juin, puis remontent en septembre.*

souche après des températures plus froides ; CODE DE SÉCHERESSE : 4.

Liane à croissance rapide, ayant des tiges fines et souples. La végétation, normalement persistante, peut être caduque par temps froid, la plante ayant une bonne aptitude à repartir de la souche au printemps. Les feuilles sont divisées en deux folioles coriaces, vert sombre. Elles sont munies d'une longue vrille terminée par trois petits crochets, permettant à la plante d'adhérer solidement à de nombreux supports. En passant le doigt sous les vrilles, on est surpris de voir les crochets se planter dans la peau, exactement comme des griffes de chat (*unguis-cati* signifie en latin "griffe de chat"). Les vrilles peuvent se transformer en racines tubéreuses, permettant aussi à la plante de s'étendre comme un vaste couvre-sol. D'avril à juin, les belles fleurs jaune vif s'épanouissent en trompettes évasées, parfois avec une telle abondance qu'elles couvrent entièrement le feuillage, comme un mur de fleurs jaunes. En situation favorable, la plante peut être extrêmement vigoureuse, presque envahissante. On peut en voir un exemplaire absolument spectaculaire à Barcelone, couvrant un mur monumental sur l'Avinguda del Parrallel, à gauche avant d'arriver sur le port. Le *Macfadyena unguis-cati* supporte bien le calcaire et résiste aux embruns. Il préfère les sols souples, bien drainés, assez profonds.

Multiplication par semis en automne, ou par boutures herbacées en automne ou au printemps.

Malephora crocea (Aizoaceae)

ORIGINE : Afrique du Sud ; HAUTEUR : 20 cm ; LARGEUR : 50 cm et plus ; EXPOSITION : soleil ; RUSTICITÉ : - 8 à - 10 °C ; CODE DE SÉCHERESSE : 4.

Sous-arbrisseau à feuilles persistantes cylindriques, succulentes. Les feuilles et les jeunes tiges, de couleur gris-vert, sont recouvertes d'une fine couche de pruine donnant à la végétation un reflet bleuté. La plante s'étale en couvre-sol, les tiges prostrées s'enracinant au contact du sol. La floraison se renouvelle d'avril à octobre, marquant seulement une période de repos estival lorsque les conditions sont les plus sèches. Les fleurs à pétales rayonnants, d'une belle couleur cuivrée, s'épanouissent au soleil et se referment tous les soirs. Le *Malephora crocea* supporte bien le calcaire et résiste aux embruns. Il aime les sols légers, bien drainés. En Californie il a longtemps été planté comme couvre-sol "anti-feu" au bord des routes, ses tiges pleines d'eau retardant l'avancée des flammes. Mêlé à d'autres plantes succulentes sud-africaines, il forme d'ailleurs un étonnant paysage multicolore le long de la fameuse Highway 1 qui longe la côte pacifique entre San Francisco et Los Angeles, où il est devenu une plante envahissante des rochers du littoral. Dans les jardins du Sud de la France, c'est un bon couvre-sol de rocaille. On peut le planter aussi sur les toitures-terrasses, où il survit dans une faible épaisseur de substrat avec un arrosage occasionnel. A proximité du littoral, il est conseillé de surveiller qu'il ne s'échappe pas dans la nature.

Multiplication par boutures herbacées au printemps ou en automne.

Lygeum spartum a une exceptionnelle résistance à la sécheresse. Evoquant des têtes d'oiseaux ébouriffés, ses inflorescences décoratives s'épanouissent en début d'été.

Les réserves d'eau contenues dans les feuilles succulentes de Malephora crocea *var.* purpureocrocea *permettent à la plante de résister à de longues périodes de sécheresse.*

• *Malephora crocea* **var.** *purpureocrocea* a des boutons rouge violacé, qui s'épanouissent orange.
• *Malephora lutea*, à fleurs jaunes, est remarquable pour son excellente résistance à la chaleur. C'est un couvre-sol utilisé en *xeriscaping*, ou jardinage de zone aride, souvent pratiqué en Arizona, dans les régions de Tucson et de Phoenix. D'après notre expérience, c'est l'une des rares plantes (avec le *Drosanthemum hispidum*) qui arrive à survivre sans arrosage sur les toitures-terrasses, dans les conditions climatiques du Sud de la France. Lors de périodes de déficit hydrique sévère, le *Malephora lutea* peut perdre une bonne partie de ses feuilles, devenant alors moins ornemental jusqu'à l'arrivée des pluies d'automne. Origine : Afrique du Sud. Rusticité : - 8 à - 10 °C. Code de sécheresse : 6.

Marrubium incanum (Lamiaceae)

ORIGINE : Sud de l'Europe ; HAUTEUR : 40 à 60 cm ; LARGEUR : 60 cm ; EXPOSITION : soleil ; RUSTICITÉ : - 12 à - 15 °C ; CODE DE SÉCHERESSE : 4.

Arbrisseau à feuilles persistantes soyeuses, grises, à revers couvert de longs poils blancs enchevêtrés (*incanum* vient du latin *canus*, "qui a les cheveux blancs"). La plante se développe en une large masse arrondie, qui mérite d'être rabattue une fois par an, en hiver, pour que la végétation reste bien fournie. Les petites fleurs blanches apparaissent en juin-juillet, groupées en verticilles denses, ces étages successifs de fleurs serrées autour des tiges qui caractérisent les inflorescences de nombreuses lamiacées. Le *Marrubium incanum* supporte bien le calcaire. Il aime les sols légers, bien drainés. Dans notre jardin, nous aimons l'associer à *Ballota acetabulosa*, *Salvia leucophylla* 'Figueroa' et *Buddleja marrubifolia*, pour créer une ambiance moelleuse et argentée, servant d'écrin à des plantes vivaces aux couleurs vives.
Multiplication par semis en automne.

Le revers des feuilles de Marrubium incanum *est couvert de longs poils enchevêtrés pour limiter les pertes en eau.*

Medicago arborea (Fabaceae)
Luzerne arborescente

ORIGINE : Bassin méditerranéen ; HAUTEUR : 1 à 2 m ; LARGEUR : 1 m ; EXPOSITION : soleil ; RUSTICITÉ : - 10 à - 12 °C ; CODE DE SÉCHERESSE : 4.

Arbuste ramifié, à tiges blanches et soyeuses. Les feuilles, persistantes en hiver, sont presque entièrement caduques en été pour limiter l'évapotranspiration pendant la période de sécheresse. La floraison précoce s'étend de janvier à avril, débutant même parfois en décembre ou novembre si l'hiver est doux. Les fleurs, d'un jaune orangé chaud et lumineux, sont regroupées en têtes serrées à l'aisselle des feuilles. Elles sont suivies par les curieux fruits des luzernes, une gousse plate enroulée en spirale. Le *Medicago arborea* supporte bien le calcaire et résiste aux embruns. Il se plaît en sol caillouteux, bien drainé. Dans la nature, il prospère dans les rochers et les falaises près du littoral, souvent en sol très pauvre. Comme de nombreuses légumineuses, il a la faculté de fixer l'azote de l'air en le rendant disponible dans le sol : c'est une espèce pionnière des sols dégradés, favorisant l'arrivée d'un cortège floristique plus riche. Au moment de la plantation, observez attentivement la motte de la plante. On voit souvent, rassemblées en grappes denses le long des racines, de petites boules grosses comme des têtes d'épingle – ce sont les nodosités fixatrices d'azote. *Multiplication par semis en automne, après traitement des graines à l'eau chaude : on verse sur les graines de l'eau bouillante, puis on les laisse gonfler pendant toute une nuit. On peut aussi faire des boutures herbacées en automne, en enlevant avec les ongles les boutons des fleurs.*

La floraison joyeuse de Medicago arborea *décore le jardin pendant les longs mois d'hiver.*

Melianthus major (Melianthaceae)

ORIGINE : Afrique du Sud ; HAUTEUR ET LARGEUR : 2 à 3 m ; EXPOSITION : soleil ou mi-ombre ; RUSTICITÉ : la végétation est entièrement détruite dès - 4 à - 6 °C, mais la souche peut repartir au printemps après environ - 8 °C, lorsqu'elle est bien établie ; CODE DE SÉCHERESSE : 3.

Sous-arbrisseau à grandes feuilles persistantes, vert bleuté, divisées en larges folioles à marge dentée. La plante peut former

une masse imposante, dont la silhouette architecturale est remarquable. De mai à juillet, les grandes inflorescences en épis brun-rouge émergent au-dessus du feuillage. Les fleurs sont très mellifères (*Melianthus* vient du grec *meli*, miel, et *anthos*, fleur). Si le feuillage semble parfois mouillé ou collant, ne vous inquiétez pas, il ne s'agit pas d'une maladie. Ce sont les fleurs, gorgées de nectar, qui débordent en gouttant doucement sur les feuilles. Le *Melianthus major* supporte bien le calcaire. Il aime les sols souples, assez profonds, bien drainés. Une fois bien établie, la plante résiste relativement bien au froid, car elle est capable de rejeter de souche lorsque la végétation est entièrement détruite par le gel. Par contre, tant que la plante est jeune, la souche peut geler facilement. Pour l'aider à passer le premier hiver, nous la protégeons dans notre jardin en la couvrant avec un seau renversé lesté d'un gros caillou, pas très ornemental mais bien efficace pour gagner quelques degrés au niveau du sol.
Multiplication par semis en automne, ou par boutures des nouvelles pousses perçant du sol au printemps.

Micromeria fruticosa (Lamiaceae)

ORIGINE : Turquie, Liban, Israël ; HAUTEUR : 40 cm ; LARGEUR : 30 à 40 cm ; EXPOSITION : soleil ; RUSTICITÉ : - 6 à - 8 °C (la plante résiste mieux en sol très sec) ; CODE DE SÉCHERESSE : 5.

Arbrisseau à petites feuilles persistantes gris-vert, devenant presque blanches en été. La plante semble insensible à la sécheresse : de juillet à octobre, elle se couvre d'une masse de petites fleurs blanches, rassemblées en épis lâches. Lorsqu'on les froisse, les tiges et les feuilles dégagent une extraordinaire odeur de menthe, mêlée d'une pointe d'origan : c'est l'une des plantes les plus aromatiques de notre jardin. Dans l'Est du Bassin méditerranéen, elle est connue pour ses nombreuses propriétés médicinales, en particulier comme antiseptique, pour soigner les infections cutanées, ou comme plante apéritive (c'est un condiment délicieux dans les salades estivales). Dans la nature, la plante libère des composés volatils inhibant la germination d'espèces concurrentes. Un travail de recherche est actuellement mené en Israël sur l'utilisation potentielle de l'huile essentielle du *Micromeria fruticosa* pour servir d'herbicide antigerminatif en grande culture. Le *Micromeria fruticosa* supporte bien le calcaire. Il aime les sols légers, bien drainés. Il se ressème facilement dans les zones cailloutueses, par exemple au bord des allées gravillonnées où il peut former de petites bordures naturelles. C'est d'ailleurs parce qu'il se ressème que nous avons pu le conserver dans notre jardin, car sinon il aurait rapidement disparu à cause du gel.
Multiplication par semis en automne, ou par boutures herbacées, en automne ou au printemps.

Miscanthus sinensis 'Yaku-jima' (Poaceae)

ORIGINE : Japon ; HAUTEUR : 1 m ; LARGEUR : 1 m ; EXPOSITION : soleil ou mi-ombre ; RUSTICITÉ : - 15 °C et plus froid ; CODE DE SÉCHERESSE : 3.

Les *Miscanthus* sont parmi les graminées les plus utilisées dans les jardins – mais pour bien exprimer la générosité de leur feuillage et de leur floraison, ce sont des plantes qui ont vraiment besoin d'eau. Pourtant, parmi les différents cultivars que nous avons testés, le *Miscanthus sinensis* 'Yaku-jima' a une

Melianthus major *au jardin botanique de Kirstenbosch, en Afrique du Sud. La montagne de la Table qui domine la ville du Cap est accessible directement à partir du jardin botanique, offrant une intéressante transition entre les plantes cultivées et les plantes sauvages.*

place à part. Sans doute à cause de ses dimensions réduites (c'est une variété naine, originaire de l'île de Yaku-shima au Japon), le rapport entre l'évapotranspiration des feuilles et la capacité d'absorption des racines est bien meilleur : sa résistance à la sécheresse est tout à fait honorable. Il forme une touffe dense de feuilles vertes, marquées d'une bande centrale blanche, devenant dorées en hiver. La souche rhizomateuse se propage lentement en largeur, la plante devenant à terme aussi large que haute, avec un port souple et évasé. En septembre, la plante se couvre de nombreuses panicules plumeuses, composées d'épillets gracieux portés par de fins pédicelles (*Miscanthus* vient du grec *mischos*, pédicelle, et *anthos*, fleur). Dépassant à peine du feuillage, les panicules s'épanouissent d'abord rouge cuivré, puis persistent longtemps sur la plante, prenant une belle couleur argentée en hiver. Le *Miscanthus sinensis* 'Yaku-jima' supporte bien le calcaire. Il préfère les sols souples, assez profonds.
Multiplication par division en hiver.

Myrsine africana (Myrsinaceae)

ORIGINE : large répartition en Chine, Himalaya, et dans le Sud de l'Afrique ; HAUTEUR : 1 m et plus ; LARGEUR : 1 m ; EXPOSITION : soleil ou mi-ombre ; RUSTICITÉ : - 10 à - 12 °C ; CODE DE SÉCHERESSE : 4.

Arbrisseau à petites feuilles persistantes, épaisses et coriaces, vert foncé luisant, évoquant des feuilles de *Myrtus communis* subsp. *tarentina* (*Myrsine* est le nom grec du myrte). Le feuillage est naturellement très dense et la plante, de croissance lente, forme une masse épaisse. Le *Myrsine africana* supporte bien le calcaire et résiste aux embruns. Il est peu exigeant sur la nature du sol. Son beau feuillage vernissé et sa facilité d'adaptation en font un arbrisseau de valeur pour meubler les endroits difficiles, par exemple à mi-ombre sous de vieux arbres, avec d'autres plantes à feuillage décoratif comme le *Nandina domestica* ou le *Choisya ternata*.
Multiplication par semis en automne, ou par boutures herbacées au printemps.

Myrtus communis (Myrtaceae)

ORIGINE : Bassin méditerranéen ; HAUTEUR : 2 à 3 m, parfois plus ; LARGEUR : 1 m et plus ; EXPOSITION : soleil ou ombre ; RUSTICITÉ : - 10 à - 12 °C (les pousses tendres de l'automne sont régulièrement grillées par le froid dès - 6 à - 8 °C) ; CODE DE SÉCHERESSE : 4.

Arbuste à feuilles persistantes, vert sombre brillant. Les feuilles sont remarquablement

Sculptés par les embruns, Myrtus communis *et* Olea europaea *var.* sylvestris *forment des draperies végétales sur le littoral près de Piana, en Corse.*

aromatiques, avec une odeur à la fois âcre et fruitée. C'est l'une des plantes qui donnent au maquis de Corse son odeur caractéristique, au pouvoir évocateur intense. Pour moi, il suffit de froisser quelques feuilles de myrte pour avoir le souvenir de belles randonnées botaniques, à la recherche des orchidées sauvages de Corse, ou la nostalgie d'une omelette au bruccio et à la menthe dans une auberge de montagne. Le myrte a un port dense et ramifié. Il fleurit en plein été, de juillet à septembre, ce qui surprend toujours pour une plante bien adaptée à la sécheresse. Les belles fleurs blanches, à large bouquet d'étamines saillantes, apparaissent sur les nouvelles pousses à l'aisselle des feuilles. Elles sont suivies en automne par de nombreuses baies sombres, noir bleuté (parfois blanches), utilisées en cuisine ou pour parfumer les liqueurs. Autrefois la distillation des fleurs et des feuilles servait à préparer "l'eau d'ange", qui avait la propriété de rendre aux personnes âgées un peu de leur jeunesse. Symbole de paix chez les Hébreux, de l'amour chez les Grecs, ou associé à la mort dans les pays du Maghreb, le myrte a longtemps joui d'une réputation exceptionnelle, que ce soit comme plante médicinale ou comme plante d'ornement, à l'époque des jardins romains et andalous. Il mérite de retrouver une place de choix dans le jardin méditerranéen moderne, car c'est une plante robuste, de culture facile. La résistance au calcaire dépend des écotypes : par exemple, les myrtes de Corse ne poussent qu'en sol acide, alors que les myrtes spontanés sur la montagne de la Clape dans l'Aude résistent bien au calcaire. Le myrte préfère les sols souples, bien drainés. Il résiste aux embruns directs.
Multiplication par semis de graines fraîches en fin d'automne, ou par boutures herbacées sur les nouvelles pousses en automne ou au printemps.

Nous avons à l'étude de nombreux myrtes dans notre jardin, pour comparer leur comportement et leur résistance au calcaire. En voici quelques-uns que l'on peut adapter dans tous les jardins du Sud de la France, car ils supportent parfaitement le calcaire :

• *Myrtus communis* 'Alhambra' est une forme vigoureuse à fruits blancs, très décorative en automne. Il y en a un pied magnifique à l'angle de la cour du palais de Charles Quint, à Grenade. Le feuillage a une odeur délicieuse, très fruitée, évoquant nettement la framboise.

• *Myrtus communis* 'Baetica' est un cultivar à larges feuilles, qui semblent serrées les unes contre les autres sur les tiges, avec des entre-nœuds très courts. Originaire de la Bétique (nom de la province romaine correspondant à l'Andalousie), c'est une plante que les Maures ont ramenée avec eux lorsqu'ils ont été chassés de Grenade, comme un espoir de recréer une fraction du paradis perdu : on en trouverait encore des plantations dans certains palais à Fès (d'après l'excellent livre de Jamal Bellakhdar, *Le Maghreb à travers ses plantes*, voir la bibliographie en annexe). Il a une croissance lente : le pied dans notre jardin mesure 80 centimètres de haut au bout d'une dizaine d'années. L'odeur est âcre, puissante, évoquant le laurier-sauce.

- ***Myrtus communis* 'Flore Pleno'** est un cultivar vigoureux et florifère, à grosses feuilles. Les fleurs, curieusement chargées de nombreux pétales, sont bien visibles de loin. L'odeur du feuillage est douce et fruitée. Sa croissance rapide en fait une bonne plante pour haie libre.
- ***Myrtus communis* 'La Clape'** est un cultivar vigoureux, à gros fruits violets, que nous avons sélectionné dans la montagne de la Clape, près de Narbonne, où il est spontané en sol calcaire (à l'ombre dense de pins d'Alep). L'odeur est âcre, puissante, évoquant presque le lentisque.
- ***Myrtus communis* subsp. *tarentina*** a de petites feuilles serrées le long des tiges. La végétation, naturellement dense et compacte, se prête parfaitement à la taille : cette sous-espèce est souvent utilisée en topiaire ou en haie basse, comme dans la célèbre cour des Myrtes, dans l'Alhambra de Grenade. L'odeur équilibrée, à la fois âcre et fruitée, est très agréable. Cette sous-espèce peut porter des fruits noirs ou des fruits blancs, selon les formes.

Nandina domestica (Berberidaceae)
Bambou sacré

ORIGINE : Inde, Chine, Japon ; HAUTEUR : 1 à 1,50 m, parfois plus ; LARGEUR : 1 m ; EXPOSITION : soleil ou ombre ; RUSTICITÉ : - 12 à - 15 °C ; CODE DE SÉCHERESSE : 4.

Arbuste à feuilles persistantes ou semi-persistantes, divisées en nombreuses folioles vertes, prenant de belles teintes rouges ou bronze en hiver. La plante a un port original, avec ses tiges raides qui contrastent avec le feuillage léger. En juillet-août, les nombreuses petites fleurs blanches s'épanouissent en panicules coniques. Elles sont suivies par des grappes de fruits rouge brillant, très décoratifs, qui persistent en automne et en hiver. La plante est belle toute l'année : au printemps, ce sont les nouvelles pousses qui ont une couleur rouge, en été la floraison blanche est abondante, et à partir de l'automne les fruits rouge vif se mêlent au feuillage qui se colore avec le froid, créant une scène joyeuse dans la lumière hivernale. Le *Nandina domestica* supporte bien le calcaire. Il préfère les sols souples, profonds, bien drainés.
Multiplication par semis de graines fraîches, en fin d'hiver.

Nepeta x *faassenii* 'Six Hills Giant' (Lamiaceae)

HAUTEUR EN FLEUR : 60 cm ; LARGEUR : 60 cm ; EXPOSITION : soleil ; RUSTICITÉ : - 15 °C et plus froid ; CODE DE SÉCHERESSE : 3,5.

Hybride entre *Nepeta nepetella* et *Nepeta racemosa*, le *Nepeta* x *faassenii* 'Six Hills Giant' est une vivace à feuilles caduques ou semi-persistantes, grises. Les feuilles, très aromatiques, dégagent lorsqu'on les froisse une curieuse odeur de galette au sarrasin, de menthe et de suint animal. Au printemps, la plante forme un beau coussin velouté, puis, en mai-juin, elle se couvre d'une profusion de longs épis souples, bleu-violet tendre. Si on prend le soin de la retailler après la floraison, elle forme à nouveau un coussin de feuillage dense durant l'été, et fleurit abondamment une deuxième fois en automne. Le *Nepeta* x *faassenii* 'Six Hills Giant' supporte bien le calcaire. Il nécessite un sol léger, bien drainé : bien que résistant au froid, il peut mourir en hiver si le sol est trop lourd, la souche pourrissant facilement en conditions de froid humide. A part cette exigence, c'est une vivace robuste, de culture facile. La douceur de son feuillage, la beauté et la générosité de sa floraison en font une plante incontournable dans le jardin sec.
Multiplication par boutures au printemps.
- ***Nepeta* x *faassenii* 'Dropmore'** a de belles fleurs bleu-violet soutenu.
- ***Nepeta cataria*** a des feuilles vertes et des épis ramifiées de fleurs blanc rosé en juin-juillet. Feuilles, tiges et inflorescences sont aromatiques : elles dégagent lorsqu'on les froisse une forte odeur, évoquant la menthe et la verveine citronnelle. Les chats viennent l'inhaler avec bonheur, s'étirant, se couchant ou se roulant autour de la plante, d'où le nom commun de cataire ou herbe à chats. On lui a longtemps attribué la propriété d'éloigner les souris, mais sans doute simplement parce qu'elle attire les chats. Origine : Europe, Asie. Rusticité : - 15 °C et plus froid. Code de sécheresse : 2,5.
- ***Nepeta racemosa***, souvent appelé *Nepeta mussinii* en horticulture, a de petites feuilles grises, aromatiques. Les épis compacts de fleurs bleu clair s'épanouissent en mai. Le *Nepeta racemosa* se ressème facilement dans le jardin. Origine : Caucase, Turquie, Iran. Rusticité : - 15 °C et plus froid. Code de sécheresse : 4.
- ***Nepeta racemosa* 'Snow Flake'** a des fleurs blanc pur.
- ***Nepeta tuberosa*** a de belles feuilles gris-vert, épaisses et soyeuses. La plante se propage par ses rhizomes tubéreux, qui lui assurent une bonne résistance à la sécheresse. En juin-juillet, les longs épis s'élèvent gracieusement, avec de petites fleurs violettes intercalées de bractées rose pourpre. Fleurs et bractées sont couvertes de poils soyeux, donnant à l'inflorescence une étonnante silhouette lorsqu'on l'observe à contre-jour, dans la lumière rasante du soir ou du matin. Origine : Sud du Portugal, Espagne, Sicile. Rusticité : - 12 à - 15 °C. Code de sécheresse : 5.

En mai-juin, Nepeta x faassenii *'Six Hills Giant' se couvre de longs épis souples, bleu-violet. A droite,* Phlomis grandiflora *dresse ses inflorescences jaunes, et au fond la masse duveteuse de* Ballota pseudodictamnus *vient adoucir la scène.*

Les épis soyeux de Nepeta tuberosa *semblent briller dans la lumière à contre-jour.*

Nerium (Apocynaceae) Laurier-rose

Nerium vient de l'ancien nom grec du laurier-rose, *nerion*. Ce nom serait dérivé de Nérée, dieu marin dans la mythologie grecque. Les Néréides, ses cinquante filles, représentaient les vagues de la mer. Pagen rapporte que les Grecs anciens entretenaient des plantations sacrées de lauriers-roses en l'honneur des Néréides, qui étaient considérées comme des guides infaillibles (voir bibliographie). Selon une autre interprétation, *Nerium* viendrait du grec *neros*, humide, pour évoquer l'habitat naturel de la plante : le laurier-rose est spontané dans le lit des rivières, généralement à sec en été, qui sillonnent le pourtour de la Méditerranée.

Plante de bord de cours d'eau, le laurier-rose surprend néanmoins par sa capacité de résistance à la sécheresse. En Crète, on voit souvent le laurier-rose pousser sur les flancs des gorges, se mêlant aux autres plantes de la *phrygana*, parfois très loin du lit de la rivière : ses racines, particulièrement longues, sont capables d'aller puiser l'eau en profondeur. Ses feuilles, épaisses et coriaces, concentrent les stomates sur la face inférieure, tout au fond de cavités garnies de poils. Ces "cryptes stomatiques" permettent de limiter les pertes en eau, même par temps extrêmement chaud. Dans le Néguev en Israël, tout comme dans la Hamada au sud de l'Anti-Atlas au Maroc, le laurier-rose est l'une des rares plantes qui arrivent à survivre à la chaleur brûlante du désert, concentré avec les *Retama* et les *Acacia* le long des ravins, dans des régions où il ne pleut que très rarement. Enfin, en période de stress hydrique majeur, le laurier-rose a la faculté de réguler sa surface foliaire. Pour diminuer l'évapotranspiration, il laisse tomber au sol une partie de son feuillage, la chute commençant par les feuilles les plus vieilles et remontant progressivement à partir de la base des tiges. La plante entre alors en repos partiel, en attendant des jours meilleurs. Dans la nature, la période

Le laurier-rose a une remarquable capacité d'adaptation aux conditions les plus difficiles. Au Sud du Maroc, dans la chaleur du désert de la Hamada, lauriers-roses et Acacia survivent dans des ravins à sec la majeure partie de l'année.

Lauriers-roses au bord de la mer de Libye. Nerium *serait dérivé de Nérée, dieu marin dans la mythologie grecque. Poussant parfois jusqu'en bord de mer, le laurier-rose résiste aux embruns ainsi qu'aux remontées d'eau saumâtre dans le sol.*

de floraison n'est d'ailleurs généralement pas celle que nous connaissons dans les jardins. En conditions sèches, le laurier-rose sauvage fleurit d'avril à juin, avant l'arrivée de la grande chaleur. Ce n'est que s'il a de l'eau à volonté qu'il continue à fleurir généreusement pendant toute la période estivale.

Le laurier-rose supporte bien le calcaire. Il est peu exigeant sur la nature du sol. Par contre, il n'aime pas avoir le feuillage régulièrement mouillé. Lorsqu'il est planté par exemple à proximité d'un gazon avec un arrosage automatique, il est sensible à des maladies comme la bactériose ou l'*Aeschochyta*, qui se propagent quand le feuillage est humide. En conditions naturelles, le laurier-rose est une plante robuste, relativement peu sensible aux maladies et aux ravageurs. Dans les jardins, c'est souvent l'excès d'arrosage ou de fertilisation qui le rend sensible aux pucerons, araignées rouges et cochenilles. Les pucerons ne durent jamais longtemps, mais les araignées rouges et les cochenilles peuvent sérieusement affaiblir la plante. En cas de véritable infestation, la solution la plus simple consiste à régénérer le feuillage en taillant sévèrement le laurier-rose (jusqu'à 10 ou 20 centimètres du sol), la plante ayant une excellente capacité à rejeter de la base, en produisant une nouvelle végétation parfaitement saine. Il vaut mieux ne pas tailler le laurier-rose chaque année : la taille peut fortement diminuer la floraison de l'été suivant, car l'induction florale n'apparaît que lorsque la tige atteint une certaine longueur.

La culture du laurier-rose remonte à une longue tradition. Les Grecs anciens entretenaient déjà des plantations sacrées de lauriers-roses en l'honneur des Néréides, qui étaient considérées comme des guides infaillibles.

Attention, toutes les parties de la plante sont toxiques en cas d'ingestion. En Inde, plusieurs cas de suicides au laurier-rose ont été répertoriés : on dit qu'il faut sept feuilles pour tuer un homme. Par chance, la sève laiteuse a un goût violent, terriblement âcre, qui donne instinctivement envie de se rincer la bouche immédiatement. La plupart des accidents viennent de la confusion du laurier-rose et du laurier-sauce en cuisine, ou de l'utilisation des longs rameaux pour servir de piques à brochettes. L'utilisation du laurier-rose comme plante d'ornement fait référence à une longue tradition. Des lauriers-roses étaient peints en trompe-l'œil sur les murs des péristyles à Pompéi, qui avaient vocation d'agrandir visuellement l'espace restreint des jardins enclos de murs. En Chine, la culture du laurier-rose a longtemps été le passe-temps favori des hommes lettrés, qui trouvaient dans leurs fleurs une subtile évocation de la grâce et la beauté. Il était l'un des arbustes les plus utilisés dans les jardins arabes du XIIe siècle, avec la rose, le myrte et le grenadier. Sous Louis XIV, l'orangerie de Versailles abritait en hiver plus de mille pieds de lauriers-roses élevés en caisses.

Les nombreux cultivars disponibles actuellement en horticulture sont le plus souvent des hybrides entre *Nerium oleander* subsp. *oleander* (non parfumé ou à peine), spontané autour de la Méditerranée, et *Nerium oleander* subsp. *indicum* (très parfumé), spontané de l'Iran à la Chine. Ils déclinent les tons de blanc, rose, saumon, jaune et rouge, avec des fleurs simples, doubles ou triples, qui peuvent être parfumées ou non. Sur plus de 150 cultivars que nous élevons, en voici quelques-uns, qui sont ceux que je choisirais si je ne devais en conserver qu'une dizaine.

Les nombreux cultivars de lauriers-roses n'ont pas la même résistance au froid : il importe de les choisir soigneusement selon la zone climatique à laquelle ils sont destinés. Le plus résistant de tous est un cultivar à jolies fleurs simples, nommé 'Villa Romaine'.

Nerium 'Louis Pouget'

HAUTEUR : 3 m et plus ; LARGEUR : 2 m et plus ; EXPOSITION : soleil ; RUSTICITÉ du cultivar 'Louis Pouget' : premiers dégâts sur le feuillage à partir de - 8 °C environ, mais la plante peut repartir du pied après des températures beaucoup plus basses ; CODE DE SÉCHERESSE : 4.

Arbuste à feuilles persistantes, allongées, vert foncé. La plante rejette vigoureusement de souche et forme un arbuste puissant. Les fleurs d'un beau rose lumineux, à double rangée de pétales, sont rassemblées en lourdes grappes, légèrement retombantes. Très odorantes par temps chaud, elles ont un parfum évoquant le miel et l'amande douce. Dans notre jardin sans arrosage, la floraison débute fin mai et se renouvelle en abondance jusqu'à mi-juillet, après quoi les fleurs, nettement moins nombreuses, continuent à apparaître sporadiquement jusqu'à fin août ou début septembre. 'Louis Pouget' est un cultivar sélectionné en 1898 par la pépinière Sahut à Montpellier, qui avait rassemblé une remarquable collection de lauriers-roses. Nous en avons planté un pied tout près de notre terrasse, pour profiter de son délicieux parfum pendant les longues soirées d'été.

Multiplication par boutures de tronçons des pousses de l'année, en début d'été. La multiplication d'une branche simplement mise dans une bouteille d'eau est également très facile.

- *Nerium* 'Alsace' a des fleurs élégantes, simples, blanches ou à peine rosées, précédées de fins boutons roses. 'Alsace' est un vieux cultivar français, qui a sans doute eu plusieurs noms au fil des siècles. On peut en voir à Paris des sujets exceptionnels, plus que centenaires, cultivés dans des caisses imposantes au jardin du Luxembourg. L'orangerie du jardin du Luxembourg est équipée d'un fort palan permettant de soulever les lauriers-roses pour les extraire chaque année de leur bac. En sciant une partie de la motte, des générations de jardiniers ont remplacé chaque année les vieilles racines par un mélange terreux neuf, donnant aux lauriers-roses une longévité remarquable. Rusticité : premiers dégâts sur le feuillage à partir de - 6 °C environ.

- *Nerium* 'Album Maximum' est le laurier-rose le plus vigoureux de notre collection. En conditions favorables, il peut s'élever à 5 ou 6 mètres de hauteur en une dizaine d'années. Les feuilles, spectaculaires, peuvent mesurer plus de 30 centimètres de longueur. Les fleurs simples sont d'un blanc très doux, à reflets ivoire. 'Album Maximum' est un cultivar ancien, décrit en Italie en 1880 ; devenu rare dans les jardins, il semble tombé dans l'oubli, mais il mérite d'être remis à l'honneur. Rusticité : premiers dégâts sur le feuillage à partir de - 8 °C environ.

- *Nerium* 'Angiolo Pucci' a des fleurs simples, d'une couleur étonnante. Les pétales jaune crème, à peine infusés de rose, entourent une belle gorge orange lumineux. 'Angiolo Pucci' est un cultivar compact, mesurant seulement 1 à 1,50 mètre de hauteur au bout d'une dizaine d'années. Pour créer des massifs bas, on peut le planter avec d'autres cultivars à port compact, comme 'Papa Gambetta', au coloris flamboyant rouge orangé, ou 'Caro', d'un léger rose à peine saumoné. Rusticité : premiers dégâts sur le feuillage à partir de - 6 °C environ.

- *Nerium* 'Commandant Barthélemy' a des fleurs doubles, parfumées, d'un rose fuchsia intense tirant sur le rouge, précédées par de gros boutons globuleux rouge sombre. C'est un cultivar robuste, modérément florifère, mais s'adaptant facilement à des conditions diverses : il arrive par exemple à bien fleurir à la mi-ombre. 'Commandant Barthélemy' est un cultivar ancien, sélectionné au XIXe siècle par les pépinières Sahut à Montpellier. Rusticité : premiers dégâts sur le feuillage à partir de - 8 °C environ.

- *Nerium* 'Grandiflorum' est l'un des rares cultivars bien parfumés à fleurs simples. Les grands pétales rose framboise entourent une gorge blanchâtre, cotonneuse. Rusticité : premiers dégâts sur le feuillage à partir de - 8 °C environ.

- *Nerium* 'Mrs. Roeding' a des feuilles courtes et fines, presque linéaires. Les belles fleurs triples, parfumées, ont un riche coloris rose saumon mêlé de jaune, avec une pointe de crème. La plante a un port original : au lieu d'avoir les branches bien dressées comme la plupart des lauriers-roses, 'Mrs Roeding' a des rameaux souples, dont les vigoureuses branches latérales s'étalent sur le sol. Plus large que haute (1 mètre de hauteur pour 2 mètres de largeur au bout de dix ans environ), la plante peut être utilisée comme couvre-sol pour grand talus. Peu courant autour de la Méditerranée, 'Mrs. Roeding' est très commun aux Etats-Unis : les autoroutes en Californie sont bordées sur des kilomètres par ce cultivar. Il a été sélectionné en 1905 par Francher Creek Nurseries, une pépinière américaine, dans un semis de graines provenant du Japon. Rusticité : premiers dégâts sur le feuillage à partir de - 6 °C environ.

- *Nerium* 'Tito Poggi' est un cultivar très florifère, à fleurs simples. Entourant une gorge jaune striée de rose vif, les pétales ont une belle couleur douce et lumineuse, rose saumon clair. 'Tito Poggi' fait partie d'une série de cultivars intéressants, sélectionnés dans les années 1950 par la pépinière Gambetta en Italie, et comprenant par exemple 'Marie Gambetta', un beau laurier-rose jaune soutenu, recherché par les amateurs. Rusticité : premiers dégâts sur le feuillage à partir de - 6 °C environ.

- *Nerium* 'Villa Romaine' a des fleurs simples dont les pétales rose clair, de forme turbinée, entourent une gorge rose vif. 'Villa Romaine' est le premier cultivar que nous ayons sélectionné dans notre travail de recherche sur la résistance au froid des lauriers-roses. Il a survécu dans le Nord de l'Allemagne, chez l'un des correspondants qui contrôlent la rusticité de nos plantes, à des températures prolongées de l'ordre de - 12 à - 15 °C, sans subir de dégâts visibles sur le feuillage. Parmi les autres sélections très résistantes au froid, on peut citer 'Cavalaire', à belles fleurs parfumées, triples, rose vif, et 'Atlas', à fleurs simples roses (récolté en altitude dans les montagnes de l'Atlas).

Nerium *'Album Maximum' est un géant parmi les lauriers-roses : en conditions favorables, il peut s'élever à 5 ou 6 mètres de hauteur en une dizaine d'années.*

*Les fleurs jaune vif d'*Oenothera macrocarpa *s'ouvrent le soir, exhalant une odeur douce pour attirer les pollinisateurs nocturnes.*

Oenothera macrocarpa (Onagraceae)

ORIGINE : Centre et Sud des Etats-Unis ; HAUTEUR : 20 cm ; LARGEUR : 40 à 50 cm ; EXPOSITION : soleil ; RUSTICITÉ : - 15 °C et plus froid ; CODE DE SÉCHERESSE : 5.

Vivace à feuilles caduques vert clair, dont les nervures blanches bien visibles contrastent avec les tiges rouges. En juin-juillet, les larges fleurs, en forme de coupes jaune citron intense, se renouvellent jour après jour, prenant une belle couleur rouge orangé avant de faner à la mi-journée. Les nouvelles fleurs s'épanouissent le soir. Elles dégagent une odeur douceâtre, pour attirer un sphinx pollinisateur nocturne. En fin d'été, la plante produit de gros fruits curieusement ailés (*macrocarpa* vient du latin *macro*, grand, et *carpos*, fruit). L'*Oenothera macrocarpa* supporte bien le calcaire. Elle préfère les sols légers, bien drainés. C'est une vivace de culture facile, que nous aimons mêler dans les massifs de *Lavandula angustifolia*, *Perovskia* 'Blue Spire' et *Nepeta racemosa*, pour rehausser leurs tons bleus et violets d'un contrepoint jaune brillant.
Multiplication par semis en automne.

• *Oenothera drummondii* a un feuillage persistant gris-vert, velouté, et des fleurs jaune vif qui se renouvellent tout l'été, même par temps très sec. La plante a une durée de vie relativement courte, mais elle se ressème facilement en sol pauvre, parfaitement drainé. Origine : Texas, Nouveau-Mexique. Rusticité : - 10 à - 12 °C. Code de sécheresse : 6.

Olea europaea 'Cipressino' (Oleaceae)
Olivier pyramidal

HAUTEUR : 4 à 5 m et plus ; LARGEUR : 2 à 3 m et plus ; EXPOSITION : soleil ; RUSTICITÉ : - 10 à - 12 °C ; CODE DE SÉCHERESSE : 5.

Remontant à la nuit des temps, la présence de l'olivier fait partie intégrante du paysage méditerranéen, bien que son origine précise soit incertaine. *Olea europaea* 'Cipressino' est un cultivar à port pyramidal et à végétation très dense, dont les rameaux dressés ont une croissance rapide. Les longues feuilles persistantes, gris-vert sur le dessus, dévoilent leur revers argenté dès que le mistral ou la tramontane se mettent à souffler. L'olivier pyramidal supporte bien le calcaire. Il est peu exigeant sur la nature du sol. Bien qu'intéressant pour la production d'olives noires, il est surtout utilisé comme vigoureux arbuste brise-vent, à mélanger dans une grande haie libre par exemple avec le chêne vert, l'arbousier, le laurier-sauce, l'érable de Montpellier ou l'arbre de Judée. Lorsque ces espèces deviennent adultes et se dégarnissent de la base, elles peuvent être contreplantées d'une haie plus basse, composée d'arbustes supportant aussi bien l'ombre que la concurrence racinaire, comme le lentisque, le filaria, le myrte ou le laurier-tin.
Multiplication par boutures herbacées au printemps.

• *Olea europaea* var. *sylvestris*, ou oléastre, est l'olivier sauvage de nos garrigues. On le reconnaît à ses petites feuilles coriaces, vert foncé dessus et argentées dessous, et à ses rameaux courts et raides, qui forment une masse enchevêtrée. Peu utilisé en jardins, il a pourtant de nombreuses qualités, supportant par exemple remarquablement bien la taille : en Corse on le voit tout près de la mer, sculpté par les embruns pour former d'étonnantes draperies végétales. En Crète, ce sont les chèvres qui le transforment en topiaires aux allures futuristes. Origine supposée : Bassin méditerranéen. Rusticité : - 12 à - 15 °C. Code de sécheresse : 6.

• *Olea europaea* subsp. *africana* a un beau feuillage vert foncé. Nous aimons l'utiliser pour créer un contraste avec des arbustes à feuillage gris comme *Teucrium fruticans* ou *Phlomis grandiflora*. Origine : Afrique du Sud. Rusticité : - 8 à - 10 °C. Code de sécheresse : 5.

Il y a bien sûr aussi les nombreuses variétés d'oliviers pour la production, qui peuvent être plantées dans un jardin sec. On les voit souvent arrosés au goutte-à-goutte, dans une logique d'augmentation des rendements, mais ils sont parfaitement adaptés à la sécheresse, comme en témoignent les magnifiques paysages des collines entre Grenade et Cordoue, ou l'antique "mer d'oliviers" qui s'étend sous les ruines de Delphes. Un conseil : plantez vos oliviers jeunes ! Vous serez surpris par la vitesse de croissance des oliviers, qui peuvent former de beaux arbres de production en une dizaine d'années. Plutôt que

A perte de vue, les oliviers épousent le relief souple des collines entre Grenade et Cordoue, en Andalousie.

Parfaitement adapté à la sécheresse, l'olivier est devenu un symbole des paysages méditerranéens.

d'acheter un olivier centenaire, frais débarqué de son camion en provenance d'Espagne, dont la rusticité est incertaine et qui évoque irrémédiablement l'espace vert conçu à la hâte, faites-vous conseiller une variété locale, bien adaptée au climat de votre région, chez un pépiniériste spécialisé. Vous trouverez par exemple d'excellents conseils à la pépinière de Michel et Béné Bachès, où, en plus de vieilles variétés locales d'oliviers, vous trouverez la collection d'agrumes la plus diversifiée que l'on puisse imaginer (voir l'annexe, "Les bonnes adresses du jardin sec").

Origanum syriacum (Lamiaceae)
Origan de Syrie

ORIGINE : Syrie, Liban, Israël ; HAUTEUR : 60 à 80 cm ; LARGEUR : 50 cm ; EXPOSITION : soleil ou mi-ombre ; RUSTICITÉ : - 12 ° à - 15 °C ; CODE DE SÉCHERESSE : 5.

Sous-arbrisseau à feuilles persistantes veloutées, gris-vert, très aromatiques. Les tiges vigoureuses forment un buisson dressé, un peu raide. Rassemblées en panicules ramifiées au sommet des tiges, une multitude de petites fleurs blanc pur s'épanouissent en juin-juillet. L'*Origanum syriacum* supporte bien le calcaire. Il aime les sols pauvres, légers, bien drainés. Il est l'un des ingrédients de base d'une épice très utilisée au Moyen-Orient, le *za'atar*, composée des fleurs et des feuilles de l'origan, grillées avec du sésame et du sel, auxquels on ajoute parfois aussi de la sarriette (*Satureja thymbra*), du thym (*Thymus capitatus*) et les fruits moulus du *Rhus coraria*. Le *za'atar*, mélangé à de l'huile d'olive et étalé sur une *pita* chaude, est servi comme un délicieux petit-déjeuner au Liban. Dans notre jardin, nous récoltons les fleurs, à forte saveur piquante, pour décorer et aromatiser les salades estivales.

Multiplication par semis en automne, ou par boutures herbacées au printemps.

• *Origanum dictamnus* est utilisé depuis l'Antiquité pour ses propriétés médicinales, comme antiseptique et bactéricide. C'est une petite plante de rocaille très décorative, mais qui ne se plaît qu'en sol très drainé. En été les feuilles argentées, couvertes d'un épais manteau de poils laineux, servent d'écrin aux curieuses inflorescences retombantes, où les petites fleurs roses émergent de magnifiques bractées pourpres. Origine : montagnes de Crète. Rusticité : - 10 à - 12 °C. Code de sécheresse : 4.

• *Origanum dubium* est une perle rare, peu connue dans les jardins. Les feuilles grises, soyeuses, ont une odeur pénétrante extraordinaire, chaude et piquante comme une épice, et à la fois subtilement poudrée comme un parfum très doux. Les épis de minuscules fleurs blanches apparaissent en juin-juillet. Origine : Chypre, Turquie. Rusticité : - 8 à - 10 °C. Code de sécheresse : 5.

• *Origanum laevigatum* a une souche rhizomateuse qui s'étale en couvre-sol, dont les feuilles vert bleuté contrastent avec les fines tiges rougeâtres. Les nombreuses petites fleurs rose violacé s'épanouissent en panicules aérées et se renouvellent généreusement durant tout l'été. Dans notre jardin, nous l'avons associé avec *Teucrium divaricatum* et *Lavandula* x *chaytorae* 'Richard Gray', pour une petite scène estivale où se mêlent les tons mauves et violets. Origine : Chypre, Turquie. Rusticité : - 12 à - 15 °C. Code de sécheresse : 4.

Sous la douceur de ses poils argentés, Origanum dictamnus *recèle une huile essentielle à forte saveur piquante, utilisée depuis l'Antiquité comme antiseptique et bactéricide.*

• *Origanum majorana*, la marjolaine, est réputé pour son feuillage délicatement aromatique, dont l'odeur est nettement plus douce que celle des autres origans. Les épis de fleurs blanches s'épanouissent en juin-juillet. Origine : Sud de l'Europe, Turquie. Rusticité : - 10 à - 12 °C. Code de sécheresse : 4.

• *Origanum microphyllum* forme un coussin de minuscules feuilles grises. En juin-juillet, les inflorescences lâches se couvrent de petites fleurs violettes, à bractées argentées, formant un brouillard léger au-dessus de la plante. En Crète, sur le chemin de montagne qui mène du plateau d'Omalos au refuge Kallergi, on peut voir l'*Origanum microphyllum* plaqué contre les rochers, en compagnie d'*Helichrysum microphyllum* et de *Teucrium microphyllum*, belle illustration d'une stratégie commune de résistance à la sécheresse, les plantes réduisant la taille de leurs feuilles pour limiter l'évapotranspiration (*microphyllum* vient du grec *micro*, petit, et *phyllon*, feuille). Origine : montagnes de Crète. Rusticité : - 12 à - 15 °C. Code de sécheresse : 5.

• *Origanum onites* a de belles fleurs blanc pur, rassemblées en corymbes denses. C'est une espèce dont la floraison lumineuse égaie au printemps les flancs des montagnes sèches, dans tout le Sud de la Grèce ainsi qu'en Crète (*Origanum* vient du grec *oros*, montagne, et *ganos*, éclat, joie). Le feuillage, très aromatique, a une saveur forte, sans toutefois être piquante. Ce sont les feuilles finement hachées de l'*Origanum onites* qui aromatisent les larges morceaux de *feta* des salades délicieuses que l'on mange dans tous les villages des montagnes grecques. Origine : Balkans, Grèce. Rusticité : - 12 à - 15 °C. Code de sécheresse : 5.

• *Origanum vulgare* subsp. *hirtum* est parfois appelé *Origanum heracleoticum*. Son feuillage est nettement

*Les touffes fleuries d'*Origanum onites *égayent les montagnes de Grèce.*

plus aromatique que celui de l'origan commun, *Origanum vulgare*. Grâce à sa souche rhizomateuse, la plante forme un bon couvre-sol. Les minuscules fleurs blanches apparaissent en juin-juillet. Origine : Grèce, Turquie. Rusticité : - 15 °C et plus froid. Code de sécheresse : 3.

Parthenocissus tricuspidata 'Robusta'
(Vitaceae) Vigne vierge

Origine : Chine, Japon ; **Hauteur et largeur** : 15 m et plus ; **Exposition** : soleil ou ombre ; **Rusticité** : - 15 °C et plus froid ; **Code de sécheresse** : 4.

Liane à larges feuilles caduques, vert brillant, à trois lobes pointus (*tricuspidata* vient du latin *tri*, trois, et *cuspis*, pointe). Les tiges sont munies de fines vrilles, terminées par des disques adhésifs. Ils permettent à la plante de s'accrocher sur tous les supports, même les plus lisses. Les fleurs, peu visibles, sont suivies par des grappes de petits fruits foncés qui font la joie des oiseaux en fin d'été. En automne, le feuillage prend de magnifiques couleurs flamboyantes, rouges, orange ou violacées. Le *Parthenocissus tricuspidata* 'Robusta' supporte bien le calcaire. Il préfère les sols souples, assez profonds. C'est une grimpante extrêmement vigoureuse, qui peut recouvrir des bâtiments entiers. Elle a une intéressante fonction de régulation climatique : le feuillage dense protège des rayons du soleil en été, alors qu'en hiver les tiges nues laissent la façade emmagasiner la chaleur. Il faut occasionnellement tailler la vigne vierge en haut de façade, car elle a tendance à se faufiler sur le toit pour aller tricoter entre les tuiles.

Multiplication par boutures de bois sec, en hiver.

• *Parthenocissus quinquefolia* a des feuilles découpées en cinq folioles. Il faut une façade rugueuse pour que la plante puisse s'accrocher, car les vrilles ne sont pas adhésives. Les longues tiges à croissance rapide permettent de couvrir de très grandes pergolas. Origine : Est des Etats-Unis. Rusticité : - 15 °C et plus froid. Code de sécheresse : 4.

Pelargonium x fragrans (Geraniaceae)

Origine : Afrique du Sud ; **Hauteur** : 40 à 60 cm ; **Largeur** : 40 à 60 cm ; **Exposition** : soleil ; **Rusticité** : - 4 à - 6 °C ; **Code de sécheresse** : 4.

Le *Pelargonium x fragrans* est un hybride naturel entre *Pelargonium exstipulatum* et *Pelargonium odoratissimum*, poussant dans les hauts plateaux du Karoo, en Afrique du Sud. C'est un arbrisseau compact, à petites feuilles persistantes grises, d'aspect velouté. Le feuillage dégage, lorsqu'on le froisse, une riche odeur épicée, où se mêlent des senteurs de noix muscade et de forêt de pins. En Afrique du Sud, les feuilles sont utilisées en cuisine pour relever gâteaux ou compotes de pommes, et parfois pour aromatiser le café. Les fines ombelles de fleurs blanches apparaissent de mai à octobre, presque toute l'année en climat doux. Le *Pelargonium* x *fragrans* supporte bien le calcaire. Il préfère les sols légers, bien drainés. Sa résistance au froid est nettement meilleure si le sol reste bien sec en hiver. Il se cultive facilement en bac : nous en avons un joli pied qui décore notre terrasse depuis de nombreuses années, un peu à l'abri contre une façade.

Multiplication par boutures herbacées en automne ou au printemps.

Perovskia abrotanoides (Lamiaceae)

Origine : montagnes arides d'Iran et du Turkménistan ; **Hauteur en fleur** : 1 m ; **Largeur** : 60 à 80 cm ; **Exposition** : soleil ; **Rusticité** : - 15 °C et plus froid ; **Code de sécheresse** : 4.

Sous-arbrisseau à feuilles caduques très aromatiques, gris-vert. Les feuilles sont finement découpées (elles évoquent le feuillage fin d'*Artemisia abrotanum*, d'où le nom *abrotanoides*). On extrait des feuilles une huile essentielle aux propriétés médicinales. En Iran, les racines broyées du *Perovskia abrotanoides* étaient traditionnellement utilisées en cataplasmes pour soigner des maladies comme la forme cutanée de la leishmaniose. Les tiges élancées, couvertes d'un fin duvet blanc, mettent en valeur la belle floraison. En juin-juillet, les épis ramifiés s'épanouissent en une multitude de petites fleurs bleu vif, formant une masse légère, très décorative. Les fleurs sont entourées de calices veloutés, de couleur pourpre, qui persistent longtemps sur les inflorescences après la chute des fleurs, prolongeant l'aspect ornemental de la plante

1- *La vigne vierge a une intéressante fonction de régulation thermique de la maison : le feuillage protège des rayons du soleil en été, alors qu'en hiver les tiges nues laissent la façade emmagasiner la chaleur.*

2- *Les tiges à croissance rapide de* Parthenocissus quinquefolia *permettent de couvrir de grandes pergolas.*

Perovskia 'Blue Spire' fleurit de juin à septembre, quand la plupart des plantes sont en repos. Le coloris léger de ses fleurs apporte une touche de fraîcheur à toutes les scènes estivales.

Ce ne sont pas les jardiniers qui ont inventé l'art topiaire. En broutant ce Phillyrea angustifolia *près du plateau d'Omalos, en Crète, les chèvres le transforment patiemment en sculpture futuriste.*

pendant tout l'été. Le *Perovskia abrotanoides* supporte bien le calcaire et résiste aux embruns. Il préfère les sols légers, bien drainés. On peut le tailler court en fin d'hiver, pour favoriser l'apparition d'une nouvelle végétation vigoureuse et florifère.
Multiplication par semis en automne ou par boutures herbacées au printemps.

• *Perovskia atriplicifolia* **'Longin'** a des feuilles entières, légèrement dentées. Les épis de fleurs bleues sont nettement plus grands que ceux de *Perovskia abrotanoides*. Origine : montagnes arides d'Afghanistan. Rusticité : - 15 °C et plus froid. Code de sécheresse : 4.

• *Perovskia* **'Blue Spire'**, un hybride probable entre *Perovskia abrotanoides* et *Perovskia atriplicifolia*, a une végétation plus vigoureuse que celle de ses parents. Les feuilles sont très aromatiques. Lorsqu'on les froisse, elles dégagent tout d'abord une vive odeur animale, évoquant le bouc (c'est "l'odeur de tête" des parfumeurs, puissante et volatile, mais qui ne dure pas). Si on continue à humer le feuillage, après un moment une odeur nouvelle, nettement mentholée, vient dominer (c'est "l'odeur de cœur"). Enfin, nettement plus tard, lorsque les odeurs de tête et de cœur se sont dissipées, on perçoit une odeur légère mais persistante, douce et sucrée, évoquant le litchi (c'est "l'odeur de fond"). Dans un jardin sec, les nombreuses plantes aromatiques méritent d'être analysées longuement, pour leur laisser le temps d'exprimer leurs exceptionnelles palettes d'odeurs, qui sont l'un des charmes du jardin en période estivale. La floraison du *Perovskia* 'Blue Spire' se prolonge de juin à septembre, avec une générosité absolument remarquable. Dans notre jardin, nous aimons créer de grandes scènes estivales très colorées, en mêlant les *Perovskia* 'Blue Spire' aux *Gaura lindheimeri*, *Epilobium canum* 'Western Hills', *Oenothera drummondii* et *Salvia darcyi*. Rusticité : - 15 °C et plus froid. Code de sécheresse : 4.

Phillyrea angustifolia (Oleaceae) Filaria

ORIGINE : Bassin méditerranéen ; HAUTEUR : 2 à 3 m ; LARGEUR : 2 m ; EXPOSITION : soleil ou ombre ; RUSTICITÉ : - 12 à - 15 °C ; CODE DE SÉCHERESSE : 5.

Arbrisseau à feuilles persistantes vert foncé et jeunes pousses printanières teintées de bronze. De dimensions et de forme variables, les feuilles sont généralement assez étroites. Epaisses et coriaces, elles représentent le type même de la feuille sclérophylle, avec la face supérieure vernissée pour limiter l'évaporation pendant la période estivale. Les fleurs parfumées blanc verdâtre, assez peu visibles, apparaissent de mars à mai. Elles sont suivies de nombreuses baies noires qui mûrissent en automne, une vraie gourmandise pour les oiseaux. Le *Phillyrea angustifolia* supporte bien le calcaire. Il est peu exigeant sur la nature du sol : en garrigue, il prospère dans les cailloux, mais il se plaît également dans la zone la plus argileuse de notre jardin, où le sol est lourd et asphyxiant. C'est un bon arbuste pour haies libres. Grâce à sa bonne résistance à l'ombre et à la concurrence racinaire, on peut aussi l'utiliser pour constituer une structure arbustive en sous-bois de pins ou de chênes, en l'associant à *Pistacia lentiscus*, *Rhamnus alaternus* et *Viburnum tinus*. Il résiste très bien aux embruns. Il supporte parfaitement les tailles répétées, et on peut s'en servir pour sculpter des formes topiaires originales.
Multiplication par semis de graines fraîches en automne, ou par boutures herbacées au printemps (l'enracinement peut être très long).

• *Phillyrea latifolia* a des feuilles ovales, assez grandes, à bords souvent dentés. Les vieux sujets peuvent former de magnifiques petits arbres, à silhouette bien régulière. Au jardin des Plantes de Montpellier, un *Phillyrea latifolia* vénérable est réputé être le plus vieux de France : il daterait du XVIe ou XVIIe siècle. Depuis toujours il sert de boîte aux lettres pour les amoureux, qui cachent des missives romantiques dans les crevasses de son extraordinaire tronc noueux, offrant une lecture plaisante aux jardiniers qui viennent occasionnellement faire le ménage. Origine : Bassin méditerranéen. Rusticité : - 12 à - 15 °C. Code de sécheresse : 5.

Phlomis (Lamiaceae)

Les *Phlomis* ne sont pas à la mode. Bien qu'ils présentent une diversité remarquable, ils ont toujours été peu utilisés dans les jardins. La plupart des jardiniers ne connaissent que le *Phlomis fruticosa*, sans se douter qu'il y a plus de 40 autres espèces spontanées autour de la Méditerranée, fleurissant dans les tons de blanc, rose, violet, jaune ou orangé. La seule flore de Turquie dénombre quelque 24 espèces, allant de la petite vivace tapissante à l'arbrisseau de près de 3 mètres de hauteur. Ce sont des plantes robustes et adaptables, de culture facile.

Contrairement à de nombreuses autres plantes méditerranéennes, ils vieillissent bien. Grâce à leurs intéressantes stratégies de résistance, ils sont particulièrement bien adaptés au jardin sec. Nous nous sommes petit à petit passionnés pour ce genre et avons rassemblé dans notre jardin une large collection d'espèces et d'hybrides naturels. Voici une petite sélection de ceux qui me semblent les plus faciles à cultiver.

Phlomis bourgaei

ORIGINE : Sud-Ouest de la Turquie (sur coteaux pierreux et dans les bois de chênes ou de pins) ; HAUTEUR : 1 m ; LARGEUR : 80 cm ; EXPOSITION : soleil ou mi-ombre ; RUSTICITÉ : - 12 à - 15 °C ; CODE DE SÉCHERESSE : 5.

Arbrisseau à feuilles persistantes, longues et pointues, à bords curieusement chantournés. Le feuillage exprime un dimorphisme saisonnier marqué. En hiver et au printemps, les grandes feuilles vertes sont largement étalées à l'horizontale, pour capter les rayons du soleil et assurer la photosynthèse pendant la période de croissance. Après la floraison jaune du mois de mai, ces grandes feuilles tombent avec l'arrivée de la chaleur. La plante produit alors une nouvelle génération de feuilles, nettement plus petites, compressées les unes contre les autres le long des tiges pour diminuer la surface d'exposition au soleil. Ces nouvelles feuilles sont couvertes d'un épais manteau de poils marron doré, limitant l'évapotranspiration. Le *Phlomis bourgaei* supporte bien le calcaire. Il est peu exigeant sur la nature du sol. C'est un arbuste remarquable dans le jardin sec en été : plus le temps est sec, plus il devient beau !

Multiplication par boutures herbacées en automne. Les Phlomis *se multiplient facilement par semis en automne, mais nous préférons les multiplier par boutures car ils s'hybrident très facilement, aussi bien dans les jardins que dans la nature.*

Phlomis chrysophylla

ORIGINE : Liban, Syrie, Jordanie ; HAUTEUR : 80 cm ; LARGEUR : 1 m ; EXPOSITION : soleil ; RUSTICITÉ : - 10 à - 12 °C ; CODE DE SÉCHERESSE : 6.

Arbrisseau à feuilles persistantes, ovales ou arrondies. En hiver et au printemps, les feuilles sont d'un joli vert clair, puis les feuilles estivales prennent une surprenante couleur dorée, très ornementale (*chrysophylla* vient du grec *khrusos*, or, et *phyllon*, feuille). La plante se développe naturellement en un gros coussin arrondi, avec des inflorescences courtes dépassant peu du feuillage. Ce *Phlomis* n'a pas besoin d'être taillé à l'automne, ce qui est un bel avantage : la plupart des espèces sont peu agréables à tailler, car les feuilles et les tiges libèrent de petits poils qui peuvent être irritants pour la peau ou les muqueuses. Les fleurs, bicolores, ont le casque jaune et la lèvre inférieure blanche. Le *Phlomis chrysophylla* supporte bien le calcaire. Il est peu exigeant sur la nature du sol. Nous aimons mettre en valeur la couleur inhabituelle de son feuillage estival en l'associant à des plantes à floraison bleue, *Perovskia* 'Blue Spire', *Lavandula* x *intermedia* 'Julien', *Caryopteris incana* ou *Ceratostigma plumbaginoides*.

Multiplication par boutures herbacées en automne.

Phlomis fruticosa Sauge de Jérusalem

ORIGINE : Est du Bassin méditerranéen ; HAUTEUR : 1 à 1,50 m ; LARGEUR : 1,50 à 2 m ; EXPOSITION : soleil ; RUSTICITÉ : - 12 à - 15 °C ; CODE DE SÉCHERESSE : 5.

Arbrisseau à feuilles persistantes, gris-vert à revers blanchâtre. La végétation dense et ramifiée forme une large masse arrondie (*fruticosa* signifie en latin "buissonnant"). En mai, la floraison, particulièrement abondante, transforme la plante en une boule de fleurs jaune vif. Comme chez tous les *Phlomis*, les fleurs sont verticillées, c'est-à-dire qu'elles sont regroupées en étages réguliers le long des tiges. Le *Phlomis fruticosa*

*Le vert tendre d'*Euphorbia acanthothamnos *met en valeur la floraison généreuse de* Phlomis fruticosa.

supporte bien le calcaire et résiste aux embruns. Il est peu exigeant sur la nature du sol. C'est un arbuste robuste, qui vieillit bien : on voit parfois dans les jardins des sujets âgés de près de cinquante ans. Une taille régulière, chaque année en automne, permet de conserver un port régulier, bien garni dès la base. On peut tailler par temps pluvieux, pour éviter que les petits poils irritants ne se détachent du feuillage.

Multiplication par boutures herbacées en automne.

Pour diminuer les pertes en eau par évapotranspiration, les feuilles estivales de ces trois Phlomis *se couvrent d'un épais manteau de poils dorés. C'est ici la stratégie de résistance à la sécheresse qui accentue l'aspect ornemental de la plante : plus le jardin est sec, plus la plante est belle ! De gauche à droite :* Phlomis bourgaei, Phlomis chrysophylla, Phlomis lycia.

Phlomis grandiflora

ORIGINE : Turquie ; HAUTEUR DU FEUILLAGE : 1,50 à 2 m ; HAUTEUR EN FLEUR : 2,50 m et plus ; LARGEUR : 1,50 à 2 m ; EXPOSITION : soleil ou mi-ombre ; RUSTICITÉ : - 12 à - 15 °C ; CODE DE SÉCHERESSE : 5.

Arbrisseau à feuilles persistantes. Le dimorphisme saisonnier du feuillage est marqué. En hiver et au printemps, les feuilles gris-vert surprennent par leur grande taille, elles peuvent mesurer plus de 15 centimètres de long. En mai, les grosses inflorescences verticillées, portées par de très longues tiges, émergent bien au-dessus du feuillage. En été les nouvelles feuilles, très courtes, se replient sur elles-mêmes en forme de gouttière serrée. Ces feuilles estivales ont une couleur gris argenté, avec un revers cotonneux blanchâtre bien visible. Le *Phlomis grandiflora* supporte bien le calcaire. Il est peu exigeant sur la nature du sol. C'est un arbrisseau commun dans les montagnes du Sud-Ouest de la Turquie : on en voit de larges stations vers 1 000 mètres d'altitude, au pied des cèdres du Liban (*Cedrus libanii* subsp. *stenocoma*) qui forment de magnifiques forêts dans le Taurus. C'est un *Phlomis* à grand développement : on peut l'utiliser dans les haies de taille moyenne, où son feuillage clair forme un contraste intéressant lorsqu'on l'associe par exemple à *Cistus* x *cyprius*, *Pistacia lentiscus* ou *Myrtus communis* subsp. *tarentina*.

Au mois de mai, Phlomis grandiflora *se couvre de longues inflorescences.*

Multiplication par boutures herbacées en automne.

Phlomis lanata

ORIGINE : Crète, Liban, Syrie ; HAUTEUR : 60 à 80 cm ; LARGEUR : 60 à 80 cm ; EXPOSITION : soleil ; RUSTICITÉ : - 10 à - 12 °C ; CODE DE SÉCHERESSE : 5.

Arbrisseau à petites feuilles persistantes vertes, à revers cotonneux gris argenté. La plante se développe en un coussin compact, sans avoir besoin d'être taillée. Les fleurs jaunes apparaissent en mai, sur des tiges courtes, dépassant peu du feuillage. En été les tiges se couvrent de poils denses, prenant une couleur originale marron doré qui contraste avec le feuillage. Le *Phlomis lanata* supporte bien le calcaire et résiste aux embruns. Il est peu exigeant sur la nature du sol. Nous aimons reproduire dans notre jardin une association naturelle que nous avons observée dans le Sud-Ouest de la Crète. Le *Phlomis lanata* y poussait au milieu de *Ballota pseudodictamnus*, *Sarcopoterium spinosum* et *Thymus capitatus*, dans un étonnant paysage uniquement constitué de plantes en coussins, parfaitement adaptées à la sécheresse.

Multiplication par boutures herbacées en automne.

Phlomis lychnitis

ORIGINE : Sud de la France, Espagne, Portugal ; HAUTEUR DU FEUILLAGE : 15 cm ; HAUTEUR EN FLEUR : 40 à 50 cm ; LARGEUR : 30 à 40 cm ; EXPOSITION : soleil ; RUSTICITÉ : - 12 à - 15 °C ; CODE DE SÉCHERESSE : 5.

Sous-arbrisseau à jolies feuilles persistantes longues et très étroites. Les feuilles sont gris-vert sur le dessus, couvertes d'un fin duvet argenté sur le revers. Les tiges prostrées s'étalent en rayonnant autour de la souche, la plante formant un petit couvre-sol très décoratif en rocaille ou en bordure. En mai, les fleurs jaunes, remarquablement abondantes, sont portées par de courtes tiges dressées. Le *Phlomis lychnitis* supporte bien le calcaire. Il préfère les sols pauvres, bien drainés. Les feuilles enroulées du *Phlomis lychnitis* servaient traditionnellement à la fabrication de mèches pour les lampes à huile (*Phlomis* est dérivé du grec *phlox*, qui signifie "flamme" – et comme les botanistes aiment que les choses soient bien claires, *lychnitis* vient du grec *lykhnos*, lampe). Si vous n'avez pas de lampe à huile à la maison, vous pouvez être intéressé par une autre utilisation du *Phlomis lychnitis*. Dans la médecine populaire du Sud de l'Espagne, il était réputé pour son pouvoir calmant, en application directe sur les hémorroïdes.

La silhouette massive de Phlomis grandiflora *orne le pied de* Cedrus libani *subsp.* stenocoma, *près du col de Kuruovabeli dans les montagnes du Taurus.*

Phlomis lanata *résiste parfaitement aux embruns. Dans les jardins, son feuillage forme un coussin compact, décoratif toute l'année.*

Douceur des floraisons printanières : le long d'une allée, ce massif est composé de Phlomis purpurea, Lavandula dentata *var.* candicans, Myrtus communis *subsp.* tarentina *et* Stipa barbata.

Multiplication par semis en automne : cette espèce se bouture mal et ne s'hybride pas avec la plupart des autres Phlomis. *Les jeunes plants sont sensibles aux pourritures, il faut les maintenir dans un lieu bien ventilé et les arroser le moins possible.*

Phlomis purpurea

ORIGINE : Espagne, Portugal ; HAUTEUR : 1 à 1,20 m ; LARGEUR : 1 m et plus ; EXPOSITION : soleil ; RUSTICITÉ : - 10 à - 12 °C ; CODE DE SÉCHERESSE : 5.

Arbrisseau à feuilles persistantes grises. La plante se développe en une masse dense et arrondie, s'élargissant petit à petit grâce aux rejets qu'elle émet à partir des racines. Les fleurs s'épanouissent en mai-juin : d'un rose-violet très doux, elles se marient parfaitement avec le feuillage gris. En cas de sécheresse intense, le feuillage peut devenir caduc en été, la plante étant alors moins ornementale jusqu'à l'arrivée des premières pluies d'automne. Le *Phlomis purpurea* supporte bien le calcaire. Il est peu exigeant sur la nature du sol, mais nous avons noté que sa résistance au froid est bien meilleure en sol pauvre, caillouteux, très bien drainé. L'extrémité tendre de la nouvelle pousse d'automne gèle facilement lors d'hivers rigoureux, la plante méritant alors une petite taille de nettoyage en début de printemps. Le *Phlomis purpurea* résiste bien aux embruns.

Multiplication par boutures herbacées en automne.

- ***Phlomis purpurea* 'Alba'** est une forme à fleurs blanc pur : l'un des plus beaux *Phlomis* de notre jardin !
- ***Phlomis purpurea* subsp. *almeriensis*** a des fleurs bicolores, le casque violet surmontant une lèvre inférieure blanche. Dans notre collection, il se distingue par son beau feuillage argenté, devenant presque blanc en été. Pour créer des points d'intérêt lorsque les floraisons se font rares en été, nous aimons l'associer à d'autres plantes dont le feuillage devient très attractif avec la sécheresse, comme *Centaurea pulcherrima*, *Salvia leucophylla* ou *Ballota acetabulosa*. Origine : Cabo de Gata et région d'Almería en Espagne (c'est la région la plus sèche d'Espagne). Rusticité : - 8 à - 10 °C. Code de sécheresse : 6.

Les fleurs blanc pur de Phlomis purpurea *'Alba' se dressent derrière* Cistus x purpureus *f.* holorhodeos.

A l'abri sous un casque duveteux, les étamines de Phlomis purpurea *subsp.* almeriensis *attendent patiemment l'arrivée des abeilles.*

Les fleurs rose pâle de Phlomis bovei *subsp.* maroccana *sont groupées le long des tiges en étages réguliers.*

Phlomis samia

ORIGINE : Grèce, Turquie, ex-Yougoslavie, généralement en sous-bois de chênes ou de pins ; HAUTEUR DU FEUILLAGE : 20 à 30 cm ; HAUTEUR EN FLEUR : 1 m ; LARGEUR : 60 à 80 cm ; EXPOSITION : soleil ou ombre ; RUSTICITÉ : - 12 à - 15 °C ; CODE DE SÉCHERESSE : 3,5.

Vivace à grandes feuilles semi-persistantes, vertes à revers gris velouté. La plante se propage lentement par rhizomes et finit par former un large couvre-sol. Disposées en rosettes régulières, les feuilles ont la forme parfaite d'un as de pique. En juin-juillet, les hautes inflorescences glanduleuses émergent du cœur des rosettes. Plus que par la curieuse couleur marron verdâtre des fleurs, c'est par sa silhouette originale que l'inflorescence arrête le regard. Le long de la tige, chaque étage de fleurs semble posé sur une étonnante couronne de fines bractées épineuses, très décoratives. Nous avons vu le *Phlomis samia* pousser en sous-bois dans les montagnes du Taurus, en compagnie d'*Acanthus spinosus*, une autre plante aux inflorescences munies de bractées épineuses décoratives. Pour les sangliers, la similitude entre les deux espèces ne s'arrête pas là : ils retournent tous les cailloux pour se délecter des rhizomes charnus de ces deux plantes, laissant le sous-bois labouré comme un champ de bataille. Le *Phlomis samia* supporte bien le calcaire. Il préfère les sols souples, bien drainés. C'est une plante intéressante pour coloniser les sous-bois, où elle prospère malgré la concurrence racinaire des arbres.

Multiplication par semis en automne.

• **Phlomis bovei** subsp. *maroccana* est une vivace vigoureuse, à base ligneuse. Les fleurs, particulièrement grosses, sont pollinisées par les impressionnantes abeilles charpentières noires : la jolie lèvre inférieure rose clair de la fleur est largement étalée pour favoriser l'atterrissage. Elle est surmontée par un gros casque blanc que les abeilles viennent soulever, en recevant au passage une bonne douche de pollen. Origine : Maroc (montagnes de l'Atlas, au nord du djebel M'goun). Rusticité : - 10 à - 12 °C. Code de sécheresse : 4.

• **Phlomis chimerae** a de petites feuilles, grises sur le dessus, blanchâtres ou légèrement dorées sur le revers. En été, pour diminuer la surface d'exposition au soleil, les feuilles se plient en leur milieu comme une étroite gouttière. La plante forme un beau coussin arrondi, couvert de fleurs jaune vif en mai. Chimère est un site curieux dans le Sud-Ouest de la Turquie : depuis toujours, des flammes jaillissent directement de la roche noire, émanations de méthane qui

Phlomis samia *a une floraison tardive. La silhouette originale de ses inflorescences se dresse en début d'été.*

A Chimère, en Turquie, des flammes jaillissent de la roche noire, émanations de méthane qui s'enflamment spontanément au contact de l'air. Tout autour du site de Chimère, un beau Phlomis *nain forme des coussins compacts :* Phlomis chimerae, *facile à acclimater dans les jardins.*

Phlomis cretica *dans son environnement naturel, sur les pentes qui surplombent les gorges de Samaria, en Crète. On reconnaît ce* Phlomis *à son feuillage laineux et à ses belles fleurs foncées, précédées par des boutons orange.*

Phlomis herba-venti colonise les talus au bord des routes dans le Sud de la France.

Emergeant du feuillage vert sombre, les fleurs jaune vif de Phlomis viscosa *contrastent avec ses tiges brun violacé.*

s'enflamment spontanément au contact de l'air. Dans l'Antiquité, les marins se repéraient à ces flammes qu'on peut voir la nuit depuis la mer. Le *Phlomis chimerae* pousse tout autour de Chimère, dans une garrigue basse où se mêlent *Euphorbia rigida* et *Cistus creticus* var. *tauricus*. Origine : Sud-Ouest de la Turquie. Rusticité : - 10 à - 12 °C. Code de sécheresse : 5.

• *Phlomis cretica* est un arbrisseau compact, à feuilles épaisses et laineuses. Dans les montagnes de Crète, on peut observer une grande variabilité de cette espèce, qui peut avoir des feuilles gris-vert, argentées ou dorées selon les clones. Les fleurs jaunes sont précédées de boutons velus, orange sombre. Origine : Crète. Rusticité : - 12 à - 15 °C. Code de sécheresse : 5.

• *Phlomis herba-venti* est une vivace à feuilles vertes, caduques après la floraison : la plante entre en dormance pour traverser la période estivale sans souffrir de la sécheresse. Par jour de grand vent, la végétation desséchée peut se couper à la base d'un seul coup. Elle est ensuite ballottée le long des talus au gré du vent (d'où le nom *herba-venti*), ce qui assure la dissémination des graines au loin. Cette espèce, commune sur les talus au bord des routes dans le Sud de la France, peut remonter haut dans les Alpes de Provence, où ses boules de fleurs rose violacé émergent des magnifiques champs de *Stipa pennata*. Origine : Bassin méditerranéen. Rusticité : - 12 à - 15 °C. Code de sécheresse : 4.

• *Phlomis italica* a des feuilles allongées, gris-vert sur le dessus, couvertes d'une épaisse toison de poils argentés sur le revers. Après la chute des feuilles printanières, les nouvelles feuilles estivales se resserrent à la verticale autour des bourgeons. Seule la face inférieure des feuilles devient alors visible, donnant à la plante un aspect laineux, très ornemental. En avril-mai, les jolies fleurs roses se fondent dans la douceur du feuillage. Origine : îles Baléares. Rusticité : - 8 à - 10 °C. Code de sécheresse : 5.

• *Phlomis leucophracta* a des feuilles triangulaires, vertes sur le dessus, couvertes d'un feutre doré sur le revers. Le bord de la feuille, irrégulièrement découpé et ondulé, est rehaussé par un étonnant liséré, doré ou argenté (*leucophracta* vient du grec *leukos*, blanc, et du latin *fractus*, déchiqueté, évoquant le contour irrégulier de la marge). Les fleurs

Malgré leur résistance à la sécheresse, les Phlomis *ne sont pas encore bien valorisés dans les jardins méditerranéens. Paradoxalement, c'est en Angleterre qu'ils sont le plus utilisés. Au jardin botanique de Cambridge, un long massif est composé de* Phlomis russeliana, Stipa gigantea *et* Nepeta x faassenii 'Six Hills Giant'.

bicolores s'épanouissent en mai-juin, composées d'une lèvre inférieure jaune surmontée par un casque marron orangé. Origine : Turquie. Rusticité : - 12 à - 15 °C. Code de sécheresse : 5.

• *Phlomis lycia* est facile à reconnaître, avec son feuillage jaune-vert acide. Les feuilles estivales attirent le regard : serrées à la verticale le long des tiges orange, elles prennent une remarquable couleur jaune intense. La plante se transforme alors en une boule dorée, extrêmement ornementale durant toute la période de sécheresse. C'est l'un des plus beaux arbrisseaux de notre jardin en été. Origine : Lycie (région côtière du Sud-Ouest de la Turquie). Rusticité : - 10 à - 12 °C. Code de sécheresse : 5.

• *Phlomis russeliana* est une vivace à grandes feuilles cordiformes vertes, semi-persistantes. La plante se propage par rhizomes et forme un bon couvre-sol. Elle préfère les sols souples, assez profonds. Le *Phlomis russeliana* se plaît à mi-ombre, dans la nature il pousse en sous-bois clair de pins et de chênes. Les hautes inflorescences s'élèvent en mai du centre des rosettes. Les fleurs ont une couleur douce, avec la lèvre inférieure jaune citron surmontée d'un casque de couleur crème. Origine : Turquie. Rusticité : - 15 °C et plus froid. Code de sécheresse : 3.

• *Phlomis viscosa* se distingue par ses feuilles vert sombre. La plante forme une boule massive, très décorative en mai lorsque les fleurs jaune vif contrastent avec les curieuses tiges marron violacé, presque noires. Origine : Palestine, Liban, Syrie, Turquie. Rusticité : - 10 à - 12 °C. Code de sécheresse : 4.

Pour aller plus loin dans l'étude des *Phlomis*, je vous conseille l'intéressante monographie de Jim Mann Taylor, *Phlomis, the Neglected Genus* (voir bibliographie).

Photinia serratifolia (Rosaceae)

Origine : Chine, Japon ; Hauteur : 6 à 8 m, parfois jusqu'à 10 m et plus ; Largeur : 4 m et plus ; Exposition : soleil ou ombre ; Rusticité : - 12 à - 15 °C ; Code de sécheresse : 3.

Petit arbre à beau feuillage persistant vert sombre. Les feuilles coriaces, brillantes, sont munies de petites dents régulières et pointues (*Photinia* vient du grec *photeinos*, brillant, et *serratifolia* vient du latin *serrula*, petite scie). En fin d'hiver, les gros bourgeons rouges, très décoratifs, se gonflent lentement, entourés des feuilles juvéniles de couleur bronze. Les panicules de fleurs blanches s'épanouissent en mars-avril. Elles ont un parfum pénétrant, un peu fade, que certains trouvent peu agréable. Le *Photinia serratifolia* supporte bien le calcaire. Il préfère les sols souples, assez profonds. Dans les jardins, il est généralement planté comme un arbuste pour grande haie libre, mais on peut facilement le conduire en petit arbre si on taille les branches basses. Le bois coupé dégage une forte odeur d'amande amère. En médecine traditionnelle chinoise, la décoction du bois est réputée pour ses propriétés stimulantes et aphrodisiaques.

Multiplication par boutures aoûtées, en automne.

Les panicules de fleurs blanches de Photinia serratifolia *sont précédées par de gros boutons rouges, qui se gonflent lentement en fin d'hiver.*

Phyla nodiflora (Verbenaceae) Lippia

Origine : vaste répartition dans l'Est du Bassin méditerranéen et en Asie Mineure, ainsi que dans de nombreuses régions à climat subtropical ; Hauteur : de 1 à 10 cm selon les conditions d'humidité et d'ombrage ; Largeur : 1 m et plus ; Exposition : soleil ou mi-ombre ; Rusticité : - 10 à - 12 °C ; Code de sécheresse : 3.

Vivace à petites feuilles caduques, parfois persistantes dans les régions à climat doux. Les tiges s'enracinent à chaque nœud au contact du sol. La plante pousse rapidement et a tendance à coloniser tout l'espace libre. Elle se ramifie en tous sens, formant un beau couvre-sol ras et dense. Les petites fleurs blanc rosé, mellifères et très abondantes, apparaissent en mai-juin. Elles peuvent se renouveler jusqu'en septembre si l'été n'est pas trop sec. En cas de sécheresse intense, le feuillage peut sécher partiellement en été, la plante reverdissant rapidement avec les premières pluies. Le Phyla nodiflora supporte bien le calcaire et résiste aux embruns. Il est peu exigeant sur la nature du sol. Il supporte un piétinement intensif et constitue une excellente alternative au gazon pour de petites surfaces. Nous aimons le planter en mélange avec d'autres espèces tapissantes, ayant un cycle de végétation complémentaire. On peut l'associer par exemple avec Achillea crithmifolia, qui se met partiellement en repos lorsque le Phyla est en pleine végétation. En hiver au contraire, c'est l'Achillea crithmifolia qui domine, occupant l'espace pendant que le Phyla perd ses feuilles et devient moins attractif.

Multiplication par division en fin d'hiver, ou par boutures herbacées au printemps.

Pistacia lentiscus (Anacardiaceae)

Origine : Bassin méditerranéen ; Hauteur : 1 à 3 m ; Largeur : 2 à 5 m ; Exposition : soleil ou ombre ; Rusticité : - 12 à - 15 °C ; Code de sécheresse : 6.

Arbuste à feuilles persistantes vert sombre, à puissante odeur de résine, divisées en folioles épaisses et coriaces. En été, les nouvelles feuilles ont une couleur vert tendre, alors qu'en hiver elles se parent d'étonnantes couleurs bronze ou violacées. La plante se développe en une masse arrondie, très ramifiée, souvent plus large que haute. Le lentisque est exploité pour la résine ambrée qui exsude comme une larme blonde lorsqu'on incise le tronc. Cette résine forme le mastic, dont les propriétés désinfectantes et antiseptiques sont réputées depuis l'Antiquité, pour purifier l'haleine et pour les soins dentaires. Depuis toujours, le mastic le plus recherché provient des lentisques originaires des îles de la mer Egée, en particulier de l'île de Chio. Le *Pistacia lentiscus* supporte bien le calcaire. Il est peu exigeant sur la nature du sol, il supporte même les sols lourds et asphyxiants. On le trouve partout autour de la Méditerranée, où il est capable de s'adapter aux conditions les plus difficiles : il résiste aux embruns directs, supporte les sols les plus pauvres et prospère aussi bien sous un soleil écrasant qu'à l'ombre dense des forêts de pins ou de chênes. Dans un jardin sec, c'est l'un des meilleurs arbustes pour constituer la structure persistante des massifs ou des haies libres. Il supporte parfaitement la taille et vieillit bien, pouvant atteindre un âge vénérable.

Multiplication par semis de graines fraîches, en hiver.

• *Pistacia atlantica* est un arbre à port majestueux, capable de survivre dans les régions arides

Le Phyla nodiflora est l'une des meilleures alternatives au gazon dans un jardin sec. Sa hauteur est variable selon l'intensité du piétinement (conception J.-J. Derboux).

Grâce à la cuticule vernissée qui couvre ses feuilles, Pistacia lentiscus *résiste aussi bien aux embruns qu'à la sécheresse. En bord de mer, il se plaque au sol, formant de magnifiques lentilles de plusieurs mètres de large.*

Les pousses hivernales de Pistacia lentiscus *prennent une belle couleur bronze.*

du Maghreb. Reliques des forêts disparues, certains arbres-marabouts du Maroc ont des silhouettes remarquables, avec des troncs aux dimensions imposantes. Comme il a une croissance lente, dans le jardin on le considère le plus souvent comme un gros arbuste. Origine : Afrique du Nord, Asie. Rusticité : - 12 à - 15 °C. Code de sécheresse : 6.

• *Pistacia terebinthus* a des feuilles caduques vert mat, à forte odeur de résine. Les jeunes pousses rouges sont décoratives au printemps, et en automne le feuillage prend de belles couleurs, dans les tons jaunes ou orange. On peut le planter en haie libre, en l'associant à *Cercis siliquastrum*, *Cotinus coggygria* 'Grace' et *Acer monspessulanum*, pour créer des scènes aux couleurs d'automne flamboyantes. Origine : Bassin méditerranéen. Rusticité : - 15 °C et plus froid. Code de sécheresse : 6.

• *Pistacia vera* produit les pistaches comestibles. Comme tous les pistachiers, c'est un arbuste dioïque, c'est-à-dire qu'il faut un pied mâle et un pied femelle pour obtenir une fructification. La multiplication des cultivars de production est réalisée par greffage sur *Pistacia terebinthus* (parfois sur *Pistacia lentiscus* ou sur *Pistacia atlantica*). On greffe en écusson ou "en chip", en fin de printemps ou en début d'été. La greffe est plus facile à réaliser sur des porte-greffes cultivés en pleine terre : il vaut mieux commencer par planter du *Pistacia terebinthus* dans son jardin, pour partir dans un deuxième temps à la recherche de greffons de *Pistacia vera*. Origine probable : Syrie, Iran, Afghanistan. Rusticité : - 15 °C et plus froid. Code de sécheresse : 6.

Pittosporum truncatum (Pittosporaceae)

ORIGINE : Chine ; HAUTEUR : 2 à 3 m, parfois plus ; LARGEUR : 2 à 3 m ; EXPOSITION : soleil ou ombre ; RUSTICITÉ : - 12 à - 15 °C ; CODE DE SÉCHERESSE : 3.

Arbuste à feuilles persistantes coriaces, vert foncé brillant, à revers vert clair. Les feuilles ont souvent la pointe pliée vers le bas, d'où le nom de l'espèce qui évoque l'aspect tronqué du feuillage. La plante se développe en un buisson massif, naturellement dense et ramifié. Les fleurs jaune pâle, agréablement parfumées, s'épanouissent en avril-mai. Rassemblées en ombelles à l'aisselle des feuilles, elles sont suivies en automne par des capsules s'ouvrant sur des graines rouge orangé, enduites d'une substance collante comme de la résine (*Pittosporum* vient du grec *pitta*, résine, et *sporos*, semence). Le *Pittosporum truncatum* supporte bien le calcaire. Il est peu exigeant sur la nature du sol. Il supporte bien la taille, même sévère. On peut le cultiver en bac, en topiaire ou en petite haie taillée comme du myrte ou du buis. Nous aimons l'insérer dans les haies libres, où son parfum embaume au printemps tout un secteur du jardin.

Multiplication par boutures en hiver.

• *Pittosporum phillyreoides* est un arbuste élégant à rameaux souples, avec un port aéré, légèrement pleureur. Les feuilles coriaces, longues et étroites, sont presque linéaires. Au printemps, les petites fleurs s'épanouissent en délicates clochettes parfumées. Les fruits décoratifs sont formés de capsules jaune vif, qui s'ouvrent grandes comme une gueule d'animal, offrant aux oiseaux de passage les graines écarlates. Origine : Australie. Rusticité : - 6 à - 8 °C. Code de sécheresse : 5.

• *Pittosporum tobira* a des feuilles vert sombre, épaisses et coriaces, à bout arrondi. En mai, les fleurs blanc crème ont un parfum délicieux, suave et acidulé, évoquant la fleur d'oranger. Le soir, par temps calme, elles peuvent embaumer tout un secteur du jardin. On voit parfois dans les vieux parcs des sujets âgés, dont le tronc court et la couronne hémisphérique évoquent la silhouette d'un gros champignon.

En automne, les couleurs chaudes du Pistacia terebinthus *éclairent les bosquets de chênes et de pins.*

Le *Pittosporum tobira* est souvent planté en bord de mer, où son feuillage résiste parfaitement aux embruns directs. Origine : Chine, Japon. Rusticité : - 12 à - 15 °C. Code de sécheresse : 3.

Potentilla verna (Rosaceae)

ORIGINE : Sud de l'Europe ; HAUTEUR : 10 cm ; LARGEUR : 40 à 50 cm ; EXPOSITION : soleil ; RUSTICITÉ : - 15 °C et plus froid ; CODE DE SÉCHERESSE : 3.

Vivace à feuilles persistantes, découpées en cinq folioles à bords dentés. Les tiges s'enracinent au contact du sol et forment un joli couvre-sol bien ras. En mars-avril, la plante disparaît sous un tapis de fleurs jaunes, charmante petite scène printanière (*verna* signifie "printanier", en latin). La *Potentilla verna* supporte bien le calcaire. Elle préfère les sols légers, bien drainés. C'est une vivace

Potentilla verna forme un tapis régulier autour des dalles d'un pas japonais. Lorsque la sécheresse est intense, le feuillage peut sécher en été, reverdissant avec les premières pluies d'automne.

robuste, de culture facile. Elle se prête à de nombreuses utilisations dans le jardin : petit couvre-sol de rocaille, joints entre les dalles d'un pas japonais, tapis au travers duquel on peut faire émerger des bulbes à floraison printanière, ou même gazon d'aspect original pour de petites surfaces rarement piétinées. Si la sécheresse dure trop longtemps, elle perd une partie de son feuillage. Elle devient alors passagèrement moins ornementale, avant de reverdir dès la première pluie d'automne.

Multiplication par division en hiver, ou par boutures herbacées en automne ou au printemps.

Punica granatum (Lythraceae) Grenadier

ORIGINE : du Sud-Est de l'Europe à l'Himalaya ; HAUTEUR : 4 m et plus ; LARGEUR : 3 m et plus ; EXPOSITION : soleil ; RUSTICITÉ : - 12 à - 15 °C ; CODE DE SÉCHERESSE : 5.

La culture du grenadier remonte à la plus haute antiquité. Le grenadier figure sur les bas-reliefs d'Egypte ancienne. Homère le cite dans l'*Odyssée* : il pousse dans les jardins luxuriants du roi Alcinoos, le père de la belle Nausicaa qu'Ulysse rencontre sur la plage, où il s'est endormi dans le plus simple appareil. Le grenadier prospère dans les jardins suspendus de Babylone, l'une des sept merveilles du monde. Les Romains découvrent la grenade à Carthage et l'appellent *malum punicum* ou pomme de Carthage (de *punicus*, carthaginois). En Espagne, il est introduit par les Maures, qui le plantent avec la rose et le myrte dans les jardins de l'Alhambra – la ville de Grenade lui doit son nom.

Avec ses fruits gonflés de graines charnues, le grenadier a longtemps été associé à la procréation et à la fertilité. Le cultivar 'Fruits violets' a une peau luisante comme du cuir.

Avec ses fruits gonflés de graines charnues (*granatum*, rempli de grains), le grenadier a longtemps été associé à la procréation et à la fertilité. D'après la mythologie grecque, c'est Aphrodite, déesse de l'amour et de la fertilité, qui aurait planté le premier grenadier à Chypre. Pour les Grecs, il était le symbole de la naissance et de la vie, mais aussi du cycle des saisons et de la mort. Perséphone, déesse du printemps et des semences, était condamnée à vivre six mois sous terre : en cédant à la tentation de goûter quelques grains de grenade dans le jardin du royaume des morts, elle s'était involontairement mariée à Hadès, le roi des morts.

Le *Punica granatum* est un arbuste à feuilles caduques. Les rameaux ramifiés forment une masse enchevêtrée, souvent légèrement épineuse. C'est un arbuste qui reste décoratif pendant une très longue période. Les jeunes pousses ont une étonnante couleur bronze, qui semble presque translucide dans la lumière printanière. Les fleurs, rouge-orange éclatant, sont abondantes en juin-juillet, puis se renouvellent plus sporadiquement pendant tout l'été. Les pétales chiffonnés émergent d'un calice épais, dont la texture cireuse évoque déjà la peau de la future grenade. En automne, les lourds fruits mûrissent en prenant des teintes dorées, roses, rouges ou violettes selon les variétés. A maturité ils se fendent, offrant au regard gourmand une profusion de grains, rose clair ou rouges selon les variétés, avec une pulpe plus ou moins douce ou acide. Puis tout le feuillage vire à un beau jaune lumineux avant l'arrivée de l'hiver, la plante entrant alors dans sa période de repos bien mérité.

Le *Punica granatum* supporte bien le calcaire. Il est peu exigeant sur la nature du sol. Bien qu'il résiste remarquablement bien à la sécheresse, sa floraison et sa fructification sont plus généreuses si les racines rencontrent en profondeur un peu de fraîcheur et d'humidité.

Multiplication par boutures de bois sec en hiver, ou par boutures herbacées au printemps.

A l'époque romaine, Pline l'Ancien recensait déjà neuf cultivars de grenadiers. Il en existe maintenant de très nombreux, chaque pays ayant ses sélections locales. La pépinière Baud à Vaison-la-Romaine, connue pour son extraordinaire collection de figuiers, cultive également une belle collection de grenadiers (voir l'annexe "Les bonnes adresses du jardin sec"). Voici quelques cultivars qui sont particulièrement beaux dans notre jardin.

• ***Punica granatum* 'Antalaya'** est un cultivar que nous avons rapporté de Turquie il y a quelques années. Il semble naturalisé dans les haies libres et les taillis, dans toute la région d'Antalaya. C'est une grenade à peau rouge foncé brillant, dont les magnifiques grains violet sombre, trop acides pour être mangés, sont réservés au jus. Dans les ruelles d'Istanbul, des marchands ambulants se fraient un passage avec leurs carrioles où s'empilent des pyramides de cette grenade magnifique. Pour la modique somme d'un million de lires, on pouvait leur acheter de délicieux gobelets du jus fraîchement pressé, à la couleur violet-noir, acide et rafraîchissant comme un jus de pamplemousse. Dans les campagnes, le jus de cette grenade est longuement mis à cuire dans de lourdes marmites sur un feu de bois, jusqu'à ce qu'il réduise en un sirop épais, servi comme condiment pour les salades.

• ***Punica granatum* 'Fruits Violets'** a une végétation très dense et des rameaux épineux. La floraison précoce est suivie, dès le mois de juillet, par une abondance de fruits non comestibles. Les fruits ont une peau lisse et brillante, dont l'étonnante couleur violet intense contraste avec les fleurs simples, rouge-orange lumineux, qui se renouvellent pendant tout l'été. En automne, les branches sont lourdement chargées de fruits qui restent longtemps décoratifs, même après la chute des feuilles.

• ***Punica granatum* 'Legrelliae'** a des fleurs doubles, chargées de pétales bicolores, orange et crème. La plante a une croissance vigoureuse et un port érigé, avec des rameaux sans épines.

• ***Punica granatum* 'Luteum Plenum'** a de larges fleurs doubles, d'un jaune pâle très doux. Dans notre jardin, nous aimons l'associer au *Vitex agnus-castus* 'Latifolia', qui fleurit à la même période, avec ses grands épis de fleurs bleu profond.

• ***Punica granatum* 'Maxima Rubra'** a de grosses fleurs doubles, rouge-orange éclatant. Comme les autres formes à fleurs doubles, elle ne porte pas de fruits.

• ***Punica granatum* 'Mollar de Elche'** est un excellent cultivar de production, cultivé à grande

Les lourdes fleurs de Punica granatum *'Legrelliae' se renouvellent tout l'été.*

En pressant les grains de Punica granatum *'Antalaya' on obtient un jus violet presque noir, acide et rafraîchissant comme un jus de pamplemousse.*

Punica granatum *'Mollar de Elche' produit des grenades délicieuses, dont la pulpe juteuse et sucrée entoure des graines tendres.*

échelle dans le Sud de l'Espagne. Il a des fleurs simples, orange vif. Les fruits jaune clair se marbrent de rose ou de rouge à maturité. La pulpe grenat est juteuse et sucrée, entourant des graines tendres. Un autre cultivar délicieux que nous cultivons dans notre jardin est 'Fina Tendral', à peau plus claire, qui ne fructifie bien que les étés les plus chauds.

• *Punica granatum* 'Nana Gracillissima' est un cultivar nain, ne dépassant pas 40 centimètres de hauteur. Il est souvent planté en bac pour décorer patios et terrasses. La plante se couvre pendant tout l'été de petites fleurs tubulaires rouge vif. Elles sont suivies en automne par de petits fruits décoratifs, non comestibles, qui persistent longtemps sur la plante.

Quercus coccifera (Fagaceae)
Chêne kermès

ORIGINE : Bassin méditerranéen ; HAUTEUR : 2 à 3 m (parfois jusqu'à 10 m chez les spécimens les plus âgés) ; LARGEUR : 3 m et plus ; EXPOSITION : soleil ou mi-ombre ; RUSTICITÉ : - 12 à - 15 °C ; CODE DE SÉCHERESSE : 5.

Arbuste à feuilles coriaces persistantes, vert foncé brillant, à bords épineux. Au printemps, les chatons floraux donnent à la plante une jolie coloration dorée. Le chêne kermès est l'hôte d'une cochenille, qui a longtemps été récoltée pour la substance colorante rouge vif qu'elle renferme (*coccifera* vient du grec *kokkos*, cochenille, et du latin *fero*, porter). Dans le Sud de la France, le chêne kermès est un buisson bas, couvrant de sa végétation épineuse et impénétrable les garrigues ayant subi l'assaut trop fréquent des flammes : la souche a la faculté de drageonner vigoureusement lorsque la partie aérienne est détruite par le feu ou les coupes répétées. Pourtant, lorsqu'il a la chance de pousser dans son port naturel, le chêne kermès s'élève comme un petit arbre à large tronc, dont la couronne parfaitement régulière est très décorative. On en voit de magnifiques spécimens dans les montagnes du Sud-Ouest de la Crète. Leurs silhouettes centenaires parsèment comme d'énormes champignons les étendues rocailleuses peuplées de brebis : en les protégeant du feu, le surpâturage permet aux chênes kermès d'atteindre des dimensions remarquables. Le *Quercus coccifera* supporte bien le calcaire. Très adaptable, il prospère même dans les sols rocheux les plus compacts. Dans le jardin, on peut s'en servir comme plante de contraste, son feuillage sombre mettant en valeur les plantes grises ou argentées comme *Ballota pseudodictamnus*, *Artemisia arborescens* ou *Teucrium fruticans*.
Multiplication par semis en automne.

Les buissons enchevêtrés de Quercus coccifera *forment des massifs impénétrables dans les garrigues fréquemment incendiées. Mais lorsqu'il a la chance de pousser dans son port naturel, le chêne kermès se développe en un petit arbre à couronne parfaitement régulière, comme un gros champignon.*

• *Quercus ilex* est un arbre, prenant souvent en garrigue l'allure d'un arbuste à troncs multiples. Coupé en taillis depuis des siècles, il était utilisé comme bois de chauffe, ou pour la fabrication d'un charbon de bois de grande qualité. De forme variable, les feuilles peuvent évoquer les feuilles du houx (en raison de la similitude des feuilles, *ilex* est à la fois le nom d'espèce du chêne vert et le nom de genre du houx). Les feuilles sont persistantes et coriaces, vert sombre. Leur face supérieure est vernissée pour limiter l'évaporation, alors que les stomates se concentrent sur le revers, dont la fine pubescence limite la transpiration. Elles sont caractéristiques de l'intéressante adaptation à la sécheresse des plantes à feuilles sclérophylles, en climat méditerranéen. L'aire de répartition du chêne vert est d'ailleurs considérée par certains auteurs comme plus représentative que celle de l'olivier, pour exprimer les limites du climat méditerranéen. Le chêne vert supporte bien la taille. Il peut être associé au laurier-sauce ou à l'olivier pyramidal pour former de grandes haies libres. Les jardiniers patients peuvent aussi le planter comme arbre d'ombrage. Origine : Bassin méditerranéen. Rusticité : - 12 à - 15 °C. Code de sécheresse : 5.

Retama raetam (Fabaceae)

ORIGINE : Afrique du Nord et Moyen-Orient ; HAUTEUR : 2 à 3 m ; LARGEUR : 2 m ; EXPOSITION : soleil ; RUSTICITÉ : - 8 à - 10 °C ; CODE DE SÉCHERESSE : 6.

Arbuste à tiges souples, gris-vert à reflets argentés. Les feuilles étroites, peu nombreuses, apparaissent brièvement lors de la saison des pluies ; elles tombent ensuite rapidement, la fonction de photosynthèse étant alors assurée par les jeunes rameaux. La plante a une résistance à la sécheresse exceptionnelle, lui permettant de survivre en conditions désertiques. Les stomates des jeunes rameaux sont profondément enfoncés dans des "cryptes stomatiques", sortes de cavités garnies de poils pour limiter les pertes en eau. Le système racinaire, très étendu, permet à la plante de puiser le peu d'eau disponible sur une vaste surface. Les racines produisent un excellent charbon de bois, réputé depuis des millénaires : la chaleur exceptionnelle de ses braises est citée dans l'Ancien Testament. En fin d'hiver, la plante se couvre de délicates fleurs parfumées, à pétales blanc pur et calice violet brillant. Le *Retama raetam* supporte bien le calcaire. Il est peu exigeant sur la nature du sol : dans la nature, il pousse en sol sablonneux ou rocheux, mais dans notre jardin il semble s'être parfaitement adapté dans une zone où le sol est au contraire argileux et compact. Capable de survivre dans des conditions extrêmes, c'est un arbuste d'aspect léger et gracieux. Pour profiter de son charme, il faut un peu de patience : les premières années, sa croissance est lente.

Multiplication par semis en automne, après traitement des graines à l'eau chaude : on verse sur les graines de l'eau bouillante, puis on les laisse gonfler pendant toute une nuit. Le taux de germination est irrégulier, généralement assez faible. On peut augmenter le taux de germination en scarifiant les graines à la meule avant de les ébouillanter, pour attaquer le tégument dur et imperméable.

D'aspect léger et gracieux, Retama raetam *fleurit en plein hiver.*

- **Retama monosperma** porte au printemps une masse de fleurs blanches, très parfumées. Les fines tiges soyeuses ont un port souple, légèrement pleureur. Cultivé pour la fleur coupée, pendant quelques semaines le *Retama monosperma* transforme en cascades blanches le beau paysage en terrasses des exploitations horticoles traditionnelles, près de la frontière italienne entre Menton et Gênes. Origine : Espagne, Portugal, Maroc. Rusticité : - 6 à - 8 °C. Code de sécheresse : 6.
- **Retama sphaerocarpa** se distingue par l'abondance de ses fleurs élégantes, jaune d'or à calice jaune citron, d'où son joli nom espagnol, *lluvia de oro*. Les jeunes rameaux ont une apparence soyeuse et forment une masse dense et souple, grise à reflets argentés. Cette espèce était cultivée en Espagne pour son bois, à fort pouvoir calorifique, utilisé pour alimenter les fours à pain. Origine : péninsule Ibérique, Afrique du Nord ; Rusticité : - 8 à - 10 °C. Code de sécheresse : 6.

Rhamnus alaternus (Rhamnaceae)
Nerprun, alaterne

ORIGINE : Bassin méditerranéen ; HAUTEUR : 4 à 5 m ; LARGEUR : 2 m et plus ; EXPOSITION : soleil ; RUSTICITÉ : - 10 à - 12 °C ; CODE DE SÉCHERESSE : 4.

Arbuste à feuilles persistantes, coriaces et luisantes, vert foncé, avec un revers plus clair. La végétation bien ramifiée, à port un peu raide, a une croissance assez rapide. Les petites fleurs jaunâtres, peu visibles, s'épanouissent en mars-avril. Elles sont suivies de petits fruits rouges, qui deviennent noirs à maturité, faisant le bonheur des oiseaux en automne. Le *Rhamnus alaternus* supporte bien le calcaire et résiste aux embruns. Il préfère les sols caillouteux, bien drainés. Il supporte la concurrence racinaire des arbres, et on peut l'utiliser avec le filaria, le lentisque et le laurier-tin pour constituer la structure buissonnante d'un jardin en sous-bois de chênes ou de pins.

Multiplication par semis de graines fraîches en automne, ou par boutures de pousses herbacées au printemps.

Rhodanthemum hosmariense (Asteraceae)

ORIGINE : Maroc (montagnes de l'Atlas) ; HAUTEUR : 20 cm ; LARGEUR : 40 à 50 cm ; EXPOSITION : soleil ; RUSTICITÉ : - 10 à - 12 °C ; CODE DE SÉCHERESSE : 4.

Sous-arbrisseau à belles feuilles persistantes, soyeuses et argentées, finement découpées. La plante se développe en un coussin compact, parfaitement régulier. Les boutons floraux apparaissent dès le mois de janvier et sont très décoratifs. Entourés de bractées écailleuses, ils forment un beau contraste avec le feuillage clair. Les marguerites blanches s'épanouissent sur de courtes hampes, en mars-avril. Le *Rhodanthemum hosmariense* supporte bien le calcaire. Il préfère les sols légers, bien drainés. C'est une excellente plante de rocaille, facile à cultiver, et qui vieillit bien.

Multiplication par boutures herbacées en automne.

- **Rhodanthemum catananche** forme un petit coussin de feuilles gris-vert, découpées à leur extrémité. Les petites marguerites ont une couleur originale, jaune cuivré mêlé de rose saumon et de crème. Origine : Maroc. Rusticité : - 10 à - 12 °C. Code de sécheresse : 3.

Rhus lancea (Anacardiaceae)
Sumac africain

ORIGINE : Sud de l'Afrique ; HAUTEUR : 5 m et plus ; LARGEUR : 4 à 5 m ; EXPOSITION : soleil ou mi-ombre ; RUSTICITÉ : - 8 à - 10 °C ; CODE DE SÉCHERESSE : 6.

Arbuste ou petit arbre à feuillage persistant, d'un beau vert profond. Les feuilles sont découpées en trois lobes effilés, donnant un aspect léger à la masse dense du feuillage. La plante a une croissance rapide, grâce à ses jeunes rameaux vigoureux. Les branches, souples et résistantes, étaient traditionnellement utilisées comme bois pour faire des arcs, par les peuples san en Afrique du Sud. Les fleurs, de couleur jaune verdâtre, sont peu visibles. La plante est dioïque : seuls les pieds femelles portent des grappes de petits fruits jaune-rouge, appréciés par les oiseaux. Le *Rhus lancea* supporte bien le calcaire. Il est peu

1- Rhodanthemum catananche *produit une masse de fleurs printanières, au coloris subtil. A gauche, le tapis sombre de* Thymus serpyllum *'Lemon Curd' contraste avec le feuillage argenté de* Tanacetum densum subsp. amanii.

2- Rhodanthemum hosmariense *est une magnifique plante de rocaille, de culture facile.*

*Près de Windhoek, dans les plateaux de Namibie centrale, Rhus lancea forme un petit arbre à l'ombre bienfaisante. Les touffes dorées d'*Hyparrhenia hirta *colorent les collines environnantes.*

exigeant sur la nature du sol. Sa croissance rapide et son beau feuillage en font une excellente plante pour grande haie libre. On peut également le planter en isolé comme petit arbre, intéressant pour son ombre dense.

Multiplication par semis de graines fraîches. Lorsqu'on dispose de graines qui ne sont pas fraîches, elles doivent être traitées pour lever la dormance : il faut scarifier les graines par trempage une demi-heure dans de l'acide sulfurique, puis les stratifier en les conservant 3 à 4 mois au réfrigérateur, à une température d'environ 4 °C. On peut également le multiplier par boutures herbacées au printemps (enracinement irrégulier), ou par marcottes aériennes pratiquées en automne.

Romneya coulteri (Papaveraceae)
Pavot en arbre

ORIGINE : Californie ; HAUTEUR : 1,50 m et plus ; LARGEUR : indéfinie ! EXPOSITION : soleil ; RUSTICITÉ : - 10 à - 12 °C ; CODE DE SÉCHERESSE : 6.

Vivace à base ligneuse, à végétation caduque ou semi-persistante, selon le froid hivernal. Les feuilles gris bleuté ont les bords irrégulièrement découpés. La souche vigoureuse se propage par de puissants rhizomes, qui peuvent avoir une tendance envahissante. Dans certains jardins de Californie, nous avons vu des pieds de *Romneya* qui couvraient une surface de plus de 25 mètres carrés ! La floraison spectaculaire apparaît en mai-juin et peut se renouveler plus ou moins tout l'été. Les fleurs parfumées, en forme de pavots énormes, s'épanouissent sur de hautes tiges ramifiées, qui se balancent au moindre souffle. Les pétales blancs, à curieuse texture froncée, entourent une large touffe d'étamines jaune d'or. Les fleurs sont suivies par des fruits décoratifs : rassemblés en bouquets secs, ils se conservent longtemps, évoquant de délicates cages à oiseaux miniature. Le *Romneya coulteri* supporte bien le calcaire. Il nécessite un sol souple et profond, parfaitement drainé. Un large apport de sable et de cailloux à la plantation favorise la reprise. On dit souvent qu'il faut en planter trois pieds pour qu'il y en ait un qui s'installe : les radicelles sont très fragiles et n'aiment pas être perturbées. Le *Romneya* n'aime pas l'eau, et souvent les jardiniers bien intentionnés le font mourir par excès d'arrosage. On peut tailler court la végétation en fin d'hiver pour régénérer la plante et favoriser de nouvelles pousses vigoureuses.

Le Romneya coulteri *reste relativement rare en culture, car sa multiplication est difficile. On peut réaliser des boutures de rhizomes en automne, en prélevant les profonds rhizomes horizontaux, mais l'enracinement est lent et capricieux. La multiplication par semis est possible également, à condition de lever la dormance des graines par un traitement à la fumée : la plante est liée à l'écologie du feu dans le* chaparral*, où ce n'est pas la chaleur mais l'action chimique de la fumée qui déclenche la germination. On peut tremper les graines avec les "disques de fumée" commercialisés par le jardin botanique de Kirstenbosch. Une autre solution consiste à semer sur un substrat imprégné de fumée. Pour "fumer" du substrat, on peut remplir un tamis de maçon que l'on dispose sur un trépied, au-dessus d'un lit de braise que l'on étouffe avec des branchages – j'utilise des brassées de* Pistacia lentiscus, Laurus nobilis, Myrtus communis *et* Cistus ladanifer. *La germination est bonne, mais le repiquage des jeunes plants issus de semis est ensuite extrêmement délicat : la multiplication du* Romneya *nécessite de sérieux efforts, mais quel plaisir d'obtenir ses premiers plants !*

Perchées sur de longues tiges, les fleurs énormes de Romneya coulteri *se balancent doucement dans le vent.*

Rosa banksiae 'Lutescens' (Rosaceae)
Rosier de Banks

ORIGINE : Chine ; HAUTEUR ET LARGEUR : 10 m et plus ; EXPOSITION : soleil ; RUSTICITÉ : - 15 °C et plus froid ; CODE DE SÉCHERESSE : 4.

Arbuste sarmenteux vigoureux, à feuillage léger, persistant ou semi-persistant. Les feuilles sont divisées en cinq folioles, vert sombre brillant. Les rameaux lisses sont totalement dépourvus d'épines. En mars, la plante se couvre de boutons, rassemblés en petites grappes serrées, tout au long des pousses de l'année précédente. Ils s'épanouissent dès le mois d'avril en une masse extraordinaire de petites fleurs simples, jaune beurre, délicieusement parfumées. La floraison est brève mais exceptionnelle : trois semaines de pur bonheur. Début mai, les fleurs fanent en quelques jours, inondant le sol d'une pluie de pétales jaune tendre. La croissance commence peu après la floraison. Les jeunes rameaux naissent en juin et s'allongent comme des asperges géantes. De croissance très rapide, ils peuvent atteindre 4 à 5 mètres de long avant le milieu de l'été. Gracieusement arqués ou retombants, ils donnent au rosier un port en fontaine monumentale, très spectaculaire. Pendant tout l'hiver, les rameaux portent des grappes de petits fruits brun-rouge, de la taille de petits pois, recherchés par les oiseaux. Le *Rosa banksiae* 'Lutescens'

supporte bien le calcaire. Il est peu exigeant sur la nature du sol. Il se plaît particulièrement lorsqu'il peut envahir des arbres, où il exprime toute la vigueur conquérante de sa végétation extraordinaire. La littérature cite de vieux rosiers de Banks, grimpant à plus de 15 mètres de hauteur dans les arbres, et portant au printemps des centaines de milliers de fleurs. Rare en culture, cette forme à fleurs jaunes simples mériterait d'être mieux diffusée dans les jardins méditerranéens. C'est notre rosier préféré : nous l'avons choisi pour garnir la grande pergola qui s'adosse au sud de notre maison. En quelques années, il est venu la couvrir de ses longs rameaux souples, qui dispensent une ombre parfaite sur la terrasse.
Multiplication par boutures herbacées en été. Ce sont les jeunes pointes qui s'enracinent le plus facilement, mais on peut également réaliser des boutures de tronçons, avec cependant un taux de réussite irrégulier.

• **Rosa banksiae 'Alba Plena'** se couvre de fleur blanches parfumées, très doubles, comme de petits pompons. Les rameaux ne portent pas d'épines. Il fleurit en mai.

• **Rosa banksiae 'Lutea'** a des fleurs jaunes doubles, très belles mais peu parfumées. Cette forme est réputée être la plus vigoureuse de tous les rosiers de Banks.

• **Rosa banksiae var. normalis** a des fleurs blanches, simples, très odorantes, avec un parfum de violette. C'est la seule forme dont les rameaux soient pourvus de fortes épines.

Rosa brunonii
Rose musquée de l'Himalaya

ORIGINE : Afghanistan, Népal ; HAUTEUR ET LARGEUR : 10 m et plus ; EXPOSITION : soleil ou mi-ombre ; RUSTICITÉ : - 12 à - 15 °C ; CODE DE SÉCHERESSE : 2,5.

Arbuste sarmenteux à feuilles semi-persistantes vert clair, un peu terne, divisées en folioles retombantes. Les fortes branches sont armées d'aiguillons recourbés. Regroupées en bouquets lâches, les fleurs simples, au parfum musqué, s'épanouissent en mai-juin. Leurs pétales ivoire, légèrement écartés, entourent de belles étamines jaune d'or. Le *Rosa brunonii* supporte bien le calcaire. Ce rosier est peu exigeant sur la nature du sol. Il est capable de s'élever en s'accrochant dans les arbres, formant de belles cascades de fleurs blanches. On en voit de très beaux spécimens dans les vieux jardins de la Côte d'Azur, en particulier à la villa Hanbury, où le cultivar 'La Mortola' a été sélectionné pour sa grande vigueur.
Multiplication par boutures herbacées en été.

Rosa chinensis 'Sanguinea'
Rosier de Chine, rose de Bengale

ORIGINE : Chine ; HAUTEUR ET LARGEUR : 3 à 4 m ; EXPOSITION : soleil ou mi-ombre ; RUSTICITÉ : - 12 à - 15 °C ; CODE DE SÉCHERESSE : 3.

Arbuste à belles feuilles persistantes vert foncé brillant. Les tiges sont plus ou moins épineuses. Les jeunes pousses rouges précèdent de peu l'apparition des boutons de

Rosa chinensis 'Sanguinea' fleurit plusieurs fois dans l'année. C'est souvent à Noël que dans notre jardin il est le plus fleuri !

fleurs, les floraisons successives étant rythmées par le cycle de croissance de la plante tout au long de l'année. Les fleurs simples sont composées de beaux pétales rouge velours sombre, entourant un bouquet d'étamines jaune d'or. Elles s'épanouissent une première fois en avril-mai. Quelques fleurs apparaissent occasionnellement en été malgré la sécheresse, puis une nouvelle vague de fleurs s'épanouit généreusement dès les premières pluies d'automne. Une troisième floraison, magnifique, apparaît en plein hiver : c'est souvent à Noël que le pied dans notre jardin est le plus fleuri ! Les fleurs sont suivies par de gros fruits ovoïdes, d'abord verts puis rouges. Le *Rosa chinensis* 'Sanguinea' supporte bien le calcaire. Il préfère les sols souples, assez profonds. De culture facile, c'est un excellent arbuste à planter en isolé ou en haie libre.
Multiplication par boutures de tronçons de bois aoûté, en automne ou au printemps.

• **Rosa chinensis 'Mutabilis'** a une floraison remarquablement abondante en avril-mai, précédée par de beaux boutons orange. Les fleurs s'épanouissent d'abord chamois clair, puis évoluent vers l'orange, le rose ou le rouge avant de faner, transformant la plante en un bouquet multicolore. La floraison peut remonter à plusieurs reprises dans l'année, bien que plus irrégulièrement que celle de *Rosa chinensis* 'Sanguinea'.

Grimpant à l'assaut des vieux arbres, Rosa banksiae *'Lutescens' se couvre en avril de milliers de petites fleurs jaune tendre, délicieusement parfumées.*

Les fleurs de Rosa chinensis *'Mutabilis' s'épanouissent d'abord chamois clair, puis évoluent vers l'orange, le rose ou le rouge, transformant la plante en un bouquet multicolore.*

Les fleurs ivoire de Rosa moschata *var.* nastarana *exhalent un lourd parfum de musc, embaumant le jardin par temps calme.*

Rosa primula *porte de jolies fleurs jaune tendre, mais c'est surtout pour ses magnifiques aiguillons rouges qu'on s'arrête pour l'admirer.*

Rosa moschata Rosier musqué

ORIGINE PROBABLE : Asie ou Nord de l'Afrique ; HAUTEUR ET LARGEUR : 3 m et plus ; EXPOSITION : soleil ou mi-ombre ; RUSTICITÉ : - 12 à - 15 °C ; CODE DE SÉCHERESSE : 3.

Arbuste à feuilles persistantes découpées en folioles vert clair. Les branches légèrement sarmenteuses, gracieusement arquées, sont munies d'aiguillons épars. La floraison se prolonge de juillet à novembre : dans notre jardin, c'est le seul rosier qui soit en fleur pendant l'été, malgré la sécheresse. Les fleurs simples, groupées en bouquets allongés à l'extrémité des tiges, ont des pétales blanc pur et une fine odeur musquée. Le nom *moschata* vient du latin *muscus*, musc, dérivé du sanskrit *muskâ*, testicule – le musc naturel provenait d'une substance odorante, produite en période de rut dans une glande en forme de testicule, située dans l'abdomen du *Moschus moschiferus*, un chevrotain mâle d'Asie centrale. Le *Rosa moschata* supporte bien le calcaire. Il est peu exigeant sur la nature du sol. Longtemps cultivé pour ses vertus médicinales (les pétales sont un excellent laxatif), il s'est naturalisé dans de nombreux pays, de l'Espagne jusqu'à la Chine.

Multiplication par boutures herbacées en début d'été.

- **Rosa moschata var. nastarana** a un port arbustif plus compact. Les fleurs, au lourd parfum musqué, s'épanouissent en mai et remontent en automne. Leurs beaux pétales ivoire se chevauchent, leur donnant un aspect semi-double. La nomenclature semble poser problème pour ce rosier, qui serait peut-être un hybride avec *Rosa brunonii*. Nous l'aimons beaucoup, car c'est le rosier le plus parfumé dans notre jardin. Origine incertaine : peut-être originaire de Perse ? Rusticité : - 15 °C et plus froid. Code de sécheresse : 3.

- **Rosa laevigata** est un arbuste sarmenteux, remarquable pour ses belles feuilles persistantes, vernissées. C'est dans notre jardin le rosier qui a le plus beau feuillage. Les grandes fleurs simples, parfumées, s'épanouissent en mai-juin. Leurs pétales arrondis, blanc crème, entourent un large bouquet d'étamines saillantes, jaune d'or. Après pollinisation, les étamines prennent une couleur sombre, presque noire, qui met en valeur la couleur très douce de la fleur. Origine : Chine. Rusticité : - 10 à - 12 °C. Code de sécheresse : 3.

- **Rosa primula** est un petit arbuste dont les feuilles aromatiques sont finement découpées. Par temps chaud, elles dégagent à plusieurs mètres à la ronde une étonnante odeur âcre, évoquant l'encens. Les tiges brun-rouge sont munies de magnifiques aiguillons rouges, particulièrement décoratifs lorsqu'on les observe à contre-jour. Les petites fleurs parfumées, jaune primevère très doux, s'épanouissent en avril. Origine : du Turkestan au Nord de la Chine. Rusticité : - 15 °C et plus froid. Code de sécheresse : 3.

- **Rosa sempervirens** a de fins rameaux sarmenteux, souples et vigoureux, et des feuilles persistantes vert sombre brillant. Les petites fleurs blanches, parfumées, s'épanouissent en mai-juin. C'est un rosier grimpant vigoureux, de culture facile. Il supporte bien la mi-ombre et on s'en sert souvent pour le faire grimper aux arbres. Issu de *Rosa sempervirens*, 'Félicité et Perpétue' est un cultivar à belles fleurs doubles, parfumées, d'un blanc très doux à peine lavé de rose. On peut en voir un magnifique exemplaire, retombant en cascade dans les arbres, à la villa Hanbury près de Menton. Origine : Sud de l'Europe, Turquie, Afrique du Nord. Rusticité : - 12 à - 15 °C. Code de sécheresse : 4.

- **Rosa indica 'Major'**, une ancienne variété traditionnellement cultivée comme porte-greffe, forme dans notre jardin un beau buisson à feuilles persistantes. Les fleurs roses, bien doubles, sont agréablement parfumées. Elles s'épanouissent en avril-mai. Origine : hybride probable entre *Rosa multiflora* et *Rosa chinensis*. Rusticité : - 15 °C et plus froid. Code de sécheresse : 3.

- **Rosa x dupontii** est un hybride entre *Rosa moschata* et *Rosa gallica*. C'est un arbuste vigoureux, à port souple, plus ou moins étalé. Il supporte bien la mi-ombre. Les fleurs simples ou semi-doubles, parfumées, s'épanouissent en mai. Leurs beaux pétales, blanc crème à peine nuancé de rose, entourent un large bouquet d'étamines jaune d'or. Les fruits rouge brillant restent décoratifs pendant tout l'hiver. Rusticité : - 15 °C et plus froid. Code de sécheresse : 3.

Rosmarinus officinalis (Lamiaceae) Romarin

ORIGINE : Bassin méditerranéen ; HAUTEUR : de 40 cm à 2 m, selon les variétés ; LARGEUR : de 1 à plus de 3 m ; EXPOSITION : soleil ; RUSTICITÉ : - 8 à - 15 °C, selon les variétés ; CODE DE SÉCHERESSE : 5.

Arbrisseau à feuilles persistantes vertes, étroites, à revers cotonneux et blanchâtre. Pour limiter la surface d'évapotranspiration, les feuilles ont les bords enroulés sur eux-mêmes, ce qui leur donne un aspect linéaire. Les feuilles et les jeunes pousses, très odorantes, deviennent collantes par temps chaud. Elles diffusent une huile essentielle volatile, à odeur résineuse caractéristique, protégeant la plante de la dent des herbivores. En plus de ses nombreuses propriétés condimentaires ou médicinales, on a longtemps attribué au romarin la faculté de purifier l'air et de protéger des esprits mauvais : il était utilisé autour de la Méditerranée comme substitut de l'encens. En grec, son nom commun est *dendrolivano*, ou arbre à encens. Le romarin forme un buisson dense, dont les tiges peuvent être érigées ou prostrées, selon les clones. Les romarins rampants forment d'excellents couvre-sols, grâce à leurs rameaux qui s'enracinent facilement au contact du sol. On trouve les formes rampantes souvent spontanées à proximité de la mer, comme par exemple dans la magnifique station de romarins du cap Pertusato, près de Bonifacio : pour limiter la prise au vent et aux embruns, les plantes ont évolué génétiquement vers des formes tapissantes remarquables. Même s'il colonise aussi les garrigues de l'intérieur, ce sont les sols rocailleux en bord de mer qui constituent l'habitat de prédilection du romarin. *Rosmarinus* viendrait du latin *ros*, rosée, et *marinus*, de mer, évoquant la résistance aux embruns de la plante, ou selon une autre interprétation du grec *rhous*, sumac, nom générique donné à de nombreux arbustes, et *marinus*, par allusion à son habitat sur les coteaux maritimes.

Les romarins supportent bien le calcaire. Ils aiment les sols pauvres et cailouteux, secs en été, parfaitement drainés en hiver. Il faut surtout éviter de les arroser pendant la période estivale : ils sont sensibles au *Phytophtora*, un champignon du collet qui se développe en conditions chaudes et humides. Plus le sol est drainé, mieux ils traversent l'hiver : nous avons noté une grande variation dans la rusticité des romarins selon l'état d'humidité du sol. Dans les jardins, ils sont souvent cultivés dans une terre trop riche : ils poussent alors bien trop vite et vieillissent mal, en se dégarnissant de la base. Pour augmenter la durée de vie des romarins à port érigé, une petite taille annuelle permet de leur conserver un port plus compact, bien ramifié. Les romarins rampants vieillissent généralement mieux, grâce à leurs tiges qui se marcottent et régénèrent naturellement la plante : c'est une de leurs grandes qualités.

Dans notre jardin, les fleurs s'épanouissent en début d'automne, puis à nouveau en hiver ou au début du printemps. Les dates de floraison sont variables d'année en année, selon les conditions climatiques : en climat doux, les romarins peuvent fleurir sans interruption du mois de septembre au mois de mars. Rassemblées en courtes grappes à l'aisselle des feuilles, les fleurs sont très abondantes. Elles font le bonheur des abeilles qui viennent les butiner à une période où les fleurs sont rares. Le célèbre miel de Narbonne, à texture crémeuse et à bouquet aromatique très fin, est un miel de romarin – les Romains le considéraient déjà comme le meilleur miel du monde. Dans la nature, la couleur des fleurs est variable, chaque région ayant souvent une couleur dominante. Près de Narbonne,

Rosmarinus officinalis *fleurit tout l'automne, au pied de la montagne Sainte-Victoire, en Provence.*

c'est le bleu pâle qui abonde dans les garrigues des Corbières. Le blanc pur est fréquent dans les calanques de Marseille, et on trouve un superbe blanc bleuté au cap Béar, près de Collioure. Dans la sierra de Cazorla, en Espagne, pousse un joli romarin rose, et les rivages de Sardaigne sont baignés d'un romarin bleu lumineux, particulièrement joyeux. C'est en Corse qu'on trouve les romarins les plus foncés, d'un bleu-violet incomparable.

Nous nous sommes passionnés pour la diversité des romarins et cultivons dans notre jardin une collection de plus de 50 clones : un festival de bleu dans le creux de l'hiver ! En voici quelques-uns que nous aimons beaucoup.

• *Rosmarinus officinalis* 'Boule' a une végétation étalée, incroyablement vigoureuse. Le pied le plus âgé de notre jardin mesure plus de 4 mètres de large. La première année, il forme une boule étalée, comme un gros coussin régulier. Puis les branches marcottent en touchant le sol, et la plante s'étale rapidement pour former un couvre-sol épais. C'est l'un des meilleurs couvre-sols de notre jardin. On peut le planter sur talus, où il exprime toute sa vigueur. Planté au sommet d'un mur, il retombe en une cascade magnifique. Les fleurs bleu ciel se mêlent au feuillage dense, vert grisâtre, serré sur les tiges blanches et feutrées. Rusticité : - 10 à - 12 °C.

Dans la nature, les romarins sont très variables. On peut trouver des formes à fleurs bleu clair ou bleu foncé, ainsi qu'à fleurs roses ou blanc pur.

• *Rosmarinus officinalis* 'Corsican Blue' a un port un peu hirsute. Les rameaux commencent par se dresser puis semblent hésiter, se courbant à l'horizontale avant de retomber ou parfois se dresser à nouveau. La plante adulte finit par former un large dôme étalé. Les grosses fleurs, d'un somptueux bleu-violet, sont éclairées par une large macule blanche. Rusticité : - 8 à - 10 °C.

• *Rosmarinus officinalis* 'Majorcan Pink' a un port souple. Les branches, d'abord fastigiées, ont tendance à s'évaser avec l'âge. Les fleurs originales, rose tendre, sont particulièrement abondantes. Rusticité : - 8 à - 10 °C.

• *Rosmarinus officinalis* 'Miss Jessop's Upright' est une sélection anglaise, réputée pour son excellente résistance au froid. La plante a un feuillage très fin et des branches dressées, bien droites. Les fleurs sont bleu clair. Rusticité : - 12 à - 15 °C.

• *Rosmarinus officinalis* 'Montagnette' est une variété tapissante à petit développement, convenant bien en rocaille. Nous l'avons planté au bord d'un petit escalier, dont il accompagne les marches. Les fleurs blanc pur contrastent avec le feuillage vert. Rusticité : - 8 à - 10 °C.

• *Rosmarinus officinalis* 'Sappho' est le romarin érigé que nous préférons. Les fleurs s'épanouissent bleu foncé brillant, évoquant la couleur de certains *Ceanothus*. Elles s'éclaircissent doucement en cours de floraison. Associé au jaune tendre de la *Coronilla glauca* 'Citrina', il forme dans notre jardin une belle scène printanière. Rusticité : - 10 à - 12 °C.

Les fleurs de Rosmarinus officinalis *'Sappho' sont d'un magnifique bleu foncé brillant lorsqu'elles s'épanouissent. Elles s'éclaircissent doucement en cours de floraison.*

• *Rosmarinus officinalis* 'Tuscan Blue' est une variété érigée, à végétation puissante, souvent plantée pour constituer de petites haies en Toscane. Dans de bonnes conditions, il s'élève à plus de 1,50 mètre. Les feuilles, bien vertes, sont nettement plus grandes que celles de la plupart des romarins. Les grosses fleurs sont d'un joli bleu ciel. Le feuillage est particulièrement aromatique : cette variété est souvent utilisée en cuisine, pour aromatiser les grillades. Rusticité : - 10 à - 12 °C.

• *Rosmarinus officinalis* var. *repens* a des fleurs bleu clair. Ses branches vigoureuses forment un excellent couvre-sol tapissant. Planté au sommet d'un mur, il peut retomber sur 2 à 3 mètres de hauteur, comme une tapisserie végétale plaquée au mur. Rusticité : - 10 à - 12 °C.

Ruta graveolens (Rutaceae) Rue fétide

ORIGINE : Balkans ; HAUTEUR : 60 à 80 cm ; LARGEUR : 60 cm ; EXPOSITION : soleil ; RUSTICITÉ : - 12 à - 15 °C ; CODE DE SÉCHERESSE : 4.

Sous-arbrisseau à feuilles persistantes vert bleuté, finement découpées. Une petite observation à la loupe permet de voir clairement les glandes à huiles essentielles qui ponctuent le revers des feuilles. Ces glandes dégagent une odeur pénétrante, extrêmement forte (*graveolens* vient du latin *gravis*, lourd, fort, et *olens*, sentant). Les jardiniers s'accordent généralement à trouver l'odeur de la rue très désagréable – pourtant certains l'aiment, et autrefois les feuilles servaient à aromatiser de nombreuses préparations culinaires. Comme de nombreuses plantes très aromatiques,

Rosmarinus officinalis *'Boule' est un cultivar à végétation puissante. Les rameaux étalés ou retombants s'enracinent au contact du sol.*

Planté au-dessus d'un mur, Rosmarinus officinalis var. repens *peut former des cascades impressionnantes.*

Malgré son odeur puissante et agressive, la rue mérite qu'on se penche pour observer ses pétales délicatement frangés.

Durant la sécheresse estivale, le feuillage de Salvia apiana *prend une remarquable couleur lumineuse.*

la rue était considérée comme une véritable panacée de la médecine populaire. En plus de ses propriétés abortives célèbres, on lui attribuait les vertus les plus diverses : antidote des morsures de serpents, elle améliorait aussi l'acuité visuelle, protégeait contre les sorts et calmait les personnes sujettes à des rêves érotiques fréquents. Dans le jardin, c'est une plante au charme discret, avec ses fleurs jaune acide, à pétales délicatement frangés. On peut l'associer à *Artemisia herba-alba*, *Thymus mastichina* ou *Santolina insulare*, dont les odeurs puissantes créent un attrait original dans le jardin, lorsque la sécheresse limite les floraisons. La *Ruta graveolens* supporte bien le calcaire. Elle préfère les sols pauvres, caillouteux, parfaitement drainés.
Multiplication par semis en automne.

Salvia (Lamiaceae) Sauge

Avec plus de 900 espèces réparties autour du monde, les sauges sont un genre aussi passionnant que complexe. Selon leur origine géographique, elles ont des exigences très différentes. Dans notre jardin expérimental, nos premiers essais avec les sauges n'ont pas été très concluants : de nombreuses espèces sont mortes rapidement, soit à cause du froid, soit à cause de la sécheresse. Après quelques années de découragement, nous avons repris notre recherche sur les sauges. Cette fois, les résultats ont été bien meilleurs : nous avions eu plus de sagesse dans les critères de choix. Leurs arômes généreux, la diversité des feuillages et la beauté des fleurs en font des plantes exceptionnelles dans le jardin sec. Voici une petite liste de celles qui se plaisent le mieux dans notre jardin.

Salvia apiana

ORIGINE : Sud de la Californie ; HAUTEUR DU FEUILLAGE : 60 cm ; HAUTEUR EN FLEUR : 1 à 1,50 m ; LARGEUR : 1 m et plus ; EXPOSITION : soleil ; RUSTICITÉ : - 8 à - 10 °C ; CODE DE SÉCHERESSE : 5.

Sous-arbrisseau à feuilles persistantes, gris argenté. Durant la sécheresse estivale, le feuillage prend une remarquable couleur lumineuse, blanc pur. Les feuilles libèrent un arôme intense, presque suffocant. Certaines tribus indiennes de Californie considèrent cette plante comme sacrée. Les rameaux sont liés pour former une sorte de large bâton, qui est brûlé comme encens purificateur lors de cérémonies. D'avril à juin, la plante produit de longs épis de fleurs blanches, parfois à peine rosées. Les fleurs sont très mellifères, donnant un miel au parfum puissant (*apiana* vient du latin *apis*, abeille). La *Salvia apiana* supporte le calcaire si le sol est léger, bien drainé. En sol lourd, la plante chlorose facilement et vieillit mal.
Multiplication par semis en automne, ou par boutures herbacées au printemps.

Salvia barrelieri

ORIGINE : Sud de l'Espagne et Afrique du Nord ; HAUTEUR DU FEUILLAGE : 20 cm ; HAUTEUR EN FLEUR : 1,50 m ; LARGEUR : 60 cm ; EXPOSITION : soleil ou mi-ombre ; RUSTICITÉ : - 10 à - 12 °C ; CODE DE SÉCHERESSE : 4.

Vivace à grandes feuilles gris-vert, duveteuses, à bords ondulés et texture gaufrée. Les feuilles sont disposées en rosettes basales et restent persistantes en hiver. Au printemps, de fortes inflorescences ramifiées s'élèvent du centre des rosettes. Elles portent en mai-juin une profusion de grosses fleurs bicolores. La lèvre inférieure, sur laquelle viennent atterrir les insectes, est blanche pour être bien visible de loin. La lèvre supérieure, courbée en forme de faux, est d'un beau bleu-violet tendre. Le long pistil qui la prolonge donne une silhouette élégante à la fleur : sa vocation est de recueillir le pollen sur le dos des insectes pollinisateurs, qui sont souvent de grosses abeilles charpentières. Comme chez toutes les sauges, les étamines sont articulées. En pénétrant dans la corolle, l'insecte pousse avec sa tête sur le bas de l'étamine qui sert de levier, déclenchant un astucieux mécanisme de balancier : les étamines s'abaissent pour saupoudrer du pollen sur le dos du visiteur. La *Salvia barrelieri* supporte bien le calcaire. Elle préfère les sols souples, assez profonds, bien drainés. On peut retailler les inflorescences sèches après la floraison, pour favoriser l'apparition de nouvelles rosettes de feuilles. Dans notre jardin, nous préférons au contraire laisser les inflorescences sèches en place, ce qui permet aux graines, noires et brillantes, de se ressemer abondamment dans les massifs proches.
Multiplication par semis en automne.

Salvia canariensis Sauge des Canaries

ORIGINE : îles Canaries ; HAUTEUR : 1,50 à 2 m ; LARGEUR : 1 m ; EXPOSITION : soleil ; RUSTICITÉ : la partie aérienne gèle dès - 4 °C environ, mais la souche repart au printemps après des températures de l'ordre de - 8 à - 10 °C ; CODE DE SÉCHERESSE : 3.

Arbrisseau à feuilles persistantes aromatiques, vert clair. Les feuilles triangulaires ont la base nettement sagittée, c'est-à-dire

Salvia barrelieri est une vivace vigoureuse, qui se ressème facilement en sol léger.

en forme de fer de flèche. Les tiges, les jeunes pousses et le revers des feuilles sont couverts d'un feutre épais, composé de longs poils blancs. Une observation à la loupe permet de voir, à l'extrémité des poils, une multitude de gouttelettes brillantes. Ce sont les glandes à huiles essentielles, qui donnent à la plante son odeur âcre et la protègent efficacement des herbivores. Les grandes inflorescences ramifiées apparaissent de mai à juillet. Les fleurs mauve violacé émergent de larges calices rougeâtres, sous-tendus par de longues bractées colorées. Calices et bractées persistent longtemps après la floraison, la plante conservant un aspect ornemental pendant tout l'été. La *Salvia canariensis* supporte le calcaire si le sol est léger, bien drainé. En sol lourd, la plante chlorose facilement. Elle prospère dans les sols souples, assez profonds. Dans notre jardin, la végétation est rabattue par le froid presque chaque hiver, mais la plante a une bonne faculté de rejeter de souche au printemps. Les nouvelles pousses ont une croissance rapide, et la plante fleurit fidèlement en été, même si la partie aérienne a gelé en hiver.
Multiplication par boutures herbacées en début d'automne.

- *Salvia canariensis* var. *candidissima* a des jeunes pousses blanc argenté, spectaculaires au printemps. La floraison magenta forme un contraste remarquable avec le feuillage très clair, presque blanc (*candidissima* vient du latin *candidus*, blanc, dont il est le superlatif).
- *Salvia canariensis* 'Albiflora' a des fleurs blanches, rehaussées par de beaux calices vert acide.

Salvia candelabrum Sauge candélabre

ORIGINE : collines caillouteuses du Sud de l'Espagne ; HAUTEUR DU FEUILLAGE : 30 à 40 cm ; HAUTEUR EN FLEUR : 1,20 à 1,50 m ; LARGEUR : 60 à 80 cm ; EXPOSITION : soleil ; RUSTICITÉ : - 10 à - 12 °C ; CODE DE SÉCHERESSE : 5.

Sous-arbrisseau à feuilles persistantes allongées, gris-vert. La face supérieure des feuilles est rugueuse, alors que le revers est doux et soyeux. Les feuilles ont une odeur forte mais agréable, plus fine que celle de la sauge officinale. La plante forme un large coussin étalé, d'où jaillissent les étonnantes tiges florales, très longues, élégamment ramifiées en forme de candélabre. En mai-juin, les inflorescences se couvrent de magnifiques fleurs bleu violacé. Leur lèvre inférieure largement étalée, divisée en lobes veloutés, évoque le labelle de certaines orchidées. La *Salvia candelabrum* supporte bien le calcaire. Elle nécessite un sol pauvre, caillouteux, parfaitement drainé, sinon elle vieillit mal. Pour qu'elle survive dans le sol argileux de notre jardin, nous lui avons fourni lors de la plantation un généreux apport de sable et de gravier. Elle mérite bien ce petit effort : c'est sans doute la plus belle sauge que l'on puisse cultiver dans un jardin sec.
Multiplication par semis en automne.

Salvia chamaedryoides

ORIGINE : Mexique, Texas ; HAUTEUR : 40 à 60 cm ; LARGEUR : 60 cm ; EXPOSITION : soleil ; RUSTICITÉ : - 10 à - 12 °C ; CODE DE SÉCHERESSE : 5.

Arbrisseau à petites feuilles persistantes, gris argenté. Lorsqu'on le froisse, le feuillage dégage une subtile odeur à la fois douce et acidulée, évoquant la poire et la mandarine. La plante forme un buisson compact, de forme arrondie. Les fleurs bleu intense, rassemblées en épis graciles, contrastent avec le feuillage argenté. Dans la nature, la *Salvia chamaedryoides* a une floraison estivale : elle est originaire des plateaux d'altitude du Chihuahua, zone semi-désertique où les pluies irrégulières tombent principalement en été, déclenchant la floraison. Dans notre jardin, au contraire, la floraison se renouvelle en deux vagues bien distinctes, séparées par le repos estival occasionné par la sécheresse : la floraison de mai-juin est suivie d'une deuxième floraison généreuse en septembre-octobre. La *Salvia chamaedryoides* supporte bien le calcaire. Elle préfère les sols légers, bien drainés. En taillant la plante en fin d'hiver, environ au tiers de sa hauteur, on favorise l'apparition de nouvelles pousses vigoureuses, très florifères.
Multiplication par semis en automne, ou par boutures herbacées au printemps.

Salvia chamelaeagnea

ORIGINE : Afrique du Sud, de la région du Cap au Karoo et au Namaqualand ; HAUTEUR : 80 cm et plus ; LARGEUR : 60 cm ; EXPOSITION : soleil ; RUSTICITÉ : - 8 à - 10 °C ; CODE DE SÉCHERESSE : 6.

Arbrisseau à feuilles persistantes, d'un beau vert frais. Lorsqu'on le froisse, le feuillage dégage une puissante odeur de laine mouillée et de suint. La végétation forme un buisson dense (le mot *chamelaeagnea*, difficile à épeler, vient du grec *kamai*, nain, à terre, et *elaía*, olivier, pour décrire le port compact et touffu de la plante). Alors que la plupart des plantes sont depuis longtemps en repos, c'est en plein été que la floraison s'épanouit, la plante semblant indifférente à la chaleur et à la sécheresse. Enveloppées par de larges

Les fleurs mauve violacé de Salvia canariensis *émergent de larges calices rougeâtres, qui persistent longtemps après la floraison.*

Les jeunes pousses de Salvia canariensis *'Candidissima' sont couvertes d'épais poils blancs. En formant un microclimat contre l'épiderme de la feuille, les poils limitent les pertes en eau par évapotranspiration, aidant la plante à supporter la sécheresse.*

Dans cette scène printanière, on peut voir à gauche Salvia chamaedryoides, *puis dans le sens des aiguilles d'une montre :* Phlomis lycia, Helichrysum orientale, Santolina viridis, Artemisia lanata *et au centre* Thymus ciliatus.

calices violacés, les fleurs bicolores ont la lèvre supérieure bleu soutenu, alors que la lèvre inférieure est très pâle, avec une marque centrale jaune. Toutes les parties de l'inflorescence sont couvertes de gros poils glanduleux qui libèrent une huile essentielle ayant de nombreuses propriétés médicinales. Sur les marchés en Afrique du Sud, on trouve des bouquets des tiges fleuries, utilisées en décoction pour soigner toux, rhumes et bronchites. La *Salvia chamelaeagnea* supporte bien le calcaire. Elle est peu exigeante sur la nature du sol, mais nous avons noté qu'elle est nettement plus résistante au froid en sol léger, bien drainé. Elle résiste parfaitement aux embruns.
Multiplication par boutures herbacées en début d'automne.

Salvia clevelandii

ORIGINE : Sud de la Californie ; HAUTEUR : 60 cm et plus ; LARGEUR : 60 à 80 cm ; EXPOSITION : soleil ; RUSTICITÉ : - 8 à - 10 °C ; CODE DE SÉCHERESSE : 5.

Arbrisseau à feuilles persistantes étroites, gris-vert. Les feuilles dégagent une odeur camphrée, âcre et puissante, où se mêle une surprenante note fruitée, évoquant l'ananas : la *Salvia clevelandii* est l'une des plantes les plus prisées par les amateurs de plantes aromatiques. Dans le *chaparral*, on dit qu'on peut sentir la plante avant de la voir. Par temps chaud, son feuillage peut embaumer tout un secteur du jardin. La végétation forme un large coussin qui se couvre en mai-juin d'inflorescences souples, plus ou moins étalées. Les fleurs tubulaires, d'un magnifique bleu foncé brillant, sont verticillées, c'est-à-dire disposées en étages régulièrement espacés le long des tiges. Après la floraison, les verticilles persistent plusieurs mois, donnant aux inflorescences fanées une silhouette ornementale. Lors des périodes de sécheresse les plus intenses, la plante se défeuille partiellement et entre en repos jusqu'à l'automne. La *Salvia clevelandii* supporte bien le calcaire. Elle nécessite un sol léger, parfaitement drainé. En sol lourd, elle est capricieuse et vieillit mal. Elle est sensible au *Phytophthora*, un champignon du collet qui se développe en conditions humides et chaudes : il faut bien respecter la période de repos estival et éviter absolument de l'arroser en été. Nous aimons associer cette sauge à d'autres plantes à feuillage très aromatique, *Cistus ladanifer* var. *sulcatus* ou *Tagetes lemonii*, leurs odeurs mêlées créant une expérience olfactive étonnante dans la chaleur de l'été.
Multiplication par boutures herbacées au printemps.

Pour acclimater Salvia clevelandii *dans son jardin, il faut respecter sa période de repos estival et éviter absolument de l'arroser en été.*

1- Salvia *'Allen Chickering'*, Tagetes lemonii *et* Stipa gigantea, *dans un jardin ouvert sur le paysage extérieur.*

2- *Un jardin sec au mois de juin, avec* Salvia greggii *'Variegata' en pleine floraison entre* Perovskia *'Blue Spire' et* Helichrysum italicum.

3- *Le feuillage de* Salvia fruticosa *dégage une puissante odeur camphrée. Il peut être utilisé en cuisine en remplacement de la sauge officinale. Les corolles vives de* Cistus x purpureus *s'épanouissent en arrière-plan.*

• ***Salvia*** **'Allen Chickering'** est un hybride de *Salvia clevelandii*, probablement issu du croisement avec *Salvia leucophylla*. La plante a un port dressé, vigoureux. Le beau feuillage argenté met en valeur la floraison bleu violacé, très abondante en mai-juin. Rusticité : - 8 à - 10 °C. Code de sécheresse : 5 (comme la *Salvia clevelandii*, la plante peut se défeuiller partiellement en été).

Salvia fruticosa

Origine : Est du Bassin méditerranéen ; Hauteur : 80 cm et plus ; Largeur : 1 m ; Exposition : soleil ; Rusticité : - 8 à - 10 °C ; Code de sécheresse : 4.

Arbrisseau à feuilles persistantes gris-vert, à texture soyeuse. Les feuilles allongées sont munies à leur base de deux petits lobes caractéristiques, d'où l'ancien nom donné à cette espèce, *Salvia trilobata*. Le feuillage dégage lorsqu'on le froisse une puissante odeur camphrée. Cette sauge est souvent utilisée en cuisine en remplacement de la sauge officinale. Elle est réputée depuis l'Antiquité pour ses nombreuses propriétés médicinales. En Grèce, on prépare avec les feuilles une tisane, le *facsomilo*, que l'on édulcore avec du miel en raison de son goût très fort. La plante se développe en un buisson dense, très ramifié dès la base (*fruticosa* vient du latin *frutex*, arbrisseau). En mars-avril, c'est une véritable masse de fleurs, rassemblées en épis denses, qui vient submerger la plante. Elles ont un coloris rose violacé, doux et lumineux. La *Salvia fruticosa* supporte bien le calcaire. Elle nécessite un sol pauvre, caillouteux, parfaitement drainé, sinon elle dépérit facilement. Dans notre jardin, nous aimons l'associer à *Cistus albidus* et *Scabiosa cretica*, pour une harmonie de tons pastel dans la lumière printanière. *Multiplication par semis en automne, ou par boutures herbacées en début de printemps.*

Salvia greggii

Origine : Texas, Mexique, dans les plateaux désertiques du Chihuahua ; Hauteur : 40 à 50 cm ; Largeur : 40 à 50 cm ; Exposition : soleil ; Rusticité : - 10 à - 12 °C ; Code de sécheresse : 4.

Arbrisseau à petites feuilles persistantes très fines, vert foncé, aromatiques. Avec la chaleur, les feuilles deviennent glutineuses, libérant une huile essentielle à odeur agréable, fraîche et acidulée. En cas de sécheresse intense, la plante peut se défeuiller partiellement, de nouveaux bourgeons se développant dès les premières pluies d'automne. Les petites fleurs rouge vif s'épanouissent en mai-juin, puis la plante fleurit d'une manière encore plus généreuse de septembre à novembre (aux Etats-Unis on l'appelle *autumn sage*). La *Salvia greggii* supporte bien le calcaire. Elle nécessite un sol léger, bien drainé, sinon elle vieillit mal. Pour lui conserver un port compact, on peut la rabattre, chaque année en fin d'hiver, au tiers de sa hauteur environ. *Multiplication par boutures herbacées au printemps.*

• ***Salvia greggii*** **'Alba'** a des fleurs blanc pur.

• ***Salvia greggii*** **'Furman's Red'** a une floraison remarquablement abondante. La plante se couvre de fleurs somptueuses, rouge velours sombre.

• ***Salvia greggii*** **'Variegata'** a des feuilles panachées de crème. Les fleurs ont un coloris particulièrement lumineux.

Salvia interrupta

ORIGINE : Maroc ; HAUTEUR DU FEUILLAGE : 20 cm ; HAUTEUR EN FLEUR : 60 cm ; LARGEUR : 50 cm ; EXPOSITION : soleil ; RUSTICITÉ : - 10 à - 12 °C ; CODE DE SÉCHERESSE : 4.

Sous-arbrisseau à feuilles persistantes, légèrement aromatiques, divisées en cinq folioles. Les feuilles, gris-vert sur le dessus, sont couvertes d'un feutre blanc sur le revers. La végétation forme un coussin lâche, qui s'étale doucement au fil des années, les branches basses pouvant s'enraciner au contact du sol. La floraison s'épanouit en mai-juin et remonte souvent en septembre-octobre. Les fleurs sont disposées en verticilles largement espacés sur les tiges, ce qui donne un aspect discontinu à l'épi de fleurs (d'où le nom *interrupta*). Elles ont une belle couleur bleu-violet profond. La large lèvre inférieure est marquée de deux bandes blanches, qui servent à guider les insectes pollinisateurs vers les glandes nectarifères, comme une piste d'atterrissage lumineuse. La *Salvia interrupta* supporte bien le calcaire. Elle nécessite un sol léger, bien drainé, sinon elle vieillit mal. En cas de sécheresse intense, la plante se défeuille partiellement en été, devenant momentanément moins ornementale.

Multiplication par semis en automne, ou par boutures herbacées au printemps.

Salvia lavandulifolia subsp. blancoana
Sauge à feuilles de lavande

ORIGINE : Sud de l'Espagne, Afrique du Nord ; HAUTEUR DU FEUILLAGE : 20 cm ; HAUTEUR EN FLEUR : 40 à 50 cm ; LARGEUR : 60 à 80 cm ; EXPOSITION : soleil ; RUSTICITÉ : - 12 à - 15 °C ; CODE DE SÉCHERESSE : 4.

Sous-arbrisseau à feuilles aromatiques, étroites et persistantes, gris-vert. Les feuilles dégagent une forte odeur camphrée, doublée d'une note pénétrante un peu fade, rappelant le savon noir que l'on trouve dans tous les souks d'Afrique du Nord. La végétation se développe d'abord en coussin compact, puis s'étale lentement grâce aux branches latérales qui s'enracinent au contact du sol. A terme, la plante forme un excellent couvre-sol, très décoratif en bordure ou en rocaille. En avril-mai, la plante se couvre de fleurs bleu vif, rassemblées en épis denses. La *Salvia lavandulifolia* supporte bien le calcaire. Elle préfère les sols légers, bien drainés. Elle a les mêmes propriétés culinaires et médicinales que la sauge officinale. Dans les régions montagneuses du Sud de la France, on trouve d'ailleurs fréquemment des hybrides entre ces deux espèces, la sauge officinale s'étant naturalisée en s'échappant des jardins. Leur identification est souvent incertaine. Dans un jardin sec, on les reconnaît à leur comportement : la sauge à feuilles de lavande est une plante robuste et fiable. Elle vieillit bien, alors que la sauge officinale est une plante très capricieuse en conditions méditerranéennes. Entre les deux, c'est donc vraiment la sauge à feuilles de lavande que nous préférons utiliser dans notre jardin.

Multiplication par semis en automne, ou par boutures herbacées au printemps.

• ***Salvia lavandulifolia* subsp. *vellerea*** a des feuilles argentées qui dégagent une odeur extraordinaire, vive et fraîche, évoquant la lavande et l'eucalyptus. De croissance assez lente, la plante a un beau port couvre-sol et peut prendre à terme un développement important. Dans la sierra de Huétor, près de Grenade dans le Sud de l'Espagne, on peut en voir des pieds magnifiques, formant des buissons de 40 centimètres de hauteur sur près de 2 mètres de largeur. Les fleurs bleu tendre, portées par des épis graciles, s'épanouissent en mai-juin. Origine : Sud de l'Espagne. Rusticité : - 10 à - 12 °C. Code de sécheresse : 5.

Salvia leucophylla

ORIGINE : Sud de la Californie ; HAUTEUR : 1,50 à 2 m ; LARGEUR : 1 à 1,50 m ; EXPOSITION : soleil ; RUSTICITÉ : - 8 à - 10 °C ; CODE DE SÉCHERESSE : 5.

Arbrisseau à feuilles persistantes aromatiques. Par temps chaud, le feuillage dégage une odeur épaisse, curieuse, où se mêlent le bitume et le menthol. Pour résister à la sécheresse, la plante produit deux types de feuilles bien distinctes. En hiver et au printemps, les feuilles gris-vert sont étalées à l'horizontale pour capter les rayons du soleil et assurer la photosynthèse pendant la période de croissance. En début d'été, les feuilles tombent et des feuilles nouvelles les remplacent. Ces feuilles estivales, étroites et serrées les unes contre les autres pour diminuer la surface d'exposition, sont couvertes d'un fin duvet argenté et prennent une magnifique couleur blanche avec la sécheresse (*leucophylla* vient du grec *leukos*, blanc, et *phyllon*, feuille). En avril-mai, les fleurs s'épanouissent avec un coloris rose violacé très doux, en parfaite harmonie avec la couleur claire du feuillage. Les larges verticilles, de forme régulière comme des nids d'abeilles, persistent longtemps après la floraison, conservant tout l'été une silhouette ornementale à la plante fanée. La *Salvia leucophylla* supporte bien le calcaire. Elle préfère les sols légers, bien drainés.

Multiplication par semis en automne, ou par boutures herbacées au printemps.

• ***Salvia leucophylla* 'Figueroa'** conserve son feuillage argenté, presque blanc, pendant toute l'année. Dans notre jardin, nous aimons l'utiliser comme plante de contraste, en l'associant avec des plantes à feuillage sombre, *Cistus* x *purpureus*, *Myrtus communis* subsp. *tarentina* ou *Choisya* 'Aztec Pearl'. La plante a un port compact, ne dépassant pas 1 mètre de hauteur.

Le feuillage de Salvia leucophylla *'Figueroa' conserve toute l'année sa belle couleur argentée.*

Salvia interrupta *nécessite un sol bien drainé, sinon elle vieillit mal.*

Salvia lavandulifolia *subsp.* blancoana *forme un petit couvre-sol très décoratif en rocaille ou en bordure.*

• **Salvia 'Bee's Bliss'** est un hybride de *Salvia leucophylla*, probablement issu d'un croisement avec une sauge californienne à port tapissant, la *Salvia sonomensis*. La *Salvia* 'Bee's Bliss' forme un remarquable couvre-sol à croissance rapide. Nous avons découvert cette sauge chez Betsy Clebsch qui cultive une vaste collection de sauges dans son jardin en Californie : elle y était plantée en grandes masses, assurant une couverture parfaite du grand talus entourant le jardin. Les belles feuilles persistantes gris argenté sont très aromatiques. La plante a une végétation horizontale, avec des strates successives de longs rameaux souples qui épousent la surface du sol. Au printemps, les fleurs mauve tendre sont portées par des inflorescences souples, gracieusement étalées. Rusticité : - 6 à - 8 °C. Code de sécheresse : 4.

Salvia microphylla

Origine : montagnes du Mexique ; **Hauteur** : 80 cm à 1 m ; **Largeur** : 80 cm à 1 m ; **Exposition** : soleil ou mi-ombre ; **Rusticité** : - 8 à - 10 °C ; **Code de sécheresse** : 3.

Salvia 'Bee's Bliss' a une végétation étalée, ses longs rameaux souples épousant la surface du sol.

Arbrisseau à feuilles persistantes, vertes, à marge finement crénelée. Dans les jardins, les feuilles sont généralement assez grandes mais, dans son environnement naturel, la plante a des feuilles très petites (*microphylla* vient du grec *mikros*, petit, et *phyllon*, feuille). Les feuilles dégagent une douce odeur fruitée lorsqu'on les froisse. Au Mexique, on s'en sert pour préparer un thé au goût agréable – la plante y est connue sous le nom de *myrto de los montes*, le myrte des montagnes. La floraison se renouvelle en deux vagues bien distinctes, séparées par une période de repos estival. La première floraison s'étale de mai à début juillet. Elle est suivie d'une généreuse deuxième floraison, se prolongeant de septembre à novembre, parfois même une partie de l'hiver en climat doux. Les petites fleurs ont un coloris très vif, d'un rose tirant sur le rouge. La *Salvia microphylla* supporte bien le calcaire. Elle est peu exigeante sur la nature du sol, mais nous avons noté qu'elle est plus rustique si le sol est parfaitement drainé. C'est une plante robuste, de culture facile. Chaque année en fin d'hiver, on peut tailler court les branches les plus vieilles pour favoriser l'apparition de nouvelles pousses vigoureuses et florifères.

Multiplication par boutures herbacées en automne ou au printemps.

• **Salvia microphylla 'Royal Bumble'** est une sélection particulièrement florifère, dont les fleurs ont un magnifique coloris rouge velours sombre.

• **Salvia 'Christine Yeo'** est un hybride entre *Salvia microphylla* et *Salvia chamaedryoides*. Croisant les couleurs de ses parents, elle se distingue par sa belle floraison violette. Rusticité : - 10 à - 12 °C. Code de sécheresse : 3,5.

Salvia palaestina

Origine : Syrie, Irak, Iran, Liban, Israël ; **Hauteur du feuillage** : 20 cm ; **Hauteur en fleur** : 60 à 80 cm ; **Largeur** : 60 cm ; **Exposition** : soleil ; **Rusticité** : - 12 à - 15 °C ; **Code de sécheresse** : 5.

Vivace rhizomateuse à grandes feuilles gris-vert disposées en rosettes basales persistantes. Les feuilles et les inflorescences sont couvertes d'un épais feutre de poils glanduleux. Elles libèrent par temps chaud une agréable odeur de musc et de fruit de la passion. Les fleurs, remarquablement abondantes, s'épanouissent en mai-juin. Elles sont disposées en verticilles serrés le long des fortes tiges, dont les nombreuses ramifications forment une impressionnante masse hémisphérique au-dessus de la plante. Les belles fleurs lilas pâle sont sous-tendues par de larges bractées violines. La *Salvia palaestina* supporte bien le calcaire. Elle préfère les sols légers, bien drainés.

Multiplication par boutures de jeunes pousses en automne, ou par semis en automne.

Les fleurs rouge vif de Salvia microphylla *se mêlent aux pousses soyeuses de* Dorycnium hirsutum.

Malheureusement, la plante ne produit pas de graines dans notre jardin, elle est pollinisée par un insecte spécifique dans son milieu d'origine. Nous sommes obligés de nous procurer les graines en Israël, ou de les obtenir chez Ginny Hunt, en Californie, qui propose une excellente sélection de graines de sauges (voir l'annexe "Les bonnes adresses du jardin sec"). Curieusement, en Californie, la plante produit des graines en abondance, car elle est pollinisée par les oiseaux-mouches.

Salvia pomifera

Origine : Est du Bassin méditerranéen ; Hauteur : 80 cm à 1 m ; Largeur : 80 cm ; Exposition : soleil ; Rusticité : - 8 à - 10 °C (en sol bien drainé !) ; Code de sécheresse : 5.

Arbrisseau à feuilles persistantes grises se parant parfois de reflets dorés. Les feuilles effilées, en forme de fer de lance, ont une marge irrégulièrement ondulée. Lorsqu'on les froisse, elles dégagent une puissante odeur de camphre, évoquant celle de la sauge officinale en nettement plus intense. En Grèce, elle remplace d'ailleurs traditionnellement la sauge officinale, pour les mêmes utilisations culinaires ou médicinales, en étant utilisée à une dose plus faible. Dans son environnement naturel, la plante porte sur les jeunes rameaux de curieuses galles, légèrement translucides, ressemblant à de petites pommes (*pomifera* vient du latin *pomum*, fruit, et *ferre*, porter). Ces galles, odorantes et juteuses, sont consommées comme une gourmandise par les enfants dans tout l'Est du Bassin méditerranéen. Les grandes fleurs bleu violacé s'épanouissent en mai. Elles contrastent avec les bractées rouge pourpre, qui persistent longtemps après la floraison en devenant de plus en plus volumineuses et décoratives. La *Salvia pomifera* supporte bien le calcaire. Elle nécessite un sol pauvre, caillouteux, parfaitement drainé, car elle supporte mal l'humidité hivernale.

Multiplication par semis en automne, ou par boutures herbacées en automne ou au printemps.

Les inflorescences de Salvia palaestina *sont couvertes de poils glanduleux, qui libèrent par temps chaud une agréable odeur de musc et de fruit de la passion.*

Les larges bractées décoratives de Salvia sclarea *persistent longtemps après la floraison.*

Salvia sclarea Toute-bonne

Origine : Sud de l'Europe, Afrique du Nord, Asie ; Hauteur en fleur : 1 à 1,20 m ; Largeur : 60 à 80 cm ; Exposition : soleil ; Rusticité : - 10 à - 12 °C ; Code de sécheresse : 4.

Vivace ou bisannuelle, à grandes feuilles gaufrées et jeunes pousses velues. Les feuilles sont disposées en larges rosettes persistantes en hiver. Le feuillage dégage une odeur vive, fraîche et pénétrante, évoquant le musc et le pamplemousse. Au printemps, les fortes inflorescences ramifiées s'élèvent du centre des rosettes, déroulant lentement leurs crosses spectaculaires. Les fleurs bicolores, à lèvre supérieure bleu pâle et lèvre inférieure blanche, s'épanouissent en mai-juin. Elles sont rehaussées par de larges bractées rose violacé, très décoratives. Toutes les parties de l'inflorescence sont glanduleuses et aromatiques. Réputée depuis l'Antiquité pour ses nombreuses propriétés médicinales (d'où son nom de "toute-bonne"), la sauge sclarée est maintenant cultivée pour son essence utilisée en

Les inflorescences spectaculaires de Salvia sclarea *peuvent éclairer tout un massif.*

parfumerie. En haute Provence, on voit parfois des sauges sclarées échappées des cultures, déployant leurs inflorescences monumentales au milieu des champs de lavandes, créant une scène lumineuse dont nous nous sommes inspirés dans notre jardin. La *Salvia sclarea* supporte bien le calcaire. Elle préfère les sols légers, bien drainés. Si on laisse la plante monter en graine, elle peut mourir après la floraison. On lui pardonne aisément, car elle se ressème très facilement, en bouchant tous les trous dans les massifs. En alternative, on peut éliminer les inflorescences lorsqu'elles commencent à sécher, pour s'assurer que la plante reste bien vivace et éviter qu'elle ne se ressème partout.
Multiplication par semis en automne.

Salvia x jamensis

ORIGINE : hybride naturel fréquent dans les montagnes du Mexique ; HAUTEUR : 60 à 80 cm ; LARGEUR : 80 cm et plus ; EXPOSITION : soleil ; RUSTICITÉ : - 15 °C et plus froid ; CODE DE SÉCHERESSE : 3.

Hybride naturel de *Salvia greggii* et de *Salvia microphylla*, la *Salvia x jamensis* est un arbrisseau à feuilles persistantes étroites, vert sombre. Avec la chaleur, les jeunes pousses deviennent collantes, libérant une huile essentielle à forte odeur acidulée. La végétation vigoureuse forme une masse régulière, souvent plus large que haute. Les petites fleurs, rouge pourpre velouté, s'harmonisent bien avec le feuillage sombre. Elles s'épanouissent une première fois en mai-juin, puis la plante fleurit à nouveau de septembre à novembre, souvent d'une manière encore plus généreuse. La *Salvia x jamensis* supporte bien le calcaire. Elle est peu exigeante sur la nature du sol. C'est une plante robuste, de culture facile. On peut l'associer à *Rosmarinus officinalis* 'Boule', *Ceanothus griseus* var. *horizontalis* 'Yankee Point' et *Cistus* x *pulverulentus*, pour coloniser de grands massifs ou les talus que l'on cherche à garnir rapidement.
Multiplication par boutures herbacées au printemps.

• ***Salvia africana-lutea*** est un arbuste à beau feuillage gris-vert très aromatique. En climat doux, la floraison peut se renouveler du printemps à l'automne. Les grandes fleurs, d'abord jaune vif, deviennent rapidement marron orangé. Elles sont entourées de larges calices couleur rouille, en forme de cloche évasée, qui persistent longtemps après la floraison en donnant un aspect original à la plante. On peut voir la *Salvia africana-lutea* pousser près du cap de Bonne-Espérance avec *Myrsine africana* et *Lessertia frutescens*, dans un paysage de *fynbos* sculpté par les vents violents. Elle résiste parfaitement aux embruns. Origine : Afrique du Sud. Rusticité : - 4 à - 6 °C. Code de sécheresse : 5.

• ***Salvia argentea*** est une vivace ou une bisannuelle, à rosette de feuilles persistantes, gaufrées. Entièrement couvertes de longs poils blancs, les feuilles argentées ont une texture remarquable, très décorative. Les fleurs blanches, portées par de solides inflorescences ramifiées, s'épanouissent en mai-juin. Par sécurité, on peut retailler la plante après la floraison pour s'assurer qu'elle reste bien vivace – sinon elle peut mourir après avoir consacré toute son énergie à la production des graines. Origine : Sud de l'Europe, Afrique du Nord. Rusticité : - 15 °C et plus froid. Code de sécheresse : 4.

• ***Salvia darcyi*** est une vivace rhizomateuse à feuillage gris-vert, très aromatique. La végétation, entièrement caduque, donne du souci au jardinier novice : en hiver on dirait vraiment que la plante est morte. Pourtant, fidèlement chaque année, une multitude de bourgeons percent directement du sol dès que la terre est bien chaude au printemps. Les tiges s'allongent rapidement pour fleurir en début d'été. Les fleurs tubulaires, gorgées de nectar, font le bonheur des oiseaux-mouches dans leur milieu d'origine, et leur intense couleur rouge corail enchante les yeux du jardinier. Origine : Mexique, en montagne. Rusticité : - 10 à - 12 °C. Code de sécheresse : 4.

• ***Salvia dominica*** est un arbrisseau à feuilles grises, dont les poils glanduleux libèrent une huile essentielle à odeur intense et âcre, presque suffocante. Pour Francis Hallé, dont les cours hauts en couleur ont enthousiasmé toute une génération de jeunes botanistes à Montpellier, l'odeur de la *Salvia dominica* évoque l'aisselle d'un boxeur après un

1- Salvia argentea *s'abrite de la chaleur sous un épais manteau de poils blancs.*

2- *Pollinisée par des oiseaux-mouches dans son milieu d'origine,* Salvia darcyi *a des fleurs tubulaires, gorgées de nectar.*

1

2

match difficile. Les fleurs blanches, rassemblées en épis ramifiés, s'épanouissent d'avril à juin. Origine : Syrie, Liban, Israël. Rusticité : - 10 à - 12 °C. Code de sécheresse : 5.

• *Salvia indica* a de belles feuilles ondulées, couvertes de poils soyeux où se perdent une myriade de glandes à huiles essentielles. C'est une vivace ou une bisannuelle, dont la rosette basale, persistante en hiver, est entièrement caduque après la floraison printanière. Les somptueuses fleurs bleu-violet, à lèvre supérieure gracieusement courbée en forme de faux, sont disposées en verticilles espacés sur les tiges velues. Origine : Est du Bassin méditerranéen, Moyen-Orient. Rusticité : - 8 à - 10 °C. Code de sécheresse : 5.

• *Salvia mellifera* est un arbrisseau à beau feuillage aromatique, vert foncé (en Californie on l'appelle *black sage*, en raison de son feuillage très sombre). Nous aimons l'utiliser comme plante de contraste au milieu de plantes à feuillage argenté, *Salvia leucophylla*, *Ballota acetabulosa* ou *Artemisia arborescens*. Les petites fleurs blanches, rassemblées en épis discrets, s'épanouissent en avril-mai, attirant une profusion d'abeilles (d'où le nom de *mellifera*). Origine : Californie, dans le *chaparral* côtier. Rusticité : - 6 à - 8 °C. Code de sécheresse : 4.

• *Salvia officinalis* est une plante médicinale, célèbre depuis l'Antiquité pour ses innombrables vertus. Au Moyen Age, on lui attribuait tellement de propriétés qu'elle était considérée comme une plante salvatrice (*Salvia* vient du latin *salvare*, sauver). Elle a entre autres été longtemps utilisée pour ses applications gynécologiques : on la nommait "plante de la fécondité". Malheureusement, dans un jardin sec, la sauge officinale est bien capricieuse : c'est une plante peu fiable. Dans notre jardin, les nombreux cultivars à feuilles vertes, pourpres ou panachées se caractérisent surtout par la vitesse à laquelle ils dépérissent. Seule la *Salvia officinalis* 'Berggarten', dont les feuilles sont particulièrement larges, arrive à survivre tant bien que mal chez nous. Je conseille d'ailleurs souvent aux amateurs de plantes aromatiques de remplacer la sauge officinale par la sauge à feuilles de lavande, aux propriétés culinaires et médicinales proches, mais qui est bien plus facile à cultiver. Origine : Balkans. Rusticité : - 15 °C et plus froid. Code de sécheresse : 2.

• *Salvia staminea* est une vivace à feuilles vertes disposées en rosettes plaquées au sol. Les grands épis ramifiés portent une multitude de belles fleurs blanches, parfois à peine rosées, en mai-juin. La lèvre supérieure de la fleur est prolongée par un stigmate gracieusement arqué, semblable à un long fil (*staminea* vient du latin *stamineus*, garni de fil). La plante se ressème abondamment en sol pauvre, caillouteux. On peut s'en servir comme plante colonisatrice, avec *Euphorbia characias* et *Centranthus ruber*, pour meubler les zones sauvages du jardin. Origine : régions montagneuses de Turquie, d'Arménie et d'Iran. Rusticité : - 15 °C et plus froid. Code de sécheresse : 4.

Pour aller plus loin dans l'étude des sauges, je vous conseille le livre, très bien documenté, de Betsy Clebsch, *The New Book of Salvias* (voir la bibliographie en annexe).

Santolina chamaecyparissus (Asteraceae)
Santoline

ORIGINE : Sud de la France, Espagne ; HAUTEUR : 20 à 40 cm, parfois plus ; LARGEUR : 40 à 80 cm, parfois plus ; EXPOSITION : soleil ; RUSTICITÉ : - 12 à - 15 °C ; CODE DE SÉCHERESSE : 5.

Arbrisseau à feuilles persistantes étroites, gris argenté, finement découpées. Le feuillage libère, lorsqu'on le froisse, une odeur pénétrante évoquant l'huile d'olive et la térébenthine. Il a des propriétés vermifuges et insecticides, et était utilisé traditionnellement, comme la lavande, pour éloigner les mites dans les placards. La plante se développe en un coussin dense, de hauteur très variable selon les conditions de sol et de culture. La végétation s'étale petit à petit pour former un large couvre-sol grâce aux branches latérales qui s'enracinent

Dans les jardins, les santolines poussent souvent dans des conditions trop riches. Ce qu'elles aiment avant tout, ce sont les cailloux, et un drainage parfait. Ici, Santolina chamecyparissus *sur la crête de la montagne de la Sainte-Baume, en Provence.*

Il n'y a pas que le jaune vif chez les santolines ! Les différentes espèces déclinent une grande variété de tons blancs, ivoire, jaune soufre ou jaune d'or. De gauche à droite, Santolina benthamiana, Santolina lindavica et Santolina viridis 'Primrose Gem'

facilement au contact du sol. Les fleurs jaune d'or, disposées en capitules arrondis, s'épanouissent en juin. En fanant, elles dégagent une odeur douceâtre, peu agréable. On peut tailler la plante juste après la floraison, ce qui permet à la fois d'éliminer les fleurs fanées et de maintenir la plante compacte. La *Santolina chamaecyparissus* supporte bien le calcaire. Dans les jardins, elle est souvent plantée dans un sol trop riche où, en poussant trop vite, elle devient mollassonne et triste. Ce qu'elle aime, ce sont les sols pauvres, caillouteux et brûlants, parfaitement drainés. Dans son environnement naturel, on peut la voir ancrée dans les fissures des rochers, comme sur la crête de la montagne de la Sainte-Baume, en Provence, où elle forme d'étonnants coussins miniature. Attention, toutes les santolines sont sensibles au *Phytophthora*, un champignon du collet qui se développe en conditions humides et chaudes : il faut absolument éviter de les arroser en été.
Multiplication par boutures semi-aoûtées en automne.

• *Santolina benthamiana* a un feuillage gris-vert. Les jardiniers qui n'apprécient pas la couleur jaune des santolines habituelles seront séduits par cette espèce, dont les fleurs ont une subtile couleur blanche nuancée de crème. Origine : Espagne. Rusticité : - 12 à - 15 °C. Code de sécheresse : 4.

• *Santolina insulare*, proche de *Santolina chamaecyparissus*, se reconnaît à son odeur agressive, comme une bouffée d'éther, de métal chaud et de solvant industriel. Il faut la renifler doucement, car l'expérience est assez violente. On trouve cette plante dans les montagnes calcaires de l'Ouest de la Sardaigne où elle colonise les étendues de cailloux traversées de moutons, de chèvres et de cochons sauvages (et parfois de botanistes) : rien de tel qu'une odeur bien nauséabonde pour se protéger des agresseurs. Naturellement très compacte, cette plante est d'une robustesse remarquable. Origine : Sardaigne. Rusticité : - 10 à - 12 °C. Code de sécheresse : 5.

• *Santolina lindavica* a un feuillage gris-vert à odeur fine, et des fleurs d'une couleur très douce, jaune primevère pâle. La plante forme une boule régulière et vieillit particulièrement bien : c'est notre santoline préférée. Nous aimons l'utiliser comme plante de contraste, pour rehausser le camaïeu des bleus dans notre grand jardin de lavandes. D'origine incertaine, cette plante pourrait être un hybride entre *Santolina chamaecyparissus* et *Santolina benthamiana*. Rusticité : - 12 à - 15 °C. Code de sécheresse : 5.

• *Santolina neapolitana* 'Edward Bowles' a des feuilles découpées en longue dentelle plumeuse, donnant à la plante un aspect de légèreté et d'opulence. Les fleurs sont d'un joli jaune citron lumineux. Origine : Italie. Rusticité : - 10 à - 12 °C. code de sécheresse : 4.

• *Santolina rosmarinifolia* 'Caerulea' est très différente des autres santolines. Elle a des feuilles linéaires, non dentées, d'une étonnante couleur bleu argenté qui contraste avec les fleurs jaune d'or. Origine : Espagne. Rusticité : - 10 à - 12 °C. Code de sécheresse : 4.

• *Santolina viridis* 'Primrose Gem' a des feuilles vert foncé finement dentées. Le feuillage libère lorsqu'on le froisse une odeur ample, agréable, évoquant l'olive, l'eucalyptus et le bonbon à la bergamote. Les fleurs ont une couleur douce, hésitant entre le jaune pastel et l'ivoire. La plante a une végétation dense qui se prête à la taille en topiaire, permettant d'obtenir facilement une boule parfaite. Origine : Espagne. Rusticité : - 12 à - 15 °C. Code de sécheresse : 4.

Sarcopoterium spinosum (Rosaceae)

ORIGINE : Est du Bassin méditerranéen ; HAUTEUR : 40 à 50 cm, parfois jusqu'à 1 m et plus ; LARGEUR : 60 à 80 cm, parfois beaucoup plus (le pied le plus vieux dans notre jardin s'est étalé sur plus de 3 m de large !) ; EXPOSITION : soleil ; RUSTICITÉ : - 12 à - 15 °C ; CODE DE SÉCHERESSE : 6.

Arbrisseau à petites feuilles vert foncé, finement découpées, persistantes en hiver. Les rameaux se terminent par des épines ramifiées, formant une masse très dense, impénétrable. En cas de sécheresse intense, la plante peut perdre toutes ses feuilles en été, dévoilant son étonnant squelette d'épines imbriquées. La plante, très commune autour de Jérusalem, aurait fourni la couronne d'épines du Christ. Le développement de la plante est très variable selon les conditions. Dans la nature, soumise à des conditions difficiles, elle forme souvent des boules très serrées, qui caractérisent les garrigues dégradées dans tout l'Est du Bassin méditerranéen. Dans les jardins, par contre, la plante peut prendre un développement important, masse monstrueuse qui semble vouloir manger toutes les plantes qui l'entourent. Malgré leur aspect épineux, les rameaux conservent toujours une certaine souplesse. Copiant l'usage traditionnel des Bédouins, dans l'armée israélienne on s'en sert parfois comme matelas de fortune, les épines fines ne traversant pas l'épaisseur d'une bonne couverture. De minuscules fleurs rouges apparaissent au printemps, suivies de grappes de petits fruits marron. Le *Sarcopoterium spinosum* supporte bien le calcaire et résiste parfaitement aux embruns. Il préfère les sols pauvres, caillouteux, bien drainés. Dans notre jardin, nous aimons utiliser sa structure épineuse en contraste avec la texture douce

Dans les jardins, Sarcopoterium spinosum peut prendre des dimensions considérables, ensevelissant les plantes voisines sous sa végétation monumentale.

La silhouette épineuse de Sarcopoterium spinosum *marque les paysages côtiers de tout l'Est du Bassin méditerranéen.*

de *Ballota acetabulosa, Cistus albidus* ou *Phlomis purpurea*.

Multiplication par semis en automne, ou par boutures herbacées au printemps.

Satureja thymbra (Lamiaceae)
Sarriette à feuilles de thym

ORIGINE : Est du Bassin méditerranéen ; HAUTEUR : 50 à 60 cm ; LARGEUR : 60 à 80 cm ; EXPOSITION : soleil ; RUSTICITÉ : - 8 à - 10 °C ; CODE DE SÉCHERESSE : 5.

Arbrisseau à petites feuilles persistantes vert sombre, épaisses et coriaces. Une observation à la loupe montre clairement les innombrables glandes à huiles essentielles qui ponctuent le revers des feuilles. Le feuillage dégage une odeur forte, chaude et piquante, évoquant l'origan. Les différentes espèces de sarriette sont des plantes aromatiques très utiles en cuisine pour parfumer sauces ou grillades. Elles ont également de nombreuses propriétés médicinales, dont l'une est particulièrement célèbre. En Grèce ancienne, la sarriette était déjà réputée pour ses vertus aphrodisiaques, et en Egypte elle entrait dans la composition de tous les philtres d'amour. Pour stimuler ses conquêtes, le marquis de Sade leur offrait avant la nuit une confiserie à base de poudre de graines de sarriette et de miel. Au Moyen Age, la plante était considérée comme une herbe du diable, pour l'appétit sexuel diabolique qu'elle éveillait chez les honnêtes gens (*Satureja* vient du grec *satyrion*, satyre). La plante forme un large coussin, parfaitement régulier. D'avril à juin, elle se couvre de belles fleurs rose violacé, rassemblées en courts épis verticillés. La *Satureja thymbra* supporte bien le calcaire. Elle préfère les sols pauvres, cailloux, bien drainés. Très décorative, c'est une plante de culture facile, qui vieillit bien.

Multiplication par semis en automne, ou par boutures herbacées au printemps.

• *Satureja montana* a une odeur légèrement poivrée, plus douce que celle de *Satureja thymbra*. Les nombreuses fleurs blanches apparaissent de mai à juillet, parfois jusqu'en septembre si l'été n'est pas trop sec. Très mellifères, elles donnent un miel délicieux, rare, encore plus raffiné que celui de lavande. Origine : Sud de l'Europe. Rusticité : - 15 °C et plus froid. Code de sécheresse : 3,5.

Scabiosa cretica (Dipsacaceae)

ORIGINE : Bassin méditerranéen (mais pas en Crète !) ; HAUTEUR : 60 cm ; LARGEUR : 60 à 80 cm ; EXPOSITION : soleil ; RUSTICITÉ : - 10 à - 12 °C ; CODE DE SÉCHERESSE : 4.

Parfois classée dans le genre *Lomelosia*, la *Scabiosa cretica* est un arbrisseau à feuilles persistantes vert cendré, veloutées. La plante forme naturellement une boule régulière. Les fleurs, remarquablement abondantes, se renouvellent de mars à juillet. D'un bleu lavande très doux, elles s'harmonisent parfaitement avec le feuillage soyeux. Elles sont suivies par de grosses fructifications sphériques, ornementales tout l'été. Ces fructifications ont une texture de papier de soie et bruissent dans le vent comme les capitules secs de la *Catananche*. En cas de sécheresse intense, la plante entre en repos et se défeuille partiellement, devenant passagèrement moins ornementale jusqu'aux premières pluies d'automne. La *Scabiosa cretica* supporte bien le calcaire et résiste aux embruns. Dans la nature, elle vit dans les fissures de falaises proches du littoral, mais dans les jardins, elle est très adaptable, semblant peu exigeante sur la nature du sol.

Multiplication par semis en automne, ou par boutures herbacées en début de printemps.

• *Scabiosa ucranica* est une vivace à feuillage léger, qui se couvre de petites fleurs blanc crème de mai à septembre. La plante se ressème abondamment, un gazon de plantules venant boucher les trous dans les massifs. Nous aimons l'associer à d'autres vivaces colonisatrices, comme *Erodium trifolium, Calamintha nepeta, Goniolimon speciosum* ou *Asphodelus fistulosus*, pour meubler rapidement les zones déshéritées du jardin. Origine : Est du Bassin méditerranéen. Rusticité : - 12 à - 15 °C. Code de sécheresse : 4.

Sedum sediforme (Crassulaceae)
Orpin élevé

ORIGINE : Bassin méditerranéen ; HAUTEUR DU FEUILLAGE : 10 à 15 cm ; HAUTEUR EN FLEUR : 20 à 30 cm ; LARGEUR : 20 à 30 cm ; EXPOSITION : soleil ; RUSTICITÉ : - 15 °C et plus froid ; CODE DE SÉCHERESSE : 5.

Sous l'innocence de ses fleurs roses, Satureja thymbra *cache un tempérament de feu (*Satureja *vient du grec* satyrion, *satyre).*

Réunies en larges capitules, les fleurs de Scabiosa cretica *se renouvellent de mars à juillet. Elles sont suivies de fructifications sphériques ornementales.*

Vivace à feuilles persistantes charnues, cylindriques et pointues. Les feuilles sont disposées en spirales serrées le long des tiges. De couleur gris-vert à reflets bleutés, elles peuvent prendre des teintes rougeâtres en hiver. Les tiges s'enracinent au contact du sol et la plante forme un petit couvre-sol compact, très décoratif. Dans la nature, la plante affectionne les cailloux et les murs en pierres, où elle peut vivre presque sans terre. En juin, les panicules dressent vers le ciel leurs jolies fleurs jaune tendre qui semblent adoucir la lumière brutale du début de l'été. Le *Sedum sediforme* supporte bien le calcaire. Il préfère les sols pauvres, cailloux, parfaitement drainés. C'est l'un des *Sedum* les plus robustes, capable de survivre dans des conditions très difficiles, par exemple sur toitures-terrasses avec une faible épaisseur de substrat.

Multiplication par boutures de tronçons, en automne, hiver ou printemps. On peut aussi émietter la plante en posant simplement les feuilles et les débris de tiges sur un substrat léger, où ils s'enracinent au bout de quelques semaines.

- **Sedum album** se plaît dans les sols caillouteux, superficiels, où il forme un tapis de petites feuilles brillantes et charnues. Bien vertes au printemps, les feuilles peuvent rougir plus ou moins en été, en période de sécheresse intense. La plante se couvre de fleurs blanches en fin de printemps. Origine : Europe, Asie Mineure, Afrique

Sedum album *est une plante tapissante qui se plaît en sol pauvre et drainé.*

Sedum palmeri *est une plante de culture facile, que ce soit en pleine terre ou en pot sur une terrasse.*

du Nord. Rusticité : - 15 °C et plus froid. Code de sécheresse : 4.

- **Sedum album 'Coral Carpet'** prend une couleur spectaculaire, rouge éclatant, pendant tout l'hiver.
- **Sedum ochroleucum** a des feuilles disposées en spirales étroites le long des tiges. Le feuillage vert prend des teintes très décoratives en hiver, dans un dégradé de gris métallisé et de violet. Les fleurs jaune tendre apparaissent en début d'été. Origine : Sud de l'Europe, Asie Mineure. Rusticité : - 15 °C et plus froid. Code de sécheresse : 4.
- **Sedum palmeri** forme une touffe de feuilles vert clair, marquées de rouge en hiver. C'est une plante de culture facile que l'on voit souvent pousser en pot sur les balcons, où elle demande un entretien minimal. Elle est appréciée pour sa floraison printanière abondante, jaune d'or. Dans les jardins, elle se plaît dans les murs en pierres sèches, où elle aime ancrer ses racines profondes. Origine : Mexique. Rusticité : - 10 à - 12 °C. Code de sécheresse : 4.

Il existe de nombreuses autres espèces de *Sedum* intéressantes dans un jardin sec. Patrick Nicolas en cultive une vaste collection dans sa pépinière spécialisée (voir l'annexe "Les bonnes adresses du jardin sec").

Sempervivum tectorum (Crassulaceae)
Joubarbe des toits

Origine : montagnes du Sud de l'Europe ; **Hauteur du feuillage** : 5 à 10 cm ; **Hauteur en fleur** : 15 à 20 cm ; **Largeur** : 30 cm et plus ; **Exposition** : soleil ; **Rusticité** : - 15 °C et plus froid ; **Code de sécheresse** : 3.

Vivace formant une rosette de feuilles épaisses et coriaces, succulentes, serrées en forme d'artichaut. Les feuilles vertes sont terminées par une pointe sombre. Elles se colorent souvent de rouge, surtout lorsque la plante pousse en conditions difficiles. La plante se propage par stolons et forme en quelques années une masse dense de rosettes juxtaposées. En début d'été, les inflorescences s'élèvent en petites cymes ramifiées, portant des fleurs étoilées roses. La floraison marque la mort de la rosette principale, qui est vite remplacée par une multitude de rosettes latérales. La plante est réputée pour ses nombreuses vertus médicinales. Le suc des feuilles appliqué directement sur les cors aux pieds est, paraît-il, très efficace. La plante se plaît dans les fissures des rochers ou dans les joints des murs en pierres. Elle a une remarquable faculté de survie lorsqu'elle pousse dans très peu de terre (*Sempervivum* vient du latin *semper*, toujours, et *vivus*, vivant). En montagne, elle était traditionnellement plantée sur les toits des maisons, où elle était censée protéger de la foudre (*tectorum* vient du latin *tectum*, toit). C'est une excellente plante à cultiver en pot sur une terrasse, où elle demande peu de soins et tolère un rythme d'arrosage irrégulier. Le *Sempervivum tectorum* supporte bien le calcaire. Il préfère les sols légers, bien drainés.

Multiplication par division des rosettes, en automne ou en hiver.

Sedum sediforme *semble vivre presque sans terre, dans les murs de cailloux qui entourent les anciennes cultures envahies par la garrigue.*

Rien de plus facile que de multiplier Sempervivum tectorum *: de fines racines aériennes sont déjà en attente, entourant la base de chaque rosette.*

1- Senecio cineraria est souvent cultivé dans les jardins en bord de mer, en raison de son excellente résistance aux embruns.

2- Les lourdes grappes de Sesbania punicea se renouvellent tout l'été, pour peu qu'on prenne le soin d'enlever régulièrement les gousses en cours de formation.

Senecio cineraria (Asteraceae)
Cinéraire maritime

ORIGINE : Ouest du Bassin méditerranéen ; HAUTEUR : 60 cm ; LARGEUR : 60 à 80 cm ; EXPOSITION : soleil ; RUSTICITÉ : - 12 à - 15 °C ; CODE DE SÉCHERESSE : 5.

Sous-arbrisseau à feuilles persistantes, découpées en lobes irréguliers. La face supérieure des feuilles est couverte d'un léger feutre gris cendré (*cineraria* vient du latin *cinis, cineris*, cendre). Les inflorescences, les jeunes rameaux et la face inférieure des feuilles sont couverts d'un feutre blanc bien plus épais qui permet de limiter efficacement l'évapotranspiration. Les fleurs jaune d'or s'épanouissent en mai-juin, rassemblées en nombreux capitules sur des inflorescences ramifiées. Les graines se dispersent aisément avec le vent, grâce à leur grande aigrette de soies blanches (*Senecio* vient du latin *senex*, vieillard, par allusion aux poils qui couronnent la graine comme une chevelure blanche). Le *Senecio cineraria* supporte bien le calcaire. Il préfère les sols légers, bien drainés, l'humidité hivernale stagnante pouvant faire pourrir la souche. Son excellente résistance aux embruns lui vaut d'être souvent planté en première ligne face à la mer.

Multiplication par semis en automne, ou par boutures herbacées au printemps.

• **Senecio vira-vira** a de belles feuilles finement découpées, d'un remarquable blanc argenté très lumineux. La couleur des fleurs, jaune crème très doux, se fond harmonieusement dans le feuillage clair. Le *Senecio vira-vira* est une belle plante à associer, dans les grands massifs de feuillages argentés, avec *Centaurea pulcherrima*, *Buddleja marrubifolia* ou *Helichrysum orientale*. Origine : Argentine. Rusticité : - 8 à - 10 °C. Code de sécheresse : 3.

Sesbania punicea (Fabaceae)

ORIGINE : Amérique du Sud, du Brésil à l'Argentine ; HAUTEUR : 2 m ; LARGEUR : 1 m ; EXPOSITION : soleil ; RUSTICITÉ : - 6 à - 8 °C ; CODE DE SÉCHERESSE : 4.

Arbuste à feuillage vert, caduc. Les feuilles élégantes, découpées en folioles nombreuses, donnent un aspect léger à la plante. Rassemblées en lourdes grappes pendantes, les fleurs rouge-orange vif s'épanouissent en juin-juillet et sont suivies par de nombreuses gousses ailées. Si on prend le soin d'enlever les gousses lorsqu'elles sont encore vertes, la floraison se prolonge sans arrêt de juin à octobre, le *Sesbania* devenant alors l'un des arbustes les plus spectaculaires du jardin sec en été. La plante se ressème très facilement et elle fleurit dès la première année. Nous laissons toujours quelques semis se développer pour assurer le remplacement de la plante dont la durée de vie est courte, de l'ordre de cinq à huit ans. Le *Sesbania punicea* supporte bien le calcaire. Il préfère les sols souples, assez profonds. Nous aimons l'associer à *Caesalpinia gilliesii*, *Campsis grandiflora* et *Kniphofia* 'Géant', dans un grand massif dont les couleurs chaudes célèbrent l'arrivée de la chaleur.

Multiplication par semis en automne, après traitement des graines à l'eau chaude : on verse sur les graines de l'eau bouillante, puis on les laisse gonfler pendant toute une nuit.

Spartium junceum (Fabaceae)
Genêt d'Espagne

ORIGINE : Sud de l'Europe, Afrique du Nord, Ouest de l'Asie ; HAUTEUR : 2 à 3 m ; LARGEUR : 1 à 2 m ; EXPOSITION : soleil ; RUSTICITÉ : - 12 à - 15 °C ; CODE DE SÉCHERESSE : 5.

Les fleurs parfumées de Spartium junceum *embaument le jardin en fin de printemps.*

Arbuste à rameaux cylindriques et effilés, en forme de jonc. Pour réduire l'évapotranspiration, les petites feuilles peu nombreuses tombent avant l'arrivée de la chaleur : ce sont les tiges vertes qui assurent la photosynthèse pendant presque toute l'année. Leurs fibres, souples et très résistantes, ont longtemps été extraites artisanalement par rouissage pour fabriquer des cordes (*Spartium* vient du grec *spartê*, corde). Dans l'Antiquité romaine, les fibres servaient également à la fabrication des voiles et, dans le Sud de la France, elles servaient pour confectionner des vêtements robustes. Les grappes de fleurs apparaissent à l'extrémité des tiges en mai-juin, l'arbuste se transformant en une boule jaune spectaculaire. Les fleurs sont agréablement parfumées. Par temps calme, elles peuvent embaumer tout un secteur du jardin. Le *Spartium junceum* supporte bien le calcaire. Il est indifférent à la nature du sol. Sa durée de vie est relativement courte mais il se ressème facilement, surtout dans les zones pauvres et cailouteuses du jardin.

Multiplication par semis en automne, après traitement des graines à l'eau chaude : on verse sur les graines de l'eau bouillante, puis on les laisse gonfler pendant toute une nuit.

Sphaeralcea ambigua (Malvaceae)

ORIGINE : zones semi-désertiques du Sud-Ouest des Etats-Unis ; HAUTEUR : 1 à 1,25 m ; LARGEUR : 1 m et plus ; EXPOSITION : soleil ; RUSTICITÉ : - 10 à - 12 °C ; CODE DE SÉCHERESSE : 6.

Sous-arbrisseau à feuilles persistantes grises, à bord crénelé, parfois irrégulièrement lobé. La plante s'élargit lentement grâce à sa souche rhizomateuse et finit par former une large masse légère et arrondie (*Sphaeralcea* vient du grec *sphaera*, globe, et *Alcea*, nom de certaines malvacées). Les fleurs sont groupées à l'aisselle de chaque feuille. En forme de petites coupes évasées, elles ont une couleur délicate, saumon translucide, rehaussée de veines orange vif. La plante fleurit pendant toute sa période de croissance, généralement d'avril à juillet et de septembre à novembre, parfois toute l'année en climat doux. Le *Sphaeralcea ambigua* supporte bien le calcaire. Il préfère les sols légers, bien drainés. On peut le retailler court en fin d'hiver pour favoriser une végétation plus vigoureuse, très florifère.

Multiplication par semis en automne, ou par boutures herbacées en automne ou au printemps.

Stachys cretica (Lamiaceae)
Epiaire de Crète

ORIGINE : Bassin méditerranéen ; HAUTEUR DU FEUILLAGE : 15 cm ; HAUTEUR EN FLEUR : 40 à 50 cm ; LARGEUR : 30 à 40 cm ; EXPOSITION : soleil ; RUSTICITÉ : - 12 à - 15 °C ; CODE DE SÉCHERESSE : 4.

Vivace à feuilles persistantes disposées en rosettes basales. Les feuilles gris-vert, à texture finement bosselée, sont couvertes de longs poils soyeux leur donnant un aspect doux et velouté. Les petites fleurs rose violacé s'épanouissent en mai-juin. Perdues dans la masse soyeuse des verticilles, elles sont peu visibles, et c'est surtout pour la silhouette des épis graciles que la floraison est intéressante (*Stachys* vient du grec *stachus*, épi). Le *Stachys cretica* supporte bien le calcaire. Il préfère les sols légers, bien drainés, car l'excès d'humidité hivernale peut facilement faire pourrir la souche. On peut retailler les inflorescences fanées en fin d'été pour favoriser l'apparition de nouvelles feuilles formant un tapis velouté, très décoratif en automne.

Multiplication par semis en automne.

Stachys cretica en Crète, dans les montagnes des Lefka Ori.

• **Stachys byzantina** est réputé pour ses feuilles allongées, couvertes de longs poils argentés qui lui valent ses noms communs d'oreille d'ours ou oreille de lapin. C'est en sol souple et profond, bien drainé, que la plante se développe le mieux, formant un large couvre-sol grâce à ses rhizomes. Les petites fleurs violacées sont prises dans de grands épis laineux, que l'on peut tailler dès la fin de la floraison pour éviter que la plante ne se dégarnisse. Origine : du Caucase à l'Iran. Rusticité : - 15 °C et plus froid. Code de sécheresse : 3.

Originaire des zones semi-désertiques du Sud-Ouest des Etats-Unis, Sphaeralcea ambigua *résiste parfaitement à la sécheresse.*

Les épis cotonneux de Stachys byzantina *se dressent au milieu des têtes fanées d'*Allium christophii.

1- *Malgré la sécheresse,* Stipa calamagrostis *fleurit pendant tout l'été.*

2- *Tout en douceur,* Stipa capillata *est l'une des graminées les plus faciles à cultiver dans un jardin sec.*

3- *Les "cheveux d'ange" de* Stipa barbata *se couchent en vagues successives sous les rafales de la tramontane.*

Stipa calamagrostis (Poaceae)

Origine : montagnes du Centre et du Sud de l'Europe ;
Hauteur du feuillage : 50 cm ; **Hauteur en fleur** : 70 cm ;
Largeur : 60 à 80 cm, parfois plus ; **Exposition** : soleil ;
Rusticité : - 15 °C et plus froid ; **Code de sécheresse** : 4.

Parfois classé dans le genre *Achnaterum*, le *Stipa calamagrostis* est une graminée à feuillage souple et dense. Les tiges serrées se développent sur des rhizomes courts, qui permettent à la souche de s'étaler lentement pour former une touffe robuste (*calamagrostis* vient du grec *calamos*, roseau, d'après l'allure des tiges, et *agrôstis*, chiendent, en raison des racines rhizomateuses). Les longues feuilles vertes deviennent jaune paille en hiver. Au printemps, elles s'ouvrent bien à plat, pour capter les rayons du soleil et assurer la photosynthèse pendant la période de croissance. En été, au contraire, elles s'enroulent en forme de gouttière, abritant les stomates de la face intérieure pour diminuer les pertes en eau. En juin-juillet, les inflorescences lumineuses, vert argenté, s'épanouissent en longs fuseaux plumeux dont le poids donne à la plante un magnifique port en fontaine. En fanant, les inflorescences prennent une belle couleur chaude, dorée. Elles restent ornementales pendant de nombreux mois, persistant sur la plante jusqu'aux premières gelées d'automne. Le *Stipa calamagrostis* supporte bien le calcaire. Il préfère les sols légers, bien drainés. Grâce à sa longue floraison estivale, c'est l'une des graminées les plus intéressantes dans un jardin sec. Nous aimons la placer en avant-plan de *Pistacia lentiscus*, *Myrtus communis* subsp. *tarentina* ou *Cistus* x *ledon*, dont les feuillages sombres mettent en valeur la légèreté de ses inflorescences argentées.

Multiplication par semis en automne.

• **Stipa barbata** compense une touffe de feuilles un peu maigre par une floraison extravagante et somptueuse. En juin, de longs "cheveux d'ange" s'épanouissent en volutes éblouissantes qui s'animent au moindre souffle, créant une scène d'un graphisme épuré dans la lumière rasante du soir. Origine : steppes du Sud de l'Europe, d'Afrique du Nord et d'Asie Mineure. Rusticité : - 12 à - 15 °C. Code de sécheresse : 5.

• **Stipa capillata** est une plante de culture facile qui mériterait d'être plus largement plantée dans les jardins secs. En juin-juillet, les fines inflorescences argentées, à silhouette hérissée, prennent à maturité une belle couleur dorée. Origine : Sud de l'Europe, Asie Mineure. Rusticité : - 15 °C et plus froid. Code de sécheresse : 5.

• **Stipa gigantea** est une plante robuste, extrêmement décorative. En mai-juin, les inflorescences légères, perchées au sommet de fortes tiges élancées, dominent la masse compacte du feuillage. Les inflorescences fanées persistent de longs mois, la plante conservant sa belle élégance pendant tout l'été et l'automne. Origine : Espagne, Portugal, Maroc. Rusticité : - 12 à - 15 °C. Code de sécheresse : 5.

• **Stipa pennata** couvre de ses "cheveux d'ange" argentés de vastes étendues sur les plateaux d'altitude du Sud de la France, où il pousse dans les cailloux avec *Teucrium aureum*, *Lavandula angustifolia* et *Euphorbia cyparissias*. Nettement plus compact que le *Stipa barbata*, il en a la finesse et la légèreté, sa chevelure mouvante créant de belles scènes éphémères avec le mistral ou la tramontane. Origine : régions montagneuses du Sud de l'Europe et d'Asie Mineure. Rusticité : - 15 °C et plus froid. Code de sécheresse : 5.

• ***Stipa tenuissima*** a des feuilles souples et linéaires, s'évasant en fontaine. En début d'été, les fines inflorescences argentées sont suivies de graines qui s'agglomèrent dans la plante, formant une masse rêche comme une poignée de filasse (*Stipa* vient du grec *stipê*, filasse, étoupe). La plante se ressème abondamment et peut devenir envahissante. Il est conseillé de surveiller qu'elle ne s'échappe pas dans la nature. Origine : Texas, Nouveau-Mexique, Mexique. Rusticité : - 12 à - 15 °C. Code de sécheresse : 5.

• ***Stipa tenacissima*** est apprécié par les moutons et les dromadaires qui traversent les plateaux steppiques du Maroc où la plante, appelée *alfa*, est très commune. Ses longues feuilles sont souples et très résistantes. Elles sont utilisées en sparterie, pour la fabrication de cordes, de paniers et de nattes, ainsi que de scourtins servant dans les presses à huile. Tissées en mélange avec des poils de chèvre, les fibres de l'alfa servent aussi à la fabrication des tentes utilisées par les nomades. La plante se couvre de longues inflorescences au printemps et en début d'été, prenant une belle silhouette élancée. Origine : Espagne, Maroc. Rusticité : - 12 à - 15 °C. Code de sécheresse : 6.

Stipa tenuissima se ressème abondamment dans les zones les plus ingrates du jardin.

Stipa tenacissima et Chamaerops humilis *au Cabo de Gata, la région la plus sèche d'Espagne.*

1- *Le feuillage de* Tagetes lemonii *dégage une odeur extraordinaire, fraîche et acidulée.*

2- *Dans un sol léger, bien drainé,* Tanacetum densum subsp. amanii *peut former un superbe tapis argenté.*

3- *Les inflorescences pourpres de* Teucrium cossonii *contrastent avec les feuilles grises et duveteuses.*

Tagetes lemonii (Asteraceae)

ORIGINE : Arizona, Nouveau-Mexique, Mexique ; HAUTEUR : 1 m et plus ; LARGEUR : 80 cm et plus ; EXPOSITION : soleil ou mi-ombre ; RUSTICITÉ : la végétation est rabattue jusqu'au sol dès - 4 °C environ, mais la souche résiste jusqu'à - 8 à - 10 °C ; CODE DE SÉCHERESSE : 4.

Sous-arbrisseau à feuilles vertes finement découpées en folioles dentées. En climat doux, la végétation est persistante mais, dans notre jardin, elle est rabattue par le froid chaque hiver. Au printemps, la plante rejette facilement de souche, les nouvelles tiges perçant directement du sol (*Tagetes* vient de *Tages*, le nom d'une divinité étrusque qui aurait surgi de la terre fraîchement labourée). Les feuilles dégagent une forte odeur piquante, fraîche et acidulée, mêlant le persil, le mandarine et le thé à la menthe. Elles sont traditionnellement utilisées au Mexique pour préparer une tisane goûteuse. Dans notre jardin, les premières fleurs s'épanouissent dès que les nuits deviennent plus fraîches en fin d'été. Elles se renouvellent ensuite pendant tout l'automne, parfois également au printemps lorsque la plante ne gèle pas en hiver. Les marguerites toutes simples, jaune-orange vif, sont rassemblées en larges corymbes à l'extrémité des tiges. Le *Tagetes lemonii* supporte bien le calcaire. Il préfère les sols souples, assez profonds, bien drainés. Nous aimons l'associer avec *Caryopteris incana*, *Ceratostigma griffithii* et *Salvia chamaedryoides*, pour une joyeuse scène automnale en jaune et bleu.

Multiplication par boutures herbacées au printemps.

Tanacetum densum subsp. *amanii* (Asteraceae)

ORIGINE : Anatolie ; HAUTEUR : 15 cm ; LARGEUR : 30 à 40 cm ; EXPOSITION : soleil ; RUSTICITÉ : - 15 °C et plus froid ; CODE DE SÉCHERESSE : 4.

Sous-arbrisseau à feuilles persistantes argentées devenant presque blanches en été. La plante forme un tapis épais, s'étalant

doucement grâce à ses tiges qui s'enracinent au contact du sol. Elle forme à terme un excellent couvre-sol. Les feuilles, ciselées en dentelle d'une extrême finesse, sont couvertes d'un duvet cotonneux qui accroche la lumière. Elles libèrent lorsqu'on les froisse une huile essentielle à odeur douce, évoquant le lait en poudre et l'huile de lin. Les fleurs jaunes, rassemblées en capitules arrondis sur de courtes inflorescences ramifiées, apparaissent en fin de printemps et persistent longtemps sur la plante (*Tanacetum* serait dérivé du grec *athanatos*, immortel, évoquant les inflorescences qui peuvent sécher comme celles des immortelles). Les inflorescences sont peu abondantes : la beauté de la plante réside avant tout dans son feuillage extraordinaire. Le *Tanacetum densum* subsp. *amanii* supporte bien le calcaire. Il nécessite un sol léger, parfaitement drainé, car il craint l'humidité stagnante en hiver. En cas de sécheresse intense, une partie du feuillage sèche à la base des tiges, la plante devenant passagèrement moins ornementale jusqu'à l'arrivée des pluies d'automne.

Multiplication par boutures herbacées en automne ou au printemps.

• *Tanacetum cinerariifolium* a des feuilles légères, découpées en segments pointus, vert bleuté. Les fleurs blanches s'épanouissent d'avril à juin, couvrant la plante de jolies marguerites toutes simples. On tire des fleurs un insecticide naturel célèbre, le pyrèthre. Ses composés actifs, les pyréthrines, attaquent le système nerveux des insectes et inhibent les moustiques femelles en les empêchant de piquer. Origine : Dalmatie. Rusticité : - 15 °C et plus froid. Code de sécheresse : 3.

Teucrium cossonii (Lamiaceae)

ORIGINE : îles Baléares ; HAUTEUR : 20 cm ; LARGEUR : 50 cm ; EXPOSITION : soleil ; RUSTICITÉ : - 8 à - 10 °C ; CODE DE SÉCHERESSE : 4.

Arbrisseau à feuilles persistantes linéaires, couvertes d'un feutre soyeux et argenté. Pour diminuer les pertes en eau, les feuilles ont les bords nettement enroulés, protégeant les stomates sur leur face intérieure. Lorsqu'on les froisse, elles dégagent une fine odeur de saucisson au poivre. La plante se développe en un coussin souple. Les fleurs violet pourpre, au doux parfum de bonbon au miel, forment un magnifique contraste avec le feuillage argenté. Elles s'épanouissent en mai-juin. Le *Teucrium cossonii* supporte bien le calcaire. Il

nécessite un sol pauvre, caillouteux, parfaitement drainé, sinon il vieillit mal. L'idéal est de le placer au sommet d'un mur en pierres sèches, avec un bon apport de sable et de gravier lors de la plantation. Il mérite bien cet effort, car c'est une plante de rocaille d'une beauté exceptionnelle.
Multiplication par boutures herbacées en automne ou au printemps.

Teucrium flavum
ORIGINE : Bassin méditerranéen ; HAUTEUR : 40 à 50 cm ; LARGEUR : 50 à 60 cm ; EXPOSITION : soleil ou mi-ombre ; RUSTICITÉ : - 12 à - 15 °C ; CODE DE SÉCHERESSE : 3,5.

Arbrisseau à feuilles persistantes crénelées, vert foncé dessus, veloutées et plus claires sur le revers. Les feuilles dégagent une curieuse odeur médicamenteuse lorsqu'on les froisse. La plante forme un petit buisson arrondi. En mai-juin, elle se couvre de fleurs jaune pâle, rassemblées en épis denses, qui contrastent avec les tiges rougeâtres et le feuillage sombre. Les inflorescences fanées libèrent une pluie de petites graines noires et brillantes qui se ressèment très facilement dans le jardin. Le *Teucrium flavum* supporte bien le calcaire. Il est peu exigeant sur la nature du sol. On peut le tailler légèrement en automne pour accentuer son port naturellement arrondi et le transformer en petite topiaire sombre. Nous aimons l'utiliser comme plante colonisatrice des espaces non aménagés du jardin, avec *Euphorbia characias*, *Dorycnium hirsutum* et *Asphodelus fistulosus*.
Multiplication par semis en automne, ou par boutures herbacées au printemps.

Teucrium fruticans Germandrée ligneuse
ORIGINE : Sud de l'Espagne, Sud du Portugal, Maroc ; HAUTEUR : 1,50 à 2 m ; LARGEUR : 1,50 à 2 m ; EXPOSITION : soleil ; RUSTICITÉ : - 10 à - 12 °C ; CODE DE SÉCHERESSE : 4.

Arbuste à petites feuilles persistantes, grises sur le dessus, blanches et cotonneuses sur le revers. La plante forme une masse imbriquée de rameaux blancs, fins et ligneux (*fruticans* signifie "ligneux, arbustif"). Les

La silhouette blanche de Teucrium fruticans *met en valeur les feuillages de* Bupleurum fruticosum *(à gauche) et* Coronilla glauca *(à droite).*

Gorges du Dadès, au Sud du Maroc. Pour résister à la sécheresse, les Teucrium *ligneux ont la faculté de perdre toutes leurs feuilles en été, laissant apparaître l'ossature blanche de leurs rameaux enchevêtrés.*

fleurs bleu pâle, délicatement veinées de violet, s'épanouissent de février à juin. Peu visibles de loin, elles se fondent au milieu des feuilles grises dans une harmonie très douce. Le *Teucrium fruticans* supporte bien le calcaire. Il est peu exigeant sur la nature du sol. Naturellement ramifié, il se prête merveilleusement à la taille. En cas de sécheresse intense, le *Teucrium fruticans* a la faculté d'entrer en repos. Il perd une grande partie de ses feuilles, laissant apparaître l'ossature ornementale de ses tiges blanches. Il peut alors survivre de longs mois, avec une photosynthèse ralentie, en attendant des jours meilleurs.
Multiplication par boutures herbacées en automne.

- **Teucrium fruticans 'Azureum'** a une végétation compacte et de belles fleurs bleu soutenu. Comme les cultivars suivants, il est plus sensible au froid, les pointes des tiges commençant à geler dès - 6 à - 8 °C.
- **Teucrium fruticans 'Casablanca'** a des fleurs blanc pur.
- **Teucrium fruticans 'Gibraltar'** a une croissance rapide et de grandes feuilles vertes, très différentes de celles des autres cultivars : au printemps, les feuilles juvéniles ressemblent presque à celles du *Rhamnus alaternus*. Les fleurs ont un joli coloris pastel, blanc lavé de bleu.
- **Teucrium fruticans 'Ouarzazate'** a des fleurs splendides, dont le bleu-violet profond tranche avec le feuillage très argenté.

Brillantes et veloutées, les fleurs de Teucrium fruticans *'Ouarzazate' ont une belle couleur bleu-violet intense.*

Teucrium marum Herbe aux chats
ORIGINE : îles de l'Ouest du Bassin méditerranéen ; HAUTEUR : 30 cm ; LARGEUR : 40 cm ; EXPOSITION : soleil ; RUSTICITÉ : - 10 à - 12 °C ; CODE DE SÉCHERESSE : 5.

Arbrisseau à petites feuilles persistantes triangulaires, gris argenté, portées par des tiges blanches, bien visibles. Les feuilles dégagent lorsqu'on les froisse une forte odeur piquante : il faut humer le feuillage avec une certaine précaution, la première bouffée d'odeur pouvant être assez agressive, comme si on plongeait la tête dans un bocal d'éther et de moutarde. Si vous avez des chats, il faut protéger les jeunes plantes jusqu'à ce qu'elles soient bien établies, avec des tuteurs ou un morceau de grillage : la plante déclenche une sorte de frénésie chez les chats, qui peuvent se rouler sur le feuillage jusqu'à déraciner les plantations récentes. La plante se développe en un coussin épais, très décoratif en rocaille ou en bordure. En début d'été, la plante se couvre d'une masse de petites fleurs rose violacé, toutes orientées du même côté le long des tiges. Le *Teucrium marum* supporte bien le calcaire et résiste aux embruns. Il préfère les sols légers, bien drainés. C'est une plante de culture facile, qui vieillit bien. Nous aimons l'associer à *Thymus ciliatus*, *Stachys cretica* et *Teucrium ackermannii*, dans un joli dégradé de fleurs roses et de feuillages gris.
Multiplication par boutures en automne.

Teucrium x lucidrys
HAUTEUR : 30 cm ; LARGEUR : 50 cm et plus ; EXPOSITION : soleil ou ombre ; RUSTICITÉ : - 15 °C et plus froid ; CODE DE SÉCHERESSE : 4.

Hybride de *Teucrium chamaedrys* et de *Teucrium lucidum*, le *Teucrium x lucidrys* est un sous-arbrisseau à petites feuilles persistantes, vert foncé brillant, à marge crénelée. La plante s'élargit lentement grâce à sa souche rhizomateuse et forme à terme un excellent couvre-sol : la végétation est assez épaisse pour limiter efficacement la levée des adventices. Rassemblées en épis, les fleurs roses s'épanouissent en mai-juin. Le *Teucrium x lucidrys* supporte bien le calcaire et s'adapte facilement dans tous les sols. C'est une plante de culture facile, qui vieillit bien. On peut l'associer à *Centaurea bella*, *Origanum laevigatum* et *Salvia lavandulifolia* subsp. *blancoana*, pour constituer un couvre-sol original demandant peu d'entretien.
Multiplication par division en fin d'hiver, ou par boutures herbacées en automne ou au printemps.

- **Teucrium ackermanii** forme un beau tapis de feuilles linéaires, gris cendré, qui se couvrent en fin de printemps de fleurs pourpres, au doux parfum de miel. Origine : Bassin méditerranéen. Rusticité : - 10 à - 12 °C. Code de sécheresse : 4.
- **Teucrium aureum** a de petites feuilles crénelées, soyeuses et argentées. Il forme un petit couvre-sol tapissant dont les tiges s'enracinent au contact du sol. Il se couvre au printemps de fleurs jaune-vert acide, très décoratives. Origine : Sud de la France, Espagne. Rusticité : - 12 à - 15 °C. Code de sécheresse : 5.
- **Teucrium chamaedrys**, la germandrée petit-chêne, forme un couvre-sol à feuilles caduques, qui se propage latéralement par ses rhizomes. Les fleurs rose intense s'épanouissent en début d'été. Origine : Sud de l'Europe. Rusticité : - 15 °C et plus froid. Code de sécheresse : 4.
- **Teucrium creticum** est un arbrisseau dressé, à feuilles linéaires : on l'appelle "germandrée à feuilles

Les fleurs blanc pur de Teucrium fruticans *'Casablanca' s'épanouissent en plein hiver.*

Le feuillage argenté de Teucrium marum *se couvre en début d'été d'innombrables épis rose violacé. Lorsqu'on le froisse, le feuillage libère une odeur piquante, très surprenante.*

La masse des fleurs de Teucrium ackermanii *submerge totalement le feuillage au mois de mai.*

1- *Teucrium cossonii et* Teucrium ackermanii *mêlent leurs têtes pourpres dans un jardin de rocaille.*

2- *Au printemps, les garrigues du Sud de la France sont belles comme des jardins. Au pied du Larzac, cette petite scène naturelle associe* Teucrium aureum, Euphorbia myrsinites *et* Lonicera etrusca.

3- *Teucrium et* Helichrysum *forment un massif coloré, d'entretien très réduit. La boule rose foncé de* Teucrium chamaedrys *accroche le regard au premier plan.*

de romarin". Les fleurs rose tendre s'épanouissent sur de longues hampes florales en début d'été. Origine : Est du Bassin méditerranéen. Rusticité : - 4 à - 6 °C. Code de sécheresse : 5.

• **Teucrium hircanicum** est une vivace à feuilles veloutées, gris-vert, disposées en nombreuses rosettes basales qui peuvent devenir caduques en été. Le nom *hircanicum* (du latin *hircus*, bouc) laisse présager une lourde odeur mâle, mais le feuillage froissé ne révèle qu'une subtile odeur animale, comme une bergerie à peine discernable au loin. Les fleurs, rassemblées en magnifiques épis rouge pourpre, s'épanouissent en début d'été. Origine : Caucase, Iran. Rusticité : - 15 °C et plus froid (mais craint l'humidité hivernale). Code de sécheresse : 3.

• **Teucrium laciniatum** est une vivace à feuilles vertes, caduques ou semi-persistantes, finement découpées en segments étroits. La souche s'étale doucement grâce à ses rhizomes. En mai-juin, les grosses fleurs blanches, finement striées de violet, se pressent à l'extrémité des tiges. Origine : Texas. Rusticité : - 10 à - 12 °C. Code de sécheresse : 4.

• **Teucrium lusitanicum** a les jeunes pousses, les tiges et les inflorescences couvertes de poils dorés, le feuillage devenant de plus en plus coloré juste avant la floraison. Les fleurs blanc crème s'épanouissent en fin de printemps. Origine : Sud de l'Espagne, Portugal. Rusticité : - 8 à - 10 °C. Code de sécheresse : 5.

• **Teucrium luteum** forme un petit coussin bien rond. En fin de printemps, les fleurs jaunes tendre sont précédées par des boutons jaune-vert acide. C'est une plante de culture facile, parfaite en rocaille. Origine : Sud de l'Espagne. Rusticité : - 10 à - 12 °C. Code de sécheresse : 5.

Originaire des montagnes du Sud de l'Espagne, Teucrium luteum *forme un petit coussin bien rond.*

Les feuilles de Teucrium laciniatum *sont finement découpées en segments linéaires. Ses fleurs délicates s'épanouissent en mai-juin.*

• *Teucrium subspinosum* est une plante miniature pour petite rocaille. Pour réduire l'évapotranspiration, les feuilles sont minuscules, et la plante se développe lentement en un coussin bombé, extrêmement serré, légèrement épineux. Les fleurs rose clair, toutes petites, s'épanouissent en début d'été. Origine : îles Baléares. Rusticité : - 10 à - 12 °C. Code de sécheresse : 5.

Thymus (Lamiaceae)

Les thyms forment un vaste groupe d'arbrisseaux aromatiques. Une petite observation à la loupe montre clairement les nombreuses glandes à huiles essentielles, qui ponctuent les feuilles (*Thymus* vient du grec *thumon*, dont la racine *thu* signifie "exhaler une odeur"). Les thyms sont utilisés aussi bien pour leur valeur culinaire que pour leurs vertus médicinales : leurs propriétés antiseptiques, désodorisantes et désinfectantes sont connues depuis l'Antiquité. Les Romains faisaient brûler du thym pour purifier l'air des maisons, les Grecs l'utilisaient pour parfumer les temples, et en Egypte il servait à embaumer les morts. La nomenclature des thyms est complexe et reste un vaste sujet de débat pour les botanistes. Les thyms ont un comportement très variable selon leurs conditions d'origine. Certains ont une résistance à la sécheresse excellente, alors que d'autres, originaires de montagnes humides, ont bien du mal à survivre dans un jardin sans arrosage. Parmi les nombreuses espèces de thyms que nous avons essayées, voici celles qui se plaisent le mieux dans notre jardin.

Thymus capitatus

ORIGINE : Bassin méditerranéen ; HAUTEUR : 40 à 50 cm ; LARGEUR : 40 à 50 cm ; EXPOSITION : soleil ; RUSTICITÉ : - 10 à - 12 °C ; CODE DE SÉCHERESSE : 5.

Arbrisseau à tiges blanches et petites feuilles persistantes vertes, étroites et coriaces. Lorsqu'on le froisse, le feuillage libère une odeur forte, chaude et piquante, proche de celle de *Satureja thymbra* – dans l'Antiquité, les Grecs rassemblaient sous le nom de *thumon* différentes plantes aromatiques à odeurs proches, dont le thym, la sarriette et l'origan. Le feuillage est utilisé en cuisine pour sa saveur épicée, et c'est l'une des composantes du *za'atar*, épice de base utilisée dans tout l'Est du Bassin méditerranéen. La plante forme une boule rigide, très ramifiée. Malgré la chaleur, les fleurs rose pourpre s'épanouissent en juin-juillet, parfois jusqu'en septembre si l'été n'est pas trop sec. Elles sont rassemblées en têtes serrées à l'extrémité des tiges (*capitatus* signifie "qui a une grosse tête"). Les fleurs attirent quantité d'abeilles, trop heureuses de trouver du nectar pendant la période estivale : dans les montagnes de Crète, on en fait un miel épais, sombre et délicieux. En cas de sécheresse intense, la plante peut perdre presque entièrement son feuillage en fin d'été, laissant apparaître la structure blanche de ses rameaux imbriqués. Le *Thymus capitatus* supporte bien le calcaire. Il préfère les sols pauvres, caillouteux, bien drainés. Il résiste parfaitement aux embruns. Nous aimons l'associer à *Ballota pseudodictamnus* et *Sarcopoterium spinosum*, dans un massif composé de boules basses évoquant les paysages côtiers de Crète et de Chypre.

Multiplication par boutures de pousses herbacées en automne.

Thymus ciliatus

ORIGINE : Afrique du Nord ; HAUTEUR : 5 cm ; LARGEUR : 50 cm et plus ; EXPOSITION : soleil ; RUSTICITÉ : - 12 à - 15 °C ; CODE DE SÉCHERESSE : 2,5.

Sous-arbrisseau à petites feuilles persistantes, gris-vert, légèrement aromatiques. Les feuilles sont garnies de nombreux poils raides, semblables à de petits cils (*ciliatus* signifie "muni de cils"). Les tiges rampantes s'enracinent au contact du sol et la plante forme au bout de quelques années un beau couvre-sol ras. Avec le froid hivernal, elle peut prendre d'intéressants reflets gris violacé. Rassemblées en têtes duveteuses, les fleurs rose tendre recouvrent entièrement la plante en mai, lui donnant une belle épaisseur moelleuse. Le *Thymus ciliatus* supporte bien le calcaire. Il préfère les sols souples, profonds, bien drainés. En cas de sécheresse prolongée, le feuillage roussit puis tombe partiellement, la plante devenant alors passagèrement moins ornementale. Le *Thymus ciliatus* peut servir d'alternative au gazon, pour de petites surfaces peu piétinées. En l'associant à *Phyla nodiflora*, *Achillea crithmifolia* et *Potentilla verna*, on obtient un tapis d'aspect naturel, demandant peu d'entretien.

Multiplication par boutures herbacées en automne ou au printemps.

Thymus mastichina

ORIGINE : Espagne, Portugal ; HAUTEUR : 30 à 40 cm ; LARGEUR : 30 cm ; EXPOSITION : soleil ; RUSTICITÉ : - 10 à - 12 °C ; CODE DE SÉCHERESSE : 5.

Arbrisseau à petites feuilles persistantes gris argenté. Lorsqu'on le froisse, le feuillage libère une odeur pénétrante, évoquant la réglisse, l'eucalyptus et la térébenthine. Parmi les différents thyms, c'est l'espèce la plus réputée pour ses puissantes propriétés antiseptiques et désinfectantes. On extrait des sommités fleuries une huile essentielle, curieusement appelée "huile de marjolaine", utilisée pour soigner les affections des voies respiratoires, rhumes, sinusites

Formant un couvre-sol vigoureux, le feuillage velu de Thymus ciliatus *se couvre de fleurs rose tendre en mai.*

On extrait des sommités fleuries de Thymus mastichina *une huile essentielle à odeur pénétrante, utilisée pour soigner rhumes, sinusites et bronchites.*

Thymus vulgaris *se plaît dans les roches fracturées des garrigues, en compagnie d'euphorbes et de* Sedum.

et bronchites. La plante se développe en un petit buisson dressé, à port aéré. En mai-juin, l'extrémité des tiges se couvre d'inflorescences sphériques d'aspect plumeux, où les petites fleurs blanches semblent perdues dans la boule poilue des calices. Le *Thymus mastichina* supporte bien le calcaire. Il préfère les sols pauvres, caillouteux, parfaitement drainés. C'est une plante originale et décorative, l'une des perles du jardin aromatique.
Multiplication par boutures herbacées en automne.

Thymus vulgaris Thym commun
Origine : Ouest du Bassin méditerranéen ; **Hauteur** : 25 cm ; **Largeur** : 30 cm et plus ; **Exposition** : soleil ; **Rusticité** : - 15 °C et plus froid ; **Code de sécheresse** : 4.

Arbrisseau à feuilles persistantes gris-vert, dont l'odeur caractéristique évoque les étendues rocailleuses des garrigues du Sud de la France. Pour limiter les pertes en eau, les feuilles étroites ont les bords nettement enroulés vers le bas, les stomates se cachant dans le fin duvet qui couvre la face inférieure. Le thym commun se développe en une boule compacte, s'étalant lentement avec l'âge. Les fleurs rose tendre, parfois blanches ou rose vif selon les variétés, s'épanouissent en avril-mai. On cueille le thym généralement en mai, pour le faire sécher comme condiment. C'est en effet en fin de floraison que la plante est la plus riche en huile essentielle, dont la composition chimique varie selon les clones. Le *Thymus vulgaris* supporte bien le calcaire et s'adapte facilement dans tous les sols. En cas de sécheresse intense, le feuillage peut sécher en prenant une triste couleur marron : des bouquets de feuilles minuscules apparaissent alors à l'aisselle des feuilles sèches, profitant de leur ombre bienfaisante pour maintenir une fonction ralentie de photosynthèse.
Multiplication par boutures en automne ou au printemps.

- **Thymus herba-barona** forme un tapis hirsute, dont les fines tiges ligneuses aiment se faufiler entre les cailloux. Son feuillage dégage une odeur chaude et épicée, évoquant nettement le cumin. Origine : montagnes de Corse et de Sardaigne. Rusticité : - 12 à - 15 °C. Code de sécheresse : 2.
- **Thymus leucotrychus** forme un coussin dense. Les feuilles gris-vert deviennent argentées en été, s'abritant de la chaleur sous un fin velours de poils blancs (*leucotrychus* vient du grec *leukos*, blanc, et du latin *trichus*, poil). Elles libèrent lorsqu'on les froisse une subtile odeur de résine de pin. En avril-mai, la plante se couvre de fleurs rose-violet intense, remarquablement décoratives. Origine : montagnes de Grèce. Rusticité : - 12 à - 15°C. Code de sécheresse : 4.
- **Thymus polytrichus** forme un tapis très ras, dont les tiges s'enracinent au contact du sol. En avril-mai, les fleurs roses contrastent avec le feuillage d'un beau vert sombre. Les feuilles libèrent lorsqu'on les froisse une odeur puissante, évoquant le genévrier et la bergamote. Origine : montagnes du Sud de l'Europe. Rusticité : - 15 °C et plus froid. Code de sécheresse : 2.
- **Thymus serpyllum 'Lemon Curd'** est un cultivar de serpolet à végétation remarquable, tapissante et vigoureuse (*serpyllum* vient du latin *serpere*, ramper). Il forme un matelas épais, dont le feuillage libère une délicieuse odeur citronnée. Dans notre jardin, c'est entre les dalles d'un pas japonais qu'il est le plus beau : en été ses racines profitent de

Lorsqu'on les froisse, les feuilles veloutées de Thymus leucotrychus *libèrent une subtile odeur de résine de pin.*

l'humidité qui persiste plus longtemps sous les pierres. Origine : Europe. Rusticité : - 15 °C et plus froid. Code de sécheresse : 2.

Trachelospermum jasminoides (Apocynaceae) Jasmin étoilé

ORIGINE : Chine ; HAUTEUR ET LARGEUR : 8 m et plus ; EXPOSITION : soleil ou ombre ; RUSTICITÉ : - 12 à - 15 °C ; CODE DE SÉCHERESSE : 3.

Plante grimpante à feuilles persistantes vert foncé brillant, épaisses et coriaces. Les jeunes pousses printanières ont une jolie couleur bronze. De croissance lente les premières années, la plante peut devenir très vigoureuse une fois qu'elle est bien installée. Pour l'aider à démarrer, il faut la palisser sur un support, puis les rameaux volubiles émettent des racines aériennes qui permettent à la plante de s'accrocher seule aux murs, à la manière du lierre. Les grappes de petites fleurs blanches, aux pétales joliment disposés en hélice, apparaissent à l'aisselle des feuilles en juin-juillet. Elles ont un parfum lourd, sucré et capiteux, qui peut embaumer tout un secteur du jardin. Le *Trachelospermum jasminoides* supporte le calcaire, à condition qu'il n'y ait pas d'excès d'humidité en hiver : en sol asphyxiant, il montre rapidement des signes de chlorose. Il préfère les sols souples, profonds, parfaitement drainés. On peut aussi l'utiliser comme plante couvre-sol, par exemple à l'ombre d'arbres à feuilles caduques, où il peut se développer sur une grande surface.
Multiplication par boutures herbacées en automne ou au printemps.

Tulbaghia violacea (Alliaceae)

ORIGINE : Afrique du Sud ; HAUTEUR DU FEUILLAGE : 20 à 30 cm ; HAUTEUR EN FLEUR : 60 cm et plus ; LARGEUR : 30 cm ; EXPOSITION : soleil ; RUSTICITÉ : - 10 à - 12 °C ; CODE DE SÉCHERESSE : 5.

Vivace à racines charnues, formant une touffe qui se propage lentement par rhizomes. Les feuilles vert clair, épaisses et persistantes, ont une forme de ruban étroit. Perchées sur de longues tiges, les élégantes ombelles de fleurs mauves exhalent un parfum d'ail prononcé. Dans notre jardin, elles s'épanouissent d'avril à juin et de septembre à novembre – en climat doux, elles peuvent se renouveler toute l'année. Comestibles, elles peuvent être utilisées pour décorer salades et crudités : elles leur donnent un goût légèrement piquant, de ciboulette et d'asperge sauvage. Le *Tulbaghia violacea* supporte

La silhouette élancée de Tulbaghia violacea *décore un jardin de gravier. En climat doux, sa floraison peut se renouveler presque toute l'année.*

bien le calcaire. Il préfère les sols légers, bien drainés. Nous aimons le faire émerger de plantes tapissantes, comme *Artemisia lanata* ou *Tanacetum densum* subsp. *amanii*, dont les feuillages argentés mettent en valeur les ombelles élégantes.
Multiplication par division en fin d'hiver, ou par semis de graines fraîches, en automne. Lorsqu'elles commencent à gonfler avant la germination, les graines dégagent une puissante odeur d'ail qui envahit chaque année notre serre de multiplication.

Verbena bonariense (Verbenaceae) Verveine de Buenos Aires

ORIGINE : Amérique du Sud, du Brésil à l'Argentine ; HAUTEUR DU FEUILLAGE : 20 à 30 cm ; HAUTEUR EN FLEUR : 1,20 m et plus ; LARGEUR : 50 cm ; EXPOSITION : soleil ; RUSTICITÉ : - 8 à - 10 °C ; CODE DE SÉCHERESSE : 2,5.

Vivace à feuilles vertes, allongées, à bords dentés. Selon le froid hivernal, les feuilles de la base de la plante peuvent rester persistantes ou devenir caduques. En fin de printemps, les vigoureuses tiges carrées, à texture rugueuse, s'élancent vers le ciel. Elles portent de nombreuses panicules de fleurs violacées, légères et décoratives, qui attirent pendant de longs mois une foule de papillons. La floraison s'étale de mai à octobre, avec souvent un repos en milieu d'été, lorsque la sécheresse est intense. La *Verbena bonariense* supporte bien le calcaire. Elle préfère les sols souples, profonds, bien drainés. La plante a une durée de vie courte, mais les petites graines marron, fines comme de la poussière, se ressèment très facilement, assurant le renouvellement des plantes âgées. Nous aimons la laisser évoluer librement dans le jardin, où elle amène une note de fraîcheur et de légèreté au milieu des massifs de vivaces. La *Verbena bonariense* peut parfois s'avérer envahissante, surtout en climat chaud et humide : il est raisonnable de surveiller qu'elle ne s'échappe pas dans la nature.
Multiplication par semis en automne, ou par boutures de jeunes pousses herbacées au printemps.

• *Verbena venosa* forme un couvre-sol à feuillage caduc qui se propage vigoureusement par ses

Comme un rideau léger donnant de la profondeur au jardin, les fleurs de Verbena bonariense *s'épanouissent en début d'été.*

rhizomes. Les fleurs violettes, très abondantes, s'épanouissent de mai à juillet. Le cultivar 'Lilacina' a de belles fleurs lilas clair, délicates et lumineuses. Origine : Sud du Brésil, Argentine. Rusticité : - 10 à - 12 °C. Code de sécheresse : 3.

Viburnum tinus (Caprifoliaceae)
Laurier-tin

ORIGINE : Bassin méditerranéen ; HAUTEUR : 2 m et plus ; LARGEUR : 1,50 m ; EXPOSITION : soleil ou ombre ; RUSTICITÉ : - 12 à - 15 °C ; CODE DE SÉCHERESSE : 3.

Arbuste à feuilles persistantes, vert sombre sur le dessus, plus claires sur le revers. Les jeunes pousses printanières, vert tendre et duveteuses, donnent un aspect doux à la plante. Les fleurs blanches, rassemblées en cymes aplaties, se succèdent de janvier à mars, parfois dès le mois de novembre si l'hiver est doux. Elles sont suivies de grappes de petits fruits bleus, devenant noirs à maturité. Les oiseaux s'en régalent, contribuant à disséminer la plante : elle se ressème facilement sous les arbres où ils ont l'habitude de se poser. Le *Viburnum tinus* supporte bien le calcaire. Il est peu exigeant sur la nature du sol. C'est une excellente plante de sous-bois, où il prospère malgré l'ombre dense et la concurrence racinaire des vieux arbres. C'est un arbuste robuste, de culture facile, toujours bienvenu dans les jardins où sa longue floraison hivernale est irremplaçable. Petit bémol à ses qualités : lorsque le feuillage sèche après une pluie d'automne, il exhale une puissante odeur d'urine, aussi surprenante que désagréable, mais heureusement assez éphémère.

Multiplication par boutures de bois aoûté, en automne ou en hiver.

• ***Viburnum tinus* 'Villa Noailles'** est un cultivar à port compact. Les fleurs blanches sont précédées de boutons rose vif, très décoratifs.

Vinca major (Apocynaceae)
Grande pervenche

ORIGINE : Ouest du Bassin méditerranéen ; HAUTEUR : 30 cm ; LARGEUR : sans limites ! EXPOSITION : ombre ou mi-ombre ; RUSTICITÉ : - 15 °C et plus froid ; CODE DE SÉCHERESSE : 2,5.

Sous-arbrisseau à feuilles vertes, persistantes et coriaces, et longues tiges flexueuses (*Vinca* viendrait du latin *vinco*, vaincre, pour son feuillage persistant qui triomphe de l'hiver – ou selon une autre interprétation de *vincio*, lier, par allusion à la souplesse des tiges). Au contact du sol, les tiges émettent de fortes racines qui permettent à la plante de poursuivre sa vigoureuse croissance latérale. Elles forment à terme un épais matelas entremêlé, pouvant couvrir le sol sur de vastes surfaces. Les belles fleurs bleu-violet, à pétales disposés en hélice, s'épanouissent de février à avril. La *Vinca major* supporte bien le calcaire. Elle est peu exigeante sur la nature du sol. La plante supporte la concurrence racinaire des vieux arbres : c'est l'un des meilleurs couvre-sols pour coloniser les sous-bois des vieux parcs, où elle se naturalise souvent en compagnie de l'acanthe. Elle peut aussi servir à couvrir les talus, permettant de lutter efficacement contre l'érosion.

Multiplication par boutures herbacées en automne.

• ***Vinca minor***, la petite pervenche, forme un petit couvre-sol dense. Moins envahissante et très ornementale, elle est plus adaptée aux jardins de taille moyenne que la grande pervenche. Les fleurs bleues apparaissent très tôt en fin d'hiver. Le cultivar 'La Grave' a un beau coloris bleu-violet soutenu. Origine : Europe, Sud de la Russie, Caucase. Rusticité : - 15 °C et plus froid. Code de sécheresse : 3.

Vitex agnus-castus 'Latifolia' (Verbenaceae) Gattilier, poivre de moine

ORIGINE : Bassin méditerranéen, Asie Mineure ; HAUTEUR : 4 à 5 m, parfois plus ; LARGEUR : 2 à 3 m, parfois plus ; EXPOSITION : soleil ; RUSTICITÉ : - 12 à - 15 °C ; CODE DE SÉCHERESSE : 4.

Arbuste à feuilles aromatiques, caduques, découpées en lobes effilés. Les tiges, à croissance rapide, sont d'une résistance et d'une souplesse remarquables. En Grèce, elles ont longtemps servi à fabriquer des liens solides (comme *Vitis*, la vigne, *Vitex* vient du latin *viere*, lier, tresser). C'est avec les rameaux souples du *Vitex* qu'Ulysse aurait attaché ses compagnons sous le ventre des brebis, s'échappant ainsi de la caverne du cyclope Polyphème. En juin-juillet, la plante se couvre d'épis spectaculaires, d'un beau bleu soutenu. Les fleurs sont suivies par des baies très aromatiques, utilisables comme épice en remplacement du poivre. Réputée pour ses vertus anaphrodisiaques, la baie du gattilier est utilisée depuis l'Antiquité pour calmer les ardeurs sexuelles. Au Moyen Age, il était planté auprès des couvents et monastères : nonnes et moines en consommaient régulièrement pour lutter contre les tourments de la chair (d'où le nom d'*agnus-castus*, agneau chaste). Le *Vitex agnus-castus* supporte bien le calcaire. Il est peu exigeant sur la nature du sol et résiste parfaitement

Les fleurs blanches de Viburnum tinus *'Villa Noailles' sont précédées de jolis boutons rose vif.*

Dès le mois de février, les fleurs turbinées de Vinca minor *'La Grave' décorent les massifs ombragés.*

Vitex agnus-castus 'Latifolia' est un arbuste à croissance rapide. C'est l'un des plus beaux arbustes dans notre jardin en début d'été, lorsqu'il se couvre de longs épis de fleurs bleues.

aux embruns, ainsi qu'aux remontées d'eau saumâtre. Dans la nature, il pousse, souvent en compagnie du laurier-rose, dans le lit des rivières sèches : ses racines profondes ont la faculté d'aller chercher au loin le peu d'humidité disponible.
Multiplication par boutures de bois sec en hiver.

• **Vitex agnus-castus 'Alba'** est une belle forme à fleurs blanc pur.
• **Vitex negundo var. cannabifolia** se couvre en début d'été de courts épis bleu pâle. Ses feuilles découpées et son port arrondi peuvent évoquer le *Cannabis*. Si vous avez un voisin grincheux qui vous observe, plantez un *Vitex* contre sa haie, en lui prodiguant l'attention et les pincements rituels, juste pour voir à quelle vitesse il vous enverra les gendarmes. Origine : Nord de la Chine, Mongolie. Rusticité : - 15 °C et plus froid. Code de sécheresse : 2,5.

Yucca rostrata (Agavaceae)

Origine : Texas, Nord du Mexique ; **Hauteur** : 4 à 5 m ; **Largeur** : 1 à 1,50 m ; **Exposition** : soleil ; **Rusticité** : - 12 à - 15 °C ; **Code de sécheresse** : 6.

Arbuste à tronc épais, portant une grande couronne sphérique de feuilles linéaires, gris bleuté, remarquablement décoratives. Cette disposition particulière des feuilles correspond à une stratégie efficace de résistance à la sécheresse. Elle permet d'augmenter la surface de photosynthèse tout en diminuant l'évapotranspiration : selon l'avancement du soleil dans la journée, seule une petite partie des feuilles est à tour de rôle exposée aux rayons directs. Sur les sujets âgés, les feuilles sèches forment une jupe serrée le long du tronc. Elles contribuent à limiter les pertes en eau dans les conditions désertiques du climat d'origine de la plante. Les feuilles sont terminées par une pointe acérée qui peut être dangereuse. En mai-juin, l'inflorescence unique se développe en une panicule monumentale, bec géant prolongeant la tête sphérique de la plante (*rostrata* signifie "muni d'un bec"). Elle comprend un axe central

La disposition des feuilles de Yucca rostrata *permet de diminuer la surface d'évapotranspiration : selon l'avancement du soleil dans la journée, seule une petite partie des feuilles est à tour de rôle exposée aux rayons directs.*

d'où rayonnent de nombreuses ramifications secondaires, portant des milliers de grosses fleurs blanches, tournées vers le bas comme des cloches. Les fleur ont des pétales charnus, à texture cireuse évoquant l'artichaut. Comestibles, elles ont un léger goût suave et peuvent être préparées en salade. Les Indiens d'Amérique se servaient traditionnellement des *Yucca* pour de nombreux usages. Les fibres des feuilles servaient à réaliser sandales, nattes ou paniers. La saponine extraite des racines et des feuilles servait aussi de calmant pour lutter contre les inflammations des articulations, comme une faible dose de cortisone. Le *Yucca rostrata* supporte bien le calcaire. Il préfère les sols légers, parfaitement drainés. Réputé de croissance lente, c'est pourtant dans notre jardin l'espèce de *Yucca* qui a poussé le plus rapidement, formant en quelques années une plante magnifique, à silhouette spectaculaire.
Multiplication par semis en automne.

• **Yucca brevifolia** forme un petit arbre à croissance lente, à silhouette ramifiée. On l'appelle *Joshua tree* : les pionniers mormons qui traversaient les étendues désolées du désert Mohave ont vu dans ses branches dressées les bras de Josué qui leur faisait signe. Il ne survit en jardin que dans les sols les plus drainés, l'humidité hivernale lui étant souvent fatale. Origine : déserts de Californie, Arizona et Utah. Rusticité : - 8 à - 10 °C. Code de sécheresse : 6.

• **Yucca elata** forme une couronne de feuilles très fines dont la marge argentée s'effiloche en de

Les fleurs de Yucca rostrata *ont des pétales épais et charnus, qui peuvent être consommés en salade.*

Yucca gloriosa *au Strybing Arboretum à San Francisco, avec à gauche un groupe de* Puya caerulea.

nombreuses fibres torsadées. Les racines pilées dans de l'eau ont la propriété de mousser : elles étaient traditionnellement utilisées comme savon (aux Etats-Unis, le nom commun du *Yucca elata* est *soap tree*, l'arbre à savon). En début d'été, les panicules étroites s'élancent loin au-dessus du feuillage. Origine : Texas, Arizona, Nouveau-Mexique. Rusticité : - 12 à - 15 °C. Code de sécheresse : 6.

• **Yucca gloriosa** a des feuilles vertes, en forme de gouttière, disposées en rosettes au sommet des branches ramifiées. Les grandes panicules ramifiées de fleurs blanches émergent des bouquets de feuilles, en début d'été. Origine : Sud-Est des Etats-Unis. Rusticité : - 15 °C et plus froid. Code de sécheresse : 5.

• **Yucca torreyi** a les jeunes feuilles en forme de curieuses gouttières tortueuses, prostrées sur le sol. Les feuilles adultes forment ensuite des rosettes rigides, au centre largement garni de fils, s'élevant lentement sur un tronc épais. Les fleurs crème s'épanouissent en panicules trapues en début d'été. Origine : Texas, Nouveau-Mexique. Rusticité : - 12 à - 15 °C. Code de sécheresse : 6.

Yucca torreyi *et* Nepeta x faassenii *'Dropmore'. Le paillage entre les plantes permet de limiter la germination des adventices tout en conservant l'humidité dans le sol.*

LES BONNES ADRESSES DU JARDIN SEC

PÉPINIÈRES SPÉCIALISÉES

Bulb'Argence, Lauw de Jager, Mas d'Argence, 30300 Fourques : *bulbes originaires des régions à climat méditerranéen.*

Cultures méditerranéennes, Monique et Pierre Cuche, Devantville, 83830 Claviers : *collection de plantes originaires de régions à climat méditerranéen.*

Ets. Railhet, Chantal et Thierry Railhet, 19, chemin du Pradel, 31790 Saint-Jory : *plantes d'Afrique, d'Australie et de Nouvelle-Zélande, collection de protéacées et de myrtacées.*

Iris de Thau, Elisabeth Segui, route de Villeveyrac, 34140 Mèze : *cultivars d'*Iris germanica.

Jardin de Rochevieille, Dominique Permingeat et Jean-François Giraud, La Moutte, 07220 Viviers : *collection de* Buddleja, *plantes du Chili.*

Lewisia, Jean-Louis Latil, Le Maupas, 05300 Lazer : *plantes d'Amérique du Nord,* Iris *botaniques.*

Pépinière Bachès, Bénédicte et Michel Bachès, Mas Bachès, 66500 Eus : *agrumes et oliviers.*

Pépinière Baud, Geneviève et Pierre Baud, Le Palis, 84110 Vaison-la-Romaine : *figuiers, grenadiers, jujubiers.*

Pépinière Cavatore, Gérard Cavatore, 488, chemin de Bénat, 83230 Bormes-les-Mimosas : *collection d'*Acacia.

Pépinière de la Vallée de l'Huveaune, Robert Pélissier, CD 2, route de Gémenos, 13400 Aubagne : *espèces ornementales et fruitières adaptées à la Provence.*

Pépinière de l'Armalette, Isabelle et Benoît Beauvallet, chemin de la Piscine, 83690 Sillans-la-Cascade : *plantes pour climat froid et sec.*

Pépinière de Vaugines, Gérard Weiner, chemin du Mont-Senis, 84160 Vaugines : *plantes pour climat froid et sec.*

Pépinière du Grand Plantier, Béatrice Esselin et Bruno Tisserand, 1107, route d'Uzès, 30500 Saint-Ambroix : *plantes aromatiques et médicinales.*

Pépinière du Mas de Quinty, Marion et Bertrand Ferraud, 30440 Roquedur : *Ceanothus, Eucalyptus.*

Pépinière Filippi, Clara et Olivier Filippi, RN 113, 34140 Mèze : *plantes pour jardins secs.*

Pépinière Issa, Brigitte et Jo Issa, 67, avenue de Grenache, 34270 Valflaunès : *plantes d'Afrique du Sud.*

Pépinière La Soldanelle, Sylvie et Christian Mistre, CD 1, quartier Mauresque, 83170 Rougiers : *plantes vivaces adaptées au sol calcaire.*

Pépinière Les Senteurs du Quercy, Mélie Portal et Frédéric Prévot, Mas de Fraysse, 46230 Escamps : *collection de* Salvia.

Pépinière Patrick Nicolas, Patrick Nicolas, 8, sentier du Clos-Madame, 92190 Meudon : *collection de* Sedum, Sempervivum.

SOURCES DE GRAINES

Alplains, 32315 Pine Crest Court, PO Box 489, Kiowa, CO 80117-0489, USA : *graines d'Amérique du Nord.*

B & T World Seeds, Paguignan, 34210 Aigues-Vives, France : *graines du monde entier.*

Kirstenbosch Seed Catalogue, the Seedroom, Kirstenbosch National Botanical Garden, Privat Bar X7, Claremont 7735, Afrique du Sud : *graines d'Afrique du Sud.*

Köhres, Postbox 1217, 64387 Erzhausen/Darmstadt, Allemagne : *graines de cactées, succulentes,* Dasylirion, Yucca.

Sandemann Seeds, 7, route de Burosse, 64350 Lalongue, France : *graines de graminées, bonne sélection de graines de plantes originaires de régions à climat méditerranéen.*

Seed Hunt, PO Box 96, Freedom, CA 09019-0096, USA : *graines de sauges et de plantes de Californie.*

Silverhill Seeds, PO Box 53108, Kenilworth, 7745 Cape Town, Afrique du Sud : *graines d'Afrique du Sud.*

BIBLIOGRAPHIE

Baumann H., *Greek Wild Flowers and Plant Lore in Ancient Greece*, The Herbert Press, 1986.

Bellakhdar J., *Le Maghreb à travers ses plantes*, éditions Le Fennec, 2003.

Blondel J. & Aronson J., *Biology and Wildlife of the Mediterranean Region*, Oxford University Press, 1999.

Bornstein C., Fross D. & O'Brien B., *California Native Plants for the Garden*, Cachuma Press, 2005.

Brenzel K., *Western Garden Book*, Sunset Publishing Corporation, 1998.

Bygrave P. (éd. Robert G. Page), *Cistus, a Guide to the Collection at Chelsea Physic Garden*, NCCPG, 2001.

Chatto B., *The Dry Garden*, J. M. Dent, 1978.

Clebsch B., *The New Book of Salvias*, Timber Press, 2003.

Cuche P., *Jardins du Midi*, Edisud, 1997.

— *Plantes du Midi* (2 tomes), Edisud, 1999.

Dallman P. R., *Plant Life in the World's Mediterranean Climates*, University of California Press, 1998.

Darke R., *The Colour Encyclopedia of Ornamental Grasses*, Weidenfeld & Nicolson, 1999.

Demoly J.-P., "Notes taxonomiques, chorologiques et nouveautés nomenclaturales pour le genre *Cistus L.* élargi, incluant *Halimium* (Dunal) Spach (Cistaceae)", in *Acta botanica gallica*, 2006, 153 (3), p. 309-323.

Drénou C., *Les Racines, face cachée des arbres*, Institut pour le développement forestier, 2006.

Duffield & Jones, *Plants for Dry Climates*, HP Books, 1992.

Eggenberg R. & M. H., *The Handbook on Oleanders*, Tropical Plants Specialists, 1996.

Elliot R., *Australian Plants for Mediterranean Climate Gardens*, Rosenberg, 2003.

Emberger, Gaussen, Kassas, de Philippis, *Carte bioclimatique de la région méditerranéenne*, Unesco, 1962.

Fross D. & Wilken D., *Ceanothus*, Timber Press, 2006.

Gildemeister H., *Jardiner sous un climat méditerranéen*, Aubanel, 2004.

— *Votre jardin méditerranéen. L'art de conserver l'eau*, Edisud, 1995.

Hortus Third, Macmillan Publishing Company, 1979.

Le Houérou, H. N., *The Isoclimatic Mediterranean Biomes : Bioclimatology, Diversity and Phytogeography* (2 tomes), Le Houérou, 2005.

Lieutaghi P., *Petite ethnobotanique méditerranéenne*, Actes Sud, 2006.

North C., *A Botanical Tour Round the Mediterranean*, Arm Crown Ltd., 1997.

Nottle T., *Plants for Mediterranean Climate Gardens*, Rosenberg, 2004.

Pagen F. J. J., *Oleanders,* Nerium *L. and the Oleander Cultivars*, Agricultural University Wageningen Papers, 1987.

Phillips R. & Foy N., *Herbes*, La Maison rustique, 1991.

Phillips R. & Rix M., *Arbustes*, La Maison rustique, 1990.

— *Vivaces* (2 tomes), La Maison rustique, 1991.

Smith N., *Native Treasures, Gardening with the Plants of California*, University of California Press, 2006.

Snoeijer W., *Agapanthus, a Revision of the Genus*, Timber Press, 2004.

Sutton J., *The Gardener's Guide to Growing Salvias*, Timber Press, 1999.

Taylor J. M., *Phlomis, the Neglected Genus*, NCCPG, 1998.

Thompson J., *Plant Evolution in the Mediterranean*, Oxford University Press, 2005.

Turner R., *Euphorbias*, B. T. Batsford, 1995.

Tyrwhitt M., *Making a Garden on a Greek Hillside*, Denise Harvey, 1998.

Upson T. & Andrews S., *The Genus Lavandula*, The Royal Botanic Gardens, 2004.

Van Wyk B.-E. & Smith G., *Aloes of South Africa*, Briza Publications, 2003.

INDEX DES NOMS DE PLANTES

Les noms communs d'espèces renvoient aux noms botaniques en latin. Les noms français proches des noms botaniques n'ont pas été indiqués (par exemple : thym/*Thymus*). Dans ce cas, le lecteur se reportera directement au nom latin.
Les numéros des pages en gras renvoient aux notices où la plante fait l'objet d'une description approfondie.
Les numéros des pages en italique renvoient aux noms qui apparaissent en légende des illustrations.

Abies pinsapo 41
Acacia erhembergiana 43
Acacia rostellifera 20
Acanthus mollis **74**, *74*, 195
Acanthus spinosissima 74
Acanthus spinosus **74**, *74*, 157
Acer monspessulanum **74**, *75*, 150, 161
Achillea clypeolata **75**, *75*, 111
Achillea coarctata 48, **76**, *76*, *136*
Achillea crithmifolia 64, **76**, 160, 192
Achillea millefolium 75
Achillea nobilis **76**, *76*, 118, 140
Achillea umbellata 69, **76**
Aeonium arboreum 34
Aesculus californica 16
Agapanthus campanulatus **76**
Agapanthus caulescens subsp. *angustifolius* **76**
Agapanthus praecox **76**
Agapanthus praecox 'Albidus' **76**, *76*
Agapanthus 'Purple Cloud' **76**
Agave americana **76-77**
Ajania pacifica **77**, *77*
Akebia quinata **77**
Akebia quinata 'Alba' **77**
Alaterne, voir *Rhamnus alaternus*
Alcea rosea **77-78**, *77*
Allium chistophii 108, *185*
Aloe dichotoma 18
Aloe striatula **78**, *78*
Aloysia triphylla **78**
Aloysia virgata **78**
Ampelodesmos mauritanicus : 142

Anagyris foetida **78**, *78*
Anisodontea capensis **79**
Anisodontea malvastroides **78-79**, *79*
Anthyllis cytisoides **79**, *79*
Antirrhinum barrelieri **79**, *79*
Antirrhinum glutinosum **79**, *79*
Antirrhinum hispanicum **80**
Antirrhinum majus 79
Arbre à perruque voir *Cotinus coggygria*
Arbre de Judée, voir *Cercis siliquastrum*
Arbutus andrachne 70, **80**
Arbutus menziesii 16
Arbutus unedo **80**, 150
Arbutus unedo var. *rubra* 26, **80**
Arbutus x andrachnoides **80**
Arbutus x thuretiana **80**, *80*
Argania spinosa 28, 29
Armoise, voir *Artemisia*
Arroche, voir *Atriplex*
Artemisia absinthium **82**
Artemisia alba 80
Artemisia arborescens **80**, *80*, *107*, 164, 179
Artemisia arborescens 'Carcassonne' **81**
Artemisia arborescens 'Porquerolles' **81**
Artemisia caerulescens subsp. *gallica* **82**, 122
Artemisia californica 16
Artemisia cana **82**
Artemisia canariensis **81**, 86
Artemisia 'Canescens' **82**
Artemisia cretacea **82**
Artemisia dracunculus var. *sativa* **82**
Artemisia herba-alba 33, **82**, 171
Artemisia lanata **81**, *81*, 92, 108, 115, *173*, 194
Artemisia ludoviciana 'Silver Queen' **81**, *81*
Artemisia ludoviciana 'Valerie Finnis' 81
Artemisia maritima **82**
Artemisia pontica **82**, *82*
Artemisia 'Powis Castle' **81**
Artemisia tridentata **82**
Artemisia vallesiaca **82**
Asphodeline liburnica 47, **82**
Asphodeline lutea **82**, *82*

Asphodelus albus **83**
Asphodelus cerasiferus 50, *73*, **83**
Asphodelus fistulosus **83**, *83*, 126, 182, 189
Asphodelus microcarpus **83**, *83*
Aspic, voir *Lavandula latifolia*
Asteriscus maritimus 45
Atriplex canescens 17, **83**, 84, *107*
Atriplex deserticola 27
Atriplex halimus **84**
Atriplex lentiformis **84**
Atriplex nummularia **84**, *84*
Atriplex spinifera **84**
Azorella lycopodioides 37, 38

Baccharis pilularis 16
Baguenaudier, voir *Colutea arborescens*
Ballota acetabulosa 70, **85**, 84, 143, 156, 179, 182
Ballota hirsuta 32, **85**
Ballota pseudodictamnus 82, 85, **85**, *146*, 155, 164, 192
Bambou sacré, voir *Nandina domestica*
Banksia coccinea 21
Barlia robertiana 69
Bâton de Jacob, voir *Asphodeline lutea*
Bec de grue, voir *Geranium sanguineum*
Beschorneria yuccoides 63, **85**
Bignone, voir *Campsis* x *tagliabuana* 'Madame Gallen'
Bignonia capreolata **85**, *85*
Bituminaria bituminosa 33
Bois puant, voir *Anagyris foetida*
Brachyglottis monroi **86**
Brachyglottis 'Sunshine' **86**
Buddleja agathosma **87**
Buddleja alternifolia **86**
Buddleja alternifolia 'Argentea' **86**
Buddleja crispa **87**
Buddleja globosa 15, *15*, **87**
Buddleja 'Lochinch' *86*, **86**
Buddleja loricata **87**
Buddleja marrubiifolia **86**, 143, 184
Buddleja myriantha **87**
Buddleja officinalis 47, **86-87**, *87*, 106
Buddleja saligna **87**
Buddleja salviifolia **87**
Bulbine frutescens **87**
Bulbine frutescens 'Hallmarck' **87**, *87*
Bupleurum fruticosum **87-88**, *88*, 88, *107*, 189
Bupleurum gibraltaricum **88**
Bupleurum spinosum 13, **88**
Buxus balearica **88**
Buxus sempervirens **88**

Caesalpinia gilliesii **88-89**, *89*, 184
Calamintha nepeta 33, **89**, 132
Callistemon acuminatus **89**, *89*
Callistemon rigidus **89**
Callistemon salignus **89-90**, *90*
Callistemon viminalis 'Little John' **89**
Callistemon 'Violaceus' **90**
Calystegia soldanella 44
Camomille romaine, voir *Chamaemelum nobile*
Campsis grandiflora **90**, *90*, 184
Campsis radicans **90**
Campsis radicans 'Flava' **90**
Campsis x *tagliabuana* 'Mme Gallen' **90**
Capparis spinosa 10, 57, **90**
Capparis spinosa 'Inermis' **91**
Câprier, voir *Capparis spinosa*
Caryopteris incana 74, **91**, *91*, 127, 154, 188
Caryopteris mongholica **91**
Caryopteris x *clandonensis* 'Kew Blue' **91**
Catananche caerulea **91**, 182
Ceanothus 'Concha' **91**
Ceanothus griseus var. *horizontalis* 'Yankee Point' 84, *91*, **91**, 178
Ceanothus 'Ray Hartman' **91**
Ceanothus 'Skylark' **91**
Centaurea bella **92**, *92*, 190
Centaurea pulcherrima 26, 84, 86, **92**, 16, 184
Centaurea ragusina **92**, *92*
Centranthus angustifolius 79, **93**, *93*
Centranthus angustifolius 'Mauve' **92**
Centranthus ruber **92**, *92*, 111, 116, 179
Cerastium candidissimum **93**, *93*
Cerastium tomentosum **93**
Ceratostigma griffithii 74, **94**, 127, 188
Ceratostigma plumbaginoides 91, **93-94**, *93*, 111, 154
Ceratostigma wilmottianum **94**
Cercis siliquastrum **94**, 150, 161
Cestrum parqui 15
Chalef, voir *Elaeagnus angustifolia*
Chamaemelum nobile 'Flore Pleno' **94**
Chamaerops humilis 187
Chamaerops humilis var. *cerifera* 43
Chêne kermès, voir *Quercus coccifera*
Chêne vert, voir *Quercus ilex*
Chèvrefeuille des Baléares, voir *Lonicera implexa*
Chèvrefeuille d'Etrurie, voir *Lonicera etrusca*
Chèvrefeuille du Japon, voir *Lonicera japonica*
Choisya 'Aztec Pearl' **94-95**, *94*, 106, 175
Choisya ternata 71, **94**, 145
Cinéraire maritime, voir *Senecio cineraria*
Ciste à feuilles d'arroche, voir *Cistus atriplicifolius*

Ciste à feuilles de laurier, voir *Cistus laurifolius*
Ciste à feuilles de sauge, voir *Cistus salviifolius*
Ciste cotonneux, voir *Cistus albidus*
Ciste de Crète, voir *Cistus creticus*
Cistus albidus 27, 46, 51, *95*, 95, **96**, *96*, 100, 102, 111, 174, 182
Cistus atriplicifolius *96*, **96**
Cistus clusii 43
Cistus creticus 27, **96-98**, *97*, 100, 102, 103, 130, 159
Cistus creticus 'Bali' 96
Cistus creticus f. *albus* **98**
Cistus crispus 51, 102
Cistus ladanifer f. *maculatus* 51, *95*, **98**, *99*, 100, *100*, 102, 104, 166
Cistus ladanifer var. *sulcatus* *95*, **98**, 100, 173
Cistus ladanifer var. *sulcatus* f. *bicolor* **98**
Cistus laurifolius *95*, 95, **98**, *98*, 100, *100*
Cistus laurifolius subsp. *atlanticus* 98
Cistus parviflorus 46, 101, 103
Cistus populifolius 46, 99, 101
Cistus salviifolius 51, *51*, 71, *95*, 95, **98-99**, 100, 101, 104
Cistus salviifolius 'Bonifacio' 99
Cistus x aguilari **99**, *99*, 100
Cistus x aguilari 'Maculatus' **99-100**, *100*
Cistus x argenteus 'Blushing Peggy Sammons' *98*, **100**
Cistus x argenteus 'Peggy Sammons' **100**
Cistus x cyprius **100**, *100*, 155
Cistus x cyprius nvar. *ellipticus* 'Elma' **100**
Cistus x florentinus **100-101**, *101*
Cistus x florentinus 'Tramontane' **101**, 106
Cistus x hybridus **101**, *101*
Cistus x ledon 186
Cistus x pauranthus **101**
Cistus x pauranthus 'Natacha' **101-102**, *101*
Cistus x pulverulentus 51, **102**, *102*, 178
Cistus x pulverulentus Gp Delilei **102**
Cistus x purpureus **102-103**, *102*, 175
Cistus x purpureus 'Alan Fradd' **103**
Cistus x purpureus f. *holorhodeos* **103**, *156*
Cistus x ralletii **103**, *103*
Cistus x skanbergii **103-104**, *103*
Cistus x verguinii 'Paul Pècherat' **104**, *104*
Clematis armandii **104**, *104*
Clematis cirrhosa **104-105**, *105*
Clematis flammula **105**
Coleonema album **105**, *105*
Coleonema pulchrum **105**
Colutea arborescens **106**, *106*
Convolvulus althaeoides 136
Convolvulus cneorum **106**, *106*, 137

Convolvulus sabatius **106**
Copiapoa columna-alba 14, 32
Coronilla emerus **106-107**
Coronilla glauca **106**, *107*, 111, *189*
Coronilla glauca 'Citrina' **106**, *107*, 170
Coronilla juncea **107**, *107*
Coronilla minima 57, **107-108**
Coronilla ramosissima **108**
Correa alba **108**
Cotinus coggygria **108**, *108*
Cotinus coggygria 'Grace' **108**, *108*, 161
Cotinus coggygria 'Royal Purple' **108**
Crocus sativus **108-109**, *109*
Cupidone, voir *Catananche caerulea*
Cynodon 'Santa Ana' 64
Cytisus battandieri 98, **109**

Dasylirion acrotrichum **109**, *109*
Dasylirion longissimum **109**, *109*
Delosperma cooperi **110**, *110*
Dianthus anatolicus **110**, *110*
Dianthus corsicus 69, **110**, *110*
Dianthus pyrenaicus 'Cap Béar' **110**
Dianthus pyreneus 29
Dicliptera suberecta 74, **110-111**, *111*, 138
Dorycnium hirsutum 92, **111**, 116, *176*, 189
Dorycnium pentaphyllum **111**, *111*
Drosanthemum hispidum 19, **111**, *111*, 143

Ebenus cretica 11, 12, 57, **112**, *112*
Echinops ritro **112**, *112*
Echinopsis chilensis 15
Elaeagnus angustifolia **112**
Elaeagnus angustifolia var. *caspica* **112**, *112*
Elaeagnus x ebbingei 47, **112**, *113*
Epiaire de Crète, voir *Stachys cretica*
Epilobium canum 74, 111, 113
Epilobium canum 'Albiflora' **113**, *113*
Epilobium canum 'Catalina' *10*, 91, **113**, 127
Epilobium canum subsp. *angustifolia* 113
Epilobium canum subsp. *garrettii* 113
Epilobium canum 'Western Hills' *71*, **113**, *113*, 128, 153
Erable de Montpellier, voir *Acer monspessulanum*
Eragrostis curvula **113-114**
Erica multiflora **114**
Erigeron karvinskianus **114**, *114*, 125
Erinacea anthyllis 38, 137
Erodium foetidum **12**
Erodium trifolium **115**, *115*, 182
Eryngium amethystinum **115**, *115*

Eryngium giganteum 47
Escallonia illinita 15
Escallonia rubra 15
Eschscholzia californica 25, *25*, *102*, **115-116**
Eschscholzia californica var. *maritima* **116**
Estragon, voir *Artemisia dracunculus* var. *sativa*
Euphorbia acanthothamnos 28, *28*, *82*, **120**, *121*, *154*
Euphorbia amygdaloides 120, **120-121**,*121*
Euphorbia caput-medusae 18
Euphorbia ceratocarpa **116**, *116*
Euphorbia characias subsp. *characias* 92, 111, 116, **116**, 121, 179, 189
Euphorbia characias subsp. *wulfenii* *26*, 106, **116-117**
Euphorbia corallioides **117**, *117*
Euphorbia cyparissias **117-118**, *118*, 187
Euphorbia cyparissias 'Clarice Howard' **118**
Euphorbia cyparissias 'Tall Boy' *81*, **118**
Euphorbia dendroides **118**, *118*
Euphorbia echinus *29*, 108, **116**, *116*
Euphorbia mellifera **118**
Euphorbia myrsinites **118**, *118*, 120, *191*
Euphorbia nicaensis **121**
Euphorbia paralias **121**
Euphorbia pithyusa 116, **121**
Euphorbia resinifera *34*, 116, *137*
Euphorbia rigida 117, *117*, **120**, *120*, 126, 159
Euphorbia spinosa **120**, *120*
Euphorbia x *martinii* **121**

Fabiana imbricata 15
Ferula communis 23, **122**, 122
Festuca glauca 'Elijah Blue' *122*, **122**
Festuca orophylla 14
Festuca valesiaca var. *glaucantha* *122*, **122**
Ficus pumila **123**
Filaria, voir *Phillyrea*
Frankenia laevis 64, *64*, *135*
Fredolia aretioides 37
Fremontodendron 'California Glory' **123**, *123*
Fremontodendron californicum 16, 123
Fuchsia lycioides 15
Fustet, voir *Cotinus coggygria*

Gattilier, voir *Vitex agnus-castus*
Gaura lindheimeri 69, 113, **123**, *123*, 153
Gazania rigens **124**, *124*
Genêt de l'Etna, voir *Genista aetnensis*
Genêt d'Espagne, voir *Spartium junceum*
Genévrier cade, voir *Juniperus oxycedrus*
Genévrier de Phénicie, voir *Juniperus phoenica*

Genista aetnensis 76, **124-125**
Genista hispanica 29, **125**
Genista lobellii 45
Geranium macrorrhizum 56, *56*, **125**
Geranium sanguineum 25, *25*, 114, **125**, *125*
Geranium sanguineum 'Album' **125**
Geranium sanguineum var. *lancastriense* **125**, *125*
Germandrée à feuilles de romarin, voir *Teucrium creticum*
Germandrée ligneuse, voir *Teucrium fruticans*
Globularia alypum 108, 118, **125-126**, *125*, 140
Globularia vulgare **126**, *126*
Goniolimon speciosum **126**, *126*, 182
Grande absinthe, voir *Artemisia absinthium*
Grande férule, voir *Ferula communis*
Grande pervenche, voir *Vinca major*
Grémil ligneux, voir *Lithodora fruticosa*
Grenadier, voir *Punica granatum*
Griffe de chat, voir *Macfadyena unguis-cati*

Helianthemum apenninum **126-127**
Helianthemum 'Fire Dragon' 127
Helianthemum 'Rhodante Carneum' 127
Helianthemum 'Wisley Primrose' **127**, *127*
Helianthus maximiliani 91, **127**, *127*
Helianthus salicifolius **127**
Helichrysum italicum **127-128**, *127*, *174*
Helichrysum microphyllum *35*, *151*
Helichrysum microphyllum 'Lefka Ori' **128**, *128*
Helichrysum orientale 86, 101, *127*, **128**, *128*, 137, *173*, 184
Helichrysum stoechas 108, **128**, *128*, 140
Hellébore de Corse, voir *Helleborus argutiflorus*
Helleborus argutiflorus **128**, *129*
Herbe aux chats, voir *Teucrium marum*
Herbe d'amour, voir *Eragrostis curvula*
Hertia cheirifolia **129**, *129*
Hesperaloe parviflora **129**, *129*
Heteromeles arbutifolia 16
Himantoglossum hircinum 69, *69*
Hyparrhenia hirta **129-130**, *129*, *166*
Hypericum aegypticum **130**
Hypericum balearicum **130**
Hypericum empetrifolium 107, **130**, *130*
Hypericum olympicum **130**

Iberis gibraltarica *130*, **131**
Iberis semperflorens **130-131**
Immortelle d'Italie, voir *Helichrysum italicum*
Immortelle d'Orient, voir *Helichrysum orientale*
Iris d'Alger, voir *Iris unguicularis*
Iris germanica *131*, **131**

Iris lutescens 131, **131**
Iris unguicularis 23, 25, *26*, 50, 69, **131**
Iris unguicularis 'Alba' **131**

Jasmin étoilé, voir *Trachelospermum jasminoides*
Jasminum grandiflorum **132**, *132*
Jasminum humile var. *revolutum* **132**
Jasminum mesnyi **132**
Jasminum nudiflorum **132**
Joubarbe des toits, voir *Sempervivum tectorum*
Jubaea chilensis 14
Juniperus horizontalis 'Blue Chips' **132**, *132*
Juniperus oxycedrus 107, **132-133**, *133*
Juniperus phoenicea 29, *40*, **132**

Kingsia australis 21
Kniphofia 'Géant' *133*, **133**, 184
Kniphofia sarmentosa *133*, **133**

Laurier-rose, voir *Nerium*
Laurier-tin, voir *Viburnum tinus*
Lavande laineuse, voir *Lavandula lanata*
Lavande officinale, voir *Lavandula angustifolia*
Lavandin, voir *Lavandula* x *intermedia*
Lavandula angustifolia 51, 133, **133-135**, *135*, 138, 150, 187
Lavandula angustifolia 'Alba' **135**, *135*
Lavandula angustifolia 'Folgate' **135**
Lavandula angustifolia 'Hidcote Blue' **135**, *135*
Lavandula angustifolia 'Hidcote Pink' **135**, *135*
Lavandula angustifolia 'Lumière des Alpes' *135*, **135**
Lavandula angustifolia 'Munstead' **135**
Lavandula angustifolia 'Twickel Purple' **136**, *136*
Lavandula dentata 43, 53, *79*, *79*, 133, *136*, **136**, 138
Lavandula dentata 'Imi n'Ifri' **136**, *137*
Lavandula dentata 'Ploughman's Blue' **136**, *136*
Lavandula dentata var. *candicans* **137**, *156*
Lavandula lanata 43, 51, **137**, *137*, 138
Lavandula latifolia 33, 51, **137**, *138*, 138
Lavandula stoechas 51, *51*
Lavandula x *chaytorae* 'Richard Gray' **138**, *138*, 151
Lavandula x *chaytorae* 'Sawyers' **138**
Lavandula x *chaytorae* 'Silver Frost' **138**
Lavandula x *ginginsii* 'Goodwin Creek Grey' *24*, 86, **138**
Lavandula x *intermedia* 82, 138, **138**
Lavandula x *intermedia* 'Alba' *133*, **138**, *138*
Lavandula x *intermedia* 'Dutch' **138**
Lavandula x *intermedia* 'Grosso' 69, 75, **138**, *139*
Lavandula x *intermedia* 'Hidcote Giant' **138-139**, *139*
Lavandula x *intermedia* 'Julien' *136*, **139**, 154
Lavandula x *intermedia* 'Super' **139**, *139*

Lavatera maritima 136
Leucophyllum frutescens **139**, *139*
Leucophyllum frutescens 'Green Cloud' *140*, **140**
Leucophyllum langmanae 10, 86, 140
Leymus arenarius 122, **140**
Lilas d'Espagne, voir *Centranthus ruber*
Lippia, voir *Phyla nodiflora*
Lithodora fruticosa 11, *71*, 118, **140**
Lobelia laxiflora var. *angustifolia* 74, **140**
Lonicera etrusca 50, **140**, *140*, 191
Lonicera fragrantissima **141**, *141*
Lonicera implexa 141
Lonicera japonica 'Chinensis' **141**, *141*
Lonicera japonica 'Halliana' **141**
Lonicera syringantha **141**
Lonicera tatarica 'Arnold Red' **141**
Luma chequen 15, 33
Luzerne arborescente, voir *Medicago arborea*
Lygeum spartum **141**, *142*

Macfadyena unguis-cati **141-142**
Malephora crocea **142**
Malephora crocea var. *purpureocrocea* **143**, *143*
Malephora lutea 111, **143**
Marrubium incanum **143**, *143*
Medicago arborea 87, **143**, *143*
Melianthus major 18, **143-144**, *144*
Micromeria fruticosa **144**
Millepertuis des Baléares, voir *Hypericum balearicum*
Miscanthus sinensis 'Yaku-jima' **144-145**
Myrsine africana **145**, 178
Myrtus communis **145**, *145*, 166
Myrtus communis 'Alhambra' **145**
Myrtus communis 'Baetica' **145**
Myrtus communis 'Flore Pleno' **146**
Myrtus communis 'La Clape' **146**
Myrtus communis subsp. *tarentina* 145, **146**, *155*, *156*, 175, 186

Nandina domestica 145, **146**
Nepeta cataria **146**
Nepeta racemosa 114, 146, **146**, 150
Nepeta racemosa 'Snow Flake' **146**
Nepeta tuberosa **146**, *146*
Nepeta x *faassenii* 'Dropmore' **146**, *197*
Nepeta x *faassenii* 'Six Hills Giant' 114, *125*, **146**, *146*, 159
Nerium 'Album Maximum' **149**, *149*
Nerium 'Alsace' **149**
Nerium 'Angiolo Pucci' **149**
Nerium 'Atlas' **149**

Nerium 'Cavalaire' **149**
Nerium 'Commandant Barthélemy' **149**
Nerium 'Grandiflorum' **149**
Nerium 'Louis Pouget' **149**
Nerium 'Marie Gambetta' **149**
Nerium 'Mrs. Roeding' **149**
Nerium 'Tito Poggi' **149**
Nerium oleander 53, *53*, 71, **147-148**, *147*, *148*
Nerium oleander subsp. *indicum* 148
Nerium oleander subsp. *oleander* 148
Nerium 'Villa Romaine' *148*, **149**
Nerprun, voir *Rhamnus alaternus*

Œillet d'Anatolie, voir *Dianthus anatolicus*
Oenothera drummondii **150**, 153
Oenothera macrocarpa 133, **150**, *150*
Oiseau du paradis, voir *Caesalpinia gilliesii*
Olea europaea 'Cipressino' **150**
Olea europaea subsp. *africana* **150-151**
Olea europaea var. *sylvestris* *145*, **150**
Olivier de Bohême, voir *Elaeagnus angustifolia*
Olivier pyramidal, voir *Olea europaea* 'Cipressino'
Oranger du Mexique, voir *Choisya ternata*
Oreille de lapin, voir *Stachys byzantina*
Oreille d'ours, voir *Stachys byzantina*
Origanum dictamnus **151**, *151*
Origanum dubium 33, **151**
Origanum laevigatum **151**, 190
Origanum majorana **151**
Origanum microphyllum **151**
Origanum onites **151**, *151*
Origanum syriacum **151**
Origanum vulgare subsp. *hirtum* **151-152**
Orpin élevé, voir *Sedum sediforme*
Osteospermum fruticosum 'Album' 24

Parthenocissus quinquefolia **152**, *152*
Parthenocissus tricuspidata 'Robusta' **152**, *152*
Pavot de Californie, voir *Eschscholzia californica*
Pavot en arbre, voir *Romneya coulteri*
Pelargonium x *fragrans* **152**
Perovskia abrotanoides 50, **152-153**
Perovskia atriplicifolia 'Longin' **153**
Perovskia 'Blue Spire' 74, 82, 96, *128*, 150, *152*, **153**, 154, *174*
Petite absinthe, voir *Artemisia pontica*
Petite pervenche, voir *Vinca minor*
Peumus boldus 15
Phillyrea angustifolia 74, **153**, *153*
Phillyrea latifolia **153**

Phlomis bourgaei **154**, *154*
Phlomis bovei subsp. *maroccana* *157*, **157**
Phlomis chimerae 157, **157-158**
Phlomis chrysophylla **154**, *154*
Phlomis cretica 158, **159**
Phlomis fruticosa 153, **154**, *154*
Phlomis grandiflora 84, 146, 151, **155**, *155*
Phlomis herba-venti **159**, *159*
Phlomis italica 51, **159**
Phlomis lanata **155**, *155*
Phlomis leucophracta **159**
Phlomis lychnitis 47, 127, **155-156**
Phlomis lycia 30, 30, *154*, **159**, *173*
Phlomis purpurea 43, *156*, **156**, 182
Phlomis purpurea 'Alba' **156**, *156*
Phlomis purpurea subsp. *almeriensis* **156**, *157*
Phlomis russeliana **159**, *159*
Phlomis samia **157**, *157*
Phlomis viscosa **159**, *159*
Photinia serratifolia **159**, *159*
Phyla nodiflora 64, 76, 125, **160**, *160*, 192
Pistacia atlantica **160-161**, *161*
Pistacia lentiscus 50, 74, 150, 153, **160**, *161*, 161, 165, 166, 186
Pistacia terebinthus **161**, *161*, 161
Pistacia vera **161**
Pittosporum phillyreoides **161**
Pittosporum tobira **161**
Pittosporum truncatum **161**
Plumbago rampant, voir *Ceratostigma plumbaginoides*
Poivre de moine, voir *Vitex agnus-castus*
Polygala myrtifolia 19
Potentilla reptans 118, 140
Potentilla verna **161-162**, *162*, 192
Prunus ilicifolia 16
Punica granatum **162-163**
Punica granatum 'Antalaya' **163**, *163*
Punica granatum 'Fina Tendral' *164*
Punica granatum 'Fruits violets' *162*
Punica granatum 'Legrelliae' *163*, **163**
Punica granatum 'Luteum Plenum' **163**
Punica granatum 'Maxima Rubra' **163**
Punica granatum 'Mollar de Elche' **163-164**, *163*
Punica granatum 'Nana Gracillissima' **164**
Puya berteroniana 15
Puya caerulea 197
Pyrèthre, voir *Tanacetum pyrethrum*

Quercus coccifera **164**, *164*
Quercus ilex 23, 150, **164**

Retama monosperma **165**
Retama raetam 22, **164**, *165*
Retama sphaerocarpa **165**
Rhamnus alaternus 44, 74, 153, **165**, 190
Rhodanthemum catananche **165**, *165*
Rhodanthemum hosmariense 120, **165**, *165*
Rhus lancea **165-166**, *166*
Romneya coulteri **166**, *166*
Rosa banksiae 'Alba Plena' *51*, **167**
Rosa banksiae 'Lutea' **167**
Rosa banksiae 'Lutescens' **166-167**, *167*
Rosa banksiae var. *normalis* **167**
Rosa brunonii **167**, *168*
Rosa brunonii 'La Mortola' **167**
Rosa chinensis 'Mutabilis' **167**, *168*
Rosa chinensis 'Sanguinea' **167**, *167*
Rosa 'Félicité et Perpétue' **168**
Rosa indica 'Major' **168**
Rosa laevigata **168**
Rosa moschata **168**
Rosa moschata var. *nastarana* *168*, **168**
Rosa primula **168**, *168*
Rosa sempervirens **168**
Rosa x *dupontii* **168**
Rose de Bengale, voir *Rosa chinensis* 'Sanguinea'
Rose musquée de l'Himalaya, voir *Rosa brunonii*
Rose trémière, voir *Alcea rosea*
Rosier musqué, voir *Rosa moschata*
Rosmarinus officinalis **168-170**, *169*
Rosmarinus officinalis var. *repens* **170**, *170*
Rosmarinus officinalis 'Boule' **170**, *170*, 178
Rosmarinus officinalis 'Corsican Blue' 118, **170**
Rosmarinus officinalis 'Majorcan Pink' **170**
Rosmarinus officinalis 'Miss Jessop's Upright' **170**
Rosmarinus officinalis 'Montagnette' **170**
Rosmarinus officinalis 'Sappho' 118, **170**, *170*
Rosmarinus officinalis 'Tuscan Blue' **170**
Rosmarinus officinalis 'Ulysse' 118
Rue fétide, voir *Ruta graveolens*
Ruta graveolens **170-171**, *171*

Safran, voir *Crocus sativus*
Salvia africana-lutea 53, *53*, **178**
Salvia 'Allen Chickering' 17, 96, **174**, *174*
Salvia apiana 16, 34, **171**, *171*
Salvia argentea 30, **178**, *178*
Salvia barrelieri **171**, *171*
Salvia 'Bee's Bliss' **176**, *176*
Salvia canariensis **171-172**, *172*
Salvia canariensis 'Albiflora' **172**

Salvia canariensis var. *candidissima* **172**, *172*
Salvia candelabrum 11, **172**
Salvia chamaedryoides 31, 82, **172**, *173*, 176, 188
Salvia chamelaeagnea **172-173**
Salvia 'Christine Yeo' **176**
Salvia clevelandii 17, **173**, *173*, 174
Salvia darcyi 111, 153, **178**, *178*
Salvia dominica 33, **178-179**
Salvia fruticosa 33, 43, **174**, *174*
Salvia greggii **174**, 178
Salvia greggii 'Alba' **174**
Salvia greggii 'Furman's Red' *126*, **174**
Salvia greggii 'Variegata' *174*, **174**
Salvia indica 33, **179**
Salvia interrupta **175**, *175*
Salvia lavandulifolia subsp. *blancoana* **175**, *175*, 179, 190
Salvia lavandulifolia subsp. *vellerea* **175**
Salvia leucophylla 17, *17*, 156, 174, **175**, 176, 179
Salvia leucophylla 'Figueroa' 143, **175**, *175*
Salvia mellifera 16, **179**
Salvia microphylla **176**, *176*, 176, 178
Salvia microphylla 'Royal Bumble' 89, **176**
Salvia 'Mrs. Beard' *31*
Salvia officinalis 172, 174, 175, **179**
Salvia officinalis 'Berggarten' 179
Salvia palaestina **176-177**, *177*
Salvia pomifera 97, 101, 130, **177**
Salvia sclarea **177-178**, *177*, *178*
Salvia staminea **179**
Salvia x *jamensis* **178**
Santolina benthamiana **180**, *180*, 180
Santolina chamaecyparissus **179-180**, *179*, 180
Santolina insulare 171, **180**
Santolina lindavica **180**, *180*
Santolina neapolitana 'Edward Bowles' **180**
Santolina rosmarinifolia 'Caerulea' **180**
Santolina viridis 173
Santolina viridis 'Primrose Gem' **180**, *180*
Sapin d'Espagne, voir *Abies pinsapo*
Sarcopoterium spinosum 28, 70, 82, 155, **180-182**, *180*, *181*, 192
Sarriette à feuilles de thym, voir *Satureja thymbra*
Satureja montana **182**
Satureja thymbra 33, 101, 130, 151, **182**, *182*, 192
Sauge de Jérusalem, voir *Phlomis fruticosa*
Sauges, voir *Salvia*
Scabiosa cretica 38, 174, **182**, *182*
Scabiosa hymnetia 120
Scabiosa minoana 101
Scabiosa ucranica 126, **182**

Scilla peruviana 25, *26*, 108
Sedum album **183**, *183*
Sedum album 'Coral Carpet' **183**
Sedum ochroleucum 34, **183**
Sedum palmeri *183*, **183**
Sedum sediforme 34, **182-183**, *183*
Sempervivum calcareum 67
Sempervivum tectorum **183**, *183*
Senecio cineraria **184**, *184*
Senecio elegans 18
Senecio vira-vira **184**
Senna artemisoides 20
Sequoia sempervirens 16
Sesbania punicea 89, **184**, *184*
Sideritis cypria 133
Sophora macrophylla 15
Sparte, voir *Lygeum spartum*
Spartium junceum **184-185**, *184*
Sphaeralcea ambigua **185**, *185*
Stachys byzantina 31, **185**, *185*
Stachys cretica 122, 137, **185**, *185*, 190
Stachys taurica **127**
Sternbergia lutea 93, 108
Stipa barbata *156*, **186**, 187
Stipa calamagrostis *186*, **186**
Stipa capillata *186*, **186**
Stipa gigantea 30, *159*, *174*, **186**
Stipa pennata *46*, 114, 135, *159*, **186-187**
Stipa tenacissima *47*, 142, **187**, *187*
Stipa tenuissima 92, 122, **187**, *187*
Sumac africain, voir *Rhus lancea*

Tagetes lemonii 173, *174*, **188**, *188*
Tanacetum cinerariifolium 25, **188**
Tanacetum densum subsp. *amanii* *31*, 92, 115, *165*, **188**, *188*, 194
Teucrium ackermanii 69, 133, 190, **190**, *190*, *191*
Teucrium aureum *2*, *45*, *127*, *187*, **190**, *191*
Teucrium chamaedrys 190, **190**, *191*
Teucrium cossonii 140, *188*, **188-189**, *191*
Teucrium creticum **190-191**
Teucrium divaricatum 151
Teucrium flavum 135, **189**
Teucrium fruticans 70, *70*, 78, 87, *107*, 151, 164, **189-190**, *189*
Teucrium fruticans 'Azureum' **190**
Teucrium fruticans 'Casablanca' *190*, **190**
Teucrium fruticans 'Gibraltar' **190**
Teucrium fruticans 'Ouarzazate' *190*, **190**
Teucrium hircanicum **191**

Teucrium laciniatum **191**, *191*
Teucrium lusitanicum **191**
Teucrium luteum *191*, **191-192**
Teucrium marum **190**, *190*
Teucrium microphyllum 151
Teucrium subspinosum 29, *30*, **192**
Teucrium x *lucidrys* **190**
Thymus capitatus 82, 151, 155, **192**
Thymus ciliatus 64, 108, 125, *173*, 190, **192**, *192*
Thymus herba-barona **193**
Thymus leucotrychus **193**, *193*
Thymus mastichina 171, **192-193**, *193*
Thymus polytrichus **193**
Thymus serpyllum 'Lemon Curd' *165*, **193-194**
Thymus vulgaris **193**, *193*
Toute-bonne, voir *Salvia sclarea*
Trachelospermum jasminoides **194**
Trompette de Jéricho, voir *Campsis radicans*
Tulbaghia violacea **194**, *194*

Umbellularia californica 16

Valériane, voir *Centranthus ruber*
Verbena bonariense 123, **194**, *194*
Verbena venosa **195**
Viburnum tinus 150, 153, 165, **195**
Viburnum tinus 'Villa Noailles' **195**, *195*
Vigne vierge, voir *Parthenocissus tricuspidata*
Vinca major **195**
Vinca minor **195**
Vinca minor 'La Grave' *195*, *195*
Vitex agnus-castus 'Alba' **196**
Vitex agnus-castus 'Latifolia' 125, 163, **195-196**, *196*
Vitex negundo var. *cannabifolia* **196**

Welwitschia mirabilis 32, 32-33

Yucca aloifolia 30
Yucca brevifolia 16, 17, **196**
Yucca elata **196-197**
Yucca gloriosa *197*, **197**
Yucca rostrata **196**, *196*
Yucca torreyi **197**, *197*
Yucca whipplei 17

Zizyphus lotus 27
Zoysia tenuifolia 64

Ouvrage réalisé par l'Atelier graphique Actes Sud
reproduit et achevé d'imprimer en janvier 2008
par l'imprimerie Pollina
pour le compte des éditions Actes Sud
Le Méjan, place Nina-Berberova
13200 Arles

RELECTURE ET CORRECTION : Aïté Bresson
CONCEPTION GRAPHIQUE : Christel Fontes
MISE EN PAGES : Anne Ambellan
SUIVI DE FABRICATION : Géraldine Lay & Camille Desproges
PHOTOGRAVURE : Terre Neuve

Dépôt légal 1re édition : avril 2007
Imprimé en France - N°L45887

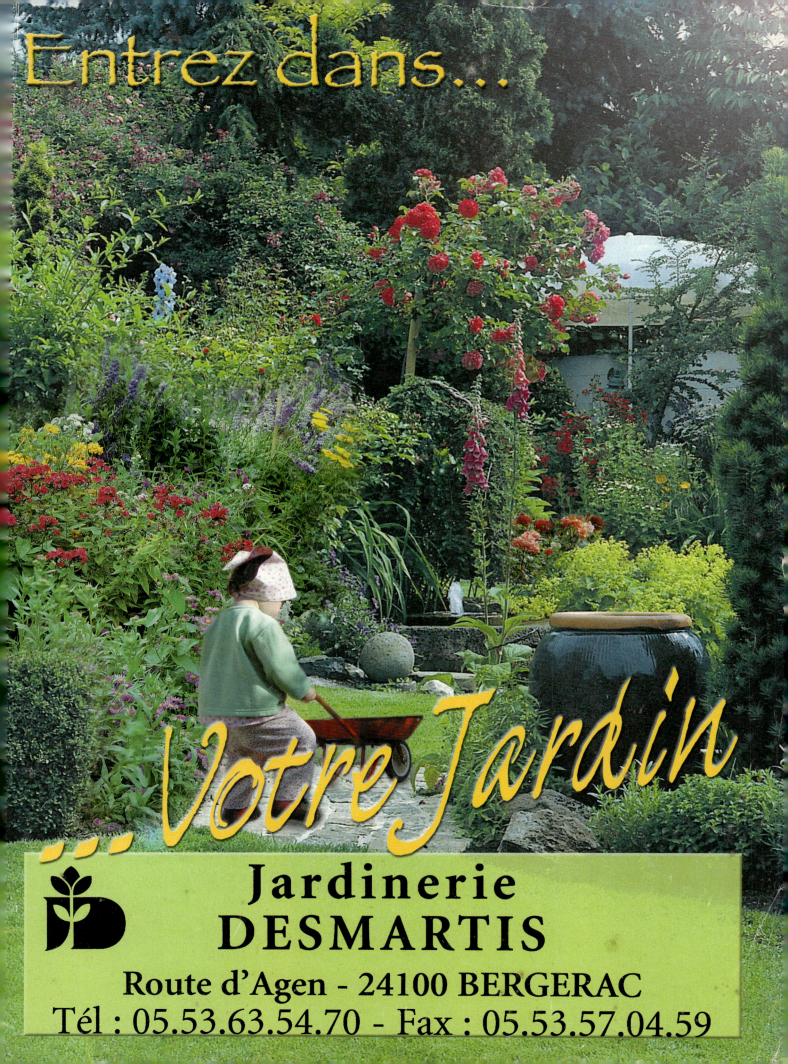

Sommaire

Arbustes à floraison printanière p. 3 à 6

Arbustes à feuillage décoratif p. 7-8

Arbustes à floraison estivale p. 9-10

Arbustes décors d'automne et d'hiver p. 11-12

Arbres d'ornement p. 13-14

Jardin mode d'emploi p. 15 à 18

Vivaces, Bambous & Graminées p. 19

Grimpantes p. 20-21

Conifères p. 22-23

Fruitiers p. 24 à 26

Rosiers p. 27 à 29

Haies p. 30-31

Balcons et terrasses p. 32

Index Arb

Abelias p. 7, 9, 30
Abricotiers p. 24
Acacias p. 13
Actinidias (Kiwis) p. 24
Agrumes p. 16
Ailanthe p. 13
Altheas p. 9, 30
Andromède p. 4
Amandier de Chine p. 3
Amélanchier p. 3
Aralia p. 7
Arbousier p. 30
Arbre à papillons p. 9, 30
Arbre à perruques p. 7
Arbre aux 40 écus p. 23
Arbre de Judée p. 3, 13
Aronia p. 4
Aubépine p. 13
Aucuba panaché p. 7
Aulne p. 13
Azalées p. 5
Bambous p. 19
Berberis p. 3, 11, 30
Bignones p. 20
Bois Joli p. 11
Bouleaux p. 13
Boule de Neige p. 3, 30
Bruyères p. 9, 11
Buis p. 7, 30
Buisson ardent p. 30
Callicarpa p. 11
Camélia p. 5
Caryopteris p. 9
Cassissiers p. 24
Catalpa p. 13
Céanothes p. 3, 9
Cèdres p. 23
Cerisiers p. 24
Cerisier à Fleurs p. 3, 11, 13
Chamaecyparis p. 24 à 25
Charme p. 13, 30
Chênes p. 13
Chèvrefeuilles p. 20
Chimonanthus p. 11
Clématites p. 21
Cognassier du Japon p. 4
Copalme d'Amérique p. 13
Corête du Japon p. 4, 30
Cornouillers p. 4, 7, 11, 30
Corylopsis p. 11
Cotoneasters p. 11, 30
Cryptomeria p. 24
Cyprès p. 23, 30
Cytise p. 13
Desmodium-Lespedeza p. 9
Deutzias p. 4
Eléagnus p. 7, 30

Enkianthus p. 5
Epiceas p. 22, 23, 30
Érables p. 7, 14, 30
Escallonia p. 9, 11, 30
Eucalyptus p. 7, 13
Exochorda p. 4
Faux Cyprès p. 22
Féviers p. 13, 14
Fleurs de la Passion p. 20
Forsythia p. 4, 30
Fothergilla p. 12
Fougères p. 19
Framboisiers p. 24
Frêne p. 14
Fuchsias p. 9
Fusains p. 7, 12, 30
Genêts p. 5, 10, 30
Genèvriers p. 22, 23
Glycine p. 20
Graminées p. 19
Groseillier à fleurs p. 6
Groseilliers p. 24
Hamamelis p. 12
Hêtres p. 13, 14, 30
Hortensias p. 10, 20
Houx p. 7, 11
If p. 22
Jasmins p. 20
Kalmia p. 10
Kœlreuteria p. 13
Kolkwitzia p. 6
Laurier sauce p. 12
Laurier tin p. 11, 12, 31
Lauriers p. 12, 31
Lavandes p. 10, 30
Lavatère p. 10
Leucothoe p. 8
Lierres p. 14, 20
Lilas p. 6, 12, 30
Lonicera p. 12
Magnolias p. 5, 14
Mahonia p. 12
Marronnier p. 14
Mélèze p. 23
Millepertuis p. 10
Mimosa p. 6
Mûres p. 25
Mûrier platane p. 14
Nandina p. 12
Nectarines-Brugnons p. 25
Noisetiers p. 8, 12, 30
Orangers du Mexique p. 6
Orme p. 13
Osmanthus p. 8, 11
Parrotia p. 12
Paulownia p. 14
Pêchers p. 25
Perovskia p. 10
Peupliers p. 13, 31

Photinia p. 8, 30
Picea p. 24
Pins p. 22, 23
Pivoine en arbre p. 6
Platane p. 14
Poiriers p. 25
Poirier pleureur p. 14
Pommiers p. 26
Pommier à fleurs p. 6, 11
Potentille p. 10, 31
Pruniers p. 26
Prunier 'Pissardii' p. 8
Renouée grimpante p. 20
Rhododendrons p. 4, 31
Romarin p. 8
Roses anciennes p. 28
Rosiers anglais p. 28
Rosiers à fleurs groupées p. 28, 31
Rosiers à grandes fleurs p. 27
Rosier du Japon p. 31
Rosiers grimpants p. 29
Rosiers miniatures p. 28
Rosiers paysagers p. 28
Rosiers pleureurs p. 28
Rosiers tiges p. 28
Rubus p. 14
Sapins p. 22, 23
Sapin de Douglas p. 30
Saule arbustif p. 8
Saule pleureur p. 14
Séquoia Géant p. 23
Seringat p. 6, 30
Skimmia p. 12
Sophora p. 13
Sorbier des Oiseaux p. 14
Spirées p. 6, 8, 10, 30
Sumac de Virginie p. 8
Sureau p. 6, 8, 30
Symphorine p. 12
Tamaris p. 6, 10
Thuyas p. 22, 23, 30, 31
Tilleuls p. 13, 14
Troènes p. 8, 30, 31
Tulipier de Virginie p. 14, 21
Véronique p. 10
Vignes p. 26
Vignes Vierges p. 20
Viornes p. 6, 8, 12
Vivaces p. 19
Weigelia p. 6, 8, 30
Yucca p. 8

HAUTEUR — FLORAISON — PERSISTANT — CADUC — SOLEIL — SOLEIL & MI-OMBRE — MI-OMBRE — OMBRE

ustes à floraison printanière

1 Amandier de Chine
PRUNUS TRILOBA
Petites fleurs très doubles.
Tous les sols lui conviennent.

2 Amélanchier
Port léger, aérien, arrondi.
Tous les sols lui conviennent.
Parfait en haie libre.

3 Arbre de Judée
CERCIS SILIQUASTRUM
Idéal pour sol sec et calcaire.
Abondante floraison rose.

4 Berberis darwinii
Port compact. Floraison d'une
teinte jaune orangé originale.

5 Berberis stenophylla
Rameaux souples. Feuillage
fin. Fleurs jaune d'or.

6 Boule de neige
VIBURNUM OPULUS ROSEUM
Très florifère. Port arrondi.
Pour tous les sols.

7 Céanothe persistant
CEANOTHUS
Nuances de bleu différentes
selon les variétés. Port arrondi.

8 Céanothe rampant
CEANOTHUS REPENS
Couvre-sol vigoureux et florifère.
Port étalé. Pour tous les sols.

9 Céanothe 'Zanzibar'®
Persan
CEANOTHUS THYRSIFLORUS
Etonnant contraste entre le
feuillage doré et la floraison
bleue.

10 Cerisier à fleurs 'Accolade'
PRUNUS 'ACCOLADE'
Port évasé. Indifférent à la
nature du sol.

11 Cerisier à fleurs 'Amanogawa'
PRUNUS SERRULATA 'AMANOGAWA'
Port colonnaire. Beau feuillage
automnal.

12 Cerisier à fleurs 'Kanzan'
PRUNUS SERRULATA 'KANZAN'
Très florifère. Port évasé.
Tous les sols lui conviennent.

ARBUSTES À FLORAISON PRINTANIÈRE

Cognassier du Japon
CHAENOMELES
Coloris variés. Port arrondi. Fruits décoratifs.

Corête du Japon
KERRIA JAPONICA
Port souple et arrondi. Fleurs doubles.

Deutzia gracilis
Port arrondi. Peut se cultiver en bac.

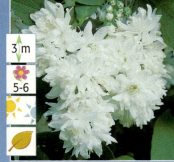

Deutzia magnifica
Splendide floraison en sol frais. Port arrondi.

Deutzia 'Mont Rose'
Remarquable floraison. Éviter les sols secs.

Deutzia scabra 'Plena'
Très bel effet en isolé ou en haie fleurie.

Exochorda
Arbuste gracieux et rustique. Port arrondi. Très florifère.

Forsythia
Floraison éclatante. Existe aussi en variété couvre-sol. Pour tous les sols.

Les Plantes de

Cornouiller CORNUS
1 florida rubra Pour massifs et petits jardins. Feuillage décoratif à l'automne.
2 'Kousa' Feuillage décoratif à l'automne. Sols frais et non calcaires.

Rhododendron
1 hybride Ne pas trop arroser en été pour favoriser la floraison. Coloris variés.
2 nain Éviter de les tailler. Coloris variés.
3 Yakushimanum Remarquables pour leurs fleurs pastel. Coloris variés.

Aronia
Pour accompagner Rhododendrons et Azalées. Port arrondi.

Andromède
PIERIS
Feuillage et floraison spectaculaires.

HAUTEUR — FLORAISON — PERSISTANT — CADUC — SOLEIL — SOLEIL & MI-OMBRE — MI-OMBRE — OMBRE

ARBUSTES À FLORAISON PRINTANIÈRE

Genêts

1 *Genêt Hispanica*
GENISTA HISPANICA
Épineux, port compact.
Ses fleurs sont parfumées.

2 *Genêt hybride*
CYTISUS SCOPARIUS
Coloris très nombreux et chatoyants. Port érigé.

3 *Genêt lydia*
GENISTA LYDIA
Port en épais coussin, très florifère. Idéal en rocaille.

4 *Genêt 'Porlock'®*
CYTISUS 'PORLOCK'
Port dense, rustique.
Supporte les sols calcaires.

Conseils

Pour installer les plantes de terre de bruyère, plongez-les sans attendre dans un seau d'eau pour bien imbiber la motte, puis plantez-les dans des trous plus larges que profonds. Si votre sol n'est pas acide, comblez le trou avec de la terre de bruyère du commerce en formant une légère cuvette sur le dessus pour recevoir l'arrosage.

Terre de Bruyère

Camélia
CAMELLIA
Grande variété de couleurs, de formes, de dates de floraison. Port érigé.

Enkianthus
À abriter du vent et à planter en terre de bruyère. Feuillage décoratif à l'automne.

Magnolia
1 *'Léonard Messel'*
Port dressé, feuillage doré en automne.
2 *'Soulangeana'*
Superbes fleurs rose tendre.

Azalée de Chine
AZALEA MOLLIS
Les fleurs apparaissent avant les feuilles. Port érigé. Nombreux coloris.

Azalée du Japon
AZALEA JAPONICA
Extraordinaire gamme de coloris. Port étalé.

ARBUSTES À FLORAISON PRINTANIÈRE

Groseillier à fleurs
RIBES SANGUINEUM
Fleurs rose clair à rouge foncé en grappes. Culture facile.

Kolkwitzia
Rameaux d'abord dressés puis retombants. Port arrondi.

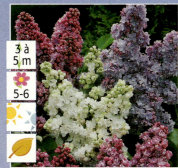

Lilas
SYRINGA VULGARIS
Port dressé puis évasé, drageonnant. Fleurs parfumées, doubles ou simples.

Mimosa
ACACIA DEALBATA
Exposition très protégée et très ensoleillée. Fleurs parfumées.

Oranger du Mexique
CHOISYA TERNATA
Floraison parfumée, remontante en automne.

Oranger du Mexique 'Goldfingers'® Limo
CHOISYA TERNATA
D'une rare élégance. Parfumé.

Pivoine en arbre
PAEONIA SUFFRUTICOSA
Nombreuses variétés. Sol riche en humus. Très grosses fleurs.

Pommier à fleurs
MALUS
Différents coloris. Feuillage et fruits décoratifs.

Seringat
PHILADELPHUS
Croissance rapide. Port érigé. Fleurs parfumées.

Spirée X arguta
SPIRAEA
Bel arbuste à tailler après floraison. Fleurs immaculées.

Spirée thunbergii
SPIRAEA
Une des premières floraisons blanches. Beau feuillage à l'automne.

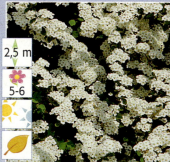

Spirée X Vanhouttei
SPIRAEA
Peu exigeante. Croissance rapide. Port retombant.

Sureau 'Black Beauty'® Gerda
SAMBUCUS
Pour contraste de couleur. Pousse dans tous les sols.

Tamaris de printemps
TAMARIX TETRANDRA
Convient aux sols sableux. Croissance rapide. Port érigé.

Viorne 'Watanabe'
VIBURNUM PLICATUM
Floraison remontante. Port en rameaux horizontaux. Belles couleurs automnales.

Weigelia
WEIGELA
Très florifère. Coloris rouge, rose ou blanc. Existe en feuillage panaché ou pourpre.

HAUTEUR — FLORAISON — PERSISTANT — CADUC — SOLEIL — SOLEIL & MI-OMBRE — MI-OMBRE — OMBRE

Arbustes à feuillage décoratif

1 *Abelia Confetti® 'Conti'*
Semi-persistant. Floraison blanche en été.

2 *Aralia*
Port remarquable très architecturé.

3 *Arbre à perruques*
COTINUS
Floraison originale. Feuillage vert ou pourpre. Port arrondi.

4 *Aucuba panaché*
Pieds mâles et femelles nécessaires pour la fructification.

5 *Buis*
BUXUS
Forme libre ou taillée pour art topiaire. Supporte les sols secs.

6 *Cornouiller panaché*
CORNUS
Blanc ou doré. Rameaux colorés remarquables en hiver.

7 *Eléagnus panaché*
ELAEAGNUS
Convient en bacs. Port érigé dense.

8 *Érable 'Flamingo'*
ACER NEGUNDO
La taille accentue ses contrastes de couleurs. Port arrondi.

9 *Érable du Japon*
ACER PALMATUM
Nombreux feuillages très découpés. Bacs et petits jardins.

10 *Eucalyptus gunnii*
Feuillage glauque très caractéristique, parfumé.

11 *Fusain panaché*
EUONYMUS JAPONICUS
Panaché blanc ou doré. Excellent en bacs ou en couvre-sol.

12 *Houx panaché*
ILEX
Feuilles panachées coriaces, plus ou moins épineuses.

ARBUSTES À FEUILLAGE DÉCORATIF

Leucothoe Scarletta®
Zeblid
Port dressé et compact. Feuillage décoratif toute l'année.

Noisetier pourpre
CORYLUS MAXIMA 'PURPUREA'
Pour créer des contrastes de couleurs et déguster des noisettes !

Osmanthus heterophyllus
Existe en feuillage vert ou panaché. Fleurs parfumées.

Photinia
Jeunes pousses rouges très décoratives. Port érigé.

Prunier Pissardii
PRUNUS CERASIFERA 'NIGRA'
Recommandé pour contraste de couleurs. Port arrondi.

Romarin
ROSMARINUS
Plante aromatique. Redoute les sols humides. Jolie floraison bleutée.

Saule arbustif 'Hakuro-Nishiki' SALIX
Remarquable pour la délicatesse de son panachage. Port arrondi.

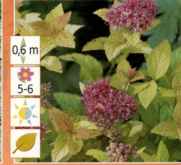
Spirée 'Goldflame'
SPIRAEA JAPONICA
Du plus bel effet en haie basse. Tailler court en fin d'hiver. Belle coloration d'automne.

Spirée 'Magic Carpet'®
Walburma SPIRAEA JAPONICA
Mini buisson doré qui porte des fleurs roses en été. Parfait en couvre-sol.

Sumac de Virginie
RHUS TYPHINA
Conserve ses inflorescences pourpres tout l'hiver. Port arrondi.

Sureau panaché
SAMBUCUS 'MARGINATA'
Aspect bicolore très décoratif. Port érigé. Fleurs parfumées.

Troène 'Lemon & Lime'® LIGUSTRUM OVALIFOLIUM
Aussi beau dans les jardins que sur les balcons. Très original taillé en topiaire.

Troène panaché
LIGUSTRUM
Joli contraste de couleurs dans les haies et massifs d'arbustes. Port érigé.

Viorne persistante
VIBURNUM RHYTIDOPHYLLUM
Parfait complément des massifs de Rhododendrons. Port érigé.

Weigelia panaché
WEIGELA
Recommandé pour les petits jardins. Port compact.

Yucca filamentosa
Ses fleurs peuvent atteindre 1,5 m. Port érigé. Supporte les sols secs.

HAUTEUR — FLORAISON — PERSISTANT — CADUC — SOLEIL — SOLEIL & MI-OMBRE — MI-OMBRE — OMBRE

Arbustes à floraison estivale

1 Abelia
Port arrondi gracieux. Florifère. Belles couleurs d'automne.

2 Althea
HIBISCUS
Floraison généreuse. Fleurs simples ou doubles. Coloris variés.

3 Arbre à papillons
BUDDLEIA
Plusieurs coloris. Floraison parfumée qui attire les papillons.

4 Bruyère d'été
CALLUNA
Nombreuses variétés pour massifs et bacs. Apprécie un sol acide.

5 Caryopteris
À tailler court chaque printemps. Floraison bleu intense.

6 Céanothe 'Gloire de Versailles'
CEANOTHUS
Port arrondi. Tous les sols lui conviennent sauf le calcaire.

7 Céanothe 'Marie Simon' CEANOTHUS
À protéger des grands froids. Floraison d'un rose raffiné.

8 Desmodium
LESPEDEZA
Rameaux souples à tailler court au printemps. Port arrondi.

9 Escallonia
Coloris rose ou rouge. À protéger des grands froids.

10 Fuchsia 'Little Cracker'®
Port droit à végétation très serrée. Incomparable en jardinière.

11 Fuchsia rustique
FUCHSIA RICCARTONII
Abriter les pieds en hiver. Port arrondi, souple, à branches retombantes. Floraison abondante tout l'été.

Conseils

De nombreux arbustes se plaisent en bacs. Profitez-en pour fleurir vos terrasses. Choisissez le contenant en fonction du développement de la plante. Par exemple, 25 cm de profondeur suffiront pour une Bruyère mais un Abelia aura besoin d'un bac de 50 cm. Mélangez de la tourbe blonde au terreau de plantation pour retenir l'eau.

ARBUSTES À FLORAISON ESTIVALE

Genêt d'Espagne
SPARTIUM JUNCEUM
Grande vigueur. Floraison abondante et parfumée.

Hortensia à grandes fleurs HYDRANGEA MACROPHYLLA
Nombreuses couleurs et variétés. Apprécie la terre de bruyère.

Hortensia 'Annabelle'
HYDRANGEA ARBORESCENS
Très grande inflorescence. Blanc pur. Port arrondi. Apprécie un sol acide.

Hortensia paniculata
HYDRANGEA PANICULATA
Longues inflorescences sur de souples rameaux dressés. Apprécie un sol acide.

Kalmia
Fleurs abondantes aux motifs raffinés. Port arrondi. Apprécie un sol acide.

Lavande 'Lavender Lace' LAVANDULA STOECHAS
Épis courts couronnés de "papillons roses". Idéal en pot.

Lavande LAVANDULA
Nombreuses variétés parfumées. Massifs, pots, bordures et rocailles

Lavatère
LAVATERA
Bel arbuste. Port érigé et gracieux. Fleurs à profusion.

Millepertuis
HYPERICUM
Variété arbustive ou couvre-sol. Tous les sols lui conviennent.

Perovskia
Feuillage très odorant. Rabattre au sol chaque printemps. Port érigé.

Potentille
POTENTILLA FRUTICOSA
Bonne rusticité. Nombreux coloris. À tailler à mi-hauteur au printemps.

Spirée billardii
SPIRAEA BILLARDII
Port érigé. Fleurs en grappes terminales dressées. Sol ordinaire.

Spirée 'Anthony Waterer' SPIRAEA JAPONICA
Feuillage vert rouge à l'automne. Fleurs plus claires en fin de floraison.

Spirée 'Genpei'
SPIRAEA JAPONICA 'SHIROBANA'
Fleurs blanches et roses sur le même pied. Port arrondi. Culture facile.

Tamaris d'été
TAMARIX RAMOSISSIMA
Vigoureux. Fleurs sur le bois de l'année. Irremplaçable en bord de mer.

Véronique
HEBE
Floraison bleue ou blanche spectaculaire. Port arrondi.

HAUTEUR | FLORAISON | PERSISTANT | CADUC | SOLEIL | SOLEIL & MI-OMBRE | MI-OMBRE | OMBRE

Arbustes décors d'automne et d'hiver

1. **Berberis 'Amstelveen'**
Gracieux rameaux retombants. Feuillage brillant.

2. **Bois Joli**
DAPHNE MEZEREUM
Floraison parfumée. Supporte le calcaire.

3. **Bruyère d'hiver**
ERICA CARNEA
Nombreuses variétés pour massifs, bacs et bordures.

4. **Callicarpa**
Recherché pour le coloris exceptionnel de ses fruits améthyste en automne.

5. **Cerisier subhirtella**
PRUNUS SUBHIRTELLA 'AUTUMNALIS'
Pour profiter de sa floraison remontante en automne.

6. **Chimonanthus**
À placer en situation abritée. Parfumé. Port érigé.

7. **Cornouiller 'Flaviramea'**
CORNUS STOLONIFERA
Bois jaune vif.

8. **Cornouiller 'Sibirica'**
CORNUS ALBA
Ses ramures de bois rouge illuminent vos massifs en hiver.

9. **Corylopsis**
À associer aux rhododendrons et azalées. Parfumé.

10. **Cotoneaster dammeri**
En couvre-sol et en rocailles. Jolie fructification en automne.

11. **Cotoneaster horizontalis**
Semi-persistant. Fruits décoratifs rouge vif en automne. Port étalé.

12. **Cotoneaster 'Skogholm'**
Longs rameaux rampants.

autres variétés...

Houx ILEX
Plusieurs variétés : vertes, panachées, épineuses ou non.

Laurier Tin VIBURNUM TINUS
Intéressant pour son abondante floraison en hiver. Port érigé.

Osmanthus
Fleurs très parfumées. Feuilles dentées et luisantes. Utilisable en haies.

Pommier à fleurs MALUS
Floraison blanche, rose ou rouge. Nombreux petits fruits jaunes ou rouges.

ARBUSTES DÉCORS D'AUTOMNE ET D'HIVER

Fothergilla
Très décoratif. Port compact. Fleurs blanc-crème en petits épis parfumés.

Fusain ailé
EUONYMUS ALATUS
Superbe en sujet isolé. Curieux rameaux à ailes liégeuses.

Hamamelis
Floraison parfumée jaune, orange ou rouge. Port séduisant.

Laurier du Portugal
PRUNUS LUSITANICA
Convient en isolé. Original en forme taillée en bac. Parfumé.

Laurier Sauce
LAURUS NOBILIS
Aromatique et décoratif. Se prête bien à la taille. Situation abritée.

Laurier-Tin 'Spirit'® Anvi
VIBURNUM TINUS
La floraison la plus longue de tous les Lauriers-tins. Facile.

Lilas microphylla
SYRINGA MICROPHYLLA
Intéressant pour sa floraison prolongée et parfumée. Port arrondi.

Lonicera pileata
En couvre-sol, planter 4 sujets au m². Résistant. Parfait en verdissement de massif.

Mahonia
Floraisons échelonnées selon les variétés. Feuillage et fruits décoratifs.

Nandina
Étonnante coloration changeante du feuillage. Fruits rouges décoratifs.

Noisetier tortueux
CORYLUS AVELLANA 'CONTORTA'
Rameaux spiralés très décoratifs en hiver. Jolis chatons, bonnes noisettes !

Parrotia
Très utile pour créer des contrastes sur fond de conifères sombres. Port érigé.

Skimmia
SKIMMIA JAPONICA
Planter des pieds mâles et femelles pour une fructification d'automne.

Symphorine
SYMPHORICARPOS
Très rustique. Fruits roses, rouges ou blancs décoratifs en automne.

Viorne carlesi
VIBURNUM CARLESII
Floraison généreuse au délicieux parfum d'héliotrope. À planter en terre de bruyère.

Viorne davidii
VIBURNUM DAVIDII
Planter plusieurs sujets pour une bonne fructification, décorative en automne.

HAUTEUR — FLORAISON — PERSISTANT — CADUC — SOLEIL — SOLEIL & MI-OMBRE — MI-OMBRE — OMBRE

Arbres d'ornement

Acacia 'Casque Rouge'
Flemor ROBINIA X SLAVINI
H : 8 à 10 m.

Acacia-doré 'Frisia'
ROBINIA PSEUDOACACIA
H : 8 à 10 m.

Ailanthe
AILANTHUS
H : 12 m. (Fruits sur pied femelle).

Aubépine
CRATAEGUS
H : 5 m.

Bouleau blanc
BETULA UTILIS
H : 12 m et +.

Bouleau pleureur
BETULA PENDULA YOUNGII
H : 6 m.

Catalpa commun
CATALPA BIGNONIOIDES
H : 10 à 15 m.

Cerisier pleureur
PRUNUS 'KIKU SHIDARE SAKURA'
H : 6 m.

autres variétés...

Acacia boule
ROBINIA UMBRACULIFERA

Arbre de Judée
CERCIS SILIQUASTRUM (VOIR P. 3)

Aulne
ALNUS

Bouleau commun
BETULA PENDULA

Cerisiers à fleurs
PRUNUS (VOIR P 3)

Chêne commun
QUERCUS ROBUR

Érable sycomore
ACER PSEUDOPLATANUS

Eucalyptus 'Gunnii'
(VOIR P. 7)

Févier
GLEDITSIA TRIACANTHOS

Hêtre commun
FAGUS SYLVATICA

Hêtre pourpre pleureur
FAGUS S. PENDULA

Kœlreuteria

Orme pleureur
ULMUS

Peuplier d'Italie
POPULUS NIGRA ITALICA

Sophora commun, pleureur

Tilleul de Hollande
TILIA PLATYPHYLLOS

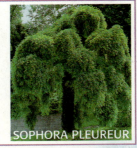
SOPHORA PLEUREUR

Chêne rouge d'Amérique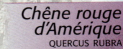
QUERCUS RUBRA
H : 15 m et +.

Copalme d'Amérique
LIQUIDAMBAR
H : 15 m et +.

Conseils
Trompe-l'œil : Planter un arbre d'ornement dans un petit jardin, cela peut être judicieux. En choisissant une espèce adaptée, plantée en fond de propriété, vous créerez un effet de perspective. Cela vous permettra également de masquer une vue gênante.

Charme
CARPINUS
H : 4 à 7 m.

Cytise
LABURNUM
H : 6 m.

ARBRES D'ORNEMENT

Érable negundo
ACER NEGUNDO VARIEGATUM
H : 6 m.

Érable plane
ACER PLATANOIDES
H : 12 m et +.

Érable pourpre
ACER 'CRIMSON KING'
H : 6 m.

Févier doré
GLEDITSIA 'SUNBURST'
H : 8 à 10 m.

Frêne à fleurs
FRAXINUS ORNUS
H : 7 m. Parfumé.

Hêtre pourpre
FAGUS PURPUREA
H : 10 à 15 m.

Magnolia grandiflora
H : 8 m. Parfumé.
Sauf sol calcaire.

Marronnier
AESCULUS
H : 8 à 15 m. Ombrage.

Mûrier platane
MORUS BOMBYCIS
H : 7 m. Ombrage.

Paulownia tomentosa
H : 10 à 12 m.

Platane
PLATANUS ACERIFOLIA
H : 20 m et +.

Poirier pleureur à feuilles de saule
PYRUS SALICIFOLIA
H : 4 m.

Saule pleureur
SALIX ALBA TRISTIS
H : 7 m.

Tilleul argenté
TILIA TOMENTOSA
H : 12 m et +. Parfumé.

Sorbier des Oiseaux
SORBUS AUCUPARIA
H : 6 à 8 m.

Tulipier de Virginie
LIRIODENDRON
H : 15 m et +.

PETITS JARDINS | BELLE FLORAISON | TOUS SOLS | CALCAIRE | ÉCORCE DÉCORATIVE | SOLS HUMIDES | SOLS ARGILEUX | PERSISTANT | PLEUREUR | FRUITS DÉCORATIFS | CROISSANCE RAPIDE

Jardin MODE D'EMPLOI

LE JARDIN ET SA STRUCTURE

Sur une feuille quadrillée où 1 m sera égal à 2 grands carreaux (ou 2 cm). Dessinez les constructions, les circulations, l'emplacement des massifs et des grands arbres. Marquez également les changements de niveau pour pouvoir en tirer parti ainsi que les points d'eau (ils faciliteront l'arrosage et permettront l'emplacement d'un bassin). Prévoyez les éclairages.

LE JARDIN ET SON STYLE

1. Style "à la française"
Son tracé est plutôt géométrique (régulier ou asymétrique). Il peut être décoré d'arbres taillés, de topiaires ; il est particulièrement adapté aux petits jardins.

2. Style "à l'anglaise"
Paysagé, avec des courbes naturelles à l'aspect romantique, il convient plutôt aux jardins un peu plus grands.

3. Style "actuel"
Facile, adapté aux exigences de la vie moderne, son entretien est réduit. Il peut reprendre le tracé simple des jardins à la française et la profusion des arbustes et des vivaces des jardins anglais. Il utilise en décoration la pierre, des sculptures, des poteries comme dans les jardins japonais et les jardins italiens de la Renaissance.

LE JARDIN ET SON CLIMAT

Pour créer ou modifier son jardin, il faut prendre en compte l'ensoleillement, la température et l'exposition aux vents. Le sens du vent dominant déterminera la place d'une haie, d'un bosquet. Pour vous abriter des gros soleils d'été, vous planterez un arbre d'ombrage ou vous installerez une pergola. Pour capter la lumière dans un endroit sombre, vous aménagerez un bassin ou des surfaces dallées de couleur claire. Selon l'exposition, vous choisirez une terrasse ou une véranda.

LE JARDIN ET SON SOL

La terre et l'eau sont essentielles à la croissance des plantes. Il faut donc connaître la composition de votre sol et ses qualités.

• **Une terre argileuse** est lourde, longue à se réchauffer au printemps. Elle forme de grosses mottes compactes au bêchage et, gorgée d'eau, elle colle aux outils et aux bottes. Des apports d'humus réguliers sont bénéfiques.

• **Une terre calcaire** est reconnaissable à sa couleur claire, à la présence de cailloux et à sa faculté de se dessécher en craquelant. Pour la corriger, il suffit de faire régulièrement des apports de matières organiques acides et d'humus.

• **Une terre sableuse ou siliceuse** est facile à travailler. Elle se réchauffe vite au printemps ce qui permet une plus grande précocité des cultures. Par contre elle retient peu l'eau et mérite l'installation d'un système d'arrosage automatique.

• **Une terre humifère** est de couleur foncée, presque noire. Elle peut se gorger d'eau, il faut donc veiller à un bon drainage. Ces sols riches en éléments nutritifs pour les plantes permettent de limiter fortement l'utilisation des engrais.

1. Laurier
2. Spirée
3. Lilas

1. Buddleia
2. Buis
3. Tamaris

1. Lavande
2. Pin noir
3. Troène

1. Pivoine
2. Laurier tin
3. Hortensia

JARDIN MODE D'EMPLOI

RÉALISER UN MASSIF

Principes de base

1. Choisir un petit arbre ou au moins 3 grands arbustes. Vérifier la hauteur qu'ils auront à l'âge adulte ainsi que leur encombrement et leur port, surtout si vous devez les planter près de la maison.
2. Choisir environ 1/3 d'espèces à feuillage persistant pour que ce massif reste intéressant tout au long de l'année. Mêler quelques végétaux à feuillages panachés, décoratifs lorsque la saison des floraisons est passée.
3. Planter les grands sujets au fond du massif. Pour donner de la profondeur, prévoir d'ajouter une plante qui "accrochera l'œil" sans bloquer le champ de vision : Bouleau, If d'Irlande fastigié, Genèvrier 'Hibernica', Cerisier à fleurs 'Amanogawa'.

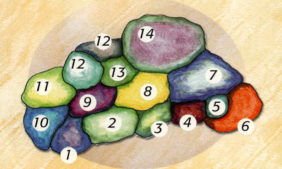

1. Bruyère
2. Fusain 'Emerald Gaity'
3. Bruyère
4. Spirée 'Goldflame'
5. Pin nain
6. Azalée japonaise
7. Céanothe persistant
8. Genista lydia
9. Azalée Exbury
10. Genèvrier 'Blue Star'
11. Genèvrier 'Old Gold'
12. Rosiers arbustifs
13. Picea glauca conica
14. Cerisier à fleurs

À l'action !

1. Délimitez votre massif au sol à l'aide de piquets et d'une ficelle, ou du tuyau d'arrosage si vous désirez un tracé sinueux.
2. Préparez votre terrain et incorporez un engrais organique.
3. Faites vos plantations en regroupant les végétaux de même volume par groupes de 3 environ et cela en quinconce.
4. Arrosez abondamment.
5. N'oubliez pas de poursuivre généreusement vos arrosages les 2 années suivantes, et d'entretenir la silhouette de vos arbustes par une taille régulière.

JARDIN MODE D'EMPLOI

HABILLER UN MUR

Les bonnes raisons d'habiller un mur : décorer une façade inesthétique pour la rendre accueillante ou créer un effet trompe-l'œil (treillage décoratif) pour agrandir l'espace.

Principes de base
1. Tenir compte de l'exposition au soleil pour choisir les végétaux.
2. Vérifier la qualité de la terre au pied du mur. Pour l'améliorer : terreau et enfrais organique.
3. Guider les végétaux au cours de leur croissance et conserver leur forme en les taillant régulièrement et au bon moment.

Différentes possibilités
1. Lierre, vigne-vierge, hortensia grimpant s'accrochent seuls sur le mur.
2. Vigne, clématite, rosier grimpant, bignone, glycine doivent être guidés sur des fils tendus le long du mur et maintenus à 5 cm de celui-ci.
3. Pour les Chèvrefeuille, Jasmin officinal et Jasmin d'hiver, rosier grimpant, on peut aussi utiliser un treillage tenu éloigné du mur par des cales de 10 cm.
4. Conduire des fruitiers en espaliers le long du mur : pommier, poirier, abricotier, pêcher.
5. Palisser un arbuste le long du mur: Cotoneaster horizontalis, Pyracantha, Escallonia.

IMPLANTER UN BASSIN

Principes de base
1. Choisir un emplacement où le bassin aura 5 à 6 h de lumière directe par jour.
2. Ne pas le placer dans un creux ou en contrebas d'une pente car il ne doit pas récupérer le ruissellement des eaux de pluie.
3. Ne pas lésiner sur le choix du matériel. Il doit être adapté au terrain, à la surface à couvrir et présenter de bonnes garanties au gel et aux U.V. Le fond du bassin doit présenter des 'paliers' (2 minimum) correspondant aux profondeurs de plantation des différents types de plantes que vous installerez.
4. Placer les plantes dans des corbeilles garnies de substrat "spécial plantes aquatiques" en respectant la bonne profondeur.
5. Utiliser des produits biologiques et introduire des plantes oxygénatrices comme la laitue d'eau (flottante) en cas de prolifération des algues.

Les bonnes raisons d'implanter un bassin
Un bassin, c'est une part de rêve que l'on réalise. Il accueille une flore exceptionnelle ainsi que des poissons miroitants, des oiseaux, des grenouilles et autres libellules. Esthétique, il apporte la sérénité. Élément essentiel du décor, il est nécessaire de l'installer bien en vue.

Prêle   Iris   Astilbe

Jacinthe d'eau
Nénuphar

Un conseil important : ne laissez pas les enfants en bas âge s'approcher du bassin.

17

JARDIN MODE D'EMPLOI

PLANTER UNE HAIE VARIÉE

Principes de base

1. Choisir le type de haie que l'on préfère : haie taillée ou haie libre, écran impénétrable ou haie décorative.
2. Eviter de choisir plus de 5 variétés d'arbustes. Intercaler quelques persistants.
3. Haies de plus de 2 m de haut : les planter à au moins 2 m de la limite de propriété.
4. Haies de 2 m et moins : les planter à 50 cm au moins de la limite, mais il est préférable de s'en écarter de 1 m pour conserver un passage permettant l'entretien.
5. Creuser 2 tranchées parallèles de 30 cm de profondeur et autant de large, en les espaçant de 80 cm environ. Incorporer au fond un engrais complet ou du compost. Disposer les arbustes en quinconce sur ces lignes, en les espaçant de 1 m environ.
6. Combler les tranchées avec un mélange de terreau et de terre de jardin. Tasser légèrement et arroser très copieusement. Pailler le sol afin de limiter l'évaporation et le développement des mauvaises herbes. Soigner l'arrosage tout au long de l'année qui suit.
7. Tailler court les 2 premières années pour que la base des arbustes s'étoffent bien, puis régulièrement selon les variétés et le type de haie.
8. Décorer le pied de votre haie selon l'exposition, avec des vivaces, des rosiers, des arbustes bas ou de petits fruitiers.

Haies champêtres taillées
Charmille/1, Erable champêtre/2 et ginnala/3, Cornouiller/4, Noisetier/5

Haies impénétrables
Berberis/1, Houx/2, Osmanthus/3, Pyracantha/4, Argousier/5.

Haies décoratives à floraisons décalées

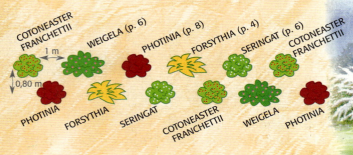

Autres plantes possibles : Corête du Japon, Cotinus, Abélia, Laurier-tin, Escallonia, Céanothe persistant, Cotoneaster lacteus, Eléagnus ebbingei, Pyracantha, Althea, Houx, Buddleia, Spirée de printemps, Boule de neige, Lilas.

Haies décoratives "refuge des oiseaux"

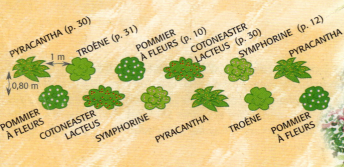

Autres plantes possibles : Eléagnus ebbingei, Sorbier, Cornouiller mâle, Néflier, Noisetier, Prunier pissardii, Laurier-tin, Houx, Amélanchier, Sureau, Viburnum rhytidophyllum.

Vivaces

N'hésitez pas à associer les vivaces à quelques arbustes à feuillage persistant. Les variétés hautes se prêtent à merveille à la confection de bouquets tout au long de la belle saison.

Bambous & Graminées

Précieux pour leur décor permanent et exotique, ils sont rustiques et demandent peu de soins.

PLANTES GRIMPANTES

Bignone 'Mme Galen'
CAMPSIS X TAGLIABUANA
Plantez-la contre un mur bien exposé au soleil.

Bignone 'Yellow Trumpet' CAMPSIS RADICANS
Floraison très abondante. Coloris original.

Chèvrefeuille heckrotti LONICERA
Feuillage semi-persistant. Floraison abondante.

Chèvrefeuille japonica 'halliana'
LONICERA JAPONICA
Feuillage vert clair. Semi-persistant.

Fleurs de la Passion
PASSIFLORA CÆRULEA
À planter en situation abritée. Les arroser régulièrement.

Glycine
WISTERIA
S'enroule autour de son support. Variétés à fleurs bleues, blanches ou roses.

Hortensia grimpant
HYDRANGEA PETIOLARIS
Floraison abondante. Prospère à exposition nord/nord-est.

Jasmin d'hiver
JASMINUM NUDIFLORUM
Apprécié pour sa floraison jaune précoce.

Jasmin officinale
JASMINUM OFFICINALIS
À protéger en hiver. Fleurs blanches parfumées. À palisser.

Lierre d'Irlande
HEDERA HIBERNICA
S'étale très rapidement. Décor persistant.

Lierre panaché blanc
HEDERA
Nombreuses variétés pour réveiller vos coins d'ombre.

Lierre panaché jaune
HEDERA
Heureux contraste de couleurs vert et or. Nombreuses variétés.

Renouée grimpante
FALLOPIA OU POLYGONUM
Très vigoureuse, elle atteint 5 à 6 m de long en une seule saison.

Vigne Vierge 'Veitchii'
PARTHENOCISSUS TRICUSPIDATA
Variétés à feuilles plus ou moins grandes, rouges à l'automne.

Vigne Vierge quinquefolia PARTHENOCISSUS
Variété à feuillage découpé.

HAUTEUR — FLORAISON — PERSISTANT — CADUC — SOLEIL — SOLEIL & MI-OMBRE — MI-OMBRE — OMBRE

Plantes grimpantes

1. **Clématite montana**
Multitude de petites fleurs (4/7 cm) roses ou blanches.

2. **Clématite tangutica**
Petites fleurs (4/7 cm) en lanterne chinoise qui fanent en touffes soyeuses.

3. **Clématite 'Comtesse de Bouchaud'**
Grandes fleurs (12 cm) roses teintées de corail.

4. **Clématite 'Gipsy Queen'**
Grandes fleurs (10/12 cm). Magnifique coloris violet pourpre.

5. **Clématite 'Hagley hybride'**
Grandes fleurs (13/15 cm) roses teintées de corail.

6. **Clématite jackmanii**
Grandes fleurs (10/13 cm). Coloris bleu violet intense.

7. **Clématite 'Mme Lecoultre'**
Grandes fleurs (20/22 cm). Coloris blanc pur.

8. **Clématite 'Multiblue'**
Magnifique fleur double (15 cm) à revers argenté.

9. **Clématite 'Nelly Moser'**
Grandes fleurs bicolores (18/20 cm) mauve et rose pâle.

10. **Clématite 'Niobe'**
Grandes fleurs (15/18 cm). Coloris rouge foncé.

11. **Clématite 'Rouge Cardinal'**
Grandes fleurs (10/12 cm) régulières rouge vif.

12. **Clématite 'Vyvyan Pennell'**
Fleurs mauves doubles (jusqu'à 20 cm).

Conseils

Placez le pied des clématites à l'ombre

- Liens de Raphia
- Support
- Petites plantes pour ombrer le pied ou tuile ou planchette
- Paillis
- Couchez la tige
- Terre sableuse
- Cailloux

Petits conifères

CONIFÈRES À PORT ARRONDI

Pin densiflora 'Umbraculifera' PINUS — 2 m et +
Pin mugo 'Mughus' PINUS — jusqu'à 3 m
Epicea glauca 'Conica' PICEA — 2 m et +
Faux Cyprès obtusa 'Nana Gracilis' CHAMAECYPARIS — jusqu'à 2 m
Faux Cyprès lawsoniana 'Ellwoodii' CHAMAECYPARIS — 2 m et +
Faux Cyprès pisifera 'Boulevard' CHAMAECYPARIS — 2 m et +

Pin mugo 'Pumilio' PINUS — 2 m
Pin strobus 'Radiata' PINUS — 1,5 m

CONIFÈRES À PORT DRESSÉ

Faux cyprès pisifera 'Filifera Aurea' CHAMAECYPARIS — 1 m
Genèvrier chinensis 'Stricta' JUNIPERUS — 2 à 2,5 m
Genèvrier communis 'Hibernica' JUNIPERUS — 2 à 2,5 m
Genèvrier communis 'Sentinel' JUNIPERUS — 3 m

Thuya occidentalis 'Danica' THUJA — 1,5 m
Thuya orientalis 'Aurea Nana' THUJA — 1 m

If fastigié TAXUS BACCATA 'FASTIGIATA' — 3 m et +
Pin sylvestris 'Watereri' PINUS — 2 à 2,5 m
Thuya occidentalis 'Pyramidalis' THUJA — 2 m et +
Thuya occidentalis 'Sunkist' THUJA — 2 à 2,5 m

CONIFÈRES À PORT ÉTALÉ

Epicea pungens 'Glauca Globosa' PICEA — jusqu'à 2 m
Genèvrier chinensis 'Pfitzeriana Aurea' JUNIPERUS — 0,8 m
Genèvrier communis 'Repanda' JUNIPERUS — 0,3 m
Genèvrier horizontalis JUNIPERUS — 0,3 m
Genèvrier pfitzeriana 'Mint Julep' JUNIPERUS — 0,8 m

Genèvrier sabina 'Tamariscifolia' JUNIPERUS — 0,4 m
Genèvrier squamata 'Blue Carpet' JUNIPERUS — 0,4 m
Sapin procera 'Glauca' ABIES — 0,6 m

Genèvrier virginiana 'Grey Owl' JUNIPERUS — 0,8 m
Genèvrier squamata 'Blue Star' JUNIPERUS — 0,4 m
Genèvrier pfitzeriana 'Old Gold' JUNIPERUS — 0,6 m

HAUTEUR — PORT COLONNAIRE — PORT ÉRIGÉ — PORT CONIQUE — PORT ARRONDI — PORT ÉTALÉ

Grands conifères

1 Arbre aux quarante écus
GINGKO BILOBA
Caduc, l'ancêtre des conifères est superbe en automne.

2 Cèdre de l'Atlas
CEDRUS LIBANI
Croissance rapide. Existe en vert ou doré, et en pleureur.

3 Cèdre de l'Himalaya vert
CEDRUS DEODARA
Superbe au printemps. Existe aussi en doré.

4 Cyprès de Nootka
CHAMAECYPARIS NOOTKATENSIS 'PENDULA'
Allure élégante et originale à aspect pleureur.

5 Cyprès Columnaris
CHAMAECYPARIS LAWSONIANA 'COLUMNARIS'
Colonne très élancée, c'est le plus fuselé des Cyprès bleus.

6 Cyprès 'Stardust'
CHAMAECYPARIS LAWSONIANA 'STARDUST'
Feuillage aéré, doré, très élégant et rustique.

7 Epicea Koster
PICEA PUNGENS 'KOSTER'
Joli bleu tendre argenté.

8 Mélèze
LARIX DECIDUA
Belle essence caduque.

9 Pin de l'Himalaya
PINUS WALLICHIANA
Magnifiques aiguilles fines bleu argenté. Pousse rapidement.

10 Pin Noir d'Autriche
PINUS NIGRA 'AUSTRIACA'
Port en parasol à l'âge adulte. Feuillage sombre. Pour tous sols.

11 Sapins
Picea, Pseudotsuga, Abies. À utiliser en isolés, groupes, allées, rideaux.

12 Séquoia Géant
SEQUOIADENDRON GIGANTEUM
À isoler absolument. Croissance rapide.

13 Thuya 'Zebrina'
THUJA PLICATA 'ZEBRINA'
Très élégant feuillage zébré jaune et blanc. Bel effet en haies.

Abricotiers
Peuvent se cultiver aussi en espalier à partir du scion ou du fuseau.
1 Bergeron
Très gros, chair fine et juteuse. 🧺 Fin juillet à août.
Luizet
Ferme et sucré. 🧺 Fin juillet.
2 Précoce de Saumur
Vigoureux et parfumé. 🧺 Mi-juillet à août.

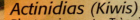

Actinidias (Kiwis)
Plante grimpante. Très riche en vitamine C. Préfère une exposition ensoleillée. Pieds mâles et femelles. 🧺 Hiver.

Cassissiers
Pour tous terrains.
Pour liqueur, sirop et sorbet.
🧺 Juin à début août.

Cerisiers
S'adaptent à tous les sols mais redoutent un excès d'humidité.
1 Bigarreau Burlat
Gros fruit rouge foncé, chair ferme, sucrée et juteuse. 🧺 Fin mai à mi-juin.
2 Bigarreau Cœur de Pigeon
Très gros fruit jaune et rouge, chair blanche sucrée. 🧺 Fin mai à mi-juin.
3 Bigarreau d'Hedelfingen
Gros fruit noirâtre juteux et très sucré. 🧺 Fin juin à début juillet.
4 Bigarreau Marmotte
Fruit ferme rouge foncé, croquant et juteux. 🧺 Mi-juin à début juillet.
Bigarreau Moreau Gros fruit noir, chair sucrée. 🧺 Fin mai.
5 Bigarreau Napoléon
Gros fruit jaune marbré de rose, chair ferme. 🧺 Fin juin à début juillet.
Bigarreau Reverchon
Gros fruit rouge pourpre, chair croquante et sucrée. 🧺 Fin juin à début juillet.
Bigarreau Summit
Très gros fruit savoureux et sucré. 🧺 Juin.
6 Bigarreau Van
Gros fruit pourpre sucré. 🧺 Juin à mi-juillet.
Cerise anglaise
Fruit moyen, chair blanche acidulée. 🧺 Fin mai à mi-juin.
Griotte de Montmorency
Gros fruit rouge vif, chair acidulée. 🧺 Fin juillet à août.

Framboisiers
Prospèrent en tous terrains. Distance de plantation : 60 cm.
1 Malling promise
Gros fruit rouge, non remontant, vigoureux. 🧺 Juin à juillet.
2 Zeva
Très gros fruit rouge éclatant, variété remontante. 🧺 Début juillet à fin octobre.

Groseilliers
Bonne terre de jardin.
1 à grappes blanches
Fruits doux et sucrés, plante rustique. 🧺 Juillet à début août.
2 à grappes rouges
Saveur acidulée, belle production. 🧺 Juillet à début août.
3 à maquereau
Fruits blancs ou rouges, chair sucrée, parfumée. 🧺 Juillet-août.

 RÉCOLTE

ruitiers

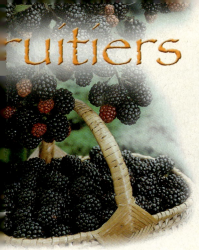

Nectarines-Brugnons
Sol profond sans humidité stagnante.
1 Nectared 6
Fruit moyen à chair jaune. Très productif. 🧺 Juillet à août.
Nectarose
Chair jaune, fondante, sucrée et juteuse. Productif. 🧺 Juillet à août.
2 Silver Lode
Chair blanche. 🧺 Juillet à août.

Mûres
Plantes sarmenteuses à palisser.
Géantes sans épines
Feuillage lacinié, décoratif, gros fruits parfumés. 🧺 Août à mi-septembre.
Thornless Loganberry
Fruits rouges sucrés et acidulés. 🧺 Fin juillet à août.

Conseils
Les fruitiers produisent de délicieuses récoltes et décorent le jardin au moment de la floraison puis à la fructification. Choisissez leur emplacement pour joindre l'utile à l'agréable !

Toutes les variétés ne sont pas autofertiles, pensez à planter des variétés pollinisatrices si besoin est.

Pêchers
Se plaisent dans tous les sols profonds et sans humidité stagnante.
1 Amsden
Gros fruit rouge et jaune. Chair blanche tendre et juteuse. 🧺 Juillet.
2 Dixired
Gros fruit, rouge et jaune à chair jaune. 🧺 Juillet-août.
Grosse Mignonne
Fruit lavé de rouge, chair blanche excellente. 🧺 Juillet à début août.
3 Reine des vergers
Gros fruit, blanc maculé de rouge, chair blanche rosée. 🧺 Août-septembre.
4 Redhaven
Gros fruit très coloré, chair jaune. 🧺 Fin juillet à août.
Red King
Fruit de taille moyenne, coloré et juteux. 🧺 Fin juillet à début août.
Suncrest
Gros fruit rouge, chair jaune et ferme. 🧺 Juillet.

Poiriers
Demandent une terre saine et profonde.
Beurré Giffard
Fruit jaune verdâtre, teinté de rose. Chair fine et fondante. 🧺 Fin juillet à début août.
1 Beurré Hardy
Chair fine, juteuse et parfumée. 🧺 Fin août à septembre.
2 Conférence
Très fertile, un fruit qui se garde bien. Sucré et parfumé. 🧺 Fin septembre à octobre.
3 Comtesse de Paris
Gros fruit jaune verdâtre tacheté. Chair fondante sucrée. 🧺 Fin octobre à novembre.
4 Doyenné du Comice
Très juteux, chair sucrée et agréablement parfumée. 🧺 Fin octobre à novembre.
Dr Jules Guyot
Fruit jaune assez gros. Chair fine et sucrée. 🧺 Fin juillet à août.
Duchesse d'Angoulême
Gros fruit jaune fauve. Chair à saveur sucrée. 🧺 Fin octobre à novembre.
Général Leclerc
Fruit couleur bronze, assez gros. 🧺 Octobre à mi-novembre.
Louise Bonne
Fruit moyen vert marbré de rouge, chair blanche. 🧺 Fin septembre à octobre.
5 William
Très gros fruit. Chair blanche et fondante. 🧺 Mi-août à mi-octobre.
6 William rouge
Fruit rouge brillant. 🧺 Mi-août à mi-octobre.

25

FRUITIERS

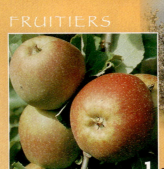

Pommiers
Pour toute bonne terre de jardin.

1 Boskoop
Fruit très gros, rouge et jaune, très vigoureux.
🧺 Fin novembre.

2 Golden Delicious
Couleur jaune à chair ferme et parfumée.
🧺 Octobre à novembre.

Grand Alexandre
Gros fruit jaune veiné de rouge. 🧺 Fin septembre à mi-octobre.

3 Granny Smith
Fruit vert, chair acidulée. 🧺 Octobre et novembre.

4 Idared
Fruit rond et aplati, chair fine.
🧺 Octobre et novembre.

5 Jonagold
Gros fruit allongé, très fertile.
🧺 Octobre et novembre.

Melrose
Fruit rose carmin, assez gros, chair sucrée et juteuse.
🧺 Fin novembre.

Reinette blanche du Canada
Gros fruit jaune et fauve, chair fine et parfumée.
🧺 Fin novembre.

Reinette Clochard
Fruit de taille moyenne, jaune bronze.
🧺 Fin novembre.

6 Reinette grise du Canada
Gros fruit jaune bronze, bonne vigueur.
🧺 Fin novembre.

7 Reine des Reinettes
Fruit de taille moyenne, jaune strié de rouge.
🧺 Septembre.

Starking
Fruit rouge, chair parfumée.
🧺 Septembre à novembre.

8 Transparente de Croncels
Fruit jaunâtre et rosé de bonne qualité.
🧺 Fin juillet à août.

Pruniers
Pour tous terrains avec sous-sol perméable.

1 D'Agen ou d'Ente
Gros fruit allongé rouge vineux. Chair sucrée et juteuse. 🧺 Août.

2 Mirabelle de Nancy
Nombreux petits fruits très juteux, fondants. 🧺 Août.

3 Quetsche d'Alsace
Fruit moyen, pourpre violacé, chair ferme et acidulée.
🧺 Fin août à septembre.

Reine-Claude de Bavay
Gros fruit jaune verdâtre, chair fine sucrée et parfumée.
🧺 Fin août à septembre.

4 Reine-Claude dorée (ou verte)
Gros fruit. Chair juteuse, sucrée et parfumée. 🧺 Août.

Reine-Claude d'Oullins
Gros fruit jaunâtre teinté rose, très fertile. 🧺 Mi-juillet à début août.

5 Reine-Claude violette
Fruit assez gros, violet foncé, chair juteuse et sucrée.
🧺 Fin juillet à août.

Vignes

1 Alphonse Lavallée
Grosse grappe de grains noirs. 🧺 Octobre.

2 Cardinal
Belle grappe à très gros grains rouges, excellent.
🧺 Fin septembre à début octobre.

3 Chasselas doré Fontainebleau
Grains dorés. Chair sucrée et parfumée.
🧺 Fin septembre à fin octobre.

4 Chasselas rose Royal
Grains roses. Chair savoureuse.
🧺 Fin août à fin septembre.

 RÉCOLTE

ROSIERS

Clair Renaissance® POULSYNG
H : 1 m.

Coluche® MEITRAINAZ
H : 0,60 m.

Comtesse du Barry® HAVOBOG
H : 0,60 m.

Léonard de Vinci® Romantica® MEIDEAURI
H : 0,90 m.

ROSIERS À FLEURS GROUPÉES

Lilli Marleen
H : 0,70 m.

Martin des Senteurs® ADABALUC
H : 0,70 m.

Queen Elisabeth
H : 1,30 m.

Tequila® MEIPOMOLO
H : 0,80 m.

Très grand choix, n' hésitez pas à nous consulter.

ROSIERS ANCIENS

Centifolia Cristata Chapeau de Napoléon
H : 1,50 m.

ROSIERS ANGLAIS

Pat Austin® AUSNUM
H : 1 m.

Falstaff® AUSVERSE
H : 0,90 m.

ROSIERS PAYSAGERS

Tchaïkovski® Farniente® MEICHIBON H : 0,80 m.

ROSIERS MINIATURES

Grain de Beauté® MEILEZPHA
H : 0,40 m.

The Fairy
H : 0,50 m.

ROSIERS TIGES & PLEUREURS

ROSIERS GRIMPANTS

Conseils

Plantez les rosiers dans un terrain sain, assez profond et bien drainé. Presque tous les terrains conviennent aux rosiers à l'exception des terres franchement calcaires. Un sol riche en humus est préférable.

Les hauteurs sont données à titre indicatif. Beaucoup de nos variétés existent en tiges et en grimpants.

IMPORTANT : La reproduction des variétés et/ou des appellations commerciales marquées du sigle ® est interdite sauf autorisation. L'authenticité de la variété et/ou de la marque est garantie par une étiquette d'origine fixée à chaque rosier. Toute illustration photographique ou autre, destinée à la publicité des variétés protégées est interdite sauf autorisation. Ces conditions doivent figurer sur toute offre en vente de rosiers des variétés précitées. Les caractéristiques des variétés mentionnées et illustrées dans ce catalogue correspondent à ce qui est le plus généralement observé. Elles sont susceptibles de variations notamment en fonction du climat, du sol, des saisons et du stade de végétation de la plante.

DÉCOROSIERS®
les rosiers faciles et généreux
Pour vos massifs, talus, bordures, haies basses, vasques…

8 MÉDAILLES D'OR DÉCOROSIERS

Rosiers arbustifs à port recouvrant
Durée de floraison exceptionnelle
Résistance naturelle aux maladies - Entretien minimum

www.decorosiers.com

Arbousier
ARBUTUS UNEDO
Pour haies fleuries. À réserver aux climats doux.

Berberis 'Atropurpurea Nana'
Pour haies basses.

Berberis 'Auricoma'
Pour haies moyennes jusqu'à 1,50 m.

Buisson ardent
PYRACANTHA
Pour haies moyennes de 1 à 2 m et haies libres. Fruits en automne.

Cotoneaster lacteus
Pour haies libres et taillées. Fruits en automne.

Cyprès 'Alumii'
CHAMAECYPARIS LAWSONIANA ALUMII
Pour haies hautes.

Cyprès de Leyland
CUPRESSOCYPARIS LEYLANDII
Pour haies rideaux et brise-vents.

Eléagnus ebbingei
Pour haies moyennes de 1 à 2 m et haies libres.

Epicea commun
PICEA ABIES
Pour haies rideaux et brise-vents.

Érable Champêtre
ACER CAMPESTRE
Pour haies champêtres.

Érable ginnala
ACER GINNALA
Pour haies champêtres.

Hêtre pourpre
FAGUS SYLVATICA ATROPUNICEA
Pour haies champêtre de 2 à 3 m.

autres variétés...

Abelia
Haies fleuries. Voir p. 7, 9.

Althea
Haies fleuries. Voir p. 9.

Arbre à papillons
Haies fleuries. Voir p. 9.

Berberis stenophylla
Haies libres. Voir p. 3.

Boule de Neige
Haies fleuries. Voir p. 3.

Buis
Bordures. Voir p. 7.

Charme-Charmille
Haies champêtres. Voir p. 13.

Corête
Haies fleuries. Voir p. 4.

Cornouiller
Haies moyennes. Voir p. 7, 11.

Eléagnus panaché
Haies moyennes et champêtres. Voir p. 7.

Escallonia
Haies fleuries. Voir p. 11.

Forsythia
Haies fleuries. Voir p. 4.

Fusain 'Emerald'n Gold'
Bordures. Voir p. 7.

Genêt d'Espagne
Haies fleuries. Voir p. 10.

Lavande
Bordures. Voir p. 10.

Lilas
Haies fleuries. Voir p. 6, 12.

Noisetier
Haies champêtres. Voir p. 8, 12.

Photinia
Haies libres. Voir p. 8.

Sapin de Douglas
Haies rideaux et brise-vents.

Seringat
Haies fleuries. Voir p. 6.

Spirée 'A. Waterer'
Haies basses. Voir p. 10.

Spirée 'Genpei'
Haies basses. Voir p. 10.

Spirée X Vanhouttei
Haies fleuries. Voir p. 6.

Sureau
Haies fleuries. Voir p. 8.

Thuya 'Zebrina'
Haies hautes. Voir p. 23.

Troène panaché
Haies taillées. Voir p. 8.

Weigelia
Haies fleuries. Voir p. 8.

aies classiques et fleuries

1 Laurier cerise
PRUNUS LAUROCERASUS 'CAUCASICA'
Pour haies hautes de 1,5 à 3 m.

2 Laurier palme
PRUNUS LAUROCERASUS 'ROTUNDIFOLIA'
Pour haies hautes de 1,5 à 3 m.

3 Laurier 'Otto Luyken'
PRUNUS LAUROCERASUS 'OTTO LUYKEN'
Pour haies basses jusqu'à 1 m.

4 Laurier tin
VIBURNUM TINUS
Pour haies fleuries.

5 Peuplier d'Italie
POPULUS NIGRA 'ITALICA'
Haies rideaux et brise-vents.

6 Potentille
POTENTILLA
Pour haies basses et moyennes jusqu'à 1 m.

7 Rhododendron
Haies fleuries.

8 Rosier du Japon
ROSA RUGOSA
Haies moyennes.
Fruits décoratifs.

9 Rosier 'La Sevillana'
MEIGEKANU
Pour haies moyennes de 1 à 2 m.

10 Thuya 'Atrovirens'
THUJA PLICATA 'ATROVIRENS'
Pour haies rideaux et brise-vents.

11 Thuya Émeraude
THUJA OCCIDENTALIS 'SMARAGD'
Pour haies moyennes de 1 à 2 m.

12 Troène doré
LIGUSTRUM OVALIFOLIUM 'AUREUM'
Haies moyennes.
Semi-persistant.

Balcons et Terrasses

La nature à portée de main !

Conseils

Venez choisir chez nous les meilleures plantes pour garnir vos bacs et jardinières. Parfumées, fleuries, caduques ou persistantes, elles sont nombreuses à pouvoir décorer balcons et terrasses tout au long de l'année. Faites-vous plaisir en multipliant les suspensions et les potées fleuries à la belle saison. Utilisez un terreau de plantation riche en tourbe (disponible en magasin) pour retenir l'eau d'arrosage.